Julie Burchill
Willkommen bei den Woke-Tribunalen

Julie Burchill ist seit ihrem 17. Lebensjahr als englische Journalistin und Autorin tätig und machte sich schon früh einen Namen beim *New Musical Express*. Zu ihren Büchern gehört »Unchosen. The Memoirs of a Philo-Semite«; die Fernsehfassung ihres Jugendromans »Sugar Rush« wurde mit einem internationalen Emmy ausgezeichnet. Zahlreiche Bücher von ihr erschienen auch in Deutschland. Zu ihren Hobbys gehören Mittagessen, Philantropie und Boshaftigkeit.

Titel der Originalausgabe: »Welcome tot he Woke Trials. How #Identity Killed Progressive Politics«, Academica Press, Washington-London, 2021

Edition
TIAMAT
Deutsche Erstveröffentlichung
1. Auflage: Berlin 2023
www.edition-tiamat.de

Buchcovergestaltung: Felder Kölnberlin Grafikdesign
Druck: cpi books
Printed in Germany
ISBN: 978-3-89320-306-2

Julie Burchill

Willkommen bei den Woke-Tribunalen

Wie #Identität fortschrittliche Politik zerstört

Aus dem Englischen von
Christoph Hesse

Critica
Diabolis
322

Edition
TIAMAT

Für Jim Owen

Und für die TERF Tribes überall auf der Welt
und unsere männlichen Verbündeten –
Besonders für Harry »Fair Cop« Miller
Venceremos

INHALT

Einleitung

Bei »Flaming June« mögen wir an das berühmte Gemälde von Frederic Leighton denken, das eine schlafende Frau in einem orangefarbenen Kleid zeigt und von dem Samuel Cortauld einmal sagte, es sei »das wundervollste Gemälde, das es überhaupt gibt«. Aber der Juni, den wir im Jahr 2020 erlebten, war keineswegs ein Monat sinnlichen Schlummers und goldener Sonnenuntergänge. Es war eine Feuersbrunst der Empfindlichkeiten, in der ein kulturelles Artefakt nach dem anderen in Flammen aufging, auf dass es nur ja nicht irgendeinen wütenden Schreihals beleidige. Der Sommer 2020 – und die Tage seither, bis zum Herbst 2021, in dem ich dies schreibe – werden der Eitelkeit der Fegefeuer wegen in Erinnerung bleiben.

Man sollte meinen, dass alles, was im letzten Jahr passiert ist, dieses Buch zu einem Stück glutenfreien Kuchens gemacht hätte, den man in einem Zug verschlingen könnte. Aber mir kam es vor wie ein Armutszeugnis (und zwar für die Täter und Kapitulanten). Es war sowohl das Einfachste als auch das Schwierigste, was ich je geschrieben habe, denn im Sommer 2021 brachte nicht jeder neue Tag, sondern jede neue Stunde ein neues Stück Woke-Wahnsinn hervor. Jeden Morgen las ich also die Arbeit des Vortages durch, nur um festzustellen, dass, während ich schlief, ein halbes Dutzend neuer Dummheiten begangen worden war. Ich ging mit dem Gedanken zu Bett, ich sei rassistisch, und wachte mit der frohen Botschaft auf, dass Radfahrer in die immer länger werdende Schlange derer aufgenommen werden sollten, denen ein Hassverbrechen zuzutrauen wäre.

Als der Wahnsinn an Fahrt aufnahm, fühlte ich mich zusehends an den Tsunami am Ende des Beatles-Songs »A Day in the Life« erinnert, jenes kakophonische Orchester-Crescendo, von dem die Rede war, als John Lennon zu George Martin sagte, es solle sich »aus dem Nichts etwas Gewaltiges aufbauen, das ganz so ist wie das Ende der Welt«. Stellen Sie sich das jetzt, da Sie es hier lesen, mal vor.

Zuerst hatten sie es auf unsere schönen Erinnerungen an das Fernsehen abgesehen, das uns einst so unschuldig wie ein Babysitter vorgekommen war: »Fawlty Towers« (»Don't mention the war«), »The Dukes Of Hazzard« (Konföderiertenflagge), »Brum« (das schelmische Auto, das »Sprache und Haltung der 1990er Jahre widerspiegeln könnte«) und »Songs of Praise« (Cat Lewis, eine Produzentin der Sendung und bekennende »Kämpferin für eine bessere Welt«, twitterte über »Rule Britannia«: »Glauben die Briten, es sei in Ordnung, ein Lied aus dem 18. Jahrhundert zu singen, das geschrieben wurde, als Großbritannien Millionen von Unschuldigen versklavte und tötete? Glauben sie auch, dass Neonazis rufen sollten: ›Wir werden niemals in eine Gaskammer gezwungen werden‹?«). Dann machten sie sich über Zeichentrickfilme her. Beim Streamingdienst Disney wird vor »Dumbo«, »Peter Pan«, »Lady and the Tramp« und dem »Dschungelbuch« gewarnt: »Dieses Programm enthält negative Darstellungen und/oder Misshandlungen von Menschen oder Kulturen – diese Stereotypen waren damals falsch und sind es auch heute noch«.

Dann kam die Musik an die Reihe. Im Winter 2020 kündigte die BBC an, die Zuhörerschaft bei der Übertragung des vulgären Weihnachtshits »Fairytale of New York« aufzuteilen. Ältere Hörer könnten das Original auf Radio 2 hören, während auf Radio 1 das Wort »faggot« (Schwuchtel) entfernt werden sollte, um zarte junge Ohren nicht zu verletzen. Genau das ist das Seltsame an Woke: Alte Leute wollen die ungekürzte Version, junge Leute die zensierte. Eigentlich sollte es umgekehrt sein. Wenn man heutzutage den Rock'n'Roll erfände, würden die Alten dazu tanzen und die Jungen darüber schimpfen, wie anstößig er sei.

Sie fielen über Museen her (die Charles-Darwin-Sammlung des Naturhistorischen Museums, weil Darwin im Rahmen »kolonialistischer wissenschaftlicher Expeditionen« zu den Galapagos-Inseln gereist war) und über alte Häuser, denn der National Trust verwechselte sich anscheinend mit der National Front, als er eine Liste von fast 100 von ihm verwalteten Immobilien veröffentlichte, von denen er behauptete, sie hätten Verbindungen zu Sklaverei und Kolonialismus. Sie machten Jagd auf Punkte, die, in den sozialen Medien verwendet, junge Menschen einschüchterten, da sie nach Ansicht von Sprachexperten als Zeichen von Wut und Unaufrichtigkeit aufgefasst würden. Sie beklagten sich über weibliche Genitalien: Ein College in Michigan beschloss, eine Aufführung der »Vagina-Monologe« abzusagen, weil sie diskriminierend seien, denn »nicht alle Frauen haben Vaginas«. Und sie nahmen sogar an Regenbögen Anstoß, als sich jemand namens Kirsty Conway im Sommer 2020 beschwerte:

> »Bald nach der Verhängung der Ausgangssperre war ich angenehm überrascht, als ich auf dem Heimweg von der Arbeit eine Regenbogenflagge sah. Als ich jedoch weitere Regenbogenflaggen sah, wurde mir schnell klar, dass diese nicht als Unterstützung der LGBTQ+-Community gedacht waren, sondern vielmehr als Unterstützung des National Health Service. Ich war traurig und

> enttäuscht. Ich bin stolz darauf, für den Nationalen Gesundheitsdienst (NHS) zu arbeiten, und natürlich kann die öffentliche Unterstützung des NHS und aller anderen wichtigen Arbeitskräfte nur als etwas Gutes angesehen werden. Ich hatte jedoch den Eindruck, dass die Verwendung der Regenbogenflagge, die seit über 40 Jahren ein Symbol für den Stolz und den Protest von LGBTQ+ ist, als Symbol für die Unterstützung des NHS bestenfalls gedankenlos ist, da sie nicht berücksichtigt, was dieses Symbol für unsere Gemeinschaft bedeutet, und schlimmstenfalls ein Akt der Auslöschung, der besagt, dass die Rechte von LGBTQ+ nicht als wichtig angesehen werden.«

Rassismus war das große Ding. Plötzlich entdeckte man ihn überall, wie ein tödliches Virus. Herrenzimmer waren rassistisch, Schachspieler waren rassistisch, und auch Brunch war rassistisch, so der Schauspieler Alan Cummings, da es nach »weißen Privilegien« stinke. Sherlock Holmes war rassistisch, die Landschaft war rassistisch, Brathähnchen waren rassistisch, der antirassistische Film »In der Hitze der Nacht« war rassistisch. Als das Plattenlabel One Little Indian sich in One Little Independent umbenannte, wurde das ganze faule Lippenbekennertum der Tugendhuberei in der *NME*-Schlagzeile »One Little Indian ändert seinen Namen und hilft dem Kampf gegen Rassismus« herrlich zusammengefasst. Ja, das klingt vernünftig: nie wieder »Indianer« zu sagen wird sicherlich eines der größten Übel auf Erden bezwingen.

Hawaii-Hemden, Camping, Gartenarbeit, Radfahren, Wandern, Joggen, Mathematik, Bäume, Botanik, Bibliotheken, Straßen, Rasen, Seife, Craft-Biere, Erdnussbutter, Diäten, Wein, Rechtschreibung, Thomas The Tank Engine, Roboter, Innenarchitektur, Surfen, Hockey, die Schlümpfe

– *alles rassistisch!* Ich belasse es dabei, aber es kann gut sein, dass bis zum ersten richtigen Kapitel dieses Buches etwas anderes, das Sie zum Nachdenken oder Lachen gebracht hat, gestrichen oder beanstandet wurde aus Angst, den Zorn einer Gruppe von Menschen auf sich zu ziehen, die offenbar ein tiefes Misstrauen gegen Denken und Lachen hegen. Ganze Regimenter von Violet Elizabeth-Botts haben sich der Stasi angeschlossen und in geistiger Umnachtung eine Reihe von Nebenschauplätzen eröffnet, die, quer durch die Farbpalette, auf einem lachhaften Niveau sozialer Mobilität von den sehr realen Missständen der Gesellschaft ablenken. Aber nicht vergessen: weiße Jungs aus der Arbeiterklasse schneiden in der Bildung schlechter ab als jede andere Gruppe!

Der Star dieser Hexenprozesse ist J.K. Rowling, die nichts mit Rassismus zu tun hat, aber den beträchtlichen Zorn der kleinen, gut finanzierten und extrem lauten Translobby auf sich zog, die noch nie ein Drama gesehen hat, in dem es nicht um sie selbst geht, auch wenn es von der Ermordung eines schwarzen Mannes in Minneapolis handelt. Nachdem sie eine Zeitlang versucht hatte, die Streber zu besänftigen, wurde Rowling kürzlich als furchtlose und witzige Feministin wiedergeboren, die auf die vorgeschlagene Bücherverbrennung ihrer »Harry Potter«-Bestseller mit den Worten reagierte: »Immer wenn jemand ein Potter-Buch verbrennt, verschwinden die Tantiemen von meinem Bankkonto. Und wenn das Buch signiert ist, fällt mir ein Zahn aus.« Dass die »Harry Potter«-Schauspieler, die sich gegen sie wandten, aus privilegierten Verhältnissen stammen, während sie als verarmte, alleinerziehende Mutter einst in Cafés arbeitete (und aufgrund des ganzen Geldes, das sie verschenkte, von einer Milliardärin zur bloßen Multimillionärin wurde), machte die Situation noch grotesker. Die Tatsache, dass Rowling sich ihren

Erfolg selbst erarbeitet hat, während ihre Kritiker ihr ganzes Leben verhätschelt worden waren, hat, glaube ich, mit diesem Streit durchaus etwas zu tun: Je privilegierter die Menschen sind, desto weniger verstehen sie, dass Frauen ohne Geld für männliche Übergriffe anfällig sind.

Sollen wir der Harmonie und der Zeitersparnis zuliebe einfach alles verbieten: jedes Buch, jeden Film und jede Fernsehsendung, und sie erst dann wieder zulassen, wenn ein weltweites Referendum ergeben hat, dass niemand auf der Welt daran Anstoß nimmt? Denn wenn einige Leute sich an der Statue eines Mannes stören, der die Armeen anführte, die Hitler besiegten, dann können sie an allem Anstoß nehmen; ich rechne fest damit, dass Mitglieder der Flat Earth Society* bald damit anfangen werden, Statuen von Forschern abzureißen. Denken Sie mal darüber nach: Im »Schwanensee«-Ballett gibt es den guten weißen Schwan und den bösen schwarzen Schwan, David Bowie hatte Sex mit minderjährigen Mädchen, Manet ging zu Prostituierten, John Lennon benutzte das N-Wort und Dickens war gemein zu seiner Frau.

Bestimmte Bruchstücke der Prä-Woke-Kultur dürfen vielleicht überleben – aber nur, wenn sie »neugestartet« werden, um alles Unangenehme herauszunehmen, und dann wie dieses geschmeidige Zeug in Dosen heruntergeschluckt zu werden, das man alten Leuten gibt, die nicht mehr kauen können. (Keine Zähne, bitte – wir sind ängstlich!) Und natürlich gelten noch immer die gleichen öden Grenzen, wenn es darum geht, wen man provozieren darf und wen nicht: Paris Jackson, die angebliche Tochter von Michael, stellte einen »re-imaginierten« lesbischen Jesus dar, aber erwarten Sie nicht, dass Maxine Peake in abseh-

* Leute, die glauben, die Erde sei eine Scheibe.

barer Zeit einen re-imaginierten lesbischen Mohammed spielen wird. Golan-»Sturmhöhe« mit Heathcliff als Palästinenser und Cathy als Tochter eines zionistischen Siedlers? Wird irgendein Verleger auf die Idee kommen: »Hmm, ich wette, ich könnte ein paar mehr Exemplare von ›Große Erwartungen‹ verkaufen, wenn Pip ein Black Lives Matter-Aktivist, Estella nicht-binär und Miss Havisham dement wäre …«?

Re-Imaginationen sind keineswegs so gewagt, wie die Clowns, die solche Sachen in Auftrag geben, zu glauben scheinen. Es sind missgestaltete Ausgeburten einer verängstigt steifen Kultur, in der Geschichte überwacht werden muss und Statuen rote Buchstaben tragen müssen, damit nicht irgendein wehleidiges Schneeflöckchen einen Wutanfall bekommt. In diesen verblüffend zensorischen Zeiten können diejenigen, die sich danach sehnen, Bücher zu verbrennen, aber Angst vor dem Feuer haben, sie immer noch auf andere Weise zerstören, nämlich indem sie sie so artig umgestalten, dass niemand sie jemals lesen will. Wo es einmal wahrhaftige und spannende Unterhaltung gab, wird eine riesige Lücke entstehen. Aber ich bin mir sicher, dass die Generation Bettnässer sie leicht durch Ukulele-Soli und Tanz-Flashmobs mit ausreichendem Abstand zueinander füllen kann. Versuchen wir's – alles muss möglich sein! Und es ist ja nicht so, dass das Verbrennen von Büchern jemals zu etwas Schlechtem geführt hätte, oder?

Mein eigenes Buch – dieses hier nämlich – wurde nur im übertragenen Sinne verbrannt, doch der Gerechtigkeit halber sei erwähnt, dass ich noch nie eine Feuersbrunst gesehen habe, auf die ich nicht selbst zulaufen wollte. Aufgrund meiner eigenen übermütigen Dummheit in den sozialen Medien wurde mein erster Vertrag im Winter 2020 gekündigt. Das war nicht weiter schlimm, denn Hachette hatte mich bereits gebeten, das Wort »woke« aus dem herrlich verspielten und auch zutreffenden Titel zu entfernen. Natürlich veröffentlichte *The Bookseller* im Mai 2021 einen Offenen Brief eines Aufgebots bornierter Geister aus der Verlagsbranche mit dem unaussprechlich gruseligen Titel »Das Paradox der Toleranz«, in dem es hieß, dass »Transphobie in der britischen Buchbranche noch immer vollkommen akzeptabel ist«, und in dem »stille Annahmeerklärungen von Unternehmen und Organisationen in unserer Branche« gefordert wurden, ehe sie in Massen in ihre Schlafzimmer eilten und die Tür zuschlugen.

Es stellte sich heraus, dass Hachette, mein früherer Verlag, im Jahr 2020 eine Partnerschaft mit einer Organisation namens »All About Trans« eingegangen war und 10.000 Pfund an Stonewall UK gespendet hatte – genau die Organisation, die die Arbeitgeber der lesbischen Anwältin Allison Bailey »gedrängt« hatte, sie zu entlassen, nachdem diese ihr ein »entsetzliches Maß an Einschüchterung, Angst und Zwang« vorgeworfen hatte, das sie bei einem ihrer regelmäßigen Kreuzzüge gegen Frauen an den Tag gelegt habe, die nicht glauben, dass Penisse weiblich sein können. Hätte ich das gewusst, hätte ich *sie* entlassen, nämlich die Leute jener Organisation!

Komischerweise habe ich mich auf Twitter auf einen Streit eingelassen, als ich einen Freund verteidigte. Ich habe Loyalität als Charaktereigenschaft noch nie bewundert, und die Ereignisse der letzten Jahre – angefangen mit dem Brexit – gaben mir das Gefühl, dass ich Freundschaft sogar noch mehr vernachlässige. Lieber werde ich dafür verabscheut, wer ich bin, als für etwas geliebt, das ich nicht bin. Die beste Definition von Freundschaft ist, jemanden klar zu sehen und ihn trotzdem zu mögen. Der Verlust eines Freundes ist nicht das Ende der Welt, schließlich kommen immer neue hinzu. Wie der verstorbene Peter Ustinov sagte: »Ich glaube nicht, dass Freunde notwendigerweise die Menschen sind, die man am liebsten hat. Sie sind nur die, die zuerst da waren.« Der Verlust der Redefreiheit jedoch *ist* das Ende einer Welt – der Welt der Freiheit und der Furchtlosigkeit, die die einzige ist, der ich angehören möchte, eine Welt, die nicht mehr zurückkehren wird, wenn sie einmal verbannt ist. Man kann immer neue Freunde finden – aber man kann keine neuen Grundsätze aufstellen. Lieber wäre ich eine Ausgestoßene in den winzigen Köpfen der Woken – auch wenn sie zunehmend das Wort und das große Geld haben – als von dem größeren Teil der Menschheit getrennt, der immer noch den Mut hat zu sagen, dass der Woke-Kaiser keine Kleider hat und uns aus purem, schlechtgelauntem Triumphalismus mit seinem »Mädchenschwanz« vor der Nase herumwedelt.

Zwar teilt selbst der Chef des MI6 jetzt auf Twitter seine Pronomen mit, doch bekommen die Woken zurzeit (Herbst 2021) immerhin nicht alles, was sie wollen. Das in der Rede der Königin angekündigte Gesetz zur Hochschulbildung, bei dem es um Redefreiheit geht, und die wirklich aufregende Idee eines Academic Freedom Champion – eines Büros, dessen Aufgabe darin bestehen soll, das Gesetz proaktiv anzuwenden und sicherzustellen, dass die Universitäten die akademische Freiheit fördern – werden die Universitäten hoffentlich wieder sicher für die Freiheit machen (und nicht etwa sicher *vor* der Freiheit).

An der Spaßfront sprach sich Caitlyn Jenner – die Hohepriesterin der Penis-Besitzerinnen – gegen Männer aus, die im Frauensport antreten, egal wie viel Wimperntusche sie tragen: »Ich bin dagegen, dass biologische Jungs, die trans sind, an Wettkämpfen teilnehmen … das ist einfach nicht fair. Wir müssen den Mädchensport in unseren Schulen schützen.« Es war amüsant zu sehen, wie Legionen von Transen, die Jenner zuvor auf eine Art spirituellen Olymp erhoben und sich an ihren Aussagen zum Leben, zum

Universum und zu ungefähr allem anderen ergötzt hatten, sich plötzlich gegen den einst größten Olympioniken des 20. Jahrhunderts wandten, weil er (nunmehr sie) über etwas sprach, wovon sie absolut Ahnung hatten: Sport.

Der Tag könnte bald kommen, an dem die Woken ihrerseits aufwachen und erkennen, dass sie das neue Establishment *sind* und ihr Glaubenssystem nur ein weiteres Mittel ist, um die Massen einzuschüchtern und zu kontrollieren, die, wenn sie nicht ständig schlechtgemacht würden, selbst aufwachen und feststellen könnten, dass sie auch ohne Privilegien in der Mehrheit sind. Während ich dies schreibe, kämpfen die grünen Triebe der aufrührerischen Vernunft darum, den Permafrost der starrköpfigen Vorurteile zu durchbrechen. Es war ein langer, harter Winter auf dem Seuchenplaneten, in dem der Westen vom selbstgeißelnden Wahn fast verschlungen wurde. Aber ich habe das Gefühl, dass das Sonnenlicht, das auf das Alberne und das Unheimliche gleichermaßen fällt, den Pandemien – und zwar beiden – ihre Macht rauben wird.

Julie Burchill
Oktober 2021

Kapitel 1

Die erste Hexe vorm Woke-Tribunal: Meine wunderbare Freundschaft, ein böses Erwachen und sieben Jahre voller Missachtung

Es ging alles so gut: Frauen, Homosexuelle und ethnische Minderheiten schienen sich – im Westen – unaufhaltsam den Menschen gleichzustellen, die es schon immer besser zu wissen glaubten. Was im letzten Jahrhundert begonnen hatte, setzte sich im jetzigen nahtlos fort. Eine britische Premierministerin im Jahr 1979, ein schwarzer amerikanischer Präsident im Jahr 2009, mehr Schwule zur besten Sendezeit im Fernsehen, als unter einem Regenbogen Platz fänden – sie alle rissen die Barrieren Stück für Stück ein. Bigotte Rechte, die die alte Ordnung verteidigten, wirkten zusehends lächerlich und verzweifelt.

Doch dann kam Woke, und alles ging schief. Als das fortschrittliche Denken sich irgendwie selbst überholte und verschlang, entstand eine Glaskugelwelt, in der angebliche Linke es in Ordnung fanden, Juden zu verteufeln, die ihre alte Heimat unterstützten, ebenso Feministinnen, die nicht glaubten, dass die ärmsten Frauen in jeder Gesellschaft darauf reduziert werden sollten, sich stundenweise als sexuelle Spucknäpfe zu verdingen, und Lesben, die kein Interesse an Sex mit Männern in Kleidern hatten.

Die über Woke spotteten (zu denen ich mich selbst stolz zähle), hatten die Propaganda, die die Schneeflöckchen über sich selbst gerne verbreiten, weitgehend geschluckt:

dass sie nämlich Rebellen aus vielen guten Gründen seien, einer mutiger und fortschrittlicher als der andere. Aber da ich mein ganzes Leben lang eine rebellische Ader hatte, hat mir das nie gefallen. Denn je genauer man sich anschaut, was die Woken wollen, desto mehr entpuppen sie sich als Reaktionäre und nicht als Rebellen – was zu der surrealen Situation führt, dass Zensur, Frauenfeindlichkeit, Rassismus und Homophobie im dritten Jahrzehnt des 21. Jahrhunderts nun hauptsächlich von der Linken ausgehen. Wie um alles in der Welt sind wir da hingekommen?

Das Wort »woke« – was so viel wie das Gegenteil von »schlafen« bedeutet – wurde wahrscheinlich zum ersten Mal in dem Song »Master Teacher« von Erykah Badu aus dem Jahr 2008 mit der ständig wiederholten und etwas ermüdenden Beteuerung »I stay woke« verwendet, woraufhin es in Teilen der schwarzen Community in Amerika zu einem Schlagwort wurde. Nach der Erschießung von Michael Brown in Ferguson (Missouri) durch die Polizei im Jahr 2014 verband sich »Woke« mit der Black Lives Matter-Bewegung, und das Wort brachte nicht mehr nur ein Bewusstsein von Ungerechtigkeit zum Ausdruck, sondern die Weigerung, sich mit diesem Zustand abzufinden. Allerdings hat das Wort, selbst wenn so offensichtlich benachteiligte Leute wie schwarze Amerikaner es verwenden, etwas Unheimliches an sich. Verglichen mit dem »I have a dream« der schwarzen Bürgerrechtsbewegung klingt es merkwürdig selbstgefällig und träge, indem es andeutet, man selbst sei gleichsam von Natur aus besser als andere Menschen, ohne dafür etwas tun zu müssen. Aber erst als die selbstgefälligsten und trägsten Menschen auf Erden, nämlich an Privatschulen erzogene überbehütete Studenten das Wort in die Hände bekamen, zeigte sich der wahre Woke-Irrsinn in seiner ganzen Pracht.

Junge Leute, die früher vielleicht gegen Krieg und

Unterdrückung demonstriert hätten, wurden plötzlich vom feuchten Kuss der Identitätspolitik geweckt, der wahrscheinlich verwirrendsten Kraft, die die Öffentlichkeit seit der Flat Earth Society erreicht hat. Sie waren nicht mehr in der Lage, die Gesellschaft von einem sachlichen, ökonomisch-marxistischen Standpunkt aus zu analysieren – Karl Marx sei schließlich auch nur ein toter weißer Mann, und obendrein ein Jude –, und obwohl die Universitäten offiziell als Orte intellektueller Herausforderung galten, wurden sie schon bald zu Laufställen umfunktioniert, in denen man sein Selbstmitleid feiern konnte und wo, wie bei Kleinkindern, Gefühle die Fakten ein ums andere Mal übertrumpften. Als die altgediente Feministin Julie Bindel – von den Woken gefürchtet und gehasst, weil sie darauf besteht, dass Männer nicht in Frauen verzaubert werden können, wenn sie eines Morgens aufwachen und rosa statt blau bevorzugen – an einem College in Texas von den sozialen Medien ausgeschlossen wurde, lautete die Begründung: »Dies ist ein sicherer Raum für Studierende, die sich hier zu Hause fühlen sollen – und das ist wichtiger als alles andere.«

Obwohl die Woken sich für die aufgeklärteste Gruppe der Gesellschaft halten, stammen sowohl ihre Überzeugungen als auch die Art und Weise, in der sie diese zum Ausdruck bringen, aus einer dunkleren Zeit. Übermäßig verwöhnt von Eltern, die ihnen dummerweise sagten, sie seien etwas Besonderes, haben sie Angst vor der Welt der Erwachsenen, in der ein gesunder Wettbewerb herrscht, und wüten deshalb gegen den Kapitalismus; sie haben sich ihre Weisheitszähne in der Echokammer der sozialen Medien ausgebissen, und ihre Verfolgung all derjenigen, die sich weigern, ihre Behauptungen nachzuplappern (Männer können Frauen sein, Prostitution ist Arbeit wie jede andere, Juden haben kein Recht auf einen hauptsächlich jüdischen Staat, Muslime aber ein Recht auf mehr als fünfzig Länder, die unter dem Gesetz der Scharia leiden), ähnelt manchmal einer Hexenjagd von Salem bis Hollywood. Eine kürzlich von der Denkfabrik Policy Exchange durchgeführte Umfrage ergab, dass weniger als die Hälfte der britischen Universitätsstudenten die Redefreiheit befürwortet.

Nicht nur der Stil, auch ihre Argumente selbst lassen die Woke-Bewegung eher reaktionär als revolutionär erscheinen. Dazu gehören Aktivisten, die behaupten, Lesbentum sei »transphob« und Sportlerinnen sollten sich mit dem zweiten Platz hinter Konkurrentinnen zufriedengeben, die als Männer geboren wurden; Fauxministinnen, die glauben, eine Unterschicht weiblicher Prostituierter sei auf die Dauer akzeptabel und das Tragen eines Hidschab subversiv; amerikanische »Antifas« und Corbyn-Clowns, die alte antisemitische Klischees wieder aufwärmen – und Woke-Fürsten, die an das göttliche Recht von Königen zu glauben scheinen, niemals kritisiert werden zu dürfen. Ihre Analyse der Klassenunterdrückung glänzt durch Abwesenheit, was zu einer Gruppe passt, für die nur das persönlich Erlebte politisch ist; so genieße ein arbeitsloser Proletarier mittleren Alters im amerikanischen Rust Belt mehr »Privilegien« als Meghan Markle, die Herzogin von Sussex, weil er ein weißer Mann ist. Darüber gab es einen erfreulichen Austausch in den sozialen Medien. Ein Woker schrieb mit der typischen selbstgefälligen Herablassung gegenüber armen arbeitslosen Amerikanern im Rust Belt, es sei doch amüsant, so viele »dumme Weiße« zu sehen, die ihr »weißes Privileg« verpfuscht hätten, und ein junger Sozialist erwiderte: »Ja, nicht wahr? Und *es gibt* so viele von ihnen! Es sieht bald so aus, als ob die Gesellschaft auf, was weiß ich, *Klassenunterdrückung* oder sowas basiert und überhaupt nichts mit weißen Privilegien zu tun hat …«

Wokeness ist das Gebrüll der ihrerseits privilegierten Mittelmäßigen, die verzweifelt versuchen, im Mittelpunkt zu stehen, und sich vor jeder Herausforderung ihres fadenscheinigen Selbstverständnisses fürchten: ein Wutanfall mit sozial engagiertem Alibi. Die Woken, egozentrisch wie sie sind, sorgen sich so sehr um »Mikro-Aggressionen« gegen sich selbst, dass sie sich nicht um Gräueltaten scheren, die anderen in »weit entfernten Ländern, von denen wir nichts wissen« widerfahren, um Chamberlains Worte über die Tschechoslowakei zu zitieren. Böse ist, von einem Busfahrer als »Darling« angesprochen zu werden, weibliche Genitalverstümmelung aber eine andere Kultur.

Das alte Sprichwort »Die Jugend wird an die Jungen verschwendet« war noch nie so wahr wie bei den Woken. Sie sind nicht nur strengem Denken abgeneigt, sondern auch die erste Generation, die von allem *weniger* will: weniger Sex, weniger Alkohol, weniger Reisen – im Gegensatz zu den leichtlebigen Sechzigjährigen, die jetzt die Geschlechtskrankheits- und Zirrhoseraten bei den Älteren in die Höhe treiben. Und ganz bestimmt gibt es weniger Lacher, denn dies scheint auch die erste Generation zu sein, die ohne Sinn für Humor aufgewachsen ist. Es war vorhersehbar, dass kanadische Studenten Lou Reeds »Walk on the Wild Side« als »transphob« anprangern würden – da es ebenso sexy wie witzig ist, muss es schlecht sein.

Die Woken wären weniger verwerflich, wenn sie ihren eigenen makellosen Ansprüchen wenigstens gerecht würden, aber sie bleiben kläglich dahinter zurück. In Umkehrung von Carl Jungs großartigem Spruch »Du bist, was du tust – nicht, was du sagst« kann man, sobald man sich einmal als woke begreift, mit allem durchkommen. So erlauben sich die Damen und Herren von Sussex, andere über den Klimawandel zu belehren, während sie selbst mit Privatjets unterwegs sind, und Justin Trudeau scheint sich genauso zwanghaft zu schwärzen, wie seine Mutter Popstars gevögelt hat. Nachdem herausgekommen war, dass er es noch ein drittes Mal getan hat, gab er schließlich zu, dass er nicht mehr wisse, wie oft er es schon getan habe. Dennoch wurde er von Sprechern der Minderheit und liberalen Kommentatoren verteidigt. So nämlich, meinte Daniel Norris, funktioniere der »Wokescreen«. Hinter diesem magischen Schirm können privilegierte Cliquen Frauen ihrer hart erkämpften Privatsphäre berauben oder sich am brutalen Nervenkitzel der Judenhetze erfreuen – denn weil sie das Kästchen »Brüderlichkeit« angekreuzt haben, können sie doch keine schlechten Menschen sein! Die Leute da drüben sind die Bösen – etwa der zwölfjährige Sohn von Jacob Rees-Mogg, also lasst uns alle auf ihn schimpfen.

Aber was ich vielleicht am meisten an den Woken hasse, ist die Art und Weise, wie sie den Feminismus in den Schmutz gezogen haben. Die Ironie der Serie »The Handmaid's Tale – Der Report der Magd« besteht darin, dass sie unter einem rechten amerikanischen Regime spielt und Kanada gleich hinter der Grenze als sicherer Zufluchtsort vor dem Feminismus gilt. Aber sehen Sie sich den Zustand von Trudeaus Kanada an: Streichung öffentlicher Mittel für Frauenhäuser, die darauf bestehen, Schutzräume nur für Frauenräume sein, Verbrechen, die nicht mehr nach Geschlecht erfasst werden, Vergewaltiger, die in Frauengefängnisse gesteckt werden, und endlose Schikanen gegen feministische Aktivistinnen – alles im Namen von Wokeness. »The Handmaid's Tale« wird gerne als Warnung vor dem Erstarken rechter Ideologie verstanden, aber sehen Sie sich die amerikanischen Demonstrantinnen an, die gegen Trump demonstrieren, oder die schwedischen Politikerinnen, die den Iran besuchen und alle freiwillig einen Hidschab tragen: Woke Handmaids, die sich verkleiden, um der unterdrückerischsten aller patriarchalischen Religionen zu schmeicheln, während tapfere muslimische Frauen im ganzen Nahen Osten gefoltert werden, weil sie ihr Leichentuch ablegen.

Das ist das Scharia-Syndrom – und wie der neue hippe Antisemitismus stammt es ausschließlich von den Woken.

Der einzige Trost inmitten all dieses üblen Unfugs ist, dass Woke seinen Höhepunkt erreicht haben könnte. Als ich dieses Buch Anfang 2020 begann, blickte ich auf eine fremde Landschaft voller schmelzender Uhren und wütender Einhörner, in der selbst so arglose Beschäftigungen wie Stricken von Wokeness verseucht worden waren. Im Jahr 2020 machte der Journalist Gavin Haynes eine bemerkenswerte BBC-Radiosendung, die, wenn man einmal aufgehört hatte zu glauben, das ursprüngliche Sendedatum sei der 1. April gewesen, einen schier erstaunte:

> »Nathan Taylor, ein Instagram-Strickstar, löste unabsichtlich Rassenunruhen aus, als er versuchte, mit dem Hashtag ›Diversknitty‹ Farbige zu erreichen. Entsetzt musste Nathan mitansehen, wie ihm eine Welle von Anschuldigungen entgegenschwappte: er verteidige die Überlegenheit der Weißen, sei ein Nazi, usw. Diese Begegnung mit der Giftigkeit einer ›Reinheitsspirale‹ war so schlimm, dass Nathan, nachdem er gedroht hatte, sich das Leben zu nehmen, von seinem Mann ins Krankenhaus eingeliefert wurde.«

Eine »Reinheitsspirale« (Purity Spiral) ist extremes Cyberspace-Mobbing im Namen der Rechtschaffenheit: was Haynes als »bösartigen Zyklus von Anschuldigungen und Verurteilungen« bezeichnet, »in dem Gruppen von Leuten sich einem moralischen Fressrausch hingeben und Einzelpersonen ins Visier nehmen und attackieren, die sie für problematisch halten.« Es ist geradezu surreal zu sehen, wie ein Denken, das als legitime Reaktion auf Polizeibrutalität begann, innerhalb weniger Jahre zu einem Gezänk über das »rassische« Machtgleichgewicht zwischen rechter und linker Masche mutiert ist.

Und dann fiel Woke über die Wombles her. Anfang 2020 wurde ein Trailer in den sozialen Medien veröffentlicht. Ein Instagram-Post zeigte zwei Wesen unbestimmten Geschlechts und unterschiedlicher Hautfarbe. Mit den Worten »Wir sind alle gleich« umarmen sie sich über dem Zitat: »Vielfalt ist schön. Bei Menschen, bei Tieren, in der Natur. Am besten schützen wir den Planeten zu gemeinsam.«

So kann man die Geschichte umschreiben!

Um Wikipedia zu zitieren: »Wombles haben im Allgemeinen eine schlechte Meinung von anderen Tierarten, obwohl sie ihnen gegenüber nie unfreundlich sind. Sie haben eine schlechte Meinung von Menschen.«

Warum sollten wir die Wombles mit Woke behelligen? Sie waren doch so, wie sie waren, schon woke genug, nämlich andauernd damit beschäftigt, jedes bisschen Müll zu recyceln, das sie in die Finger bekamen. Obwohl niemand das Wort »rassistisch« gebrauchte, besagte die Forderung nach »Vielfalt« allemal, die Aasgeier seien nicht »inklusiv«, wenn es darum ging, mit wem sie in Wimbledon Common abhingen. Man kann es Marcus Robertson, dem Sohn ihrer Schöpferin Elisabeth Beresford, kaum verübeln, dass er in der *Mail on Sunday* ihre Ehre verteidigte, nachdem man ihn zu der Annahme verleitet hatte, die Schöpfungen seiner Mutter seien in irgendeiner Weise rassistisch und in unserer multikulturellen Zeit nicht für Pelze geeignet:

»Wombles haben graues Fell und orange-braune Gesichter. Sie sind nicht weiß. Sie sind nicht schwarz. Wombles sind Wombles. Ich glaube nicht an schwarze oder weiße Wombles und meine Mutter auch nicht, denn Wombles sind Wombles. Wir glauben an die Vielfalt der Menschen, aber Wombles sind keine Menschen. Ich habe das Gefühl, Mama im Stich gelassen zu haben, weil ich es so weit kommen ließ. Jetzt muss ich die Seele der Wombles retten. Ich möchte an ihrer Asche in einer Kirche auf Alderney vorbeigehen und sagen können: Wir haben es geschafft, Mama.«

Als ob die Situation noch komischer werden könnte, erklärten die Anwälte des neuen Eigentümers der Wombles hochtrabend:

»Die Ansichten von Herrn Robertson werden von der Wombles Copyright Holdings Limited oder den Wombles nicht geteilt. WCHL und die Wombles glauben an eine inklusive und vielfältige Welt, in der jeder gleich behandelt werden sollte.«

Natürlich ist es völlig egal, welche Farbe irgendwelche fiktiven Viecher haben. Aber wieder einmal zeigt sich, dass die unaufhörlichen Ermahnungen, was wir in einer bestimmten Situation denken oder sagen sollen, dazu führen, dass die Menschen viel weniger tolerant und viel reaktionärer sind, als sie es sonst wären. Die endlosen Versuche, uns auf den richtigen Weg zu bringen, als wären wir missratene Kinder, verleiten uns unweigerlich dazu, das Gegenteil zu tun. Folgendes Gedicht, das meine Wahlheimat Sussex beschreibt, spricht nunmehr für alle, die der Wokeness mit einem gesunden Maß an Selbstachtung und Skepsis begegnen:

Some folks as comes to Sussex,
They reckons as they knows
A darn sight better what to do
Then silly folks like me and you
Could possibly suppose.
But them as comes to Sussex,
They mustn't push and shove,
For Sussex will be Sussex,
And Sussex won't be druv.*

Wenn wir über die Welt der Woken erschrecken, müssen wir uns immer vor Augen halten, dass sie nicht nur unheimlich sind wie andere Hexenjäger, sondern auch ausgesprochen dumm, und deshalb ist es sehr wahrscheinlich, dass sie sich selbst mit ihrer eigenen Heuchelei zugrunde richten werden. Wie zum Beispiel kann man an das Böse kultureller Aneignung glauben – was so weit gehen mag, dass man sich über Nicht-Mexikaner ärgert, die Sombreros tragen – und zugleich glauben, ein Mann könne aus einem »Gefühl« heraus eine Frau werden? Misogynie war schon immer das Stiefkind des Rassismus, und es kann gut sein, dass, sobald Leute das »Gefühl« haben, ethnisch anders zu sein, als sie tatsächlich sind, dieser Totentanz ein Ende haben wird. Im November 2019 verkündete die Universitäts- und Hochschulgewerkschaft: »Seit langem schon ermöglichen wir es unseren Mitgliedern, ihre Identität selbst zu bestimmen, egal ob sie schwarz, behindert, LGBT oder Frauen sind.« Ein Jahr zuvor hatte ein weißer Theater-

* Nach Sussex kommen Leute, die meinen, sie wüssten verdammt viel besser, was zu tun ist, als dumme Leute wie du und ich uns jemals vorstellen könnten. Aber die nach Sussex kommen, sollen uns nicht herumschubsen, denn Sussex bleibt Sussex, und Sussex lässt sich nicht treiben.

regisseur, der sich als »wiedergeborener Afrikaner« bezeichnet, öffentliche Mittel erhalten, die ethnischen Minderheiten zu einer Karriere im Theater verhelfen sollen. Kein Wunder, dass Trevor Phillips, ehemals Beauftragter für »Rassengleichheit« – der im Frühjahr 2020 vor sein eigenes Woke-Tribunal gezerrt worden war – sagte, dass, wenn man den Leuten erlaube, ihre »Rasse« selbst zu bestimmen, ethnische Minderheiten »den Kürzeren ziehen«.

Wie die politische Korrektheit vor ihr begann Wokeness mit einem achtbaren Ziel und endete in verachtenswerter Selbstgefälligkeit, die Leute an den Tag legen, die sich mit ihren eigenen Unzulänglichkeiten nicht auseinandersetzen müssen, solange es einen dämonisierten Anderen gibt – Chav*, Gammon**, Brexiteer –, an dem sie sich auslassen können.

Es wäre interessant zu wissen, wie viele Hardcore-Wokeisten unter dem bipolaren Syndrom leiden, denn viele von ihnen offenbaren Anzeichen dessen, was man in der Psychologie »Abspaltung« nennt: eine polarisierte Weltanschauung, in der die eigene Seite vollkommen gut und die andere vollkommen böse sein muss. Diese Mentalität, die übrigens nicht nur bei Linken anzutreffen ist, führt unweigerlich zu Schauprozessen, bei denen es darum geht, dass jemand nicht die richtige Art Kommunist ist (wie im Russland der 1930er Jahre) oder auch nur ein klein wenig mit Kommunisten sympathisiert (wie im Amerika der 1950er Jahre). Was dabei herauskommt, ist jedenfalls trostlos: eine Herrschaft der Angst und eine Austrocknung der Kultur.

* Angehöriger der sogenannten Unterschicht, der sich aber gern mit Markenklamotten und billigem Schmuck herausputzt.
** Eigentlich ein Räucherschinken. Abfällige Bezeichnung eines (rechten) weißen Mannes mit durch Sonnenbrand geröteter Haut.

Die Transaktivisten, die mit dem Hashtag »BeKind« hausieren gehen, während sie TERFs mit Vergewaltigung und Mord drohen, scheinen den Widerspruch in ihrem Verhalten nicht einmal zu bemerken – und darin besteht die sehr reale Gefahr der Tugendhuberei. Es handelt sich dabei nicht, wie Befürworter behaupten, nur um eine wortreich bekundete Art von Anstand; tatsächlich dient sie als Deckmantel, um – im besten Fall – entweder überhaupt nichts Gutes für die Gesellschaft zu tun oder sich sogar ausgesprochen schlecht zu verhalten. Ich kann Tugendhuberei – das Erkennungszeichen der Woken – nicht ausstehen, nicht weil ich etwas gegen Tugendhaftigkeit hätte (mein freiwilliges Engagement spricht eine andere Sprache), sondern weil diejenigen, die am lautesten verkünden, dass es auf gutes Verhalten ankomme, praktisch nichts dergleichen jemals zeigen.

*

Still und leise kam Covid-19 im Jahr 2020 über uns, vertrieb die Menschheit von den Straßen und läutete einen seltsamen Superfrühling ein, in dem Mutter Natur, diese herrische alte Schlampe, uns alle in unsere Zimmer schickte und unsere Städte mit ihren stummen Vorposten füllte; Bergziegen zierten die Straßen von Wales, Wildschweine brachten in Barcelona die Brötchen nach Hause und Kojoten hinterließen ihre Spuren im Herzen von San Francisco.

Dieses Buch habe ich während des Lockdown geschrieben, als wir alle noch einmal überdachten, was uns wirklich wichtig war und was wir dem Müllmann überlassen könnten, und die Welt blinzelnd in neuem Licht betrachteten. Ein paar Wochen lang überlegte ich, ob ich es überhaupt schreiben sollte – #allinthistogether und all das

Zeug. Glücklicherweise gab mir das unaufhörliche Gejammer und die Missgunst der Wokers in einer Zeit, da sich die einfachen Leute als Helden des Alltags erwiesen und die konservative Regierung sich wie Robin Hood aufführte, neuen Antrieb.

Zum Beispiel hörte ich eine dämliche Frau im Radio, die sich darüber beklagte, dass wir in gefährlichen Zeiten wie diesen *mehr Vielfalt im Kabinett haben sollten, um glaubwürdig zu sein,* »denn wenn alle gleich aussehen, flößt das den Menschen kein Vertrauen in die Regierung ein«. Die vier wichtigsten Staatsämter im Kabinett waren mit einer Frau gujaratisch-ostafrikanischer Abstammung, einem Mann pundschabisch-ostafrikanischer Abstammung, einem Mann osteuropäisch-jüdischer Abstammung und einem aufgeblasenen blonden Prahlhans besetzt, dessen Urgroßvater der türkische Politiker Ali Kemal war, der unter dem Großwesir des Osmanischen Reiches gedient hatte. Glaubte die dusselige Frau im Radio etwa, das Kabinett sei nicht vielfältig genug, weil es dort zu wenige Angelsachsen gab? Natürlich nicht; sie war lediglich entsetzt über *die falsche Art von Vielfalt,* die durch Leistung und Verdienst und nicht durch Quoten und Klientelismus zustande gekommen war.

Warum führten sich die Woken selbst inmitten der größten Bedrohung seit Menschengedenken noch immer als so pingelige Neinsager auf?

Gerade als die Seuche ihren Höhepunkt erreichte, führte eine Gruppe fröhlicher Krankenschwestern aus Devon mit weißen Stirnbändern und schwarzer Gesichtsbemalung den zeremoniellen Māori-Haka-Tanz auf und skandierte zu den Bildern des Coronavirus: »Du wirst uns nie besiegen.« Nur ein harmloser Versuch moralischer Ermutigung durch eine Gruppe von Menschen, die mehr als alle anderen tun, um ihre Mitbürger vor einer schrecklichen Krankheit zu bewahren, und dafür fortwährend ihr eigenes Leben aufs Spiel setzen? Spülen Sie sich den Mund mit antibakteriellem Desinfektionsmittel aus! Auf Twitter warf man den Krankenschwestern vor, »die Māori-Kultur zu verhöhnen«, und eine Maori-»Expertin« (interessanterweise keine »Sprecherin«) namens Tania Ka'ai verurteilte dies als »eklatanten kulturellen Missbrauch, der an Rassismus grenzt«:

> »Beim Haka-Tanz geht es nicht darum, einfach nur Wut auf die Welt auszudrücken. Er stellt Stolz, Stärke und Einigkeit eines Stammes zur Schau. Dies ist ein Beispiel dafür, wie die vorherrschende westliche Kultur einen Aspekt der Māori-Kultur trivialisiert und unsere Sprache missbraucht, die seit dem Vertrag von Te Tiriti o Waitangi aus dem Jahr 1840 ums Überleben kämpft.«

Darauf antwortete das Krankenhaus:

> »Wir möchten diejenigen, die wir mit einem am Wochenende auf Twitter veröffentlichten Video beleidigt haben, von ganzem Herzen um Entschuldigung bitten. Das Video sollte zeigen, dass wir als Krankenschwestern bereit sind, auch weiterhin hart zu arbeiten und uns im Kampf gegen das Coronavirus um die Menschen zu kümmern. Wir haben uns sehr über die Videobotschaften von Kolleginnen und Kollegen aus der Krankenpflege im ganzen Land gefreut, und es tut uns aufrichtig leid, dass wir mit unserer Mitteilung Anstoß erregt haben. Auf keinen Fall wollten wir jemanden verärgern.«

Wokers sind wie diese Hunde, die man manchmal in Kneipen sieht und die nicht wirklich wütend sind, sondern alle zehn Minuten ein Bellen von sich geben, um ihre Apparatur am Laufen zu halten. Ist ihr Leben so langweilig und ihre Persönlichkeit so uninteressant, dass sie unaufhörlich Probleme schaffen müssen, um sich lebendig zu fühlen? Was auch immer der Grund sein mag, sie verleugnen alles, und während die Menschen im Allgemeinen schlechte Dinge verleugnen – als Bewältigungsmechanismus –, sind die Woken die einzige Gruppe, die permanent gute Dinge verleugnet, wie zum Beispiel die *wirkliche* Vielfalt der Regierung. Sie sind in aller Regel feige (ich wüsste gerne, wie viele Woke ihre wertlose Haut während des Lockdown nach draußen geschafft und tatsächlich jemandem geholfen haben) und sie verabscheuen die Arbeiterklasse; es muss sie wahnsinnig machen, dass wir uns endlich in Richtung eines *wirklichen* Sozialismus bewegen, im Gegensatz zu dem prahlerischen Auftreten, in dem sie sich gefallen.

Wie all die versnobten sozialistischen Eugeniker aus alten Zeiten (der hitzige sozialistische Feuerwehrmann und Gewerkschafter Paul Embery, der für den Brexit war, sagte einmal zu einem Zwischenrufer der Fabian Society: »Was wollen Sie tun – mich sterilisieren?«) schwören die Wokers, im Namen des Volkes zu sprechen, aber insgeheim erfüllt sie der Gedanke an die wirklichen Menschen, die dazu neigen, unlogische Dinge zu tun, wie zum Beispiel für den politischen Kandidaten zu stimmen, der sie nicht als bedauernswerte Gestalten bezeichnet hat, mit Angst und Abscheu. Abgesehen von der mörderischen Rhetorik, mit der sie gegen rebellische Frauen vorgehen, die sich nicht mit der Behauptung abfinden wollen, Penisse seien nicht unbedingt männlich, sehen wir die Woken in ihrer ganzen Bösartigkeit, wenn sie auf die Arbeiterklasse einschlagen. Sensibilität wird als positive Charaktereigenschaft hingestellt, doch interessanterweise ist die Kehrseite oft Grausamkeit und Unempfindlichkeit, da eine erhöhte Sensibilität auf eine Person schließen lässt, die sich nie bemüht hat, ihre Gefühle zu beherrschen, um so zu einem Erwachsenen zu werden, der sich selbst unter Kontrolle hat. Solche Menschen bezeichnet man herkömmlich als welche, die austeilen, aber nicht einstecken können. Diesen neuen Typus habe ich 2015 in einem Essay im *Spectator* beschrieben:

»Wir leben im Zeitalter des Cry-Bully, einer abscheulichen Mischung aus Opfer und Sieger, Heuler und Schläger. Sie sind überall, diese verlogenen Pushmi-Pullyus des Persönlichen und Politischen, von Celebrity Big Brother bis zur Frontlinie des Islamismus. Ich mag die Monarchie nicht, aber die alte Weisheit, nach der die Windsors angeblich leben – erkläre nichts und beklage dich nie –, ist eine gute Sache. Der Cry-Bully gibt so lange Erklärungen ab, bis man ihm zustimmt, andernfalls beschwert er sich und meint, man verfolge ihn. Sie sind wirklich die schlimmste Sorte des modernen Nörglers.«

Ich habe noch nie von einem Woken gehört, der für den Brexit gewesen wäre, und mir schwante, dass, sobald meine Seite den Sieg witterte, unsere selbsternannten Oberen sich mit dem C-Wort nicht lange zurückhalten würden. Und tatsächlich stand es in dieser Woche im Bericht der *Sunday Times* über das Glastonbury-Festival. »Die Chavs haben gewonnen«, jammerte ein zartbesaiteter Raver. »Ich sehe mich bereits nach einer doppelten Staatsbürgerschaft um.« An anderer Stelle in der Zeitung stänkerte ein Remainer* aus Brighton: »Wenn man jedem Mann und seinem

* Der den Verbleib Großbritanniens in der EU befürwortet.

Hund eine Stimme gibt, muss man auf die Antwort gefasst sein, die man bekommt.« »Willkommen in Chavbritannien«, lautete es in der Facebook-Statuszeile des Freundes eines Freundes am Morgen nach dem Ergebnis. Betrübte Schneeflöckchen forderten sogleich, London solle sich vom Rest dieser rüpelhaften Insel abspalten, vielleicht mit einem schicken kleinen Shuttle-Service, um die Verbindung mit Schottland aufrechtzuerhalten. Die Aussicht, 99 Prozent der Männerzöpfe und Gesundesser auf einen Schlag loszuwerden, war zwar verlockend, aber was hatten diese Kleinlondoner mit den satten 40 Prozent der Londoner vor, die für den Austritt gestimmt hatten? Vermutlich würden auch sie weiter dort leben dürfen, um die Remainers zu bedienen, die den Verlust ihrer osteuropäischen Sklaven betrauern.

Die erbärmliche Gereiztheit, die die Remainers nach unserem glorreichen Sieg an den Tag legten, rührte von der Tatsache her, dass viele von denen, die sich rühmten, fortschrittlich zu sein, in Wirklichkeit die ganze Zeit über nur ein andersgearteter Teil des Establishments waren. Sie betrachteten sich selbst als überragende Menschenfreunde, die vor dem Altar der Europäischen Union niederknieten, weil sie sich voller Großmut zur Bruderschaft der Menschen zählten, und nicht etwa aus Geiz, weil sie billige Haushaltshilfen einstellen wollten. Die hässlichen Äußerungen der gröbsten Griesgrame – vom Romancier Ian McEwan (der ein weiteres Referendum herbeisehnte, sobald die älteren Brexit-Wähler »frisch im Grab« lägen) bis zum Rundfunksprecher Terry Christian (der hoffte, dass eine »ansteckende Grippeerkrankung« die Menschen treffen würde, die »dafür gestimmt haben, unser Leben zu zerstören«) – entlarvten sich als die völkermörderischen Phantasien, die diese Leute bereits hegten, als die älteren Bürger, die sie für den Brexit verantwortlich machten, angesichts der Pandemie zu Tausenden zu sterben begannen. (Amüsant, nebenbei, dass, obwohl sie die Alten verteufeln, McEwan über 70 und Christian immerhin schon 60 Jahre alt ist. Vielleicht verfügen sie über das, was ich mal einen Zauberspiegel genannt habe, wie ihn eine beträchtliche Zahl unansehnlicher alter Leute besitzt, die nur hineinschauen, um sich von einem jungen Adonis anblicken zu lassen.) Den merkwürdigen Hass der Woken auf die Massen in Zeiten der Seuche kommentierte ein Freund mit einer traurigen Mitteilung auf Facebook wie folgt: »Ich habe gerade gehört, dass mein wunderbar exzentrischer Stiefonkel heute an Covid-19 gestorben ist – täuscht euch nicht, das ist eine abscheuliche Art zu sterben.«

Letzte Woche sah ich den Kommentar eines Musikers aus Bristol zum Facebook-Posting eines Freundes: »›Her mit Covid-19, ich bin so gut wie bereit, aussortiert zu werden.‹ Er bezog sich auf die Arbeiterklasse; das brachte damals wie heute mein Blut in Wallung. Ich hoffe, ich werde diese abscheuliche Kreatur niemals treffen; Gipfel des Woke-Wichsertums.«

In einem Brief an den *Guardian*, der sich wie ein Großteil dieser Zeitung wie eine bissige Tory-Satire auf das Woketum liest, hieß es hämisch: »Meine Tochter Maude hat letzte Woche klugerweise gesagt, dass wir, die Menschen, das Virus sind, und Covid-19 ist die Lösung.« Wenn ich ihre Mutter wäre, würde ich ein Auge auf Maude haben, denn das klingt wie etwas, das auch ein kleinerer Hitler sagen könnte.

Vielleicht ist es das unbewusste Wissen darum, wie wenig sie tatsächlich zum Leben beitragen, das die Woken so laut schreien lässt, um es zu verbergen. Was auch immer die Ursachen sein mögen, ihre Unsicherheit und Angst vor einer lebhaften Debatte legt die Gesellschaft still, und zwar sowohl auf ernste Art und Weise, nämlich durch Zensur, als auch auf frivole: sie versuchen, uns den Sonnenschein wegzunehmen und uns alle so langweilig zu machen wie sie selbst, die sich im sicheren Raum einer abgeriegelten Echokammer ihre selbstzugefügten Wunden lecken.

Manchmal denke ich, es sei meine stürmische Liebe zur Freiheit, die mich Wokeness hassen lässt, und manchmal, es sei meine stürmische Liebe zum Spaß. Wahrscheinlich ist es beides, aber was auch immer es ist, ich lasse mich nicht beirren. Wenn es Ihnen auch so geht und Sie nichts Nettes zu sagen haben, setzen Sie sich doch zu mir und lesen Sie dieses Buch.

*

An einem Nachmittag Anfang 2013 vertrieb ich mir unschuldig die Zeit auf Facebook, als ich erfuhr, dass eine Freundin, die Schriftstellerin Suzanne Moore, in den sozialen Medien von militanten Transaktivisten bedroht wurde, und zwar wegen einer Zeile in einem Essay im *New Statesman* mit dem Titel »Seeing Red: The Power of Female Anger«:

> »Wir Frauen sind wütend auf uns selbst, weil wir nicht glücklicher sind, nicht richtig geliebt werden und nicht die ideale Körperform haben – die einer brasilianischen Transsexuellen.«

Obwohl gehässige Leute mich kalt lassen, schrecke ich nie vor einer Auseinandersetzung zurück, wenn es um meine Freundinnen geht. Und mit Suzanne hatte ich schon einmal so einen Fall. Ich fühlte mich ihr enger verbunden als anderen Freundinnen, weil wir beide Frauen aus der Arbeiterklasse sind, die es in die Medien geschafft haben, was selten vorkommt. Als ich ein Teenager war, der Schriftsteller werden wollte, fragte mich meine Mutter, wie es mit »dem Schreiben« läuft; ihre Mutter hörte man sagen: »Suzanne ist deprimiert – sie liest.« Ich betone das nicht nur, um anzugeben (obwohl ich natürlich sehr stolz darauf bin, eine bekannte Schriftstellerin geworden zu sein, und das ohne reiche Eltern, Bücher im Haus oder eine Universitätsausbildung), sondern weil ich der Meinung bin, dass Wokeness im Grunde nur der jüngste Versuch der Privilegierten ist, die furchterregenden proletarischen Horden zu bändigen und zu kontrollieren; eine repressive eher als eine progressive Bewegung, auch wenn die Woken mit sozialer Gerechtigkeit hausieren gehen. Ich glaube, dass die Klassenherkunft, die ich mit Suzanne teile, für einen Großteil des Aufruhrs verantwortlich war, der daraufhin entstand.

Aber um ehrlich zu sein, war Rechtschaffenheit nur einer der Gründe, warum ich ihr verfallen war. Wir hatten eine angenehme Freundschaft, in der ich die Rolle des bösen, womöglich eher verrückten Bullen und sie die des guten spielte, was wir jedoch in komischem Maße übertrieben. Als ich zum Beispiel in den 1990er Jahren meines zweiten Mannes überdrüssig wurde und mich nach einem geeigneten Ersatz umschaute, um seine sexuelle Eifersucht zu bändigen und ihn so hoffentlich während der Scheidungsvereinbarung gefügiger zu machen, fiel mein Blick auf Genossin Moore, die meinen etwas vulgären, Betty-Boop-artigen Sexappeal teilte: klapprige Stimme, schwindelerregend hohe Absätze und tiefen Ausschnitt schon am Vormittag. Nachdem sie sich wochenlang entsetzt gezeigt hatte – »Julie, *nein!* Nicht einmal *du* könntest das wollen!« – willigte sie schließlich ein, und wie bei allem, was wir durchgemacht haben, konnten wir herzlich darüber lachen.

Ein paar Dummheiten aus früherer Zeit jedoch ließen

den Tsunami schon erahnen, den ich zu Suzannes »Verteidigung« (»Egal, welche Probleme ich in Zukunft habe, ich werde mir sagen: ›Es könnte schlimmer kommen – Julie Burchill könnte dir zu Hilfe eilen‹«, so die verstorbene Deborah Orr) gegen das monströse Aufgebot von Arthurs loslassen würde, die sich sonntags und montags in Marthas verwandeln. Unsere Gegnerin bei diesem Outing war Germaine Greer, jetzt eine TERF-Kollegin (Trans Exclusive Radical Feminist – wir sind so etwas wie die Round Earthers der Geschlechterpolitik), was zeigt, wie erfreulich die Transsexuellen-Debatte – und ebenso der Brexit – alte Vorurteile zerschmettert und neue Bündnisse geschaffen hat. Aus irgendeinem Grund (oder vielleicht auch nicht, sie ist schon lange zickig zu anderen Frauen, so nach dem Motto: »Ich bin die einzige Feministin im globalen Dorf«) hatte die Professorin Suzanne 1995 mit einer zufällig generierten Wortsuppe beleidigt, indem sie sich über ihre angebliche »Vogelnestfrisur« ausließ, über »Fickmich-Schuhe«, »drei Zentimeter fettes Dekolleté« und »so viel Lippenstift, dass einem das Gehirn verfaulen muss«. Suzanne war der Inbegriff eines würdevollen Blaustrumpfs – »Wenn Germaine mich wegen meiner Schriftstellerei angreifen würde, wäre das weitaus angemessener, als mich wegen meiner Schuhe anzugreifen« – doch wo bleibt da der Spaß? Ich war fest entschlossen, mich zwischen meine beiden sich bekriegenden Schwestern zu stellen – aber nur um in der ersten Reihe zu sitzen und hoffentlich dafür zu sorgen, dass der Brand noch lange weitergeht, der nämlich eines natürlichen Todes gestorben wäre, wenn sich nicht eine Unruhestifterin wie ich eingemischt hätte.

Ich versuchte, beide Seiten zu sehen. Vielleicht *war* es frech von Dr. Moore, zu schreiben, Professor Greer habe sich in jungen Jahren einer Hysterektomie unterzogen;

wenn es schon unhöflich ist, jemandes Schuhe zu beleidigen, dann ist es wahrscheinlich noch schlimmer, sich über jemandes Eierstöcke lustig zu machen. Aber woher sollten wir wissen, dass diese antagonistische Amazone am liebsten ein kleines Baby zum Knuddeln gehabt hätte? Wir sind doch keine Gedankenleser!

Die Professorin sprach:

> »Es ist ziemlich schmerzhaft, wenn man sich einen guten Teil seines Lebens bemüht hat, Kinder zu bekommen, und diese junge Frau – die selbst zu ihrem Glück schon zwei Kinder hat – plötzlich verkündet, ich hätte mich mit 25 Jahren einer Hysterektomie unterzogen, weil ich keine Kinder wollte. Wie kann sie nur so dumm sein? Bei einer Frau, die sich selbst als Feministin bezeichnet, ist ein solches Maß an Unverständnis, glaube ich, unentschuldbar.«

Darauf entgegnete die Doktorin:

> »Germaines Mutterleib ist der Mittelpunkt ihres Universums, doch nicht für mich. Natürlich hat mich, was sie gesagt hat, verärgert, aber trotzdem bewundere ich sie sehr. Sie hat absolut recht, wenn sie sagt, Frauen sollten wütend sein dürfen, und sie ist genau die Richtige, um leidenschaftlich und polemisch darüber zu schreiben. Aber die Leute wollen einen Zickenkrieg.«

Nun, ich ganz bestimmt. Als ABC, die australische BBC, mich anrief, war ich hocherfreut. Dr. Moore war in ihrem Element: »Julie, das kannst du nicht sagen!« schrie sie immer wieder, als ich mich über Prof. Greers Eierstöcke lustig machte und sogar darüber, dass sie aus irgendeinem Grund allen ihren Hühnern Namen gegeben hatte. »Es ist nicht Suzannes Schuld, dass Professor Greer von der Schwerkraft überfallen wurde«, schloss ich in fürsorglicher Manier. »Oder dass sie unfruchtbar ist.«

Dieses Scharmützel hatte meinen Appetit angeregt, und im Laufe der Jahre hatte ich selbst noch einige persönliche Auseinandersetzungen mit Greer. Persönlich war sie immer sehr nett, auch wenn sie keine Gelegenheit ausließ, den Emporkömmlingen zu zeigen, wer die Chefin ist: »Ich hoffe, es macht Ihnen nichts aus, dass ich im Fernsehen so unverhohlen mit Ihrem Mann flirte«, zwinkerte sie einmal, als wir darauf warteten, in der *Woman's Hour* aufzutreten.

Ich setzte ein ausdrucksloses Gesicht auf: »Mit welchem? Es gab schon so viele!«

Damit hatte sie nicht gerechnet. »Tony!«*

»Ach, der! Ja, den habe ich verlassen, als er noch halbwegs anständig aussah, und nun, da er aussieht wie ein kranker Rhesusaffe, werde ich bestimmt nicht eifersüchtig. Bedienen Sie sich!«

Wir lächelten uns höflich an, ehe wir ins Studio gingen, und versuchten, uns gegenseitig in zwölf Dosen Katzenfutter zu verwandeln. Aber im Vergleich zu meiner Auseinandersetzung mit Camille Paglia sah das eher aus wie ein »Entschuldigen Sie, meine Damen«-Tanz. Sie: »Ich werde auf der ganzen Welt gelesen, von Japan bis Südamerika ... Du bist außerhalb Englands völlig unbekannt.« Ich: »Wie schön, dass ein akademischer Eierkopf wie du es zu etwas gebracht hat. Freue mich, dass du in Japan groß rausgekommen bist.«

Sie: »Du hältst dich für wahnsinnig klug, aber du scheinst in deiner Jugendlichkeit gefangen zu sein.« Ich: »Verpiss dich, du verrückte alte Lesbe.«

* Tony Parsons, englischer Journalist und Radiomoderator, von 1979 bis 1984 mit Julie Burchill verheiratet.

Ich erinnere hier daran, dass Feministinnen schon immer unterschiedlicher Meinung waren – oft bis hin zu Verleumdungen –, aber weil wir wissen, dass brave Frauen die Geschichte niemals ändern, haben wir nie versucht, uns gegenseitig zu zensieren, auf eine schwarze Liste zu setzen oder zu »canceln«. Wir sind uns unserer Argumente sicher genug, um ebenso zuversichtlich anzunehmen, dass sie nicht zu Staub zerfallen, sobald sie in Frage gestellt werden.

Im Jahr 2015 hingegen versuchte eine Petition an der Universität Cardiff, einen Vortrag Greers über Frauen im politischen und gesellschaftlichen Leben wegen ihrer »frauenfeindlichen Ansichten über Transfrauen« zu verbieten. Das war das bisher beste Beispiel für den Irrsinn, der dem Transaktivismus zugrunde liegt, sofern man es denn überhaupt als »Aktivismus« bezeichnen mag, wenn jemand auf der Damentoilette an seinem Schwanz herumspielt und Morddrohungen gegen Frauen ausstößt.

Der Vortrag fand trotzdem statt, wobei uniformierte Polizeibeamte vor dem Hörsaal Wache standen und Sicherheitsleute die Türen von innen bewachten. Es war vielleicht der letzte Anflug von gesundem Menschenverstand seitens der Polizei dieses Landes, wenn es um die TERF-Kriege ging; am Ende des Jahrzehnts würden wir sie als einen Haufen frauenfeindlicher Herumtreiber entlarven, die offenbar dem Wahn verfallen sind, Aufgabe der Ordnungskräfte sei es, die freie Meinungsäußerung nicht vor gewaltsamen Angriffen zu schützen, sondern den ganzen Tag über den sozialen Medien zu schweben wie ein Haufen plattfüßiger Kardashians, die sich mit dem abscheulichen Verbrechen des »Misgendering« beschäftigen, derweil die Straßen der großen Städte dieses Landes rot vom Blut junger Menschen sind. Ich kann mir vorstellen, wie diese PC-PCs, diese politisch korrekten Polizeikommissare, den morgendlichen Twitter-Feed durchforsten, während sie sich, dünnen Milchkaffee schlürfend, erkundigen, wer wessen Gefühle verletzt hat, und sich um ihre Pronomen kümmern (»Cis-TERF-Schlampe hat meine umwerfend tapfere Tochter nicht respektiert – sie wird zugrunde gehen!«), bevor sie loshüpfen, um sich mutig mit gesetzestreuen Freidenkern über den neuesten »nicht-strafbaren Hassvorfall« zu ereifern.

Jedenfalls machte Professor Greer in ihrem Vortrag unverblümt klar, dass sie es nicht akzeptiere, operierte Männer als Frauen zu betrachten:

> »Ich glaube nicht, dass ein Mann ohne Schwanz ein Mann ist – man kann mir einen Baseballschläger über den Kopf hauen, ich werde meine Meinung trotzdem nicht ändern. Eine Frau zu sein ist etwas komplizierter; wenn du deine Hose nicht voller Blut gefunden hast, als du 13 warst, dann weißt du nicht wirklich, was es bedeutet, eine Frau zu sein. Das Leben besteht nicht nur aus Kuchen und Marmelade.«

Ein von den Demonstranten verteiltes Flugblatt enthielt ein Zitat von ihr aus dem *Guardian*: »Heutzutage treffen wir allenthalben auf Menschen, die sich für Frauen halten, die Frauennamen, weibliche Kleidung und viel Lidschatten tragen und die uns als eine Art grässlicher Parodie erscheinen, auch wenn es nicht höflich ist, das zu sagen.« Ein großartiger Beitrag – und welch ein Triumph der streitlustigen Schwesternschaft, dass keine Geringere als Dr. Moore sich mit ihrer ehemaligen Sparringspartnerin auf Twitter solidarisch zeigte: »Germaine Greer war für mich vor vielen Jahren eine richtige Kuh … Na und? Sie ist Germaine Greer, und sie sollte sagen dürfen, was sie will. Sie zu verbieten ist lächerlich.«

Aber kehren wir in unserer TERF-Zeitmaschine ins Jahr 2013 zurück. Als ich sah, dass meine Amiga auf Twitter gemobbt wurde, postete ich auf Facebook ein paar bissige Kommentare zu ihrer Unterstützung, woraufhin ein Redakteur des *Observer* sich in die Unterhaltung einschaltete und mich fragte, ob ich daraus eine Kolumne machen wolle. Ich lehnte ab, während ich mich schon verabschiedete; dann bot man mir das Doppelte an, also tat ich es, ging meines Weges und dachte bis zum Sonntag nicht mehr daran, als ich losging und die Zeitung kaufte. Meine Kolumne las sich gut – voll der zügellosen Vulgarität, für die ich berüchtigt bin und die sich für mich so gut in dem Zitat des Architekten Clough Williams-Ellis zusammenfassen lässt: »Ich bin lieber vulgär als langweilig – vor allem zu mir selbst.« Ich weiß, dass ich nicht jedermanns Sache bin, aber ich schreibe, um mir selbst eine Freude zu machen und bezahlt zu werden, und für gewöhnlich gelingt mir das auch. Mit dieser berüchtigten Kolumne vom 12. Januar 2013 habe ich mich selbst sicher nicht enttäuscht, zumindest war sie witzig:

> »Die Schriftstellerin Suzanne Moore und ich kennen uns schon lange. Ich traf sie zum ersten Mal, als sie eine junge, alleinerziehende Mutter war, die in einer Sozialwohnung lebte. Sie nahm mich mit, um mich für das nicht mehr existierende Magazin *City Limits* über meinen Roman ›Ambition‹ zu interviewen. Ich habe ihren Aufstieg in die erste Reihe der großen Polemiker dieses Landes mit großem Stolz verfolgt. Darum wollte ich es kaum glauben, als ich las, dass meine Freundin auf Twitter so sehr verunglimpft wurde, dass sie dort aufhörte, weil sie angeblich auf einer Minderheit herumhackte, nämlich den Transsexuellen. Obwohl ich mir das etwa so vorstelle, als würde man von einem toten Schaf zer-

fleischt, wie Denis Healey über Geoffrey Howe sagte, war ich doch empört darüber, dass eine Frau von solchem Stil und solcher Substanz von einem Haufen Schwänze in Frauenkleidern von der von ihr gewählten Art der Zeitverschwendung abgebracht werden sollte. Wenn eine Schar von Transsexuellen Suzanne Moore sagt, wie sie schreiben soll, ist das meiner Meinung nach – und ich habe mit kühlem Kopf darüber nachgedacht – etwa so, als würden die Black & White Minstrels Usain Bolt sagen, wie er laufen soll.«

Bis dahin war meine einzige Erfahrung mit der Translobby, dass sie eine andere meiner Freundinnen, die altgediente Frauenrechtlerin und Aktivistin gegen häusliche Gewalt Julie Bindel, auf abscheuliche Weise verfolgten, indem sie Veranstaltungen blockierten, auf denen sie über so unbedeutende Themen wie die Vergewaltigung von Kindern und den Frauenhandel sprach, nur weil sie sich weigert zu akzeptieren, dass ihre Beziehung zu ihrem Phantomglied das dringendste Problem ist, mit dem (wirkliche oder eingebildete) Frauen konfrontiert sind. Ignoriert den wirklichen Feind – er ist stark und erfordert echte Anstrengung und Organisation, um ihn zu bekämpfen. Wie viel einfacher ist es doch, sich auf diejenigen zu stürzen, die bequemerweise in der Nähe sind!

Aber sie streiten lieber über Semantik. Fairerweise muss man sagen, dass die meisten von ihnen dazu nur in der Lage sind, weil sie sich im Wissenschaftsbetrieb jahrzehntelang die Eier abgeschnitten haben. Es war ein Brüller zu sehen, wie die jenseits von gesundem Menschenverstand und Ehrlichkeit schreienden Mimis Suzanne des weißen feministischen Privilegs beschuldigten; vielleicht war es das, was diese schließlich dazu brachte, ihren Twitter-Kritikern spöttisch zu entgegnen: »Die Leute können sich einfach verpissen, wirklich. Ihre Schwänze abschneiden und feministischer sein als ich. Schön für sie.«

Suzanne, die andere Julie B. und ich gehören zu der winzigen Minderheit von Frauen aus der Arbeiterklasse, die es in der überregionalen britischen Presse zu etwas gebracht haben, und ich glaube, das trägt seinen Teil zur Auseinandersetzung mit den Transen bei. (Ich weiß, dass das kein feines Wort ist, aber da diese Leute geborene Frauen als »Cis« bezeichnen – klingt wie Syph, Zyste, Zisterne, alles ekliges Zeug – können sie froh sein, dass ich sie nicht Shemales nenne. Oder Shims.) Wir wissen, dass wir uns alles, was wir haben, selbst erarbeitet haben. Wir haben keine reichen Familien und kein Sicherheitsnetz. Und wir wären verflucht, wenn wir uns von einem Haufen Bettnässer mit schlechten Perücken vorwerfen ließen, wir seien privilegiert.

Es wurde bereits festgestellt, dass der Cyberspace, obwohl angeblich glänzend neu, von der uralten Tristesse geplagt wird, dass Männer Frauen sagen, sie sollten nicht reden, und ihnen mit allen möglichen Gemeinheiten drohen, wenn sie darauf beharren, zu sagen, was sie fühlen.

Die Translobby sagte nun, dass es nicht so sehr der ursprüngliche Artikel gewesen sei, sondern Suzannes Weigerung, sich zu entschuldigen, als sie dazu aufgefordert wurde, was sie zu ihrer Hetzjagd auf Twitter veranlasst habe. Vermutlich sollte Suzanne das im Namen der Solidarität und des »Kampfes« tun – wiewohl ich mir nur sehr schwer vorstellen kann, dass dieser Mob mit irgendetwas anderem kämpft als mit der englischen Sprache und dem Konzept der Redefreiheit.

Sich den Schwanz abschneiden zu lassen und sich dann auf besondere weibliche Privilegien zu berufen – und zwar gegenüber natürlich geborenen Frauen, die anscheinend nicht wissen, was Leiden bedeutet –, das erinnert ein bisschen an die alte Bedeutung des Wortes Chuzpe: Ein Junge bringt seine Eltern um und bittet dann die Geschworenen um Gnade, weil er ein Waisenkind sei. Shims, Shemales, wie auch immer ihr euch heutzutage nennt – bedroht oder tyrannisiert uns niedere, natürlich geborene Frauen nicht, ich warne euch. Wir können vielleicht nicht mit so vielen schönen großen Doktorhüten angeben wie ihr, aber wir haben ein ganzes Leben lang Menstruationsbeschwerden und sexuelle Belästigung erlebt, und viele von uns blicken jetzt der Hormonersatztherapie und den Wechseljahren direkt ins Gesicht – und zucken immer noch nicht zurück. Glaubt mir, ihr werdet uns wirklich nicht mögen, wenn wir wütend sind.

Für mich war das eine ganz normale Sache. Ich beiße Leuten in die Waden, seit ich als Siebzehnjährige im *New Musical Express* Popstars zurechtgestutzt habe, und ich weiß, dass es oft ein Wiedersehen gibt. Ich habe schon jede Menge Morddrohungen per Post erhalten (die jetzt, nach dem Ende des Briefeschreibens, geradezu im Glanz höfischer Liebe erstrahlen), und ich kam auch in den Phantasien eines Verrückten vor, der mir aus Schottland schrieb und versprach, alle möglichen blutigen Dinge zu tun, und dann seine wütende Leidenschaft in jeder südlicheren Stadt noch steigerte, in der er auf seiner perversen Wanderung zu mir haltmachte. Ich war damals Kolumnistin beim *Guardian*, und eines Tages – vielleicht weil mein Brieffreund dazu übergegangen war, garstig aussehende Genitalien auf die Umschläge zu malen – ging einer der Gutmenschen in der Belegschaft hin, öffnete das billet doux und war ziemlich entsetzt über das, was er da las.

»Nun sag schon, was ist es?« drängte ich ihn am Telefon. Ich war inzwischen ganz vernarrt in diese schmutzigen Botschaften.

»Julie, *das willst du gar nicht wissen!*«

»Oh, doch, das will ich!« beharrte ich.

»Nein, es ist *schrecklich*, ich schicke es direkt an deine nächste Polizeidienststelle.«

Innerhalb von 24 Stunden stand ein frischgebackener Polizeikommissar vor meiner Tür; ein zweischneidiges Schwert, denn das waren noch die guten alten Zeiten, als ich in meinem rosafarbenen Palast in Hove dreitägige Kokain-Poolpartys veranstaltete, bei denen es immer so aussah, als hätte jemand eine riesige Tüte Zucker auf allen glatten Oberflächen zerplatzen lassen. Ich schloss meine Verandatür auf und gab mein Bestes, um einen guten Menschen mit einer schlimmen Erkältung zu verkörpern, als ich schniefend über seine Besorgnis und sein Mitgefühl nickte und erst widersprach, als er mir einen Panikknopf aufschwatzen wollte.

»Auf keinen Fall! Die sind für alte Leute, die hinfallen! Und außerdem« – ich deutete selbstgefällig auf unsere unmittelbare Umgebung – »habe ich eine *Verandatür*.« Daraufhin lächelte ich selig und machte mich daran, die Tür zu schließen. Der Kommissar klemmte seinen Fuß zwischen Tür und Pfosten, und gut fünf Minuten lang flogen die Worte »Panikknopf« und »Verandatür« wie bei einem Wimbledonspiel hin und her. Schließlich zog er sich erschöpft zurück, und ich hüpfte davon, um zur Feier des Tages meine Spiegel abzulecken. (Der Verrückte tauchte schließlich in den Büros des *Guardian* auf – zu glauben, ich arbeitete mit *diesem* Haufen in einem Büro, bewies wahrhaftig sein schwaches Gespür für die Realität –, wo er versuchte, sich am Sicherheitsbeamten vorbeizudrängen, direkt auf den Bürgersteig zurückgeschleudert wurde und nichts mehr von sich hören ließ.)

Aber ich war nicht nur daran gewöhnt, die Aufmerksamkeit dyspeptischer älterer Feministinnen oder abgemeldeter Verrückter auf mich zu ziehen. Ich war auch eine Wiederholungstäterin, wenn es um die Verleumdungsgesetze ging, und löste kostspielige Wortgefechte aus. Zum Beispiel schrieb ich 1994 in einer Rezension des Films »Frankenstein«, das Monster sehe »so ähnlich aus wie Steven Berkoff, nur ein bisschen besser«. Beide Seiten gaben ein kleines Vermögen für Rechtsverdreher aus, doch wie der Anwalt Paul Magrath treffend zusammenfasste:

> »Miss Burchill hat einen billigen Scherz auf Kosten von Herrn Berkoff gemacht. Sie mag sich selbst dadurch erniedrigt haben, aber seine Lordschaft war nicht der Ansicht, dass sie Herrn Berkoff verleumdet habe. Seine Klage sei ebenso leichtfertig wie der Artikel von Miss Burchill, und das Gericht solle seine Zeit nicht mit einem von beiden vergeuden.«

Von meinen zurückliegenden Auseinandersetzungen erzähle ich nicht nur, weil ich mich selbst so unendlich faszinierend finde, sondern auch um zu zeigen, dass ich bereits daran gewöhnt war, zurückgewiesen zu werden, und es genoss. Dennoch hatte mich nichts auf die schiere Babyhaftigkeit der Translobby vorbereitet; wie passend (wenn auch gruselig), dass etliche von ihnen sich für kleine Mädchen halten. Nicht nur ich fand, dass sie kaum bereit waren, ihre Argumente streng zu prüfen.

2019 traf ich einen angesehenen Dokumentarfilmer, der sich darauf spezialisiert hatte, mit beiden Seiten eines bewaffneten Konflikts zu sprechen; er hatte einen Film über zwei konfessionelle Parteien im syrischen Bürgerkrieg gedreht und eine Reihe preisgekrönter Filme über den arabisch-israelischen Konflikt gemacht. Diese Kriegsparteien waren ganz zufrieden damit, dass er auch mit ihren Feinden filmte. Als er einem hochrangigen Presseoffizier der israelischen Armee erzählte, dass er mit Führern der Hamas und des Islamischen Dschihad filme, lächelte der Presseoffizier und sagte einfach: »Das wird bestimmt interessant!«

Er fuhr fort:

»Bei Transaktivisten war das jedoch anders. Als ich anfing, einen kritischen Film über den enormen Anstieg der Zahl junger Menschen zu drehen, die in Großbritannien ihr Geschlecht wechseln, wollte kein einziger Befürworter von Transkindern mitmachen. Sie sagten, es gebe ›nichts zu debattieren‹ und sie wollten nicht bei einem Film mitmachen, der ›einseitig‹ ausfallen würde – nicht ahnend, dass sie durch ihre Nichtteilnahme ein solches Ergebnis wahrscheinlicher und nicht unwahrscheinlicher machten.«

Oder wie es der schwule Schriftsteller Philip Hensher im März 2016 formulierte: »Der Ausdruck ›sich auf eine Debatte einlassen‹ wird auf interessante neue Weise verwendet. Die transsexuelle Aktivistin Paris Lees, die sich immer geweigert hat, zu erscheinen, wenn meine bewunderte Freundin Julie Bindel sprechen wollte, behauptete in *Newsnight*, dass Julie ›sich weigerte, sich auf eine Debatte einzulassen‹«. (*Newsnight* hat die Behauptung von Frau Lees zurückgezogen.) Darf ich eine neue Bedeutung für »sich auf eine Debatte einlassen« vorschlagen? Nämlich: »Stimmen Sie mir bei einem Thema, von dem ich nichts verstehe, bedingungslos zu.«

Ein beliebter Satz der Translobby lautet: »Worte sind *buchstäblich* Gewalt«. Das ist natürlich eine Logik aus dem Irrenhaus: Worte sind das Gegenteil von Gewalt, sie können sie aufhalten oder sogar gänzlich verhindern. Von Mrs. Burchill, die mir als Kind sagte, dass Stöcke und Steine mir vielleicht die Knochen brechen, Namen mir jedoch niemals wehtun würden, bis hin zu Mr. Churchill, der meinte, ein Plausch sei allemal besser als Krieg, zeigt uns die Geschichte, dass Worte buchstäblich das Gegenteil von Gewalt sind und dass Menschen zu dieser nur dann greifen, wenn eine oder beide Seiten aufhörten, logisch zu argumentieren. Rückblickend können wir feststellen, dass die vielleicht bemerkenswerteste Leistung der Translobby darin bestand, Surrealismus als Nörgelei erscheinen zu lassen.

Das *Observer*-Geplänkel gab mir einen ersten Vorgeschmack dessen, was später als »Cancel Culture« bekannt werden sollte: wo nicht die mit den besten Argumenten den Kampf gewinnen, sondern die, die am lautesten schreien. Man kann einen Hund nicht dafür verantwortlich machen, dass er bellt, aber bestimmt kann man, wenn dieser Hund einen in den Knöchel beißt, einen Passanten zur Verantwortung ziehen, der, statt zu helfen, einem obendrein auch seine Zähne noch in die Hand haut. Ich war nicht schockiert über die schrillen Töne aus dem Lager der Frauen-Imitatoren, aber man hätte mich mit einer Federboa umhauen können, als der *Observer* kniff.

Die älteste Sonntagszeitung der Welt verhielt sich wie ein unbeholfener Jugendlicher, der in einer Debattierrunde in der Schule eine Panikattacke bekommt, wenn er aufgefordert wird, seine Worte in die Tat umzusetzen. Wir haben einen langen Weg zurückgelegt – und zwar bergab – seit den berauschenden Tagen des Jahres 1989, als Charta 88 (eine Interessenvereinigung, die für eine schriftliche Verfassung eintrat) im *Observer* einen Brief veröffentlichte, der von sage und schreibe fünftausend der Großen und Guten unterzeichnet war (die hormonelle Erregung muss an jenem historischen Tag in Hampstead sehr hoch gewesen sein):

»Wir haben weniger Freiheit gehabt, als wir glaubten. Das, was wir genossen haben, war zu sehr vom Wohlwollen unserer Herrscher abhängig. Unsere Freiheiten sind ihr Besitz geblieben, der für uns Untertanen rationiert wurde, anstatt unser eigener, unveräußerlicher Besitz als Bürger zu sein. Die Freiheiten zu verwirklichen, die wir einst für selbstverständlich hielten, bedeutet zum ersten Mal, sie uns selbst zu nehmen. Es ist an der Zeit, die politischen, bürgerlichen und menschlichen Rechte im Vereinigten Königreich einzufordern. Wir fordern daher eine neue verfassungsrechtliche Regelung, nämlich eine Bill of Rights, in der bürgerliche Freiheiten wie das Recht auf friedliche Versammlung, auf Vereinigungsfreiheit, auf Freiheit von Diskriminierung, auf Freiheit von Inhaftierung ohne Gerichtsverfahren, auf ein Schwurgerichtsverfahren, auf Privatsphäre und auf freie Meinungsäußerung verankert werden.«

Stellen Sie sich meine ungläubige Überraschung vor, als diese Bastion der Redefreiheit, anstatt sich für die Veröffentlichung meines Textes mutig verdammen zu lassen, unter Beschuss glitschig wie eine Schlange bei einem Eiskunstlaufwettbewerb einen Rückzieher machte. Meine zunächst veröffentlicht Kolumne wurde Montag früh von der Website entfernt.

Die liberale Abgeordnete Lynne Featherstone – damals Ministerin für internationale Entwicklung, jetzt im Oberhaus, da sie parlamentarisches Büromaterial im Wert von 22.000 Pfund zurückgeben musste und ihren Sitz an die Labour Party verlor – beschuldigte mich der »Aufstachelung zum Hass« und forderte, der Herausgeber solle nicht nur mich, sondern auch sich selbst entlassen. Dem zweiten Teil dieser Forderung stimme ich allerdings zu, da er sich bei allen Wutbürgern entschuldigte und mir am Telefon mitteilte, dass sich dadurch nichts ändere, er werde mich nie wieder beschäftigen.

Wenn ich sie jetzt noch einmal lese, erscheint sie mir tatsächlich frech und provokant, die »schlimmsten« Sachen aber hatte ich bereits auf Facebook geschrieben, und die waren es, die den *Observer* veranlassten, mich überhaupt um eine Kolumne zu bitten, was diese Leute sowohl zu Heuchlern als auch zu Feiglingen macht. Wie Suzanne sagte: »Man beauftragt nicht jemanden wie Julie Burchill mit dem Abschuss einer Exocet-Rakete, um dann zu sagen: ›Oje, wir wollten eigentlich nur eine Wunderkerze.‹« Das Verhalten des *Observer* kommt einer unheilvollen und dummen Kapitulation vor einer Interessengruppe gleich, deren Forderungen seither immer unvernünftiger geworden sind. Wie Douglas Murray in seinem Buch »Wahnsinn der Massen« beschreibt, wurde ich daraufhin in die berufliche Wildnis geschickt.

In diesen acht Jahren hat sich nichts geändert. Es ist wirklich erbärmlich, wie diejenigen, die sich selbst als rebellische Stimmen betrachten, die es dem Establishment zeigen, sich selbst am eifrigsten Knebel und Scheuklappen anlegen. Im Frühjahr 2020 veröffentlichte die Künstlerin Stella Perrett im *Morning Star* eine Karikatur, die einen Alligator zeigt, der den Molchen in einem Teich sagt: »Zerbrecht euch nicht eure hübschen kleinen Köpfe, ich verwandle mich in einen Molch.« Die kommunistische Tageszeitung zog die Zeichnung nach dem mittlerweile obligatorischen Anfall schreiender Crossdresser aus ihren Online-Ausgaben zurück und entschuldigte sich »vorbehaltlos« für jegliche Beleidigung. Dazu schreibt Perrett auf ihrer Website:

> »Zwischen 2015 und 2020 war ich regelmäßig als politische Karikaturistin für die einzige sozialistische Tages-

zeitung Großbritanniens, den *Morning Star*, tätig, bis sie mich wegen einer feministischen Karikatur mit dem Titel ›Endgame‹ ausschlossen, die sie erst veröffentlichten und dann ihre Meinung änderten, weil sie wussten, dass es sich um einen Kommentar zu den möglichen Änderungen am Geschlechteranerkennungsgesetz und zur Aushöhlung von Frauenrechten im Gleichstellungsgesetz von 2010 handelte.«

Auch im Frühjahr 2020 kam Dr. Moore wieder ins Gerede. (Momentan steht die Liste sexueller Selbstdarstellung bei LGBTQIA, aber das unaufhörliche Wachstum dieses speziellen Initialwortes ist ein Geschenk für uns Popcorn-Werfer, da die schwerfälligen Typen, die diesen Quatsch mitmachen, sich bemühen, auf dem Laufenden zu bleiben und jeden einzelnen Buchstaben auszusprechen, selbst auf die Gefahr hin, dass sie bei der Entgegennahme ihres Stonewall-Preises alle ihnen zur Verfügung stehende Zeit verbrauchen.)

In einer März-Kolumne mit dem unerhörten Titel »Frauen haben ein Recht, sich zu organisieren – Wir lassen uns nicht zum Schweigen bringen« empörte sich Suzanne über den öffentlichen Anstand:

»Letzten Samstag sollte Selina Todd, Professorin für Neuere Geschichte an der Universität Oxford, eine höfliche zweiminütige Dankesrede bei einer Veranstaltung am Exeter College halten, die 50 Jahre nach der ersten Nationalen Frauenbefreiungskonferenz am Ruskin College stattfand. Am Tag bevor Todd sprechen sollte, wurde sie mit der Begründung ausgeladen, sie sei bei einem Treffen der Gruppe Woman's Place UK aufgetreten, die 2017 nach den vorgeschlagenen Änderungen des Gesetzes zur Geschlechteranerkennung gegründet worden war. Die Gruppe setzt sich dafür ein, dass Frauen aufgrund ihres biologischen Geschlechts getrennte Räume und unterschiedliche Dienstleistungen erhalten. Todd, eine angesehene Professorin für die Geschichte der Arbeiterklasse, wurde daraufhin in den sozialen Medien beschuldigt, transphob zu sein. Woman's Place UK wurde kürzlich in einer von der Labour Campaign for Trans Rights erstellten Erklärung, die auch die Kandidatinnen für die Labour-Parteiführung, Lisa Nandy und Rebecca Long-Bailey, unterschrieben haben, als ›trans-exklusionistische Hassgruppe‹ bezeichnet.«

Schamlos wühlt sie auch noch in der Vergangenheit und wagt es, sich auf ihre eigenen Erfahrungen zu beziehen:

»Ich weiß aus eigener Erfahrung, welche Folgen es hat, von einem unsichtbaren Komitee in den sozialen Medien als transphob bezeichnet zu werden. Das hat für mich und meine Kinder Todes- und Vergewaltigungsdrohungen und die Einschaltung der Polizei bedeutet. Ich weiß auch, dass die bösartigsten Dinge online stattfinden und nicht im wirklichen Leben. Trotzdem kann ich das nicht hinnehmen. Während Roman Polanski bei der Verleihung des César für seinen neuesten Film ausgezeichnet wurde, brachte man Todd zum Schweigen. Diese jüngste Unterdrückung von Frauen ist eine Warnung. Entweder man schützt die Rechte der Frauen als geschlechtsspezifische Rechte, oder man schützt sie eben nicht. Ihr könnt zu mir sagen: ›Verrecke in einem Graben, TERF-Schlampe‹, soviel ihr wollt, das tun viele Leute seit Jahren schon, aber ich bezeichne mich selbst als Frau, die nicht stillschweigend untergehen wird. Es gibt mehr von uns, als ihr denkt.«

Die Translobby erinnert mich oft an die beiden Masken des modernen Theaters, die zusammen die beiden Extreme der menschlichen Psyche darstellen sollen. Als Thalia, Muse der Komödie (die symbolisiert, wie dumm die Menschen sein können), posieren sie oft in den sozialen Medien, bekleidet mit kaum mehr als einem Strumpfband und einem schiefen Grinsen, und lügen sich gegenseitig vor, sie seien »toll und mutig« – eine Echokammer in einem Spiegelsaal. Und als Melpomene, Muse der Tragödie (die für dunkle Emotionen wie Angst steht), brechen sie wie ein syphilitischer Ausschlag in den sozialen Medien aus und versammeln Twittermobs um sich, die ihnen helfen, die letzte Frau zu Fall zu bringen, die es gewagt hat, eine Gans (oder eher einen Ganter) auszubuhen. In einer bemerkenswerten Demonstration der letzteren – man bedenke, wie hoch die Ballettstange war – trat eine »Transfrau« namens Jess aus Protest gegen Dr. Moores hochmütige Worte auf dramatische Weise aus der Redaktion des *Guardian* aus – bevor sie noch einmal zurückkehrte, um erneut zu kündigen, aber diesmal unter Tränen und mit Publikum. In einer Politik, die so rein performativ ist wie »Trans«, kann nichts, was nicht in der Öffentlichkeit getan wird, wirklich als getan gelten. Die *Huffington Post* schrieb:

> »In einem sich verschärfenden Streit über die Berichterstattung des *Guardian* über die Rechte von Transsexuellen hat eine Transfrau am Dienstag vor ihren Kollegen dramatisch ihren Rücktritt angekündigt. Es ist der dritte Rücktritt aus dem britischen Büro der Zeitung in den letzten Monaten wegen dieses Themas. Die Mitarbeiterin bestätigte gegenüber *HuffPost* UK, dass sie bereits vor einigen Wochen gekündigt, sich aber erst in der geschäftigen Nachrichtensitzung am Dienstag zu dem The-

ma geäußert habe, das sie als ›den Tropfen, der das Fass zum Überlaufen brachte‹, bezeichnete.«

Das fragliche Fass zeichnete sich allerdings nicht durch sein Fassungsvermögen aus, sondern dadurch, dass es reichlich Wasser verlor. Vor ihrem Wutanfall hatte »Jess« getwittert:

»Ich weine buchstäblich, wenn ich diesen absoluten Müll lese, wie kann so etwas veröffentlicht werden??? Ich bin Angestellte des @guardian und habe Angst, morgen zur Arbeit zu gehen. Mir gegenüber wurden bereits in der Redaktion transphobe Ansichten geäußert … Was kommt nach dieser Drohung?«

Was wie eine besonders abfällige »Private Eyes«-Parodie auf die ungebildeten Redakteure des notorisch tollpatschigen *Guardian* anmutet, war wirklich passiert.

Doch für wen würden sich die bekanntermaßen freiheitsliebenden Mitarbeiter der Zeitung entscheiden? Für Dr. Moore, Gewinnerin des letztjährigen Orwell-Preises, der für den besten Kommentar oder die beste Berichterstattung verliehen wird, die dem Ziel des Schriftstellers George Orwell, »politisches Schreiben zu einer Kunst zu machen«, am nächsten kommt – mit ihrem von der Jury gelobten »hartnäckigen und mutigen Kommentar« – oder für eine Person, deren größte schriftstellerische Leistung in einer Reihe wirrer Tweets besteht? »Sie« hatten nicht nur gejammert, dass sie Angst hätten, zur Arbeit zu gehen und sich Dr. Moores tödlichem Arsenal aus tiefem Ausschnitt, Bienenkorbfrisur und Fick-mich-Schuhen zu stellen, sondern letztes Jahr auch eine offene Beziehung zur Wahrheit erkennen lassen, als »sie« behaupteten, von zwei messerschwingenden Transphobikern angegriffen worden zu sein, und um Spenden baten, ehe »sie« diese Tweets wieder löschten, da sich herausstellte, dass dies nur in »ihren« wirren Träumen geschehen war.

Haben Sie richtig geraten? Ja, sage und schreibe 338 Mitarbeiter von *Guardian* und *Observer* – mehr als ein Fünftel der Belegschaft – haben einen Brief unterschrieben, in dem sie die Entscheidung, Suzannes Kolumne zu veröffentlichen, beklagen und sie als Teil eines allgemeinen Problems der Zeitung bezeichnen, die nämlich regelmäßig »transphobe Inhalte« veröffentliche. Natürlich wollte ich mich noch einmal einmischen, doch aus irgendeinem Grund hatte ich keine rechte Lust dazu; ein anderer sogenannter Freund der Doktorin sah sich gar zu der abfälligen Bemerkung veranlasst: »Julie hat Öl auf unruhige Gewässer gegossen, es dann in Brand gesetzt und dabei mehrere Seevögel getötet.«

Wer könnte es der von ihren feigen Genossen auf der Linken im Stich gelassenen guten Frau Dr. verdenken, dass sie sich nach Amsterdam absetzte, um sich von ihren Drogen zu befreien, während es zuhause Veröffentlichungen der »Rechten« waren, die ihr Recht auf freie Meinungsäußerung unterstützten? Die Zensur kommt jetzt überwiegend (und übermäßig) von der Linken; dennoch war es ein Riesenspaß zu sehen, wie der *Spectator* sie als »die große Suzanne Moore« bezeichnete, und von dem großartigen Brendan O'Neill in *Spiked* zu lesen:

> »Suzanne Moore sagte einmal, sie wolle sich auf mich übergeben. Ich nehme also an, dass sie kein Fan ist. Leider bedeutet die Verteidigung der Redefreiheit, nämlich das Eintreten für die unerlässliche Freiheit intellektueller und moralischer Meinungsverschiedenheit, oft, dass man Leute verteidigt, die einen verachten. Sogar Leute, die einen ankotzen wollen. Und so muss ich Frau Moore

vor dem Heer der zensorischen Frauenfeinde verteidigen, die sie ausschalten wollen, weil sie – sagen wir es ganz offen – glaubt, dass, wenn man einen Schwanz hat, man ein Mann ist und keine Frau.«

In einem wahren »End of Days«-Schachzug tauchte Miss Moore dann selbst auf den Seiten des *Spectator* auf und spielte die alte Eher-betrübt-als-wütend-Nummer, die sich als so verlässlicher Gradmesser meiner eigenen schamlosen Boshaftigkeiten erwiesen hat:

> »Nach all den Beschimpfungen im Internet dachte ich, jemand würde mich anrufen und fragen, ob es mir gut geht, aber das war nicht der Fall. Dann kamen die E-Mails von Leuten, die sich wünschten, sie könnten sagen, was ich gesagt hatte. Ich wünschte, die Leute würden aufhören, mich mutig zu nennen. Kolumnisten sollten aus Titan sein; ich fühlte mich eher wie aus Pappmaché. Aber die Orthodoxie, die verlangt, dass Mary Beard eine antike Statue mit einem kleinen Penis als ›bei der Geburt männlich zugewiesen‹ bezeichnen muss, ist mächtig. Ich mag Freaks. Ich mag Fluidität. Ich mag es nur nicht, wenn ein Regelwerk durch ein anderes ersetzt wird. Ich war verletzt, dass so viele meiner ›Kollegen‹ mich anprangerten, aber jeder braucht wohl ein Hobby.«

Macht nichts, sie wird schon wieder auf die Beine kommen; wie ich ist sie das Gegenteil einer Schneeflocke – eher ein Schneepflug, der all das bematschte Gequengel, das nun als radikale Politik durchgeht, vor sich herschiebt. Und wie der Titel ihrer Essays verrät, war meine liebe Dr. Moore ja schon immer »auf der Suche nach Ärger« – und in dieser für Feministinnen höchst interessanten Zeit hat sie ihn sicherlich gefunden. Wie wir alle.

Kapitel 2

Fauxminismus und der Aufstieg der Woke Bros.

Suzanne und ich waren in den drei Jahrzehnten, die wir nun befreundet sind, nicht immer einer Meinung. Es gab eine Zeit, in der ich meinen Job bei der *Mail On Sunday* aufgab, um mich nach neuen Möglichkeiten umzusehen, und als ich dann arbeitslos wurde, war es nicht das angenehmste Gefühl der Welt, meine liebe Dr. Moore aufgeräumt in meinem ehemaligen bequemen Quartier bei der *MOS* zu finden – meine Liebe, das Geld! Einmal ließ sie sich die Zähne richten und erwarb eine Zweitwohnung, was mir so heillos spießig vorkam, dass ich mir angewöhnte, sie deswegen in der Öffentlichkeit in betrunkenem Zustand wüst zu beschimpfen, worauf sie verblüfft zurückgab: »Ach, kauf dir doch einen Traktor, Julie!« Es war schon komisch, wie sich unsere Positionen im Laufe der Jahre verkehrt hatten. Sie war einst der marxistische Heißsporn, der in einer Sozialwohnung lebte, und ich die Gründerin von D.O.T. (Daughters of Thatcher, ein reiner Theorie-Club für Frauen aus einfachen Verhältnissen, die es in den Medien zu etwas gebracht hatten, in dem wir beide Mitglied waren – nur wusste sie nichts davon), aber in jeder Beziehung, die nicht tot ist oder bereits im Sterben liegt, gibt es zwangsläufig Veränderungen.

Welchen politischen Weg Suzanne und ich im Laufe der Jahre auch einschlugen, eines stand immer fest: der Feminismus, der für uns das unverrückbare Zentrum im Strudel der modernen Sitten und Manifeste blieb. Wenn wir sagen würden, wir seien keine Feministinnen, wäre das so, wie wenn wir von einem Schwarzen erwarten würden, er glaube nicht an die Gleichberechtigung der »Rassen« – das wäre wirklich so seltsam wie das Stockholm-Syndrom. Wir wissen, dass wir ohne die Frauen vor uns, die für unsere Rechte gekämpft haben, dafür gefoltert wurden und gestorben sind, mit etwas Glück die Haustür schrubben oder einem widerlichen Kerl als sexuelle Spucknäpfe dienen würden. Feminismus ist kein Hut, den wir tragen, schon gar kein rosa »Pussy«-Hut – sondern ein Teil von uns, wie die Farbe unserer Augen. Und wenn du uns in die Augen stichst, tust du das auf eigene Gefahr, Kleiner.

Ich habe mich stets lieber verletzen und durch die Wahrheit befreien lassen, als glücklich und in einer Lüge gefangen zu sein, denn von ersterem kann man sich erholen und etwas Neues beginnen, wohingegen letzteres alle Kräfte verbraucht und einen kaputt am Straßenrand liegen lässt. Viele Feministinnen sind traditionell der Lüge aufgesessen, die Linke sei frauenfreundlicher als die Rechte, zum einen weil sie sich so groß und einsam vorkommen, wenn sie da draußen auf sich allein gestellt sind, und zum anderen weil Mädchen dazu erzogen werden, männliche Anerkennung als eine Notwendigkeit zu betrachten, die kaum weniger überlebenswichtig sei als Nahrung und Stuhlgang. Dies hat dazu geführt, dass linke Frauen mit einer langen Geschichte linker Kreuzzüge gegen Frauenrechte fertigwerden mussten, angefangen bei den Sozialisten, die gegen die Suffragetten waren, weil sie behaupteten, Frauen würden eher konservativ wählen. Emmeline Pankhurst versuchte, der neugegründeten Independent Labour Party beizutreten, wurde aber von der Ortsgruppe in Manchester aufgrund ihres Geschlechts zunächst abgewiesen, erst später »durfte« sie der Partei auf nationaler Ebene beitreten. Ihre Tochter Christabel schrieb über die Begeisterung ihrer Mutter für die ILP: »In dieser Bewegung hoffte sie, alle politischen und sozialen Übel beseitigen zu können.«

Glücklicherweise wurde sie zur Vernunft gebracht. 1914 legten die Suffragetten ihre Kampagne auf Eis, um die Kriegsanstrengungen unseres Landes zu unterstützen, 1915 schloss die National Union of Women's Suffrage Societies Pazifistinnen sogar aus. Emmeline und Christabel wurden zu prominenten Mitgliedern der White Feather-Bewegung: Nach dem Eintritt Großbritanniens in den Ersten Weltkrieg 1914 zogen Gruppen mutiger Frauen – viele von ihnen noch Jugendliche – durch englische Städte und verteilten weiße Federn (heute ein blödsinniges Zeichen für einen Engel in der Mauser, aber damals ein Symbol für Feigheit) an Männer im kampffähigen Alter, die Zivilkleidung trugen. Allerdings waren diese respektlosen Frauenzimmer alles andere als anerkannte Haustiere der herrschenden Klasse, in den empfindsameren Teilen des Establishments lösten sie eine Welle moralischer Panik aus. Kommentatoren jener Zeit verurteilten diese unverschämten Gören, die doch tatsächlich die Frechheit besaßen, fremde Männer als untauglich zu beurteilen – so wie Männer es mit Frauen natürlich immer schon gemacht haben. Da physische Gewalt gegen Frauen stets das Mittel des ansonsten minderbemittelten Mannes war, überrascht es nicht, dass viele dieser Männer, die nicht mutig genug waren, gegen andere Männer zu kämpfen, kein Problem damit hatten, Frauen zu schlagen, die deren feiges Duckmäusertum bloßstellten. Sie waren die Art von Männern, über die John Stuart Mill denkwürdigerweise schrieb:

> »Ein Mann, der nichts hat, wofür zu kämpfen er bereit ist, nichts, worum er sich mehr sorgt als um seine

persönliche Sicherheit, ist ein elendes Geschöpf, das keine Chance hat, frei zu sein, es sei denn, ihm wird durch die Bemühungen von Männern, die besser sind als er selbst, dazu verholfen.«

In den letzten Jahren haben sich die klügeren Feministinnen vor den Woke Bros. in Acht genommen: vor Männern nämlich, die sich als Feministen aufspielen, um Frauen in Sicherheit zu wiegen, sich dann aber wie unverbesserliche Widerlinge verhalten. Im liberalen Hollywood konnte sich eine Kreatur wie Harvey Weinstein im Verborgenen halten, weil er für feministische Zwecke spendete, Clinton unterstützte und Obamas jugendlicher Tochter einen Praktikantenjob gab. Wahrscheinlich waren die Suffragetten die ersten Feministinnen, die zu dem Schluss kamen, dass schwächliche Männer ihnen ebenso feind sein konnten wie offensichtlichere Macho-Typen, obwohl sie nicht einmal die nützlichen Eigenschaften traditioneller Männlichkeit besaßen. 1926 kandidierte Frau Pankhurst für die Konservativen, damit war ihre politische Wanderung von der ihr feindseligen Linken zu einer Rechten, die sie willkommen hieß, abgeschlossen.

Einige Jahrzehnte lang war es still um den Feminismus. Es passierte so viel, von Hitler bis zur Geburt des Rock'n' Roll, dass wir verständlicherweise den Blick eine Zeitlang anderen Dingen zuwandten. Doch plötzlich im Jahr 1970 – in Gestalt einer Bande ungepflegter und sexuell freizügiger jüngerer Schwestern der Suffragetten – wurde »Women's Lib« (»Verbrennt eure Büstenhalter!«) in einem Hagel von Mehlbomben und Blitzlichtern geboren, als den Miss-World-Wettbewerb die Proteste von Frauen belebten, die es satt hatten, dass ihnen für morgen Marmelade versprochen wurde, wenn sie heute mit dem Befüllen von Versandtaschen und einem Blowjob zufrieden wären. Seit ich mit zwölf Jahren eine militante Feministin wurde, die ihre Zeit damit verbrachte, eine geklaute Ausgabe von »Der weibliche Eunuch« zu lesen und auf der Straße in meiner Schuluniform von erwachsenen Männern angemacht zu werden, ahnte ich, dass die Haltung der »Revolutionäre« der 1960er Jahre zu Frauen nichts weniger als abscheulich war; der Historiker Dominic Sandbrook bezeichnete Richard Nevilles »klassisches« gegenkulturelles Manifest »Play Power« als »infantil und grotesk frauenfeindlich«, vor allem wegen der Stelle, an der Neville mit einem »Orkanfick« mit einem »mäßig attraktiven« 14jährigen Mädchen prahlt, das er vor einer Gesamtschule aufgegabelt habe. Männer, die Angst vor Frauen haben, legen oft pädophile Neigungen an den Tag, und in jener fiesen Gegenkultur gab es dafür hautnahe Beispiele, vor allem das des verstorbenen John Peel. Wie viele an Privatschulen erzogene hässliche Engländer suchte er sein Glück in Amerika, nachdem die Beatles es britischen Männern leicht gemacht hatten, Frauen aufzureißen. »Alles, was sie von mir wollten, war, sie sexuell zu missbrauchen, was ich natürlich nur zu gerne tat«, verriet Peel einmal dem *Guardian*. Die Mädchen standen offenbar »draußen Schlange – auf Oralsex waren sie besonders scharf. Ich erinnere mich, dass eine meiner Stammkundinnen dreizehn Jahre alt war, obwohl sie älter aussah.« Bei der angeblichen sexuellen Revolution der 1960er Jahre ging es nicht darum, die Rechte der Frauen zu stärken, sondern vielmehr darum, die Uhr zurückzudrehen und die tapfere junge, nunmehr berufstätige Frau dazu zu bringen, barfuß umherzulaufen und schwanger zu werden. Sogar das akzeptierte Aussehen der Hippie-Frauen – lange Röcke, lange Locken – erinnerte an eine frühere Epoche, in der junge Frauen noch nicht dazu übergegangen waren, ihre Röcke hochzuziehen, eine Bobfrisur zu tragen und ihren Lebensunterhalt selbst zu verdienen. So war die Frauenbefreiungsbewegung der 1970er Jahre ebenso eine Reaktion auf den »revolutionären Sexismus« der 1960er Jahre wie auf das Jahrmillionen alte reaktionäre Patriarchat.

Es war daher nur folgerichtig, dass im letzten Jahr des besten Jahrzehnts für den Feminismus, seit die Suffragetten uns das Wahlrecht erkämpft hatten, Margaret Thatcher gewählt wurde. Mögen impotente Sozialisten darüber spotten, dass sie »nie etwas für Frauen getan hat« – der wahre Test für ein lohnenswertes Leben ist meiner Meinung nach, ob es einen anspornt oder nicht. Frau Thatcher hatte es nicht nötig, langweilige Plattitüden über den Feminismus von sich zu geben; sie krempelte einfach die Ärmel hoch, nahm ihre Handtasche und stürzte sich auf nutzlose Männer, wo immer sie sie fand, von ihrer eigenen Partei bis nach Brüssel. In den frühen 1980er Jahren verspottete die kleine Tochter einer Freundin einen Jungen in ihrem Kindergarten, als dieser sagte, er werde einmal das Land regieren: »Das geht nicht – man muss eine Dame sein, um Königin zu werden. Wie Frau Thatcher.«

Obwohl ich Frau Thatcher faszinierend fand, habe ich sie nie gewählt. Ich war in einem kommunistischen Haushalt mit einem so hartgesottenen Labour-Vater aufgewachsen, dass ich während eines Großteils meiner Kindheit glaubte, »Kapitalist« sei buchstäblich ein Schimpfwort. Ich wünschte allerdings, ich hätte es getan; denn sie war eine Rebellin und genau mein Typ, viel mehr als die faden, blassen, männlichen Labour-Führer, an die ich so gedankenlos meine Stimme verschwendet habe, weil das Patriarchat in Gestalt meines eigenen lieben Papas mir gesagt hatte, dass das das Richtige sei. Trotz der faulen liberalen Verleumdungen, die hinter all ihrer Herrschsucht etwas neurotisch Verdrängtes vermuten, war Frau T. nie ein altmodisches Mädchen; für sie zu stimmen war ein bisschen so, als würde man eine Vera-Lynn-Platte kaufen und darin zuhause die Sex Pistols finden.

Es gibt ein schönes Foto der Punksängerin Poly Styrene, der Schriftstellerin Jackie Collins und der Aktivistin Mary Whitehouse, die kurz nach dem Sieg von Frau Thatcher am »Women of the Year Lunch« teilnehmen und sich gegenseitig anlächeln, während sie für Aufnahmen posieren. Es sagt etwas Gutes über das späte 20. Jahrhundert aus, dass so unterschiedliche Frauen glücklich waren, zusammen gesehen zu werden. Ich frage mich, ob dies angesichts der Engstirnigkeit der Identitätspolitik heute möglich wäre? Leider glaube ich eher, dass stattdessen nun ein Kerl im Mittelpunkt steht, der sich selbst als »sie« im Plural bezeichnet – und die Frauen an den Rand gedrängt werden.

So war es jedenfalls in der Labour Party. Was haben sie bitteschön gemacht, als Frau Thatcher kleinen Mädchen vormachte, dass man ein Land nicht regieren kann, wenn man nicht weiblich ist? Sie wählten eine Reihe von Dinosauriern an die Spitze – so unterschiedliche Typen wie James Callaghan und Michael Foot – und ignorierten dabei das weibliche Talent in ihren Reihen. Vielleicht lag es am Einfluss der Gewerkschaften – das immergleiche Büffet aus Bier und belegten Broten in der gewerkschaftsfreundlichen Downing Street Nummer 10 ließ keinen Platz für einen kleinen Weißwein mit Appetithäppchen für zarte Damen –, dass sie ihre Vorstellungen von einem fairen Umgang mit dem weiblichen Geschlecht nicht mehr aufgemöbelt hatten, seit Frau Pankhurst die Mitgliedschaft verweigert worden war, weil sie wie ein Mädchen herumlief.

Als Maureen Colquhoun, die Labour-Abgeordnete für Northampton North, 1975 ihren Mann für eine Frau verließ, löste dies einen Sturm der Entrüstung aus, und ihre örtliche Partei schimpfte: »Sie wurde als Ehefrau und Mutter gewählt … diese Angelegenheit hat ihr Image hoffnungslos beschädigt«, bevor sie versuchte, Colquhoun mit der Begründung abzuwählen, sie sei »besessen von Kleinigkeiten wie Frauenrechten«. Sie überlebte und hielt sich bis zu Frau Thatchers Erdrutschsieg, als sie ihren Sitz an einen Tory verlor; eine hartgesottene Frau verlor gegen eine noch härtere, deren Partei offenbar weit weniger Angst vor hartgesottenen Frauen hatte.

Die wirkmächtigste und aufregendste Politikerin ihrer Generation – Barbara Castle, das böse Genie hinter dem Lohngleichheitsgesetz von 1970, das viele Labour-Abgeordnete erstaunlicherweise ablehnten – wurde immer wieder zugunsten mittelmäßiger Männer übersehen und dennoch für aufmüpfig gehalten, von ihrem Labour-Kollegen Gerald Kaufman (»die Norma Desmond der Politik, immer bereit für eine Nahaufnahme«) bis hin zu den Gewerkschaften, deren Einschüchterungstaktik sie mit ihrer »In Place of Strife«-Politik zu begegnen suchte.

Traurigerweise verinnerlichte sogar die Rote Königin die Frauenfeindlichkeit ihrer Partei und meinte nur ein Jahr vor ihrem Tod im Jahr 2002: »Eine der größten Gefahren für Frauen sind heute Männerhasser. Ich liebe Männer. Mit viel Liebe kann man sehr viel erreichen. Man muss keine Männerhasserin sein, um eine erfolgreiche Frau zu werden. Im Gegenteil, das stünde einem nur im Weg.« Dachte sie vielleicht an die Art und Weise, wie die Suffragetten das Wahlrecht errungen haben? Denn offensichtlich taten sie nichts Unangenehmes wie Fenster einschlagen, Briefkästen in Brand stecken, Nacktbilder zerschneiden und »Wahlrecht für Frauen und Keuschheit für Männer!« schreien. Nein, es ist allgemein bekannt, dass Emmeline und Christabel ihre schönsten Kleider anzogen, sich eine wohltuende Pediküre gönnten und Lloyd George und sein Kabinett mit einer Menge Nackenmassagen und herzhaften Snacks versorgten. Denn wie Barbara wussten sie, dass a) der Weg zum Herzen eines Mannes durch seinen Magen führt und b) man mit viel Liebe viel erreichen kann. Diese Pankhursts kannten die Bedeutung von Pussy Power!

Schließlich landete die Labour Party 1997 einen Sieg mit einem wählbaren Führer in Gestalt von Tony Blair, einem modernen metrosexuellen Mann, der halb Thatcherist und halb Entertainer war. Er kam mit seiner hochschwangeren Frau Cherie, die ihn in der Öffentlichkeit dennoch anglotzte wie ein Teenager, der ein Meet-and-Greet mit seinem Lieblingsmitglied einer Boyband gewonnen hatte. Er hatte auch die zweifelhafte Ehre, seine eigene Cheerleader-Truppe anzuführen: die Blair Babes, wie die 101 weiblichen Labour-Abgeordneten von Boulevard-Redakteuren genannt wurden, nachdem der Principal Boy auf den Stufen von Westminster flankiert von sage und schreibe 96 von ihnen posiert hatte. Bemerkenswert, dass sich unter den Verweigerern auch Kate Hoey, Clare Short und Glenda Jackson befanden – allesamt natürliche Hauptdarstellerinnen und nicht irgendjemandes Tanzgruppe.

Als Gordon Brown schließlich seinem ehemaligen Kumpel Blair die Macht entriss (ein Machtkampf, bei dem ich an die Nackt-Wrestling-Szene aus »Women in Love« denken muss), machte sich in der Labour Party männliche Hysterie breit, und Browns grüblerischer Macho-Stil (Heathcliff im Gegensatz zu Blairs Cathy) machte die Volkspartei zu einem trostlosen Ort für Frauen. Seltsam, dass ein in der Politik so bewanderter Mann so taub sein konnte. Als er sich 2010 mit Gillian Duffy anlegte, einer 65jährigen Ex-Labour-Wählerin, die ihn auf der Wahlkampfveranstaltung in Rochdale wegen der Einwanderungsproblematik angegriffen hatte, war der echte Ekel in seiner Stimme, als er die Worte »diese bigotte Frau« ausspuckte, ebenso hässlich wie unüberlegt – und brachte eine Verachtung zum Vorschein, von der man den unangenehmen Verdacht hatte, dass sie nicht halb so spöttisch geklungen hätte, wenn es sich um einen bigotten Mann gehandelt hätte. Rückblickend war dies der winzige Samen des Knöterichs, der ein Jahrzehnt später die mächtigen Hochburgen der Partei zum Einsturz bringen und das Kernland der Labour Party den Tories übergeben sollte.

Nach drei Jahren des Grummelns und Knurrens lockerte Brown im Frühjahr 2010 endlich seinen Griff um die kaum noch zuckende Kehle der Labour Party, und die fähige Harriet Harman übernahm für die Sommersaison die Rolle der Amme, bis das hilflose Mündel an Ed Miliband übergeben wurde. In den fünf Jahren, die er das lebhafte Spaßbündel in den Händen hielt, glich Miliband einem albernen jungen Ehemann aus einer Sitcom der 1970er Jahre, der immer wieder in leicht zu vermeidende Scherereien gerät, während er auf Bananenschalen und Schinkenbroten ausrutscht. Als er schließlich aufgab, war Schwester Harman zur Stelle, um für die Zeit von Mai bis September noch einmal ihre Rolle als Chefaufpasserin der Volkspartei zu übernehmen.

Mit fast drei Jahrzehnten auf der ersten Bank, zweimal als stellvertretende Parteivorsitzende und als erste Labour-Frau, die in der Fragestunde des Premierministers auftrat, ist Harman die endgültige Fast-Frau – wie alle fähigen Labour-Frauen, die in einer Partei gefangen sind, die sich der Bruderschaft der Männer angeschlossen hat und ihre Schwestern gerne mit Füßen tritt. Dass die Tories nicht so veranlagt waren, zeigte sich mit der Wahl von Theresa May zur Parteivorsitzenden und Premierministerin im Sommer 2016 – nur ein Jahr nachdem Labour einen Mann an die Spitze gewählt hatte, der ebenso ein Fan von Frauenfeindlichkeit zu sein schien wie jeder andere verschrobene Bartträger von der Moschee in der Nachbarschaft bis zur örtlichen Real Ale Society. Jeremy Corbyn mag Mary Wollstonecraft als seine Heldin bezeichnet haben, aber Gerede ist billig. Nicht nur hatten die Konservativen zwei weibliche Führungspersönlichkeiten vorzuweisen, während die Labour Party es gerade mal auf eine schwanzschwingende Null gebracht hat, die Labour-Abgeordnete Jess Phillips verriet mir sogar: »Die Menschen auf der Linken sind Verfechter der Gleichstellung der Geschlechter, bis sie sehen, dass ihnen ein Teil ihrer Macht genommen wird – während die Tories sie bereitwillig abgegeben haben.« Es war bedauerlich, dass die farbige Frau, die Jeremy Corbyn in seinem Schattenkabinett an die Spitze beförderte, eine Ex-Freundin war, und es erschien noch schäbiger, als ein Genosse sich daran erinnerte, wie er in den straßenkämpferischen und freiheitsliebenden 1970er Jahren dem Rest des Schachklubs – Pardon, seinen Mitstreitern im sozialistischen Kampf – seine dunkelhäutige Trophäe vorführte.

In Rosa Princes Buch »Comrade Corbyn« erzählt ein Spitzel:

> »Eines Sonntagmorgens im Herbst ... waren wir unterwegs, um Flugblätter zu verteilen. Und aus irgendeinem Grund rief er vier oder fünf von uns an und sagte: ›Oh, wir müssen zurück in meine Wohnung gehen und ein paar Flugblätter abholen.‹ Das kam mir ein bisschen komisch vor. ›Warum zum Teufel hast du sie nicht mitgebracht, Jeremy?‹ Also gehen wir alle zu seiner Wohnung, folgen Jeremy ins Zimmer, wo Diane auf der Matratze liegt, die Bettdecke bis zum Hals hochgezogen hat und sagt: ›Was zum Teufel ist hier los?‹«

Wenn man das schwelende Grinsen von Steptoe sieht, der im Sommer 2017 eine Kundgebung der Labour Party beaufsichtigte, die damit prahlte, nur ihr könne man zutrauen, das Talent schwarzer, asiatischer und ethnischer Minderheiten freizusetzen, könnte man meinen, dass die ganze Sache mehr nach »Mandingo« als nach Mandela aussah, da sie einen Hauch von Fetischisierung des Anderen hatte. Ethnische Minderheiten sind durchaus in der Lage, sich selbst zu helfen, ohne dass der große weiße Führer sich an ihrer Beute schadlos hält, wie der konservative Abgeordnete James Cleverly mit einem ansprechenden Meme seiner ebenso attraktiven Kollegin Priti Patel zeigte: Priti Patel, Staatssekretärin, konservative Politikerin, Kandidatin in Witham. Wartet darauf, dass Corbyn ihr Potential freisetzt.

Vernünftige Labour-Anhänger atmeten erleichtert auf, als Corbyn im Frühjahr 2020 durch Sir Keir Starmer ersetzt wurde. Aber als lebenslange Labour-Wählerin und eine der Millionen, die bei der letzten Parlamentswahl merkwürdigerweise für einen alten Tory aus Eton stimmten, da nur ihm zuzutrauen war, die Wünsche der britischen Arbeiterklasse zu respektieren, die mit überwältigender Mehrheit für den Brexit gestimmt hatte, war ich nicht sonderlich beeindruckt. Ein weichgespülter Remainer aus dem Süden war kaum das Schwergewicht, das wir brauchten, um die dezimierten roten Hochburgen wieder aufzubauen.

Zumal als Frau hätte ich kaum mehr enttäuscht werden können. Dabei hatten wir noch Glück, dass wir der »Favoritin« Rebecca Long-Baily ausweichen konnten, die nicht nur gegen Abtreibung war, sondern auch damit prahlte, dass sie ihren kleinen Sohn »den König« nennt, weil »wir ihm dienen, wir sind seine Diener« – Dienstmagd, heile dich selbst! Aber Sir Keir (oder »Dame Drear«, wie der bissige Kommentator Carl Stanley ihn nannte) war schwerlich ein Freund der Feministinnen. Kurz bevor die Dame den armen gepeitschten Gaul übernahm, der einst die edle Labour Party war, schrieb die junge Aktivistin und Missbrauchsüberlebende Lucy Nevitt:

> »In ihrer Funktion als Innenministerin hat Priti Patel bereits die Angriffspläne der Labour Party ausgearbeitet für den Fall, dass Sir Keir Starmer ihr nächster Vorsitzender wird. Nach seiner Ernennung zum Leiter der Strafverfolgungsbehörde im November 2008 überwachte Sir Keir Starmer in dem halben Jahrzehnt, in dem er diese Position bekleidete, so große und polarisierende Fälle wie den Skandal um die Zuhälterbande von Rochdale, die Skandale um massenhaften sexuellen Missbrauch von Unterhaltungsgrößen wie Jimmy Savile und den Fall John Worboys. Patel stellte fest, Sir Keir habe ein ›völliges Desinteresse an der Verfolgung abscheulicher Verbrechen an Frauen‹ – eine Aussage, der man angesichts seiner Vergangenheit kaum widersprechen kann.«

Jeder verlorene Labour-Wähler – und es gibt Millionen von uns, wie der Einsturz der roten Hochburgen bei den Parlamentswahlen 2019 bewiesen hat – hat in einem bestimmten Moment erkannt, dass die Partei, die einst gegründet wurde, um die Unterdrückten gegen den Unterdrücker zu vertreten, selbst zum Unterdrücker geworden ist. Vielen jüdischen Unterstützern wurde das bewusst, als Labour im Frühjahr 2019 die zweifelhafte Ehre hatte, neben der British National Party die zweite politische Partei zu werden, gegen die die Gleichstellungs- und Menschenrechtskommission wegen Rassismus ermittelte, als sich herausstellte, dass sie in ihren eigenen Reihen Antisemiten gegen Juden unterstützt hatte.

Ich bin keine Jüdin – auch wenn ich als Jugendliche mal versuchte, mich als solche auszugeben –, und in den letzten Jahren ist mir klar geworden, dass es wahrscheinlich nicht das Ehrlichste ist, so zu tun, als sei man etwas, das man nicht ist, sobald man die Pubertät hinter sich gelassen hat. Aber ich bin unbestreitbar eine Frau, und für mich hat meine Partei den Vogel abgeschossen, als jede der Labour-Kandidatinnen für den Parteivorsitz gefragt wurde, wie sie zum Geschlechteranerkennungsgesetz stehe, und jede einzelne von ihnen – die sich selbst eher als »cis« denn als »sister« verstand – erklärte sich damit einverstanden, dass Vergewaltiger mit männlichem Körper in Frauengefängnisse gesteckt werden dürften, solange sie den Namen Karen trügen, nur um sie daran zu erinnern, niemanden zu vergewaltigen.

In diesem Zeitalter der sicheren Räume für alle wurden die Orte, an denen Frauen am verletzlichsten sind – Toiletten, Gefängnisse, Frauenhäuser – plötzlich jedem lüsternen Lastwagenfahrer geöffnet, der zufällig Shania Twains größten Hit hörte, während er am Morgen unter der Dusche seinen Hodensack einseifte und beschloss, dass er sich wie eine Frau fühle.

Als »A Woman's Place UK« – eine seit langem bestehende sozialistische feministische Gruppe – darauf hinwies, dass das Geschlecht gemäß dem Gleichstellungsgesetz von 2010 ein geschütztes Merkmal ist, wurden sie als »trans-ausgrenzende Hassgruppe« beschimpft und ihnen sogleich mitgeteilt, dass ihre Anhänger aus der Labour Party ausgeschlossen würden. Scheinbar so unterschiedliche Kandidatinnen für den Labour-Parteivorsitz wie Lisa Nandy, Rebecca Long-Bailey, Emily Thornberry, Angela Rayner und Rosena Allin-Khan waren bereit, auf Geheiß von Männern in Blusen gegen andere Frauen zu hetzen; eine von ihnen, die auftrumpfend dämliche Dawn Butler (die die zweifelhafte Ehre hatte, Diane Abbott als überförderte und leistungsschwache schwarze Frau im Schattenkabinett zu ersetzen, deren lächerlich ungenauer Titel »Ministerin für Frauen und Gleichstellung« lautete) hatte sich als Shackleton der antiwissenschaftlichen Dummheit erwiesen, als sie 2019 behauptete, dass vielleicht 90 Prozent aller Giraffen schwul seien. Ah, das erklärt ihr unerhörtes Erscheinungsbild und ihre schmachtenden Blicke!

> »Wenn man Schwulsein lehren kann, warum spricht dann niemand Giraffisch? 90 Prozent der Giraffen sind schwul. Also, wer zum Teufel spricht Giraffisch, wie hört sich das an? Man kann es nicht lehren, und es ist auch keine Krankheit. Derjenige zu sein, der man ist, das wahre, authentische Selbst ist keine Krankheit.«

In jener Woche schoss Labour nicht den Vogel, sondern die Giraffe ab. Etwas peinlich, selbst in Anbetracht des Maulheldentumklimas, das in Jeremy Corbyns Partei herrschte, musste Butlers Genosse Lachlan Stuart, Corbyns Chefberater für Innenpolitik, sie zurechtweisen. Auf Twitter machte er darauf aufmerksam, dass männliche Giraffen zwar oft beim »Knutschen« mit jüngeren Männchen zu sehen seien, sie aber in Wirklichkeit etwas viel Bestialischeres im Sinn hätten als die Liebe, die ihren Namen nicht auszusprechen wagt, nämlich Mobbing:

> »Das ist eine lächerliche, beleidigende, homophobe Behauptung … so als würde man James Dickeys Roman ›Flussfahrt‹ eine ›Schwulenromanze‹ nennen, weil die Einheimischen die verweichlichten Stadtjungen in die Schranken weisen, indem sie sie verprügeln und vergewaltigen.«

Autsch! hätte eine junge männliche Giraffe sagen können. Aber die ausgesprochen unqualifizierte Frau Butler konnte es nicht lassen, dieses heikle Thema noch einmal aufzugreifen, genauso wie ein dominantes Giraffenmännchen es nicht lassen kann, seine hochnäsige junge Herdengenossin zu begehren, und so konnte man im folgenden Jahr bei »Good Morning Britain« hören, wie sie die verrückte Position der Labour Party zum Geschlechteranerkennungsgesetz verteidigte: »Ein Kind wird ohne Geschlecht geboren.«

Glückwunsch – es ist ein Es!

Die Partei, die Frau Pankhurst einst aufgrund ihres Geschlechts die Mitgliedschaft verweigert hatte, war wieder da, wo sie angefangen hatte, doch nun war sie alt genug, um es besser zu wissen. Und dieses Mal waren es keine defensiven Männer aus der Arbeiterklasse, die hochnäsige Frauen verteufelten aus Angst, das einzige Stückchen überlegenen Status zu verlieren, das sie hatten. Diesmal waren es privilegierte Männer – die Woke Bros. Allerdings erwiesen sie sich bis zu einem gewissen Grad als nichtdiskriminierende Zerstörer; man kann mit Fug und Recht behaupten, dass es hauptsächlich ihre Wokeness war, die die einstige Volkspartei zerstörte, ihr die Stimmen der Arbeiterklasse entzog und sie zu einem Spielzeug der Bourgeoisie machte, das man aus dem Kinderwagen werfen konnte. Es waren diese wohlerzogenen Possenreißer, an die das ruhmreiche ehemalige Glamour-Model, die Labour-Abgeordnete Gloria de Piero, dachte, als sie sagte: »Wenn irgendeine andere Institution so vornehm wäre wie die Labour Party, wären wir in der Labour Party die ersten, die darauf hinweisen würden.«

Warum haben die Woke Bros., die sich gerne für Revolutionäre halten, einen so blinden Fleck, wenn es um Feminismus geht – ja, warum ist ihre Haltung gegenüber Frauen heutzutage weitaus reaktionärer als die der Männer der Rechten? Es gibt einen Grund, warum Männer, die lieber ihre eigenen Hoden mit einer Zackenschere entfernen würden, denn als rassistisch zu gelten, offenbar kein ähnliches Problem damit haben, sexistisch zu sein. Es hat, wie so vieles in diesem scheinbar zusammenhangslosen Leben, mit unserem alten Freund Sex zu tun, das heißt mit »gutem Sex«, bei dem Männer in verschiedene Teile williger Frauen ejakulieren können, und nicht mit »schlechtem Sex«, von dem aufmüpfige Frauen behaupten, deswegen diskriminiert zu werden, und der sie, wenn sie sich dieser Ungerechtigkeit zu sehr bewusst werden, dazu ermuntern könnte, Männern den »guten Sex« zu entziehen.

Ein privilegierter Mann kann sich für die Abschaffung des Rassismus einsetzen, ohne befürchten zu müssen, sein Privileg zu verlieren. Die durchschnittlich unterprivilegierten Angehörigen ethnischer Minderheiten werden einige Generationen brauchen, um in ihrer Karriere an dieselben Türen zu klopfen, so dass er sich den Luxus solcher Tugenden leisten kann, ohne je etwas aufgeben zu müssen. Es ist bezeichnend, dass, wenn unterdrückte Gruppen – wie die Juden – aus eigener Kraft Fortschritte machen und beginnen, den beschränkten, aber privilegierten einheimischen Männern in deren Berufen den Rang abzulaufen, sie nicht mehr die geschützten Lieblinge der Linken sind und ihnen alle möglichen dunklen Künste als Erklärung dafür vorgeworfen werden, dass sie die Weißen übertrumpfen. Aber wenn der Feminismus sich breitmacht, sind Männer aller Glaubensrichtungen betroffen. Sobald Frauen nicht länger an ihrer eigenen Unterdrückung mitwirken, versetzt das dem bürgerlichen liberalen Mann – dem Woke Bro von heute – einen ebensolchen Schlag wie seinem konservativen Cousin.

Der einzige Ort, an dem er seine Tugendhaftigkeit nicht zur Schau stellen kann, ist die intime Beziehung. Wenn ein Mann schon für seinen Diener kein Held ist, wie viel weniger erst für seine Frau. Ich könnte mir vorstellen, dass viele der Frauen, die jedes Jahr von männlichen »Partnern« oder Ex-Freunden umgebracht werden – zwei pro Woche – nicht deshalb sterben, weil »meine Frau mich nicht versteht«, sondern weil sie ihren Mörder nur zu gut verstanden hat; er konnte es nicht ertragen, sich in seiner ganzen Unzulänglichkeit in Augen widergespiegelt zu sehen, die ihn nicht doppelt so groß erscheinen ließen. Ich kannte gebildete und aufgeklärte Männer, die Frauen schlugen; tatsächlich habe ich noch nie einen ungebildeten Frauenschläger getroffen. Eine Bekannte von mir wurde einmal von ihrem Freund mit einem riesigen Bildband über die Misere der Palästinenser bewusstlos geschlagen; ein anderer Menschenfreund gestand mir, er habe aufhören müssen, etwas über die sexuelle Folterung chilenischer Frauen unter dem Pinochet-Regime zu lesen, weil es ihn immer wieder erregt habe. Man kann wohl behaupten, dass Männer aller Klassen, Konfessionen und politischen Richtungen über dem verletzten Körper der Frau häufig zusammenhalten und ihre sonstigen Streitigkeiten kurzzeitig vergessen. Ist die Bruderschaft der Menschen, nämlich der Männer, nicht eine wunderbare Sache?

Um uns daran zu hindern, dies zu erkennen, haben woke Männer die Idee verbreitet, das weiße Privileg sei unterdrückerischer als das männliche, was die dümmeren bürgerlichen Tussis von ihren Schwestern anderer Hautfarbe trennt. So wird ihr Weißsein als Waffe gegen sie eingesetzt, und manchmal bezahlen sie gar dafür, dass farbige Frauen sie bei speziellen Dinnerpartys mit Showeffekten zu Tränen rühren. (Es sagt einiges, dass Woke Bros. schwarze Männer nicht dafür bezahlen, sie beim Dartspiel herumzukommandieren.) Eine Frau, die davon überzeugt ist, von Natur aus privilegierter zu sein als bestimmte Gruppen von Männern, ist ein verwirrtes und von Schuldgefühlen geplagtes Wesen, leichter formbar und viel weniger geneigt, den Feminismus als Antwort auf ihre Probleme zu sehen, was sie auch zu einem viel nützlicheren Fußabtreter im Haushalt macht.

Deutlich wurde dies während des Corona-Lockdown, als nicht nur die häusliche Gewalt zunahm (unter egal welchem Vorwand), sondern auch die Hausarbeit wieder zur Frauenarbeit wurde. Eine junge Frau namens Grace, die ein Londoner Haus mit Freunden verschiedenen Geschlechts teilte, erzählte der Zeitschrift *Grazia*:

> »Als die Pandemie ausbrach, verloren wir unsere wöchentliche Reinigungskraft und, wie es schien, auch jedes Quäntchen Zivilisation. Im April legten wir Frauen im Haus die Arbeit nieder, weil wir es leid waren, hinter den Männern aufzuräumen. Und die haben die Frechheit, sich Feministen zu nennen!«

Das entscheidende Wort hier ist »nennen«, denn für einen Mann ist es die einfachste Sache der Welt, sich als Feminist zu bezeichnen, es bedeutet rein gar nichts. Nur Taten zählen. Der beste männliche Feminist, den ich je getroffen habe, war mein Vater, ein Arbeiter, der in Nachtschichten arbeitete und von der Frauenbewegung ehrlich gesagt nichts verstand, aber etwa drei Viertel aller Koch- und Kinderbetreuungsarbeiten im Haushalt meiner Jugend übernahm, einfach weil er voller Energie war und meine Mutter glaubte, sie sei Mariah Carey (die noch nicht geboren war, was ihre Wahnvorstellung noch unergründlicher machte).

Im Allgemeinen glauben Männer, die sich einmal als Feministen geoutet haben, sich Frauen gegenüber so schäbig verhalten zu dürfen, wie sie es für richtig halten. Die Tugendhuberei verabscheue ich nicht so sehr, weil ich etwas dagegen hätte, dass Menschen sich dicketun (ich bin eine kolossale Angeberin, also wäre das Selbsthass), sondern weil Angeberei nur dann einen Sinn hat, wenn es um etwas geht, das man gut kann. Menschen, die nichts tun, worüber zu reden sich lohnt, werden sich immer damit brüsten, wie sie sind; ihre Zurschaustellung von Tugendhaftigkeit ist kein Vorspiel zur Tugendhaftigkeit selbst, sondern eher ein Ersatz dafür. Es kann sie sogar dazu ermutigen, sich noch schlimmer zu verhalten, als sie es sonst tun würden; man denke nur an die Männer, die für Wohltätigkeitsorganisationen arbeiten und sich mit Freuden in ein Katastrophengebiet begeben, um dort verarmte Frauen zu Huren zu machen. Die Chefs internationaler kapitalistischer Unternehmen, obwohl sie theoretisch noch bösartiger sind, tun dies nicht so oft, da sie wissen, dass zwischen ihnen und dem Abscheu der Öffentlichkeit kein Wokescreen steht. Wenn ich an die Menschen denke, die ich kenne und die mich am liebsten als »böse« oder sogar als »Psychopathin« bezeichnen (mich, mit meiner jahrzehntelangen ehrenamtlichen Arbeit und meiner unermüdlichen Philanthropie), während sie sich selbst als »gut« betrachten, so stelle ich fest, dass sie ihrerseits oft das egozentrischste Verhalten an den Tag legen.

Wokeness ist der umgekehrte König Midas, der jede edle Sache, die er berührt, befleckt. Auf keinem Kampfgebiet aber hat er so viele schmutzige Fingerabdrücke an unpassenden Stellen hinterlassen wie auf dem des Feminismus. Mit Rauch, Spiegeln und Taschenspielertricks, die eines bösen frauenfeindlichen Zauberers würdig sind, hat er eine monströse Kreatur geschaffen, einen Fauxminismus, der sich ausschließlich um die Positionen des geheiligten Penis dreht. Unter der strikt unparteiischen Führung der Woke Bros. fanden entsprechend gesinnte Mägde eine sehr weibliche Erfüllung darin, den Verfechtern einer überlegenen Männlichkeit gegenüber Lippenbekenntnisse abzulegen, ob es sich nun um Islamisten handelt, die die patriarchalischste Religion der Welt propagieren, um Crossdresser, die fordern, Vaginas sollten jedem in Martha verwandelten Arthur dieser Welt gleichermaßen zugänglich sein, oder um die Betreiber der milliardenschweren Sexindustrie. Das Kuscheln mit dem Islamofaschismus und das Verschachern von Frauen an die Transkolonisation werde ich in den nächsten Kapiteln behandeln. Hier und jetzt werde ich mich mit dem sehr realen Krieg gegen Frauen befassen: von der Darstellung sexueller Gewalt zum Vergnügen der Freier über den Profit der Pornographen bis hin zum tatsächlichen Frauenmord.

Lesben waren schon immer die Außenseiterinnen des Feminismus. Da sie keine Lust haben, mit Männern zu leben, haben sie auch keinen Grund, ihnen entgegenzukommen. Wenn man nicht mit dem Feind schläft, kann man ihn klar und deutlich sehen; in seiner Nähe verschließt einem das Vergnügen gewöhnlich die Augen. Unter der Herrschaft des Woke-Fauxminismus wurden Lesben wie nie zuvor von angeblich fortschrittlichen Leuten angegriffen, weil sie nicht wie die Lesben in den Internetpornos sind, auf die diese Männer masturbiert und die deren Vorstellung davon geprägt haben, wie Sex sein sollte. Wehe der Frau, die sich zwischen einen Mann und seine wunders wie wichtigen Wichsphantasien stellt. Weil sie es wagen, die Weltsicht der kümmerlichen Onanisten mit ihrer tatsächlichen Lebenserfahrung zu widerlegen, wird Lesben jetzt routinemäßig nachgesagt, sie seien bestenfalls Spaßverderber und schlimmstenfalls Faschisten. Eine der härtesten Veteraninnen des Sexkriegs, die reuelose Lesbe Julie Bindel, brachte es 2020 im *Spectator* in einem Artikel mit dem ahnungsvollen Titel »Feminismus für Männer ist eine schlechte Nachricht für Frauen« auf den Punkt:

»In meinen 40 Jahren als feministische Aktivistin, die sich für die Beendigung männlicher Gewalt einsetzt, habe ich mich noch nie von einer solchen Kultur des Frauenhasses umgeben gefühlt … in den letzten zehn Jahren ist etwas furchtbar schiefgelaufen. Einige junge Frauen, vor allem privilegierte Studentinnen, scheinen zu der Überzeugung gelangt zu sein, dass alles, was für sie schlecht ist, in Wirklichkeit gut sei. Sexuelle Belästigung, gegen die wir hart gekämpft haben, um sie aufzudecken und gesetzlich zu bekämpfen? Laut der Transaktivistin und bekennenden Feministin Paris Lees gibt es kaum etwas Befreienderes und Angenehmeres, als ›von Männern beschimpft, zu einem Sexobjekt gemacht und wie ein Stück Fleisch behandelt zu werden‹. Warum feiern so viele junge Frauen diese Kultur der Frauenfeindlichkeit und bestehen darauf, dass Pornos befreiend sein können? Teilweise wegen des Drucks, der von sogenannten fortschrittlichen Männern ausgeht. Ich werde fast jeden Tag von Frauen aller Altersgruppen kontaktiert, die mir sagen, sie hätten es satt, dass Männer entscheiden, was Frauenbefreiung ist. Strippen, Würgen, anzügliches Pfeifen oder Pornos helfen uns nicht weiter. Aber es hilft den Männern, die verzweifelt an ihrer Macht festhalten wollen.«

Warum sind altmodische Feministinnen so »verklemmt«, wenn es um Sex geht, fragen sich die Woken? Warum können sie nicht aufhören, langweilige Dinge zu tun, wie Frauen aus der Prostitution zu helfen, und stattdessen »sexpositiv« sein? Die feministische Aufklärungsarbeit, die auf praktische und zugleich mitfühlende Weise half, den zumeist elenden Frauen ein besseres Leben zu ermöglichen, die, seit Frau Pankhurst ihre Handschuhe ausgezogen hat, zur Prostitution verdammt waren, wird nun zur

»Hurenphobie« erklärt und diejenigen, die sich damit abgaben, zu SWERFs (Sex Worker Exclusionary Radical Feminists): zu radikalen Feministinnen, die »Sexarbeiterinnen« ausschließen. Wenn sie schon lesbisch sein müssen – was »transphob« ist, weil es »Mädchenschwänze« ausschließt – warum können sie sich dann nicht »genderqueer« nennen und ihr Haar blau färben, damit sie wie die Manga Pixie Dream Girls der feuchten Phantasien der Woke Bros. aussehen? Ja, wozu gibt es überhaupt Lesben, wenn Männer nicht zuschauen dürfen? Welche Art von Lesbe missachtet ihre Berufung als Wichsvorlage und widmet sich stattdessen lieber der Aufgabe, das Leben anderer Frauen zu verbessern?

Die Leugnung des Kindes, dass irgendetwas wichtiger sein könnte als seine unmittelbaren Bedürfnisse, und dessen Freude, mit den eigenen Fäkalien zu spielen, treffen bei den Woke Bros. und ihren Mägden zusammen und lösen einen regelrechten Sturm der Dummheit aus, wenn es um wirklichen Feminismus geht – und nicht etwa um das Herumstolzieren in »Pussy Hats« und die Zurschaustellung unscheinbarer Euter auf »Slut Walks«. Die Woken sind naturgemäß jung und sehnen sich immer noch in erbärmlichem Maße nach Popularität, vor allem die jungen Frauen aus der Mittelschicht; daher ist die Art von Feminismus, die sie für männliche Zustimmung aufführen, offenbar mehr von der Sexindustrie als von den Suffragetten geprägt. Man denke an die Fotos weißer weiblicher Verbündeter bei den Rassenunruhen von 2020, die Plakate mit der Aufschrift »Ich lutsche nur schwarze Schwänze« und »Ich liebe schwarze Schwänze, so hört ihr mich sagen« hochhielten (zugegeben, ich konnte nicht umhin, die krude Unlogik dieses Bildes zu bewundern), oder an einen anderen Schnappschuss, diesmal des Kommentators Owen Jones, der auf seine junge Freundin zeigt, die ein T-Shirt mit der Aufschrift »Lutsche Schwänze für den Sozialismus« trägt. Bemerkenswert, dass Owen, ein stolzer Homosexueller, kein Bedürfnis verspürte, dieses Kleidungsstück zu tragen, obwohl er wahrscheinlich weitaus mehr Schwänze gelutscht hat als seine Freundin – schließlich ist er ein »seriöser« Autor, und was haben Frauen zu irgendeinem Kampf beizutragen außer einem Satz Löcher? Einen solchen Fehler begeht man leicht, wenn man zu viel Zeit damit verbracht hat, sich über Schnappschüsse der Black Panthers aufzuregen, deren Anführer Stokely Carmichael einmal erklärte, die einzige Stellung für Frauen im Kampf sei »auf dem Bauch liegend« – obwohl ich sicher bin, dass er die Regeln geändert hätte, um das öffentliche Zehenlutschen zu feiern, das man auf amerikanischen Straßen bei Black Lives Matter-Unruhen beobachten konnte, als die kriecherische Woke-Bewegung erwachte.

Der magische Sozialisten-Opa Bernie Sanders, die arme alte Pumpe, muss im Jahr 2020 Überstunden gemacht haben – und vielleicht deshalb aus dem Präsidentschaftsrennen aussteigen –, als er all die #hotgirlsforbernie sah. (Die hässlichen Mädchen, die Bernie unterstützten, waren gewiss damit beschäftigt, Kaffee zu kochen, um nicht gesehen zu werden.) Ich muss lachen, wenn ich daran zurückdenke, wie oft mir gesagt wurde, dass Frau Thatcher keine Freundin des Feminismus gewesen sei; im Vergleich zu den woken Handmaids von heute war sie praktisch Valerie Solanas.

Für die Handmaids sagt ein nacktes Selfie mehr als tausend wohlmeinende Worte. Vielleicht aber sind sie auch so wortkarg, dass sie ihre Titten und Ärsche sprechen lassen müssen. Zu Beginn des Lockdown postete das Model Bella Hadid einen Nacktschnappschuss, in dem sie die Menschen aufforderte, zu Hause zu bleiben, um »buchstäblich die ganze Welt« zu retten. Das Model Kaylen

Ward, die »nackte Philanthropin«, sammelte mehr als eine halbe Million Pfund, indem sie Nacktbilder von sich verkaufte, um den Opfern von Waldbränden zu »helfen« – und damit auch einer Menge anderer Menschen, die Opfer von nichts Schlimmerem als ihrer eigenen Libido waren. Emily Ratajkowskis Instagram-Feed ist wohl das einzige »feministische Magazin« (ihre Worte), das Massenmasturbation auslöst – aber warum in aller Welt sollte sie nicht ihre Klamotten ausziehen?

Auf die Frage, warum sie für den *Playboy* strippe, sagte Ursula Andress: »Weil ich schön bin.« Es liegt eine gewisse Art boshaften feministischen Triumphalismus darin, chancenlosen Männern vor Augen zu führen, was sie nicht haben können, und den mag man sogar bewundernswert finden. Doch verhält es sich nicht mehr ganz so einfach, wenn das schwammige Wort »Empowerment« ins Spiel kommt. Man sollte sich darüber im Klaren sein, dass das einzige, was man »empowered«, wenn man seine Titten öffentlich zur Schau stellt, Erektionen sind. Glaubt bloß nicht, dass ihr das Patriarchat erschreckt, wenn ihr jemandem einen Steifen verpasst, wie es einige der dümmeren Millennial-Mädchen tun.

Die nackten Feministinnen auf Instagram haben etwas von verlorenen Mädchen an sich. Die Dinge stehen kopf: Sie zeigen den Männern, dass sie die von diesen aufgestellten Regeln missbilligen, indem sie ihnen genau das geben, was diese von ihnen wollen. Seit Jahrzehnten protestieren Frauen dagegen, von Männern nur als Körper betrachtet zu werden – und jetzt fangen sie an, sich selbst buchstäblich zu Titten zu machen, um zu beweisen, dass sie unabhängige Frauen sind. Ich bin darüber gewiss nicht moralisch empört – ich war selbst nicht abgeneigt, mich als Teenager-Punk aus meinem Oberteil zu befreien, als der Snakebite* floss – und äußerst misstrauisch gegenüber der »Bescheidenheit«, die Frauen anstünde. Aber solche Aktionen haben etwas so Infantiles an sich, dass sie den Eindruck verstärken, bei den Woken handle es sich um nachlässig erzogene Riesenkleinkinder, die ständig nach Aufmerksamkeit schreien.

Dass die Fauxministinnen noch recht jung sind, ist jedoch keine Entschuldigung für die wirklich beeindruckende Ignoranz, die sie an den Tag legen, sobald sie sich beruhigt und ihre Kleider wieder angezogen haben. Obwohl es verständlich ist, dass junge Leute stets dazu neigen, sich »frech« zur Generation vor ihnen zu verhalten – Feministinnen sind von Natur aus temperamentvoll, und wie wir im vorigen Kapitel gesehen haben, konnte ich nicht genug davon bekommen, Professor Greer zu beschimpfen, als ich jung war –, muss im Sandkasten allerdings eine Grenze gezogen werden, wenn das Aufbegehren zur bloßen Albernheit wird. Und wenn man das Gefühl bekommt, dass sie uns alte Weiber verunglimpfen, um den Woke Bros. einen billigen Nervenkitzel beim Anblick eines Zickenkriegs mit Blaustrümpfen zu verschaffen, dann fühlt man sich wirklich ermutigt, sie an den Zöpfen zu ziehen und zu rufen: »Geh nach Hause, Kleine!«

Einer der Gründe, warum Aktivistinnen wie Bindel ihre wertvolle Zeit nicht darauf verschwenden wollen, unseren hart erkämpften Glauben an Befreiung derart zu erneuern, dass er die Zustimmung der sich selbst missbrauchenden Frauen und ihrer pornoproduzierenden Strippenzieher findet, ist vielleicht der, dass der Feminismus in der Welt so nötig ist wie noch nie. Nach einer großangelegten Studie forderte das UN-Entwicklungsprogramm die Regierungen

* Schlagenbiss: Mischgetränk aus Bier und Apfelwein.

im März 2020 auf, Gesetze zur Bekämpfung der tief verwurzelten Vorurteile gegen Frauen in allen Ländern der Welt einzuführen. »Wir alle wissen, dass wir in einer von Männern dominierten Welt leben, aber mit diesem Bericht sind wir in der Lage, diese Vorurteile mit Zahlen zu belegen«, sagte Pedro Conceição, Direktor des UN-Development-Program-Büros für den Bericht über die menschliche Entwicklung. »Und die Zahlen finde ich schockierend.«

Die Umfrage ergab, dass fast 90 % der Menschen Frauen gegenüber voreingenommen sind, wobei 91 % der Männer und 86 % der Frauen mindestens ein Vorurteil gegen Frauen in Bezug auf Politik, Wirtschaft, Bildung oder reproduktive Rechte hegen; fast ein Drittel der Männer und Frauen findet es akzeptabel, dass ein Mann seine Frau schlägt. Unter den 75 untersuchten Ländern gab es nur sechs, in denen die Mehrheit der Menschen keine Vorurteile gegen Frauen hatte: Andorra, Australien, die Niederlande, Neuseeland, Norwegen und Schweden. Aber selbst diese Länder waren nicht frei von geschlechtsspezifischer Bigotterie; Schweden war eines von mehreren Ländern – darunter Südafrika, Indien und Brasilien –, in denen der Prozentsatz der Menschen, die mindestens eine sexistische Überzeugung teilten, in den neun Jahren, die die Daten abdecken, gestiegen ist.

Wer meint, eine Gruppe von Menschen sei weniger wert ist als eine andere, schätzt folglich auch deren Leben weniger wert, und dementsprechend verursacht häusliche Gewalt weltweit mehr Todesfälle bei Frauen im Alter zwischen 15 und 44 Jahren als Krebs, Malaria, Verkehrsunfälle und Krieg zusammen. Ein Viertel der Frauen im Vereinigten Königreich erfährt irgendwann in ihrem Leben Gewalt durch einen Partner; jede Woche werden zwei Frauen von einem Partner oder Ex-Partner getötet, was die

Hälfte aller Tötungen ausmacht. (Ich habe das Wort »Partner« immer gehasst, wenn es eine Person bezeichnen soll, mit der man intim ist. Vielleicht würde ich es verwenden, wenn ich mit einer anderen Person eine Anwaltskanzlei oder Arztpraxis teilte oder mit ihr regelmäßig Kampfsport triebe. Wenn es um Mord geht, klingt es besonders finster, da dieses äußerst leidenschaftslose und praktische Wort der primitivsten Gewalttat unterschoben wird.) In den USA gibt es dreimal so viele Tierheime wie Zufluchtsorte für misshandelte Frauen. Es gibt viel mehr geschlechtsspezifische als rassistische Morde, aber wir sehen keine Volksaufstände, die darauf aufmerksam machen, dass Frauenleben zählen (»Female Lives Matter«); stattdessen haben wir die unaussprechlich traurig benannte Zählung toter Frauen (»Counting Dead Women«) und den 2015 von Karen Ingala Smith und Clarissa O'Callaghan geschaffenen Frauenmordzensus (»Femicide Census«: »eine einzigartige Quelle umfassender Informationen über Frauen, die in Großbritannien getötet wurden, und die Männer, die sie getötet haben«), die auch den Untertitel »Female Lives Never Mattered« tragen könnte, da wir all die verlorenen Frauen aller Altersgruppen und Hautfarben sehen, die von denen getötet wurden, die behauptet hatten, sie zu lieben, und deren Tod lediglich als Begleiterscheinung des Frauseins und nicht als etwas angesehen wird, über das man sich mit Recht aufregen sollte. Wäre eine ethnische oder religiöse Minderheit in gleichem Maße wie Frauen fortwährenden Angriffen ausgesetzt, würden wir das als Terrorismus, Verfolgung oder Völkermord bezeichnen. Wenn es Frauen trifft, scheinen wir es als reine Glücksache zu betrachten.

Man sollte meinen, dass die so fürsorglichen und empathischen Woken zu solch einem unbarmherzigen Massaker etwas zu sagen hätten, aber ich kann mich nicht erinnern, dass einer dieser vielen Märsche jemals dem Frauenmord gegolten hätte. Lieber stellen sie sich an die Seite der Transsexuellen, und Polizei und Justiz sehen das anscheinend genauso, wenn man bedenkt, dass Vergewaltiger nur zögerlich verfolgt und häusliche Straftäter nur geringfügig bestraft werden. Es ist äußerst unlogisch, dass der Angriff auf einen als Frau verkleideten Mann ein Hassverbrechen sein soll, der Angriff auf eine tatsächliche Frau hingegen nicht; viele Transen sind gebaut wie ein Schrank (auch wenn sie schlechte Perücken aufgesetzt haben) und daher durchaus in der Lage, sich zu wehren.

Andere Hassgefühle kommen und gehen – aber die Jagd auf Frauen ist immer eröffnet. Die Bedrohung durch Frauenmorde lauert stets im Hintergrund, wie ein weißes Rauschen – die Stimmungsmusik, die den Totentanz der Frauenfeindlichkeit begleitet –, und die Behörden geben sich entspannt, wenn es um Statistiken geht, die bei jeder anderen Gruppe ein rasendes Klopfen in der Brust hervorriefen. Als 2002 Statistiken veröffentlicht wurden, aus denen hervorging, dass die Mordrate in britischen Städten so hoch war wie seit einem Jahrhundert nicht mehr, machte das Innenministerium die üblichen besorgten Äußerungen über die Bekämpfung von Gewalt – doch dann fügte ein munterer Sprecher einen erstaunlich gruseligen Nachtrag zur Beruhigung hinzu. Die Dinge waren nämlich gar nicht so schlimm, wie sie aussahen: 61 % der Morde an Frauen hatten sich »im Haushalt« ereignet. Dann ist ja alles in Ordnung! Stellen Sie sich vor, das Innenministerium würde uns sagen, wir bräuchten uns keine Sorgen zu machen, weil ein Drittel aller Morde an ethnischen Minderheiten oder an schwulen Männern begangen würden. Aber sie können sagen, der hohe Anteil von Frauen, die von ihren Partnern oder Ex-Partnern getötet werden, mache die Mordrate nicht so schockierend. Und warum? In welcher

Welt leben diese Menschen? Haben sie keine Töchter, Schwestern, Mütter, die mit Männern zusammenleben? Um der tödlichen Verwundung noch eine Beleidigung hinzuzufügen, schlugen kurz darauf einige Polizeichefs und Staatsanwälte dem Innenministerium vor, bestimmten mutmaßlichen Straftätern die Möglichkeit zu geben, der Strafverfolgung und dem Gefängnis zu entgehen, wenn sie sich bei ihren Opfern entschuldigen und vertraglich verpflichten, fortan »sauber zu bleiben«.

Und für welche Straftaten erhalten die mutmaßlichen Täter eine Knastbefreiungskarte? Ladendiebstahl, Einbruchdiebstahl – und häusliche Gewalt. Nicht Männer, die rassistischer oder homophober Gewalt beschuldigt werden – nur Männer, die Frauen verprügeln. Nach zwei Jahrzehnten Regierungs- und Polizeipropaganda, der zufolge es bei häuslicher Gewalt »null Toleranz« geben dürfe, schlagen Leute, die Einfluss auf die Politik haben, ernsthaft vor, sie wieder zu einem Vergehen wie Ladendiebstahl zu erklären, zu einem, das man mit einer Entschuldigung aus der Welt schaffen könne. Kein Hassverbrechen, sondern ein Verbrechen aus Liebe vielleicht – ein Verbrechen aus Leidenschaft! Sind Männer, die rassistische oder homophobe Übergriffe und Morde begehen, etwa nicht leidenschaftlich bei dem, was sie tun? Natürlich sind sie das. Warum aber werden dann nur die Morde an Frauen damit entschuldigt, dass irgendein Schwachkopf starke Gefühle hege, wie unvernünftig sie auch sein mögen?

Wann immer die Rechte von Frauen mit den Rechten anderer kollidieren, sind die Machthaber anscheinend besonders darauf bedacht, die andere Seite gewinnen zu lassen – und ihre Haltung stimmt mit der der Woke Bros. auf unheimliche Weise überein. So scheint die britische Polizei weitaus mehr daran interessiert zu sein, Leute wegen falscher Geschlechtszuweisung (»misgendering«) im Internet zu belästigen, als gegen Typen in Büstenhaltern zu ermitteln, die drohen, TERFs zu vergewaltigen. Wir hören viel über den systembedingten Rassismus der Polizei, aber besonders abstoßend an der Geschichte der Zuhälterbande aus Rochdale – bei der Tausende von Mädchen im Alter von 11 Jahren von Männern meist pakistanischer Herkunft verkauft, vergewaltigt und gequält wurden – war die Art und Weise, wie die Polizei sich verbogen hat, um die beteiligten Männer nur ja nicht zu verfolgen, weil sie nämlich nicht weiß waren und ihre Enttarnung rassistische Ressentiments schüren könnte. (Dass diese Untätigkeit selbst den Rassismus weitaus mehr anheizen würde, als wenn man die Täter, als die Sache herauskam, einfach wie gewöhnliche Zuhälter und Pädophile behandelt hätte, kam den Schwachköpfen, die unter der Hand nach dem Credo »eine Regel für sie, eine andere Regel für uns« handelten, offenbar nicht in den Sinn.)

Damit hatte sich die Polizei die Woke-Agenda erstmals zu eigen gemacht: in diesem Fall die Lehre, dass das harmonische Zusammenleben der »Rassen« über allem anderen zu stehen habe, sogar über dem Wohlergehen von Tausenden gequälter Kinder. Der Islam wurde von den Woke-Leuten als einzige der Religionen zu einer Rasse erhoben (was er nicht ist) und die verständliche Angst vor ihm als Phobie verspottet (was Kritik daran sogleich zu einer irrationalen Krankheit macht – aber seltsamerweise gibt es keine Christophobie, über die man sich ungestraft und mit gesundem Menschenverstand lustig machen kann), und das alles in dem magischen Wunschdenken, auf das sie sich so gut verstehen. Dass viele linke Männer so viel für den Islamismus übrig haben, rührt vielleicht aus ihrer unterdrückten Abneigung gegen den Vormarsch des Feminismus, die sie sich zwar niemals eingestehen dürften, die aber mit dem Aufkommen der Woke-Bewegung offenkundig wurde. Nachdem sie jahrelang von ihren Genossinnen angeschrien worden waren, wann immer sie sich auch nur nach einem heißen Getränk erkundigten, kann man sich vorstellen, wie begeistert die linken Kiffer waren, als sie große böse Männer mit Balaklavas sahen, die auf einem drückend heißen Marktplatz »Sklavenmädchen« verkauften.

Wie schade, dass sie nicht mit den elenden Mädchen von Rotherham – oder Rochdale, Keighley, Newcastle, Peterborough, Aylesbury, Oxford oder Bristol – tauschen konnten, wo sie nach Herzenslust der Brutalität ihrer mohammedanischen Herren ausgeliefert gewesen wären. Die Haltung der Woken gegenüber der weißen Arbeiterklasse, die logischerweise auch die weibliche Hälfte einschließt – dass sie ungebildete, animalische Fanatiker seien, die verdienten, was sie bekommen –, teilte anscheinend auch die Polizei, die mit ihrer notorisch unsensiblen Haltung gegenüber Frauen allerdings auch nie behauptet hat, eine Geißel des Patriarchats zu sein. Aber man sollte meinen, dass Sozialarbeiter – die schon aufgeweckt waren, bevor es Woke gab – im Laufe der Jahrzehnte ein paar Bücher darüber gelesen haben, dass der sexuelle Missbrauch von Kindern eines der abgründigsten Geheimnisse jeder Gesellschaft ist, aufgrund ihrer Fürsorgepflicht gegenüber den Schwachen diesen elenden Kindern zu Hilfe geeilt wären. Aber das taten sie nicht; sie wurden zu den letzten Verrätern in der unheiligen Dreifaltigkeit neben den Tätern und der Polizei, die diese Mädchen als »weiße Schlampen« abtaten. Oder, um sie bei ihrem vollen Namen zu nennen: weiße Schlampen gegen vielfältige Mitglieder einer dynamischen Gesellschaft, die um jeden Preis vor Hass geschützt werden müssen, auch wenn der Hass in diesem Fall völlig gerechtfertigt war.

Warum fällt es der Polizei so schwer, Frauen Glauben zu

schenken? Zyniker sagten früher, jede Frau, die vergewaltigt wird, solle »Feuer!« schreien, wenn sie die Aufmerksamkeit der Polizei auf sich ziehen wolle, heutzutage aber wäre »Hassverbrechen!« die bessere Wahl. Während die Polizei unendlich empfindlich auf rassistische Beleidigungen reagiert und der Black Lives Matter-Bewegung bereitwillig nachgibt, klingt sie bei jeder neuen Initiative, die sie ergreift, um etwa die erbärmliche Verurteilungsquote bei Vergewaltigungen zu verbessern, nur noch frauenfeindlicher. 2019 hieß es, mutmaßliche Vergewaltigungsopfer sollten gezwungen werden, der Polizei ihre Mobiltelefone auszuhändigen, was bestenfalls wie eine alberne Spielerei und schlimmstenfalls wie eine unheimliche Druckausübung anmutet. Würde unsere Woke-Polizei in Erwägung ziehen, die Telefone von Personen einzufordern, die rassistische Übergriffe anzeigen, um herauszufinden, ob sie selbst jemals den unter Jugendlichen so beliebten rassistischen Slang verwendet haben, wenn sie mit ihren Kumpels herumalberten? Würden sie die Telefone von Transgender-Personen, die sich beklagen, mit dem falschen Geschlecht angesprochen worden zu sein, daraufhin untersuchen, ob sie sich privat jemals als Mann bezeichnet haben? Nein, denn solche Delikte müssen mit Ernsthaftigkeit und Einfühlungsvermögen behandelt werden und nicht mit der giftigen Mischung aus Mobbing und Herablassung, mit der viel zu viele Polizisten Frauen im Allgemeinen und Vergewaltigungsopfer im Besonderen begegnen.

Die Polizei ist von Natur aus männlich; Polizistinnen sind so sehr gezwungen, sich der Umkleidekabinenkultur anzupassen, dass selbst Großbritanniens bisher einzige Polizeichefin ausgerechnet Dick (Schwanz) hieß. Solcherart Männlichkeit ist natürlich wünschenswert, wenn es darum geht, gefährliche Verbrecher zu jagen, aber nicht ganz so toll, wenn es darum geht, gesetzestreue Bürger zu schikanieren, weil sie bei der neuerdings bevorzugten Anrede von Frauenimitatoren nicht auf dem Laufenden sind, doch genau dies hat die Polizei in den letzten Jahren sehr viel enthusiastischer verfolgt. Wenn dann noch Sex hinzukommt, ist die Männlichkeit, die dabei zutage tritt, eher toxisch als ritterlich. Natürlich sind nicht alle so abscheulich wie der Polizeibeamte, der auf die Fotos einer Frau masturbiert hat, die klagte, sie werde verfolgt, und tatsächlich bald ermordet wurde. Manchmal behalten sie ihre Schwänze in der Hose und leiden lediglich an der frauenfeindlichen Variante des Münchhausen-Syndroms, wie jene Scheusale, die 2016 den Mord an der Jugendlichen Shana Grice aus Brighton ihrem Ex-Freund anvertrauten, nur wenige Monate nachdem sie wegen »Verschwendung von Polizeizeit« zu einer Geldstrafe verurteilt worden war, weil sie ihn wiederholt wegen Stalking angezeigt hatte.

Bis ich mit den Recherchen zu diesem Buch begann, hatte ich den Eindruck, Polizisten seien gesetzestreuer als andere Männer. Obwohl sie sicherlich weniger Einbrüche begehen, erstreckt sich ihre Impulskontrolle jedoch leider nicht auf Verbrechen häuslicher Gewalt, was das Centre for Women's Justice 2020 veranlasste, eine »Superbeschwerde« beim obersten Polizeichef einzureichen, in der detailliert beschrieben wird, dass sich Opfer von »Partnern«, die Polizisten sind, noch isolierter fühlen als die durchschnittliche terrorisierte Ehefrau: »Sie erleben die gleiche Ohnmacht wie die meisten Opfer häuslicher Gewalt, aber zudem ist der Täter Teil des Systems, das sie schützen soll.« Fast 700 Mal wurden Beamte und Mitarbeiter der Polizei binnen drei Jahren (bis April 2018) wegen häuslicher Gewalt angezeigt, im Durchschnitt mehr als viermal pro Woche. Nur 3,9 % der Anzeigen führten zu einer Verurteilung, verglichen mit 6,2 % in der gesamten Bevölkerung, weniger als ein Viertel zogen eine Disziplinarmaßnahme nach sich. Bei der Polizei von Greater Manchester, einer der größten Polizeibehörden des Landes, kam es im selben Zeitraum bei 79 Meldungen nur zu einer einzigen Verurteilung.

Ein faszinierender Aspekt des Woketums ist, dass Männer, die normalerweise auf der falschen Seite eines Polizeipferdes stehen, sich oft als Waffenbrüder der Jungs in Blau erweisen, wenn es darum geht, Frauen als Bürger zweiter Klasse zu behandeln. Beide sind offenbar der Meinung, Frauen würden nicht wirklich unterdrückt – und wenn sich herausstellt, dass das doch der Fall ist, dann soll es auch so bleiben, da es das Leben für Männer so viel einfacher und angenehmer macht. Kürzlich haben Frauen, die meinten, dass Männer für einige ihrer erschöpfend weitreichenden Verbrechen gegen Frauen hart bestraft werden sollten, einen brandneuen Schimpfnamen erhalten, diesmal aber einen stilvollen, der einer Soziologin angemessen wäre: Eine »Gefängnisfeministin« (carceral feminist), wenn ich bitten darf, ist die Bezeichnung für eine Frau, die glaubt, dass Gewalt gegen ihre Schwestern am besten durch eine schön lange Haftstrafe bekämpft wird, die den betreffenden Mann nicht nur davon abhält, noch mehr Frauen zu verletzen, sondern ihn hoffentlich auch mit der Erfahrung vertraut macht, einen Stärkeren um sich zu haben, vorzugsweise einen, der eine Runde harten »Gefängnis-Sex« im Sinn hat.

Das wollte die großartige amerikanische Richterin Rosemarie Aquilna wohl andeuten, als sie 2018 Larry Nassar verurteilte, einen Arzt, der junge Turnerinnen in seiner Obhut missbraucht hatte: »Die Verfassung erlaubt keine grausame und außergewöhnliche Bestrafung. Wenn dem so wäre … würde ich einigen oder vielen Menschen erlauben, ihm anzutun, was er anderen angetan hat.«

Dies war ein kühner Vorschlag, dem Täter das zu geben,

was auszuteilen er sich entschlossen hatte; in einem Land, in dem 994 von 1.000 mutmaßlichen Vergewaltigern frei herumlaufen, war er schon lange überfällig. Wer außer den Vergewaltigern selbst könnte etwas dagegen haben?

Die Antwort lautet: diejenigen, die gegen den »Gefängnisfeminismus« sind und anscheinend glauben, es habe keinen Sinn, Gerechtigkeit für Frauen anzustreben, solange wir keine Utopie im Großen und Ganzen verwirklichen können. Vergewaltigt, verprügelt, im Haushalt ermordet? Mach dir keinen Kopf, du bleibst einfach ruhig sitzen, bis die Woke Bros. den sozialistischen Weltaufstand zwischen erholsamen Masturbationsgelagen mit »ethischen« Pornos vom Keller ihrer Mutter aus geplant haben. Werde nicht wütend und versuche nicht, es irgendwem heimzuzahlen – mit dem Untergang des Kapitalismus wird alles herauskommen. Frauen müssen stets Pflegerinnen und Versorgerinnen sein; traditionell wurden wir von den Rechten dazu erzogen, dies für unsere Lieben zu tun, auf Kosten unseres eigenen Ehrgeizes und unserer Würde. Aber Wokeness setzt noch eins drauf: sie will, dass wir Frauen unsere eigene Autonomie für diejenigen aufgeben, die nicht nur nicht unsere Lieben sind, sondern auch für Fremde, die uns mit Freuden schaden würden. Das ist der neue Boss – derselbe wie der alte, nur mit Wokeness-Gebimmel.

Was ist an diesem Bild falsch? Nun, kein Woker hat jemals einem Schwarzen gesagt, er solle die andere Wange hinhalten, seinen Stolz herunterschlucken und auf die soziale Gerechtigkeit warten, die die Revolution schließlich herbeiführen würde. Niemand sagt einem verprügelten Homosexuellen oder einer mit falschem Geschlecht angesprochenen Transgender-Person, er oder sie solle sich nicht um Gerechtigkeit bemühen. Aber einmal mehr müssen Frauen alles schlucken (und zwar wortwörtlich, wie die sozialistischen sexy T-Shirts zeigen, die ich oben erwähnte) und darauf warten, dass man sich mit anderen, wichtigeren Themen beschäftigt. Und gerade als man dachte, noch mehr könnte das Woketum der weiblichen Gesundheit nicht antun, bekam man in den verrückten Tagen der Misswirtschaft, die dem Corona-Budenkoller folgten, einen neuen Knaller zu hören. Nach der Ermordung George Floyds durch Polizisten riefen woke Gemeinderäte in einigen amerikanischen Städten: »Defund the police«. In New York, Washington, Baltimore und darüber hinaus (in all diesen ruhigen verschlafenen Nestern, in denen die Leute ihre Türen unverschlossen lassen) wurden Forderungen laut, Milliarden von Dollar aus den Polizeibudgets zu streichen und das Geld stattdessen Sozialarbeitern, Beratern und interessanterweise so genannten »Gewaltunterbrechern« (violence interrupters) zukommen zu lassen – nämlich ehemaligen Kriminellen, die aus öffentlichen Mitteln dafür bezahlt werden, einzugreifen und eine Eskalation der meist bandenbezogenen Kriminalität zu verhindern. Welch eine Überraschung, als einige dieser urbanen Märtyrer beschuldigt wurden, während ihrer Arbeit Frauen angegriffen zu haben!

Wir erleben bereits die Nachwehen einer Pandemie, in der wir als freie westliche Frauen dazu angehalten werden, unsere Gesichter zu bedecken und keine fremden Männer zu berühren, wie in irgendeinem mullahverseuchten Höllenloch des Nahen Ostens. Das Letzte, was wir brauchen, ist ein weiteres Abtauchen ins Mittelalter, in dem Frauen der Gnade ihrer eigenen »communities« überlassen werden – so begannen die Hexenprozesse, so wurde das Schlagen von Frauen jahrhundertelang normalisiert, und so florierte der Inzest. Den anheimelnd so genannten »Familiengerichten«, die konfliktreiche Verhandlungen vor anderen Gerichten vermeiden wollen, wurde in einem von mehr als hundert Anwälten unterzeichneten Schreiben vorgeworfen, sie seien »kein sicherer Ort für missbrauchte Frauen«, und dasselbe könnte man von den religiösen Gerichten, sowohl den jüdischen als auch den muslimischen, sagen, die versuchen, den Missbrauch »ihrer« Frauen als Privatsache und nicht als öffentliche Angelegenheit zu behandeln. Wenn Frauen glauben, sie hätten es schwer, das Gesetz dazu zu bringen, ihre Beschwerden ernst zu nehmen, dann warten Sie erst einmal ab, bis eine Clique von »community leaders« Ihnen sagt, dass Sie bei Ihrem Missbrauchstäter bleiben und keine Schande über die über allem stehende Community bringen sollen, in die Sie unglücklicherweise hineingeboren wurden. Für viele Frauen ist die Community in erster Linie der Ort, an dem sie eingepfercht, kontrolliert und verurteilt werden. Zuhause ist nicht das Herz, sondern der Schmerz: »Home is where the heartache is«, frei nach Elvis Presley. Wir kennen bereits Beispiele mutiger schwarzer Frauen, die sich meldeten, um ihre sexuelle Belästigung durch mächtige schwarze Männer aufzudecken, und die daraufhin als Verräterinnen ihrer Community und als Werkzeuge weißer Unterdrückung verteufelt wurden; man denke nur an den Obersten Richter Clarence Thomas, einen Afroamerikaner, der die von Anita Hill vorgebrachten Anschuldigungen als »High-tech lynching« abtat. Wir können uns leicht vorstellen, dass schwarze Frauen Schuldgefühle haben, wenn sie diesen Frauenschläger oder jenen pädophilen Freund nicht anzeigen, weil in Amerika zu viele schwarze Männer im Gefängnis sitzen.

Ein Polizist tötet einen Schwarzen, und weiße Männer rufen die Anarchie aus – und die ohnehin schon prekäre Sicherheit der Frauen ist die wilde Währung, in der dafür bezahlt wird: nämlich für ein Experiment zur Demontage des Zivilisationsniveaus, das wir uns so hart erkämpft haben und auf das es die Woke Bros. aus irgendeinem seltsamen Grund abgesehen haben. Das mag seine zwielichtigen Wurzeln in ihren eigenen schäbigen, einsamen, wilden Vergnügungen haben, die im nächsten Kapitel untersucht werden sollen.

Kapitel 3

Wie Pornographie ein Menschenrecht wurde und warum Frauenmord nicht als Hassverbrechen zählt

Im gemütlichen alten Großbritannien erschienen auf einer Seite der *Sunday Times* zwei Artikel, deren unmittelbare Nachbarschaft lustig gewesen wäre, wenn nicht so grotesk. Es gibt einen alten journalistischen Trick, Verleumdungsklagen zu vermeiden, indem man zwei Artikel auf dieselbe Seite setzt. Auch wenn sie äußerlich nicht miteinander in Verbindung stehen, können Insider sich damit brüsten, den Zusammenhang zwischen einer Geschichte über die Zerschlagung eines Prostitutionsrings und der Aussage eines berühmten Schauspielers, der der Welt erzählt, wie sehr er seine Familie liebt, zu kennen: Der Familienvater ist uns Schreiberlingen als Liebhaber von Callgirls bekannt. Am 31. Mai 2020 lautete eine Schlagzeile: »Staatsanwaltschaft zieht Klage wegen Körperverletzung aus Angst vor Verteidigung von ›rauem Sex‹ zurück«, und darunter stand: »Vergewaltigung und Mord unter 2 Millionen ungelösten Fällen der Polizei«.

Die Rechtfertigung von »rauem Sex« war der bisher dreisteste frauenfeindliche Versuch der notorisch männerdominierten Justiz, Frauen nicht nur für ihre Vergewaltigung, sondern auch für ihre Ermordung verantwortlich zu machen. Stellen Sie sich vor, all diese toten Frauen hätten getötet werden wollen – wurden dadurch sogar »ermächtigt« (empowered) und lebten den Traum von »Fifty

Shades of Grey«! Was für ein schöner Abgang: Man tut etwas, das man stets gern getan hat – was in diesem Fall bedeutet, dass Ihr »Partner« Sie bis aufs Blut würgt und dem Ehegelübde »Bis dass der Tod uns scheidet« eine ganz neue Bedeutung verleiht.

Stellen Sie sich vor, dem Opfer eines Raubüberfalls würde mitgeteilt: »Der Verdächtige könnte sagen, Sie hätten in die Weitergabe der Rolex eingewilligt.« (Das kommt vor, ich habe schon drei weggegeben.) Als sie ihn aufforderte, den Fall zu überprüfen, schrieb die Labour-Abgeordnete Harriet Harman dem Direktor der Staatsanwaltschaft Max Hill kurz und bündig: »Wenn das passiert, könnte es überhaupt keine Strafverfolgung von Sexualdelikten geben, weil der Angeklagte in jedem Fall sagen könnte: ›Sie wollte es.‹«

Seit 2010 wurde »rauer Sex« verteidigt (diese Strategie wird zu Ehren der Bücher von E.L. James, die hilfreicherweise im Jahr 2011 erschienen sind, manchmal auch als »Fifty Shades of Grey«-Verteidigung bezeichnet), um über sechzig bestialischen Männern zu helfen, den Tod von Frauen zu rechtfertigen, mit denen sie Sex hatten, obwohl man, da diese Frauen praktischerweise tot sind, unmöglich sicher sein kann, dass selbst nur der Sex, geschweige denn der Tod, einvernehmlich war. Einem gesunden Menschen mag, wenn er an »Sexspiele« denkt, »ein bisschen schlagen und kitzeln« in den Sinn kommen, begleitet vom beruhigenden Gekicher von Sid James und Barbara Windsor, die Kampagne »We Can't Consent to This« hat allerdings Beweise für 115 bis ins Jahr 1997 zurückreichende Fälle zusammengetragen, in denen Angreifer behaupteten, die Frauen hätten in Handlungen eingewilligt wie »Waterboarding, Verwundung, Stromschlag, Erstickung, Prügel, Schläge, Tritte und in einem Fall sogar ein intimer Schuss aus einer Schrotflinte«. (Um das letzte Beispiel noch grotesker zu machen, füge ich hier die Merriam-Webster-Definition von »intim« an: »gekennzeichnet durch eine herzliche Freundschaft, die sich durch lange Zusammenarbeit entwickelt«.)

Bei vielen der wegen übereifriger Intimität verurteilten Männer wurde die Strafe von Mord auf Totschlag reduziert oder sie wurden gar nicht erst verurteilt. Die meisten der Frauen starben durch Strangulation, wie die britische Rucksacktouristin Grace Millane, die in Australien in der Nacht vor ihrem 22. Geburtstag ermordet wurde. Wann immer ihr Geburtstag sich jährt, werden ihre am Boden zerstörten Eltern sich daran erinnern, dass sie die letzten Stunden ihres Lebens in Angst und Schrecken verbracht hat, bevor sie in einen Koffer gestopft und entsorgt wurde. So werden die, die sie geliebt haben, eine lebenslange Strafe verbüßen, während ihr Mörder sein wertloses Leben fortsetzt. In Graces offenem, sonnigem Gesicht sehen wir ein Leben mit grenzenlosem Potential, ausgelöscht von einem gemeingefährlichen Irren, der es vorzog, sich in seinem elenden Dasein in so viel Pornographie zu verlieren, dass sich alles andere, das Weiterleben anderer Menschen eingeschlossen, im Vergleich zur Bedeutung seiner erbärmlichen Ejakulationen zu einem bloßen Hintergrundgeräusch verflüchtigte. Aus diesem Grund frage ich mich manchmal, ob wir Sexualstraftäter wirklich als Menschen im vollen Sinne des Wortes bezeichnen können; natürlich sind sie es, biologisch gesehen, aber wenn die eigene sexuelle Befriedigung in einem solchen Ausmaß zum beherrschenden Prinzip geworden ist, dass andere Menschen nur noch Fleischpuppen sind, die als Objekte zur Erleichterung dieser Befriedigung dienen, dann verlieren sie sicherlich diese nicht greifbare, aber dennoch erkennbare Eigenschaft, die wir als »Menschlichkeit« bezeichnen – der Fremde, der sich in Gefahr begibt, um jemandem zu helfen, den er noch nie getroffen hat, oder der im Regen Schlange steht, um einer armen Seele ein lebenswichtiges Körperteil zu leihen, das dieser fehlt.

Pornosüchtige – wie der Mörder von Grace Millane und wie die meisten Sexualmörder – tun das Gegenteil. Sie sind »entmenschlicht«. Sie benutzen jemanden, den sie nie treffen werden, als Masturbationshilfe und bieten ihr eigenes unerwünschtes Körperteil immer wieder einer armen Seele an, die sie zum Gefäß ihrer körperlosen Begierde machen. Der Mörder von Grace Millane hatte sich nicht nur von Pornographie inspirieren lassen, er machte auch aus ihrem toten Körper seine eigene maßgeschneiderte Wichsvorlage, indem er sie anschließend fotografierte. Dabei erinnerte er sich an die Worte von Andrea Dworkin, einer Überlebenden sexueller Gewalt, die, viele Jahre bevor Rache- und Vergewaltigungspornos zur Norm wurden, gesagt hatte: »Zu deiner großen Freude weißt du, dass dein Alptraum die Freiheit und der Spaß eines anderen ist.«

Ich hatte ein schönes Leben, aber manchmal, wenn ich über das Schicksal der Frauen in der Welt lese, muss ich an eine besonders bösartige Parodie von Shakespeares »sieben Leben« (aus »Wie es euch gefällt«) denken. Zuerst ist sie ein abgetriebener weiblicher Fötus, dann ein im Internet gemobbtes Schulmädchen, dann ein vergewaltigtes und verkauftes Opfer einer Zuhälterbande, dann eine verurteilte räuberische Lolita, die für ihre eigene Belästigung durch einen lüsternen alten Mann verantwortlich ist. Und das noch bevor sie alt genug ist, um wählen zu dürfen. Im jungen Erwachsenenalter, auf dem Höhepunkt ihrer Schönheit, wird sie auf der Straße betatscht, begrapscht und belästigt, während sie ihren täglichen Geschäften nachgeht. Um Zuflucht zu finden, kann sie sich unter den Schutz eines Mannes begeben, den sie heiratet oder mit dem sie zusammenlebt. Wenn er sie nicht tötet, verliert sie ihre Schönheit und wird zum verachteten Schlachtross, über das eine Million Schwiegermutterwitze gemacht werden, bis sie eine unerwünschte alte Frau ist, die auf einer Krankenstation des Nationalen Gesundheitsdienstes für einen Schluck Wasser stirbt. Wenn man bedenkt, was für eine Schinderei das Leben im Patriarchat sein kann, ist es ein bösartig geniales Kunststück und das Sahnehäubchen auf der Torte (an dem man allerdings erstickt), dass es der »Fifty Shades of Grey«-Trilogie gelungen ist, die männliche Schikanierung von Frauen so auszuschmücken, dass sie ihnen millionenfach als aufregende Erotik verkauft werden kann.

Nicht nur erwachsene Frauen, sondern auch unbescholtene Babys wurden in einem Merchandising-Strudel mitgerissen, in Strampelanzüge gekleidet und auf Matten mit der Aufschrift »Vor neun Monaten las meine Mutter ›Fifty Shades of Grey‹« gewickelt. Unter der Überschrift »Weitere 50 Shades Baby News« schwärmte 2012 die Bloggerin Mom 365 auf etwas ekelerregende Weise:

> »Diesen Sommer berichteten wir von einem Professor, der für 2013 einen von ›50 Shades of Grey‹ inspirierten Babyboom vorhergesagt hatte. Jetzt sieht es so aus, als könnte sich diese Vorhersage bewahrheiten, da immer mehr werdende Mütter die heiße BDSM-Serie als Inspiration für ihre neuesten Kreationen anführen. Wir wissen, dass auch viele von euch werdenden Müttern die Bücher genießen – aber glaubt ihr, dass es zu einem neuen Kind führen könnte?«

Wenn Sie eine universale Feministin sind wie ich (nämlich eine, die darauf, dass braunhäutige Frauen von braunhäutigen Männern misshandelt werden, nicht mit dem tatsächlich ziemlich rassistischen Woke-Reflex »Aber das ist ihre

Kultur!« reagiert, der im Grunde besagt, dass es nur weißen Frauen erlaubt sein sollte, ein anständiges Leben zu führen), dann stellen Sie sich vielleicht vor, wie das einer Kinderbraut in einem mittelalterlichen Höllenloch vorkommen würde, die mit dreizehn Jahren zur Geburt gezwungen und durch diese Erfahrung völlig gebrochen wird. Frauen im Westen brauchen sich so wenig um ihren Freiheiten zu sorgen, dass es eines Buches über eine von einem Mann kontrollierte Frau bedarf, um sie zur Fortpflanzung zu bewegen: Ach, wenn wir doch nur einen Freaky Freedom Friday veranstalten könnten, und die westlichen Frauen, die von Christian Grey träumen, könnten wirklich von einem Westentaschentyrannen gefesselt werden, während die Mädchen der Dritten Welt ihre Ausbildung fortsetzen. Aber wenn Sie wie ich einen boshaften Sinn für Humor haben, könnte Ihr Ärger über die unterprivilegierten Frauen durch die schelmische Beobachtung gemildert werden, dass, da Babys ein Leidenschaftskiller der besonderen Art sind, so manche frischgebackene Mutter, die solche schmutzigen Geschäfte anfangs ganz lustig findet, die Autorin E.L. James nach ein paar Monaten verfluchen wird, während sie ihren zappelnden Nachwuchs aus den perversen Stramplern befreit und auf einer ähnlich aufreizenden Wickelauflage ablegt. Der Mann ist zu diesem Zeitpunkt wahrscheinlich in seinem Arbeitszimmer eingeschlossen und »arbeitet« – sicherlich daran, noch mehr Pornos mit hartem Sex herunterzuladen. Ah, der süße Kreis des Lebens! Für einen weiteren billigen Lacher sei noch erwähnt, dass es zwar in der Regel Männer sind, die in der Notaufnahme landen und behaupten, sie hätten sich versehentlich auf eine Küchenmaschine gesetzt, 2012 aber – ein Jahr nach der Veröffentlichung des ersten »Fifty Shades«-Buches – wurden 50 % mehr Frauen in die Notaufnahme eingeliefert als noch 2010: Sie hatten sich beim übermäßigen Gebrauch angeblichen Sexspielzeugs in BDSM-Sitzungen verletzt. Dabei handelt es sich eigentlich um »Sex-Hilfsmittel«. Ja, der wertende Ton ist beabsichtigt: »Sexspielzeug« verleiht dieser Freizeitbeschäftigung Erwachsener einen gruseligen Hauch von Infantilismus. Es ist bedauernswert, dass zwei Menschen – die vermutlich mit dem üblichen Vorrat an Händen, Mündern und Geschlechtsorganen ausgestattet sind – sich mit grellen billigen Plastikteilen herumschlagen müssen, um in den Genuss der Ekstase zu kommen.

Und wie jeder einzelne Perverse den Erfolg von Fifty Shades genossen haben muss: Seht her, sie wollen es wirklich ganz grob! Wer aber ohne Schuld ist, schlage als erster mit der Peitsche zu. Ich war schon immer darauf bedacht, zuerst mich selbst zu kritisieren, wenn ich das Verhalten anderer kritisiere – weil ich einerseits sehr ehrlich, aber andererseits auch eine Aufmerksamkeitsfanatikerin bin –, und so ziemt es sich für mich, meine eigenen jugendlichen Abenteuer in Sachen SM zu gestehen. Ich war gerade mal 17 Jahre alt, als ich an die Tür eines der berüchtigtsten Sadisten Londons klopfte und ihm vorschlug, mir zu zeigen, worum es dabei geht. Mein Interesse an Prügeln hielt bis in meine Dreißiger an, bis mein ausgeprägter Sinn fürs Lächerliche schließlich meine Abartigkeit übertraf und ich mir nicht einmal mehr ein Paar Nippelklemmen ansehen konnte, ohne vor Lachen zu brüllen. SM, wie auch Knutschflecken oder Maoismus, können an jungen und hübschen Menschen reizvoll aussehen, doch gibt es kaum Lustigeres als einen fetten Fetischisten mittleren Alters, egal welchen Geschlechts. In meiner Jugend war ich als Autorin auch für den ultimativ aufreizenden (okay, pornographischen, wenn man es genau wissen will) Bestseller »Ambition« verantwortlich, einen Roman, in dessen Verlauf die Heldin eine Reihe von Prüfungen bestehen muss (klassischerweise angelehnt an die zwölf Aufgaben des Herkules): Einmal etwa wird ihr »VERKAUFT« auf die Stirn tätowiert, ein andermal wird sie an ihren Brustwarzen an der Decke eines lesbischen Fetischclubs aufgehängt. (Ist das überhaupt möglich, geschweige denn wünschenswert?) Ursprünglich 1989 veröffentlicht, wurde der Roman 2013 neu aufgelegt, um auf den Zug aufzuspringen, den E.L. James mit ihrem schlüpfrigen Bestseller in Bewegung gesetzt hatte, und tatsächlich prahlte ich auf dem Klappentext damit, dass er »Fifty Shades of Grey« wie »Anne auf Green Gables« aussehen lasse. Bedauerlicherweise aber haben sich bestimmt mehr Leute über »Anne auf Green Gables« lustig gemacht als über meine Heldin Susan Street bei ihrem zweiten Auftritt, denn die Verkaufszahlen waren nicht gerade überwältigend. Um die Wahrheit zu sagen, war ich wahrscheinlich ein bisschen neidisch auf E.L. James. Ich hatte nur ein paar lausige Hunderttausend mit meinem schändlichen Geschreibsel verdient, während sie auf einem düsteren Berg von Millionen saß. Aber ebenso wahr ist, dass es Dinge gibt, die sich viel besser anfühlen, als Geld zu verdienen. Dazu gehört für mich die Gewissheit, das unaufhörliche Feuer nicht weiter angeheizt zu haben, nämlich das Runtermachen der »Sie-lieben-es-wirklich«-Frauen.

Es war eine Erleichterung für alle, als die konservative Regierung im Sommer 2020 ein gesetzliches Verbot ankündigte, häusliche Gewalt als »rauem Sex« zu rechtfertigen. Aber dass dies überhaupt nötig war, sagt viel über die heutige Einstellung zu sexueller Gewalt und auch darüber, dass sich die Situation in einer Zeit, in der Respekt und der Schutz anderer unterdrückter Gruppen zur neuen Religion geworden ist, seltsamerweise zurückentwickelt zu haben scheint. 2019 ergab eine BBC-Umfrage, dass mehr als ein Drittel der britischen Frauen zwischen 18 und 40 Jahren beim einvernehmlichen Sex ungewollt geschlagen, gewürgt oder bespuckt wurden; das Centre for Women's Justice erklärte daraufhin, die Zahlen zeigten »den wachsenden Druck auf junge Frauen, gewalttätigen, gefährlichen und erniedrigenden Handlungen zuzustimmen … dies ist wahrscheinlich auf die weit verbreitete Verfügbarkeit, Normalisierung und Nutzung von extremer Pornographie zurückzuführen.« Was den widersinnigsten Porno-Fanklub, die Woke Bros. nämlich, wohl nicht überraschen wird.

In der Vergangenheit hatten Linke eine andere Einstellung zu Sex; ich erinnere mich, dass ich als Teenager angenehm überrascht war zu lesen, der Vorsitzende Mao habe in seiner Anfangszeit (»bevor er verrückt wurde«, um Ken Livingstone über Hitler zu zitieren) Soldaten, die Prostituierte heirateten, Beförderungen angeboten. In der Sowjetunion wiederum ging es in erster Linie um »Umerziehung« – ein feines Wort, bei dem der drohende Finger und der tretende Stiefel austauschbar werden –, was dann in wahrhaft edler sowjetischer Tradition zum Gulag führte. Keinem linken Mann aber wäre es vor Woke eingefallen, die Sexindustrie anzufeuern und dabei sowohl die traurigen Gründe zu ignorieren, warum die große Mehrheit der Frauen in dieser Branche arbeitet, als auch die vernünftigen Gründe, warum die große Mehrheit der Frauen aussteigen will. So als wären die Woke Bros. in ihren prägenden Selbstfindungsjahren stets mit einem Exemplar des »Kapitals« herumgelaufen, in das sie eines von »The Happy Hooker« gestopft hatten, doch irgendwie blieb ihnen das eine mehr als das andere im Gedächtnis. Rebecca West sagte einmal: »Man nennt mich eine Feministin immer dann, wenn ich Gefühle äußere, die mich von einem Fußabtreter oder einer Prostituierten unterscheiden.« Bei den Woke Bros. scheint es manchmal, dass die einzigen Feministinnen, die diese Bezeichnung verdienen, diejenigen sind, die sich als Fußabtreter und Prostituierte andienen – wir erinnern uns an den oben schon zitierten Slogan »Lutsche Schwänze für den Sozialismus«. Könnte das daran liegen, dass sie die erste Generation sind, die mit dem Zugang zu kostenloser Online-Pornographie aufgewachsen ist, und dass eine Frau, die darin mitspielt, in gewisser Weise eine Mischung aus Prostituierter und Fußabtreter ist? Schauen wir uns das mal näher an!

Mit Vergnügen denkt man an die Zeit vor FOP (»Free online pornography«, amüsanterweise lautet eine Definition von »fop« im Lexikon »Narr, Trottel«), als Feministinnen sich regelmäßig über Mädchen in Zeitungen aufregten, die nichts anderes trugen als Sonnenbräune, ein Lächeln und einen strategisch platzierten Schal. Wegen der Mädchen auf Seite 3 der *Sun* rastete die Labour-Abgeordnete Clare Short immer wieder aus; 1987 versuchte sie erfolglos, im Unterhaus eine Gesetzesvorlage zum Verbot von Oben-ohne-Modellen in Zeitungen einzubringen, und nachdem sie die Pin-ups als »entwürdigende Pornographie« bezeichnet hatte, schlug die *Sun* 2004 mit einer kindischen Montage von Frau Shorts Gesicht über einem Oben-ohne-Modell zurück. Man könnte dies heute als eine primitive Form des »Racheporno« betrachten, was umso bemerkenswerter ist, als dafür die feministische Redakteurin Rebekah Brooks verantwortlich war, die als lebenslustige Kriminelle erst in einem Abhörskandal 2011, der ein Verlagsimperium erschütterte, entlarvt werden sollte.

Ich will ehrlich sein und zugeben, dass ich für die *Sun* einen ebenso kindischen Artikel gegen das Verbot geschrieben habe; die Schlagzeile könnte »Lasst uns Brüste statt Burkas sehen!« gelautet haben. Es ist die übliche Ausrede von uns Journalisten, dass wir nicht unsere eigenen Schlagzeilen schreiben, aber mir schwant, dass dieses

Kleinod völlig unversehrt aus dem eigentlichen Artikel übernommen wurde. Eines der wenigen Dinge, die mir am Älterwerden missfallen, ist, dass ich immer häufiger beide Seiten der sich häufenden Auseinandersetzungen sehe. Ich glaube, dass Clare Short einen unbedeutenden Streit angezettelt hat. Aber auf der anderen Seite war die Haltung der *Sun* erbärmlich, vor allem als sie die Mädchen von Seite 3 aufforderte, sie als »fett«, »hässlich« und »eifersüchtig« zu beschimpfen. Man konnte fast sehen, wie diese verdorbenen Worte von den ködernden Lippen der *Sun*-Schreiberlinge in die hübschen muschelförmigen Ohren dieser Mädchen drangen, so als würde ein unheimlicher Mann eine lebensgroße nackte Sexpuppe als Bauchredner benutzen. Eifersüchtig, wirklich? Eine Frau von bescheidener Herkunft, die heute eine der bekanntesten Politikerinnen des Landes ist, soll eifersüchtig auf Frauen sein, die einen Job machen, bei dem sie mit 30 auf dem Müll landen?

Ein pornobesessenes Hirn glaubt insgeheim, aber fest daran, dass jede Frau, die dazu in der Lage wäre, sich entscheiden würde, Pornodarstellerin zu werden. Pornobesessene Männer (PBM) glauben, dass nicht nur Politikerinnen, sondern auch Nonnen und Kindergärtnerinnen das tun würden. (Ausgenommen wahrscheinlich die Königin und die Mutter eines PBM. Und die Tochter. Und die Schwester. Ganz bestimmt aber die Schwägerin, die dreckige Schlampe.) Vielleicht sind sie auf der richtigen Spur. Eines Tages werden mit Rachepornos, Vergewaltigungspornos und Menschenhandelspornos höchstwahrscheinlich immer mehr Frauen ohne ihre Zustimmung in Filmen zu sehen sein, die ihren heißen Wunsch, von fremden Männern besprungen zu werden, prächtig erfüllen. Um an einen alten Ausspruch Andy Warhols zu erinnern: »Künftig wird jede Frau 15 Minuten lang als Masturbationsmaterial herhalten.« An welch unschuldiges Hinterwäldlertum die

Mädchen von Seite 3 einen jetzt erinnern: Sex als fröhliches, sonniges, freches Treiben, bei dem die Kleider einfach herunterfallen und alle sich eine schöne Zeit machen. Als diese Tradition 2015 endlich wieder aufgenommen wurde, wirkte sie so altbacken wie ein Möbelschonbezug. Doch nicht der Feminismus, sondern die kostenlose Online-Pornographie hatte ihr den Garaus gemacht.

Eine Studie über den Umgang Jugendlicher mit Online-Pornographie aus dem Jahr 2008 (durchgeführt in den USA; ich kann mir gut vorstellen, wie die britischen Woke Bros. sich über diese fiesen amerikanischen Männer lustig machen, die angeblich ganz anders sind als sie selbst) ergab, dass von 5000 Studenten 93 % der Jungen und 62 % der Mädchen vor dem vollendeten 18. Lebensjahr Internetpornos gesehen hatten; erstmals in Kontakt mit Pornographie kamen sie im Durchschnitt mit 11 Jahren. Sie werden quasi dazu erzogen, Masturbation mit Sex zu verwechseln; angeleitet nicht von einem unfähigen Menschen, sondern von einer riesigen weltweiten Pornomaschine – Jahresumsatz rund 90 Milliarden Dollar; in Hollywood, zum Vergleich, waren es vor der Seuche zehn Milliarden Dollar. Kinderpornographie bringt es auf immerhin drei Milliarden Dollar, und einer ihrer begierigen Zuschauer war der ehemalige Labour-Politiker und wiedergeborene Woker Eric Joyce, »Partner« der ultrawoken Schriftstellerin India Knight. Im Nachhinein kommt einem sein endloses Getwitter über das Recht von Männern, Frauentoiletten zu benutzen (die voller kleiner Mädchen sind), eher unheimlich als nur albern vor. Die Tweets endeten abrupt, als er zugab, Pornographie der Kategorie A geschaut zu haben, darunter die Vergewaltigung eines Babys. Lebten sie nicht auf unterschiedlichen Kontinenten, hätte er eine Zelle mit dem weißen woken Black Lives Matter-Organisator Christopher DeVries teilen können, der im Juli 2020 wegen des Besitzes sechzig kinderpornographischer Bilder angeklagt wurde. Vor den Protesten, die er für den Vatertag arrangiert hatte, sagte er: »Ich habe das Gefühl, dass dies eines der besten Dinge ist, die ich als Vater tun kann … Ich möchte nicht in einer Community leben, in der die Menschen Angst vor ihrer Polizei haben.« Einige Leute überraschte es keineswegs, dass ein praktizierender Pädophiler die Gesetzeshüter abschaffen wollte.

Dr. Gail Dines (einst als weltweit führende Kämpferin gegen Pornographie bezeichnet: eine Stellenbeschreibung, die mich auf eine Weise neidisch macht, wie es ein Glamour-Model nicht tut, als wäre sie eine Art eigenwillige feministische Piratin, die es mit der geballten Macht der verkommenen Zuhälter der Welt aufnimmt) betrachtet Pornographie als eine Krise der öffentlichen Gesundheit, da sie die männliche Jugend aller Nationen anlockt. Künftigen PBM, die noch zu jung sind, um eine Kreditkarte zu besitzen, werden massenhaft kostenlose Pornos angeboten, die als Lockmittel für kostenpflichtige Seiten dienen. »Das erste Mal ist immer umsonst«, hatten uns die Lehrer einst vor Drogendealern gewarnt. Bei Pornos ist das erste Mal – auch das zweite und das hundertste Mal –, wenn ein angehender PBM eine Frau zum ersten Mal Sperma probieren sieht, immer kostenlos. Aber eines sonnigen Tages werden sie für ihr Vergnügen bezahlen müssen, wenn sie mit dem kostenlosen Zeug nicht mehr kommen können; sie werden ihr Kleingeld sparen, um ihre Lieblingsvideos zu kaufen, so wie wir es im 20. Jahrhundert mit Hitsingles gemacht haben. Nur dass, was sie kaufen, ein allerdings sehr trauriges Lied ist.

Gail Dines hat Pornographie mit dem Rauchen verglichen, obwohl ich in typischem Leichtsinn darauf hinweisen würde, dass der Genuss von Pornographie einen Mann so lächerlich wie irgend möglich, der Genuss einer Zigarette ihn aber absolut cool aussehen lässt. Man kann sie auch mit dem Online-Glücksspiel vergleichen – jedoch ereignen sich Selbstmorde unter den Darstellern, nicht unter den Kunden. So mancher moderne Mann ist stolz darauf, dass er noch nie für Pornos bezahlt hat, doch das muss er auch nicht, denn Frauen bezahlen dafür jeden Tag mit ihrer körperlichen und geistigen Gesundheit. Und mit ihrem Leben. Während die durchschnittliche Lebenserwartung in den USA 78 Jahre beträgt, liegt die durchschnittliche Lebenserwartung eines Pornostars bei 37 Jahren. Die Rede ist hier nicht von einem Mindesthaltbarkeitsdatum, sondern von wirklichem Leben.

Es ist der einzige Beruf, in dem die Lebenserwartung der Beschäftigten weniger als die Hälfte des landesüblichen Durchschnitts beträgt, und wenn auch die Kunden wahrscheinlich gerne glauben, diese Frauen stürben vor lauter Vergnügen wie die Fliegen, kommen sie in Wirklichkeit durch eine Überdosis, durch Mord oder – meistens – Selbstmord ums Leben. Bemerkenswerterweise führte der Selbstmord eines Mannes nach seinem Auftritt in der Jeremy Kyle-Show dazu, dass die beliebte Sendung für immer abgesetzt wurde, während die anhaltende Suizidepidemie in der Pornobranche einfach als Kollateralschaden hingenommen wird. Man sollte glauben, diese Frauen seien in den Augen der Gesellschaft, die ihren Gebrauch dennoch als Menschenrecht fordert, wertlos! Salman Rushdie ging sogar so weit zu behaupten, dass man an der Bereitschaft einer Gesellschaft, Pornographie zu akzeptieren, ermessen könne, wie zivilisiert sie sei.

Ich kann Männer gut genug leiden, um zu glauben, dass die meisten von ihnen eher fassungslos als erfreut darüber wären, dass die Pornographie ihre Darstellerinnen tötet. Was ist so schlimm daran, für Sex bezahlt zu werden – und sogar doppelt so viel wie die meisten männlichen Pornodarsteller zu verdienen, wie die Woke Bros. gerne betonen? Das ist Feminismus nach ihrem Geschmack! Zum Teil drückt sich in der höheren Entlohnung die Anerkennung der Tatsache aus, dass Männer beim Sex naturgemäß aktiv sind, während es für Frauen darum geht, als Gefäß zu dienen – im physischen Sinne benutzt zu werden. Das kann eine Menge Spaß machen, wenn man auf einen Mann steht, aber wenn es sich um eine tägliche Routine mit Fremden handelt, kann man verstehen, warum es eine Frau etwas zermürben kann. Während ich dies schreibe, ist übrigens »Rosebudding« der neueste heiße Scheiß: Dabei kommt es zu einem Rektumprolaps, das heißt, die Mastdarmwand tritt aus dem Anus heraus. Bei einem Menschen, der glaubt, so sollten andere Menschen ihren Lebensunterhalt verdienen, stimmt wirklich etwas nicht.

Vielleicht ein weiterer Grund, warum sich Pornodarstellerinnen so oft umbringen: Eine Analyse der fünfzig meistverkauften Pornovideos aus dem Jahr 2010 ergab, dass 88 % der Szenen körperliche Gewalt gegen Frauen enthalten. Jedes Mal, wenn eine neue Grausamkeit öffentliche Aufmerksamkeit erregt – wie Waterboarding zum Beispiel –, wird sie sehr bald auch in Pornos aufgenommen, und zwar mit einer Vorhersehbarkeit, die den Eindruck erweckt, es stecke mehr dahinter, als dass Erwachsene anderen Erwachsenen dabei zusehen, wie sie sich vergnügen. Und Männer, die sich nur »ethische« Pornos ansehen oder solche, in denen die Darstellerinnen wohlgenährte Amerikanerinnen sind und keine wie tot dreinblickenden, von Menschenhändlern verschleppten Europäerinnen, werden nie erfahren, ob diese Frauen als Kinder sexuell missbraucht wurden, wie es bei einer großen Zahl von Frauen der Fall ist, die in der Sexindustrie arbeiten. Es ist schon ironisch, dass in einer Zeit, da man sich so sehr um mentales Wohlbefinden kümmert, die Woke Bros. sich anscheinend einen Dreck um die psychisch geschädigten Frauen scheren, auf die sie weiterhin masturbieren.

Im Jahr 2018 vergewaltigte, folterte, tötete und zerstückelte Peter Madsen die vielversprechende Journalistin Kim Wall zu seinem sexuellen Vergnügen, nachdem er im Internet nach »Snuff« gesucht hatte – und was für Bände spricht dieses kurze unbedachte Wort über die Leichtigkeit, mit der wir die Tötung von Frauen betrachten, die für den perversen Nervenkitzel von Männern sterben. Natürlich gibt es in der Debatte über den Zusammenhang zwischen Pornographie und Femizid auf beiden Seiten Befürworter. Der PBM – zur Erinnerung: der pornobesessene Mann – kann zu Recht argumentieren, dass es Femizide lange vor der Pornographie gegeben hat und dass Frauen in Ländern, in denen nicht einmal ein nacktes Kinn zu sehen ist, oft die wenigsten Rechte haben. Die von Google 2015 veröffentlichten Daten zeigen jedoch, dass sechs der acht Länder mit den meisten Pornosuchanfragen muslimische Staaten sind: Pakistan, Ägypten, Iran, Marokko, Saudi-Arabien und die Türkei. Pakistan hat übrigens auch die Ehre, bei der Pornosuche nach Tieren wie Schweinen, Eseln, Hunden, Katzen und Schlangen vorneweg zu marschieren. Interessanterweise zeigt Google Trends auch, dass mehrere muslimische Länder ebenfalls zu den weltweiten Spitzenreitern bei der Suche nach homosexuellen Pornos gehören, obwohl ihre Religion homosexuelle Handlungen strikt verbietet – Heuchelei aber findet man bei den PBM zuhauf. Die Tatsache, dass es jede Menge Schwulenpornographie gibt, spricht gegen die Behauptung, Pornographie sei nur dazu da, Frauen zu Objekten zu machen und zu demütigen. Jugend und Schönheit werden gleichermaßen geschätzt, und ein Mann – in der Regel der »Twink« – wird oft »gezwungen«, etwas zu tun, wozu er zunächst anscheinend nicht bereit ist.

Einmal mehr muss ich mich selbst wegen meines eigenen Gebrauchs von Pornographie »befingern«. Und sagt das Wort »Gebrauch« nicht schon alles? Ist es nicht das schlimmste Woke-Verbrechen, Mitmenschen zu »gebrauchen«? Aber wenn man abspritzt, macht es anscheinend nichts! Jedenfalls schaue ich mir nur sehr selten welche an, denn sobald ich erfuhr, wie jung die Darsteller sterben, stieß es mich ab. Man muss schon ein ganz anderes Maß an kognitiver Dissonanz haben, um danach noch Spaß daran zu haben, so wie ein Tierliebhaber, der einen Schlachthof von innen sieht und trotzdem Fleisch isst. Hinzu kommt, dass ich sehr »schnell« bin. Während meiner ersten Ehe rief ich als geiler Teenager diese primitiven Sex-Chat-Nummern an (das war in den 1970er Jahren, da waren solche Dinge noch sehr ausgefallen, vor allem in Essex), und ich war »fertig«, bevor die nette Dame das Menü überhaupt zu Ende gelesen hatte – was für ein billiges Date. Da ich eine so haarscharfe sexuelle Reaktion habe, empfinde ich wohl eine durchaus eitle Verachtung dafür, dass manche Leute das brauchen, um »in Fahrt zu kommen«.

Es ist auch eine Statussache. Rundheraus gesagt: Ich will kein Wichser sein. Es ist bezeichnend, dass dieses Wort noch immer die Macht hat, irgendwen zu beleidigen. Wenn ich es oft täte, würde ich es als Zeichen meines sexuellen Versagens ansehen. Wann immer ich auf Sex aus war, habe ich ihn mir geholt; mein ganzes Leben lang, seit ich 17 war. Zwischen 18 und 55 Jahren war ich in drei Ehen ein monogamer Sexfanatiker (mit einer sechsmonatigen saphischen Auszeit für gutes Benehmen), und wenn ich es nicht getan habe, habe ich mich darauf gefreut, mich davon erholt oder mir geradezu abartige Variationen vorgestellt. Einmal ging ich mit meinem Mann die Strandpromenade entlang, als ein großer, dunkler und gutaussehender Schäferhund vorbeikam; mein Mann sah mich eindringlich an und sagte: »Bitte sag mir, dass du nicht gerade ›Buooar‹ gemacht hast!«

Ich gebe offen zu, dass ich schon früh angefangen habe, mich selbst zu missbrauchen; einmal tat ich es so heftig, dass ich aus dem Bett fiel. Als ich las, dass meine jugendliche Heldin Patti Smith es als Kind so oft tat, dass sie regelmäßig das Bewusstsein verlor, war ich so voller Bewunderung, dass ich meine Bemühungen verdoppelte. Ich habe es nie zur Bewusstlosigkeit gebracht, hatte jedoch Spaß daran, es zu versuchen. Aber ich habe nicht ein einziges Mal gedacht: »Oooh, eines Tages werde ich erwachsen sein und noch mehr masturbieren!« Das wäre so, als würde ich davon träumen, eines Tages erwachsen zu sein und noch mehr zur Schule zu gehen. Ich habe für den Sex geübt, den ultimativen Big Scary Ride, von dem ich aufgrund meiner Größe und der Umstände seinerzeit ausgeschlossen war. Genauso wie es in Ordnung ist, einen imaginären Freund zu haben, wenn man jung ist, aber es ein bisschen komisch wird, wenn man das mündige Alter erreicht hat, so denke ich über Masturbatoren mittleren Alters, die vor den Erwartungen echter Frauen in einen imaginären Harem flüchten und sich über Damen aller Rassen und Farben hermachen und glauben, dadurch auf traurige Weise zu Männern von Welt zu werden.

In der Welt der Wunder, die die einhändigen Woke Bros. beherrschen, will keine Frau eine Spaßbremse sein. Bis sie eines Tages aufwacht – und genau das will sie, denn es ist nicht nur das Richtige, sondern auch etwas Cooles, weil cool sein bedeutet, man selbst zu sein und vor niemandem in die Knie zu gehen. Und weil der Blödinn, den die Woke Bros. erzählen – jeder Sex sei guter Sex, selbst wenn einer Frau am Ende das Rectum aus dem Anus hängt –, ebenso bedrückend und zweimal so schädlich ist wie die alte

Weisheit, kein Sex sei guter Sex. Beides sind Fallen, die nur aufgestellt wurden, um Frauen zu kontrollieren. Und wie Herrscher es immer tun, üben sich die Bros. im Teile-und-herrsche. Indem sie den Frauen einreden, Pornographie sei alles, von einem bisschen Spaß bis hin zu einem Menschenrecht, ist es den Männern gelungen, die Frauen nicht in Madonnen und Huren aufzuteilen, wie traditionell üblich, sondern in Spielverderberinnen und Huren. Der Ratschlag der nervigen alte Tante: »Interessiere dich für die Hobbys deines Freundes«, war schon verdächtig, als Mädchen plötzlich so taten, als hätten sie Freude an Darts und Bier vom Fass – jetzt müssen sie in sichtbare Ekstase geraten, wenn sie zusehen, wie auf ihre weiblichen Mitmenschen geschissen wird. Ein Fortschritt!

Pornographie ist wie Kokain – jeder will glauben, dass die Quelle, für die nur er sich entscheidet, auf magische Weise frei von Ausbeutung, Folter und Tod sei: ungeachtet des Elends und der zerstörten Leben, die den Rausch aller anderen beflecken. Aber wenn man nur irgendeine Art von Mensch ist, bleibt Aufhören die einzige moralische Option. Wie bei allen angeblichen Süchten ist das bei weitem nicht so schwierig, wie unsere infantilisierte Gesellschaft glauben machen will. Ich habe nach dreißig Jahren von heute auf morgen mit dem Kokain aufgehört und nach fünf Jahren mit der Pornographie; ein kleiner Kampf, schon ist man raus aus der Nummer, und über einem öffnet sich der Himmel. Für mich war der Augenblick der Wahrheit die schreckliche Erkenntnis, wie alt eine Pornodarstellerin im Durchschnitt ist, wenn sie stirbt; für andere ist es vielleicht eine kaputte Beziehung. Und machen Sie sich nicht vor, kostenloses Material sei nicht Teil des Problems, weil Sie »den Pornographen kein Geld geben« – die Nachfrage schafft das Angebot und das Leiden, und es kostenlos zu bekommen macht Sie einfach nur geizig und schwach.

Ich erinnere mich, einmal einen Artikel über zwei ehemalige Pornodarstellerinnen gelesen zu haben, die beim Sex ihren Impuls unterdrücken mussten, Sex »darzustellen«. Wie sie bezeugten, welch harte Arbeit es war, dies zu überwinden, war überaus bewegend. Ein solches Bewusstsein wird kein PBM je erreichen, solange er nicht den Mut hat, sich von der Droge seiner Wahl zu trennen. Aber es gibt immer eine Ausrede. Woke Bros., die süchtig nach Pornos sind, reden sich gerne ein, dass sie damit anders als ihre weniger aufgeklärten Brüder umgingen; dass sie Pro-Sex-Aktivisten seien, die das als »Leckerei« nach einem langen Tag im Kampf gegen Unterdrückung (auf Twitter) rechtfertigen und behaupten, Arbeit in der Sexindustrie sei ein Job wie jeder andere – es sei denn natürlich, es handelt sich um ihre Mutter, Schwester oder Tochter.

Für die Woke Bros., so scheint es manchmal, ist *alles* sexistisch, außer Pornographie, die erhält carte blanche. Ich erinnere mich, dass ein PBM aus meinem Bekanntenkreis einmal gegen die Modebranche wetterte, die »mit der Ausbeutung von Frauen Geld verdient«. Wirklich? Als ich das letzte Mal nachgeschaut habe, lag die durchschnittliche Lebenserwartung eines Models weit über 37. Aber wir sollten nicht vergessen, dass das B in PBM tatsächlich für »besessen« steht.

Wie tief sitzt die Pornokrankheit? Aufgrund der verstohlenen Natur des Tieres ist das schwer zu sagen. Wenn ein PBM einer traurigen Frau dabei zusieht, wie sie gruppenweise vergewaltigt wird (anscheinend ist Weinen bei solchen Unterhaltungen sehr wichtig, da zwar Protest und Vergnügen leicht vorgetäuscht werden können, nicht jedoch Tränen), und im Moment der »Erleichterung« merkt, dass er z.B. der Vergewaltigung seiner Nichte zusieht, was tut er dann? In seinem Übermut innehalten? Froh sein, dass es nicht seine Schwester ist und trotzdem abspritzen?

PBM sind von Natur aus moralisch so kompromittiert, dass es schwerfällt, irgendetwas zu glauben, was sie sagen. »Wann erkennt man, dass ein Süchtiger lügt?« »Wenn seine Lippen sich bewegen.« Doch ist das seine Sache – bis seine privaten Perversionen womöglich in die Öffentlichkeit überlaufen (passende Wortwahl). Eine Studie von Dolf Zillman aus dem Jahr 1982 deutet darauf hin, dass ein längerer Kontakt mit Pornographie die Menschen sexueller Gewalt gegenüber unempfindlich macht. Versuchspersonen, denen einige Optionen zur Wahl gestellt wurden, sollten eine angemessene Strafe für einen Vergewaltiger vorschlagen. Erschreckenderweise empfahlen die Testpersonen deutlich mildere Strafen als diejenigen, die keine Pornographie konsumiert hatten. Denn wenn sie nein sagt, meint sie ja, ja, ja! Wenn sie weint, sind es Tränen der Freude. Und wenn sie im Alter von 37 Jahren stirbt, dann wahrscheinlich an einem Übermaß purer Lust.

Jeder vierte Mann, der an Impotenz leidet, ist heute unter vierzig Jahre alt – und meist ist der Konsum von Pornographie die Ursache. Wenn wir über die Impotenz junger Männer lesen, die eigentlich auf dem Höhepunkt ihrer Leistungsfähigkeit sein sollten, dann sehen wir, wie schädlich Pornographie ist – und die jungen Frauen, die zweifellos auf dem Höhepunkt ihrer Schönheit sind, geben sich selbst die Schuld.

Offenbar werden minderjährige Mädchen schon darauf vorbereitet, ihr eigenes Vergnügen hintanzustellen und wie Pornostars aufzutreten. Doch oft wissen ihre Verführer nicht, wann sie aufhören müssen, wenn sie sich erst einmal in die Sache hineingesteigert haben. Selbst professionell Aufgeschlossene waren abgestoßen, als die *Teen Vogue* Artikel darüber veröffentlichte, wie Teenager-Mädchen Analsex am besten genießen können – oder besser gesagt, wie sie am besten den Eindruck erwecken können, dass sie es zum Vergnügen pubertierender PBM tun, die nach einer neuen Möglichkeit suchen, die Klassenkameradinnen, die ihnen das Gefühl geben, nichts drauf zu haben, in ihre Schranken zu weisen.

Die *Teen Vogue* beschreibt sich selbst großkotzig als »Leitfaden für junge Leute zur Eroberung (und Rettung) der Welt«, sie bringe »neueste Nachrichten aus den Bereichen Prominente, Politik, Mode, Schönheit, Wellness und Unterhaltung. Kein Gelaber – nur was du jetzt wissen musst.« Dass die pornokranke Transagenda in den einst sicheren Raum der Mädchenmagazine eingedrungen ist (*Teen Vogue* benutzte bereits Ausdrücke wie »Vagina-Besitzer« – cherchez la femme!), zeigte der völlig unangemessene Kommentar ihres Redakteurs Phillip Picardi, der für seine zu Weihnachten 2019 veröffentlichte »Anleitung zum Analsex« Kritik hatte einstecken müssen: »Die Reaktion auf diesen Artikel ist Ausdruck von Homophobie.« Die junge Schriftstellerin Peony Campbell wies ihn in ihrer Erwiderung »Analsex ist scheußlich« zurecht:

> »Es ist nicht homophob, nein zu sagen. Natürlich nicht. Männer haben eine Prostata, also haben sie eine Art magisches Lustzentrum, das durch diesen Akt stimuliert wird. Wenn es ihnen die Sache wert ist – mazel tov. Ich will nicht behaupten, dass alle Männer, die um Analsex bitten, Sadisten, Koprophile, Frauenhasser oder Pornosüchtige sind. Aber angesichts der Einseitigkeit der Bitte ist es nur fair zu fragen: ›Warum bittest du mich überhaupt darum?‹«

Dass *Teen Vogue* das Hochglanzmagazin der Woken von heute ist, verdeutlichte ein Artikel, der Teenagern beibrachte, wie man masturbiert. Wird man als nächstes Hunden beibringen, wie man bellt? Die einzigen, die an solch einem Stück prosaischer Pornographie Gefallen finden könnten, wären Perverse mit pädophilen Neigungen.

Wie alle Drogen gaukelt auch Pornographie ihren Nutzern zunächst eine große, wunderbare Welt vor – und erst wenn es zu spät ist, sich ohne enorme Anstrengung davon zu befreien, stellt sich heraus, dass sie sowohl das Universum als auch den Nutzer, nämlich den Verlierer, geschrumpft hat. Die Pornofizierung der Gesellschaft, die die Geschlechter zu unaufrichtigen Fremden macht, die sich ständig mit anderen vergleichen, ist genau das Gegenteil dessen, was mutige fortschrittliche Leute im Sinn hatten, als sie überhaupt einmal versuchten, die Menschen über Sex aufzuklären. Einer jungen Freundin von mir wurde schon oft gesagt, und zwar immer von Woke Bros.: »Du solltest in einem Porno mitspielen«, weil sie sich für Sex begeistert. Diese Schwachköpfe glauben, ihr ein Kompliment zu machen, wenn sie ihre natürliche Neigung mit einer Pay-per-view-Vorstellung vergleichen, und sind irritiert, wenn sie nicht noch einmal mit ihnen Sex haben will. Jarvis Cocker, gewiss kein prüder Mensch, brachte es sexy einfach auf den Punkt, als er der *Sunday Times* im Jahr 2020 sagte: »Ruhm ist wie Pornographie. Pornographie nimmt etwas Wunderbares – die Liebe zwischen zwei Menschen, die sich körperlich ausdrückt – und macht es ekelhaft.«

In diesen seltsamen woken Zeiten leben wir in einer verkehrten Welt, in der Schachfiguren als rassistisch angesehen werden können, jedoch die Darstellung von Frauen als Sortiment offener Löcher – »Hau den Maulwurf« mit DNA – eine herrliche Form der Entspannung für einen Woke Bro ist, der einen harten Tag damit verbracht hat, Statuen von Königin Victoria zu beschmieren. »Porno« ist die freche Abkürzung eines langen und hässlichen Wortes, dessen Geschichte auf Sklavinnen zurückgeht, die für sexuelle Zwecke gekauft und verkauft wurden, und das nun als jedermanns netter kleiner Kumpel wiedergeboren wurde. Man kann Babystrampler kaufen, die stolz verkünden, der machtlose und inkontinente Träger sei ein »Porn Star«. Marks & Spencer sah sich gezwungen, den Namen ihres Dosencocktails »Porn Star Martini« zu ändern, nachdem Mütter sich beklagt hatten, sie wollten ihren Kleinen beim Einkaufsbummel nicht erklären müssen, was ein Pornostar ist.

Seltsamerweise behauptete Marks & Spencer zu seiner Verteidigung, »Pornostar« sei als »eine Personenkategorie und nicht als Hinweis auf eine sexuelle Tätigkeit gemeint« – vermutlich bekam der Käufer zusammen mit dem köstlichen Cocktail frühen Selbstmord garantiert und obendrein Inkontinenz. Typisch für ein wokes Warenhaus (vergessen wir nicht die mutige Einfügung von Guacamole ins heteronormative BLT-Sandwich,* das somit zu einem LGBT-Sandwich geworden ist: ein wahrhaft stolzer Beitrag zur Pride Week 2019), hat es mit der Sensibilität von Marks & Spencer ein Ende, sobald es um die Rechte von Frauen jeden Alters geht. Verkauft werden dort etwa gepolsterte BHs für Neunjährige, damit sie genau wissen, wofür sie als Frauen dereinst geschätzt werden, und von Ganzkörper-Hidschabs für andere Neunjährige, damit sie wissen, dass sie so lange geschätzt werden, wie sie keinen Sonnenstrahl auf ihren unschuldigen Gliedern spüren. In Anspielung auf »The Handmaid's Tale« sagte der muslimische Kommentator Maajid Nawaz:

> »Kleinen Mädchen wird gesagt, es sei ›unbescheiden‹, ihr Haar zu zeigen. Und gesegnet sei die Frucht. Im Iran,

* Ein Sandwich mit Bacon, Lettuce, Tomato (Schinken, Salat und Tomate).

in Saudi-Arabien und in vielen anderen Ländern ist der Hidschab – nur Frauen – noch immer gesetzlich vorgeschrieben. Das ist Geschlechterapartheid. Marks & Spencer steht es frei, auch T-Shirts mit der Flagge der Konföderierten zu verkaufen, aber ich wette, das werden sie nie tun.«

Was stimmt an diesem schmutzigen Bild nicht? Wie werden sie aufwachsen, diese kleinen Mädchen, die nach einer kurzen Phase, in der die Gesellschaft scheinbar einen klarsichtigen und entspannten Umgang mit Sex anstrebte, in einer Woke-Dystopie erwachsen werden, in der ein Kind im Alter von zehn Jahren zwischen sexy Dessous und einem Vollverschleierungstuch wählen muss? Wir beobachten bereits einen Anstieg des Alters, in dem Jugendliche ihre Jungfräulichkeit verlieren. Dies zeigt die 2018 veröffentlichte faszinierende Studie des University College London, in der 16.000 zwischen 1989 und 1990 geborene Personen ab 14 Jahren untersucht wurden und die ergab, dass 44 % der Mädchen ihre Jungfräulichkeit bis zum Ende ihrer Teenagerzeit verloren hatten, verglichen mit 58 % ihrer Mütter. Bei den Jungen war das Ergebnis weitaus dramatischer – 47 % im Vergleich zu frechen 69 % bei der Generation ihrer Eltern –, während ein sattes Achtel beider Geschlechter im Alter von zwanzig Jahren noch immer seine Reinheit bewahrt hatte. Könnte es sein, dass die jungen Leute sich aus Angst vor etwas Schlimmerem – analer Inkontinenz vielleicht – zurückhalten? Die Experten kamen zu dem Schluss, dass schuld daran wahrscheinlich die Pornographie ist: »Die Millennials sind in einer Kultur der Hypersexualität aufgewachsen, die eine Angst vor Intimität hervorgebracht hat«, sagte die Psychotherapeutin Susanna Abse der *Sunday Times*. »Die Frauen mit ihren schönen straffen Körpern sind immer bereit, und die

Männer haben ständig Erektionen. Das ist für junge Leute entmutigend.«

Hat Ihre Mutter Ihnen auch gesagt, Sie sollten sich nicht mit Süßigkeiten vollstopfen, weil Sie sonst Ihr Abendessen nicht mehr herunterkriegen? Genau das! Es ist ein Teufelskreis: Junge Männer sehen sich Pornos an, werden zu PBM und damit weniger attraktiv für junge Frauen, sehen sich noch mehr Pornos an, werden zu Incels (die Schnittmenge zwischen Incels und Woke Bros. ist beträchtlich) und die Sache ist besiegelt – die Schenkel bleiben geschlossen. Wenn wir so weitermachen, ist es gut möglich, dass wir wie Japan enden, wo die Pornographie in hohem Maße zu dem Schreckgespenst vielleicht einer Million junger Männer – der »Hikikomori« – beigetragen hat, die das Erwachsenenleben zugunsten des einsamen Vergnügens von Online-Spielen und Pornographie völlig aufgegeben haben. Sie sind ein wichtiger Bestandteil dessen, was die japanische Regierung als »Zölibatssyndrom« bezeichnet, eine drohende nationale Katastrophe, die bereits dazu geführt hat, dass fast die Hälfte der jungen Frauen und mehr als ein Viertel der jungen Männer »kein Interesse an sexuellen Kontakten haben oder solche gar verachten«. Aus diesem Grund prognostiziert die japanische Vereinigung für Familienplanung einen Rückgang der Bevölkerung des Landes um ein Drittel bis zum Jahr 2060.

Gibt es an diesem Zustand irgendetwas Positives? Nun, als radikale Feministin, die es schon immer als eine ihrer weniger attraktiven Eigenschaften empfunden hat, dass sie auf Schwänze steht, würde ich mit Freude erwarten, dass es viel mehr Lesben geben wird. (Wir können das bereits an der zunehmenden Zahl von weiblichen »bisexuellen« Prominenten sehen, die ihre männlichen Fans nicht verschrecken wollen und sich dann still und leise als komplett lesbisch outen, wenn sie ihr Sexbomben-Verfallsdatum überschritten haben.) Jedoch keine Porno-Lesben, die nur die Zeit totschlagen, bis ihnen ein leckeres Stück Schwanz gereicht wird; richtige Lesben, die von Männern körperlich irritiert sind und nichts Sexuelles mit ihnen zu tun haben wollen. Macht nichts, PBM, du kannst immer noch auf deine imaginären Freundinnen masturbieren, und warum bringst du deine Mutter nicht dazu, dir zu deinem dreißigsten Geburtstag ein VR-Headset zu kaufen? Dann kannst du dir nach Herzenslust 3D-Pornos ansehen – und Darwins Evolutionstheorie eine ganz moderne Wendung geben, denn keine Frau mit auch nur einem Jota Sexappeal oder Selbstachtung wird dir einen zweiten Blick schenken, geschweige denn einen ersten Fick.

Ist es die demütigende Tatsache, dass sie weniger bekommen als ihre Väter in ihrer Jugend, die die Woke Bros. so seltsam hartnäckig darauf beharren lässt, dass Sexarbeit echte Arbeit und Frauen, die behaupten, die meisten prostituierten Frauen würden lieber etwas anderes machen, »hurenfeindlich« seien? Das ist so, als würde man Abolitionisten als »sklavenfeindlich« bezeichnen – und wenn man bedenkt, dass der Handel mit weiblichen Kindern, Mädchen und Frauen einen so großen Teil der modernen Sklaverei ausmacht, ist das keine leichtfertige Aussage. Eine Studie der Internationalen Arbeitsorganisation der Vereinten Nationen aus dem Jahr 2016 schätzt, dass es weltweit mehr als 4 Millionen Opfer von Sexhandel gibt, 99 % von ihnen sind Frauen und 1 Million Kinder. Die kommerzielle sexuelle Ausbeutung macht zwei Drittel der Gewinne aus der Zwangsarbeit aus; die Gewinne aus der sexuellen Zwangsarbeit – hauptsächlich Vergewaltigung – werden weltweit auf 99 Milliarden US-Dollar geschätzt.

Wie können Männer der Linken diese äußerst wilde, von Blut triefende Speerspitze des Kapitalismus gutheißen? Und wenn sie so aufgeklärt sind, wie können sie dann die

Existenz einer sexuellen Unterklasse unterstützen, die all die alten dummen Klischees über die Sexualität der Frauen verstärkt: dass sie nicht dazu geschaffen seien, Sex zu genießen, dass sie kaum mehr seien als herumlaufende Masturbationshilfen, Dinge, denen man etwas *antun* könne, die aber ihrerseits so wenig Lust empfänden, dass man sie dafür bezahlen müsse, sich der Unzucht hinzugeben, und dass sie Eigentum seien, gekauft und verkauft von einem Mann zum anderen?

Wenn es stimmt, dass diese unschuldigen Frauen Opfer eines abscheulichen Gewerbes sind, was für ein Ungeheuer hat dann die folgenden Worte geschrieben?

> »Wenn der Sexkrieg gewonnen ist, sollten die Prostituierten als Kollaborateure für ihren schrecklichen Verrat an allen Frauen erschossen werden.«

Leserinnen und Leser, dieses Ungeheuer war ich.

Bislang war ich stolz auf meine völlige Offenheit in diesem Buch, aber während ich mich selbst zuvor mit großer Freude der Prüfung unterzog, schäme ich mich jetzt zutiefst. Ich fürchte, es kann keine zweideutige Interpretation dieser beschämenden Worte geben, die ich 1984 geschrieben habe.

Was hatte ich mir dabei gedacht? Ja, ich war jung, 24, aber alt genug, um Recht von Unrecht unterscheiden zu können, selbst wenn ich ein jugendlicher Ladendieb gewesen wäre.

Ja, ich hatte Speed geschnupft, als gäbe es kein Morgen, aber da ich noch in der Lage war, mich ohne Hilfe anzuziehen und zu ernähren, ist das keine Entschuldigung. Zu meiner Verteidigung würde ich sagen, dass ich immer noch ein Stalinist war (o nein, es wird schlimmer – weg von der Schaufel!) und versuchte, eine Art hirnverbrannter

Klassendiskussion zu führen, in die auch ein bisschen mystisches Zeugs hineinzwängte:

> »Sie machen das Leben der Bewohner aus der Arbeiterklasse in den Vierteln, in denen sie ihr schmutziges Handwerk ausüben, noch deprimierender ... in vielen Gegenden Londons halten die Mieter Baseballschläger und Wassereimer an ihren Haustüren bereit, um sowohl die Riesenregimenter von Schwachköpfen, die in ihren Gärten Unzucht treiben, als auch die Männer zu verscheuchen, die auf der Suche nach Nutten an ihre Türen klopfen ... die etwas so Alltägliches und Modernes in diesen geheimnisvollsten, moralischsten Teil des Lebens bringen, die körperliche Liebe zu einem *Beruf* machen ... dies macht die Prostitution zu einer Obszönität, fast so sehr wie die schleimigen Kondome, die die Kinderspielplätze in den Vierteln übersäen, die von diesen Quislings des weiblichen Geschlechts besucht werden ...«

Oh, verdammt nochmal!

Das ist keine Entschuldigung, aber alles, was ich sagen kann, um verminderte Verantwortlichkeit aufgrund vorübergehender Unzurechnungsfähigkeit geltend zu machen, ist, dass ich, als ich das schrieb, auch gegen Abtreibung und Ehebruch war, und zwar aus keinem anderen Grund als dem, dass ich so ignorant und extrem war, wie es junge Leute im Allgemeinen sind. (Ich war die Greta Thunberg des Sex, aber sexier.) Seitdem ist viel Gin dahingeflossen, ich wurde zweimal wegen Ehebruchs geschieden, konnte die Abtreibungen bald nicht mehr zählen, und einige meiner besten Freundinnen in den letzten zwanzig Jahren waren Nutten im Ruhestand. Ich kann also auf mehr als drei Jahrzehnte zurückblicken und zugeben, dass ich in dieser Frage wahrhaftig ein Idiot war. Das heißt aber nicht, dass ich heute etwa glaubte, Prostitution sei *gewöhnliche Arbeit*, wie die Woke Bros. behaupten, und Zuhälter und Freier seien ganz normale Leute, die nichts Böses tun, wenn sie Frauen – echte Menschen mit echten Seelen – stundenweise als sexuelle Spucknäpfe anheuern.

Meine Ex-Prostituierten-Freundinnen haben eine Abneigung nicht nur gegen Sex und Männer gemein, was sie sehr amüsant macht, sondern auch gegen »Amateure«, nämlich sexuell freizügige Frauen, die es umsonst tun. Sie geraten ins *Fluchen*, wenn sie über diese Schlampe und jene Hure sprechen, und wenn ich ihnen sagte, sie sollten nicht so hurenfeindlich sein, würden sie mir ihren Drink ins Gesicht schütten – und ihn mir dann in Rechnung stellen. Pornodarstellerinnen sind auch bei meinen leicht zu beleidigenden Escort-Kolleginnen nicht beliebt, wiewohl ihre Abneigung anscheinend aus Empörung (das *gefilmt* zu haben – wie schamlos!) und Neid besteht – denn Pornodarstellerinnen müssen den Atem nicht riechen und das Gewicht der schäbigen Kerle, die sich an ihnen aufgeilen, nicht tragen, da diese zum Masturbieren einen halben Meter Abstand halten. Man sollte meinen, kostenlose Internetpornos hätten überschüssiges männliches sexuelles Verlangen vom Markt genommen, aber es wird immer mutige Einzelgänger geben, die Frauen selbst erniedrigen wollen, anstatt nur zuzusehen, wie andere Männer sie erniedrigen. Pornographie hat den Frauen, die an vorderster Front der sexuellen Knechtschaft stehen, das Leben sehr viel schwerer gemacht, denn Männer erwarten jetzt von Prostituierten – nicht nur von »zivilen« Frauen –, dass sie sich wie Pornostars verhalten. Die abstoßenden »Bewertungen«, die Freier in verschiedenen Online-Foren hinterlassen, bestätigen das: Frauen werden meist dafür getadelt, dass sie »stillhalten« oder gar »traurig aussehen«, anstatt wie Pornodarstellerinnen so zu tun, als ob sie es genössen, von Fremden penetriert zu werden.

Ich bin bestimmt keine Sexualmoralistin – fragen Sie meine drei Ehemänner. Ich glaube nicht, dass Sex für Geld eine Frau zu einer Sünderin macht; ich habe viele Freundinnen, die es ein paarmal probiert haben, als sie jung, flatterhaft und neugierig waren, aber deren Selbsterhaltungssinn sorgte dafür, dass es ihnen egal war, wie es sich anfühlte, und sie sich deshalb bald um richtige Jobs bemühten. Aber ich glaube, dass dauerhafte und ausschließliche Sexarbeit außerordentlich schlecht für die geistige und körperliche Gesundheit derjenigen ist, die ihr nachgehen. Menschen wie ich, die das 1999 von Schweden eingeführte und inzwischen von Norwegen, Dänemark und Kanada übernommene nordische Modell befürworten, das den Kauf sexueller Dienstleistungen für illegal erklärt, nicht aber deren Verkauf, so dass nicht die Prostituierten, sondern die Freier, Zuhälter, Vermittler und Bordellbetreiber zu Kriminellen werden, werden oft als Spielverderber verspottet. Aber es gibt nur wenig Spaß zu verderben, wenn man mit einem sabbernden Betrunkenen Sex hat, der einen leicht umbringen könnte, wenn man seine pornoverrückten Phantasien nicht erfüllt. Ich fände es toll, wenn die Leute, die behaupten, das sei ein Job wie jeder andere, sich mit der Tatsache auseinandersetzen müssten, dass ihre eigene Mutter, Schwester oder Tochter damit ihren Lebensunterhalt verdiente.

Nicht nur die Woke Bros. sind Heuchler. Als die ansonsten hervorragende feministische Autorin Caitlin Moran schrieb, Sexarbeiterinnen seien im Grunde so etwas wie Pflegekräfte, musste ich lachen. Wenn man einer streng religiösen polnischen oder philippinischen Pflegerin sagt, sie stehe auf einer Ebene mit einer Nutte, wird man mit ziemlicher Sicherheit einen Schlag in sein fürsorgliches Gesicht bekommen. Moran brüstet sich damit, Männern auf der Straße die Stirn zu bieten, die ihren jugendlichen Töchtern nur hinterherrufen; ich glaube allerdings nicht, dass sie in ein paar Jahren stolz darauf wäre, wenn sie von denselben Trotteln stundenweise angeheuert würden.

Jeremy Corbyn verkörpert beispielhaft nicht nur den Antisemitismus (im wahrsten Sinne des Wortes der »Sozialismus des dummen Kerls«), ein wesentliches Element der Woke-Bewegung, sondern gab sich auch als Großvater dieser Bewegung zu erkennen, als er 2019 bei den Pink News Awards am International Pronoun Day stolz seine Pronomen verkündete (als ob dieser bärtige Schwachkopf für etwas anderes als »er« gehalten werden könnte). Er vertrat auch den Standpunkt der Woke Bros., dass Sexarbeit eine Arbeit wie jede andere sei, und geriet 2016 unter Beschuss seitens einiger temperamentvoller und noch nicht geläuterter Labour-Frauen, als er sich mit dem denkbar schlappen Appell »Lasst uns die Dinge ein bisschen anders und etwas zivilisierter angehen« für die Entkriminalisierung der Sexindustrie aussprach.

Wir wussten bereits, dass Männer vom revolutionären Flügel, von Sinn Fein bis zur Socialist Workers Party, Einwilligung oft als bürgerliches Konstrukt betrachten, warum sollten wir also schockiert darüber sein, dass liberale Männer eine liberale Vorstellung von Einwilligung haben? Der Ausdruck #MeToo wurde 2006 von der schwarzen amerikanischen Aktivistin Tarana Burke geprägt. Nachdem ein 13jähriges Mädchen ihr anvertraut hatte, sexuell missbraucht worden zu seien, verschlug es ihr die Sprache. Später erklärte sie, sie hätte am liebsten einfach nur »Ich auch« gesagt. Diese Worte verbreiteten sich wie eine Massenimpfung gegen Isolation im Cyberspace, als 2017, nachdem erste Enthüllungen über Harvey Weinsteins jahrzehntelange sexuelle Belästigung und Erpressung bekannt geworden waren, die Schauspielerin Alyssa Milano Frauen, die sexuellen Missbrauch erlitten hatten, dazu ermutigte, es zu twittern.

Millionen von Frauen haben geantwortet. Der erste Schock war, wie viele Männer – anständige Väter und mustergültige Ehemänner – in Wirklichkeit Sexualstraftäter waren. Der zweite, wie viele von ihnen sich als Menschenfreunde ausgaben und als feministische Verbündete tarnten. Im Frühjahr 2020 wurde der Galerist und Clubbesitzer Alex Proud – ein fünfzigjähriger verheirateter Mann mit drei Kindern – beschuldigt, einen »hypesexualisierten Arbeitsplatz« geschaffen zu haben, an dem er mindestens fünf junge Frauen belästigt hatte, indem er sie »ohrfeigte, begrapschte und versohlte«, sich selbst auf unheimliche Weise »Daddy« und »Papa« nannte und einmal sogar einen Preis mit dem Titel »Daddys Lieblingstochter« auslobte. Kurz zuvor erst war er einem »runden Tisch« von Unternehmern beigetreten, die sich für die »Sicherheit weiblicher Angestellter« im Nachtleben einsetzen; 2019 schrieb er, ein Bericht über niedrige Verurteilungsquoten bei Vergewaltigungen habe »viele meiner arroganten und sexistischen Annahmen über den Haufen geworfen … Wenn das der Erfolg von #MeToo ist, dann bravo.« Seine Verwirrung war fast rührend, als er zu seiner Verteidigung schwadronierte: »Ich habe mich für ein fortschrittliches Arbeitsumfeld eingesetzt, in dem ich schwule, lesbische und transsexuelle Mitarbeiter beschäftigte.« Oh, na dann belästige mal schön weiter, du wunderbarer Mann! Es war schon seltsam, ja geradezu schwachsinnig, wie die am kostspieligsten ausgebildeten Woke Bros. wirklich zu glauben schienen, ein Lippenbekenntnis zum Feminismus könne die Aufforderung einer Kollegin zum Oralsex irgendwie »wettmachen«. So wie grüne Jetsetter Bäume pflanzen lassen, um ihren CO_2-Fußabdruck auszugleichen.

Männern wird oft vorgeworfen, dass sie Frauen in zwei Typen einteilen – der Jungfrau/Hure-Komplex, wie Freud es ausdrückte. Und vielleicht müssen wir Frauen, weil wir mit Männern leben, mit Männern arbeiten und Männer lieben, Männer in zwei Typen einteilen, um unseren Verstand zu bewahren: in die Monster und die Guten. Allerdings war Harvey Weinstein für seine Frau und seine Töchter, für die feministischen Organisationen, denen er gespendet, und für Barack Obama, dessen Tochter im Teenageralter als Praktikantin bei ihm gearbeitet hat, einst ein Guter. Nachdem er aus erster Hand erfahren hatte, wie haufenweise Hollywood-Liberale den Kindervergewaltiger Roman Polanski beschützt und gelobt haben, konnte Weinstein verständlicherweise nicht wirklich begreifen, was er falsch gemacht hat.

Von Hollywood bis Holyrood konnten diese Woke Bros. einfach nicht anders – sie waren ein lüsterner Haufen. Eines der gruseligsten Beispiele ist Tez Ilyas, neben Diane Abbott offenbar Jeremy Corbyns Lieblingskomiker, mit dem zusammen er sich nach Spendensammlungen der Labour Party oft brüderlich kuschelnd fotografieren ließ. Im Jahr 2019 wurde Ilyas, auserwählt aus einer Horde schmieriger Showbiz-Groupies, die überwältigende Ehre zuteil, Corbyns Instagram-Account während seiner Live-Fernsehdebatte mit Boris Johnson zu übernehmen. Damit wurde er so etwas wie der »Groom of the Stool« im Social-Media-Bereich: der intimste Höfling, der dem Monarchen beim Stuhlgang behilflich ist. Dank der rabiaten Islamophilie der westlichen Medien wurde Ilyas im todgeweihten Tümpel der Stand-up-Comedy vor allem aufgrund seiner DNA schnell zur Berühmtheit; dabei ist er auffallend unlustig, gemessen selbst an den kümmerlichen Maßstäben der staatlich geförderten Plauderer, die die BBC versauen. Die BBC, die auf ihrer Website zur religiösen Bildung nach jeder Erwähnung Mohammeds die Buchstaben »PBUH« (Peace be upon him: Friede sei mit ihm) hinzufügt und ihn gern auch »den Propheten« nennt. »Der Prophet Mohammed« aber ist er nur, wenn man an den Islam glaubt, was die Leute, die gezwungen sind, die BBC zu finanzieren, im Allgemeinen nicht tun. Wenn sie darauf bestehen, dann sollten sie zum Ausgleich auch Jesus »unseren Herrn und Erlöser Jesus Christus« nennen – was sie natürlich nicht tun werden, weil das ihrer geradezu parasexuellen Manie zuwiderliefe, in Sachen Religion ausschließlich den Islam zu hofieren. Für dieselbe BBC drehte Ilyas 2015 einen Kurzfilm, der uns einen Tag im Leben eines fastenden Muslims während des Ramadan vor Augen führt. Von da an verlief seine Karriere schwindelerregend, es gab Special Comedy Nights an islamischen Feiertagen und Galas zur Feier des fünfzigjährigen Bestehens »asiatischer« Sendungen bei der BBC. Schließlich musste Radio 4 drei als Lachnummern getarnte Vortragsreihen bei ihm in Auftrag geben: die Tez Talks, in denen Ilyas versuchte, uns heidnische »Kaffer« aufzuklären (auf unsere eigenen Kosten, wohlgemerkt), indem er »zahlreiche Missverständnisse über den Islam« vor einem Publikum entschärfte, das die Rolle potentieller Rekruten für diese wunderbare Religion spielte. So wurden uns die Feinheiten seines Glaubens nebst spöttischen Reden über die Wertlosigkeit der britischen Gesellschaft serviert, Begriffe wie Dschihad aber mit »nicht-herablassendem Humor« erklärt. Dass diese Kreatur alle Freiheiten bekam, uns seine Religion aufzuzwingen – und dabei für weniger Lacher sorgte als die Weihnachtsfolge von »East Enders« –, vollendete die grausame Kastration der Comedy auf Radio 4.

Leider war die Religion des Friedens nicht das einzige, was Ilyas einem eintrichtern wollte, denn die Pointe nach einem Jahrzehnt fragwürdigen Vergnügens war, dass dieses arme verfolgte friedliche Opfer systemischen Rassismus in Wirklichkeit ein Seriensexualstraftäter war, der es insbesondere verstand, sich besinnungslosen Frauen aufzudrängen. (Wie sich herausstellte, war er nicht der einzige »witzige Mann«, der eher Tränen als Lacher hervorrief. Im Juni 2020 schrieb der wirklich witzige und kluge Komiker Konstantin Kissin: »Schockierende Nachrichten aus der Welt der Comedy: Obwohl die Branche ausschließlich von woken Feministen bevölkert wird, berichten zahlreiche weibliche Comedians von sexueller Belästigung und unangemessenem Verhalten. Diese überraschende Entwicklung hat die Branche in ihren Grundfesten erschüttert, da sich die Leute plötzlich fragen, ob gut zu sein und darüber zu reden, wie gut man sei, vielleicht doch nicht dasselbe ist.«) Ilyas' öffentliche Entschuldigung, von mannhaften Twitter-Tränen durchtränkt, war ein üppiges Bankett von Tugendhuberei, wie man sie von den Woke Bros. kennt.

Lange Rede, kurzer Sinn: Der Mann wurde bei einer Vergewaltigung erwischt und würde alles sagen, um seine Karriere zu retten. Nur ein Gedanke: Wenn woke Frauen ihn seit 2017 gewarnt haben, er möge keine Sexplage werden, wie er in seinem tränenreichen Geständnis erklärte, wäre es dann nicht vielleicht eine gute Idee gewesen, damit aufzuhören? Aber natürlich war er damals in unserem angesehensten Radiosender auf dem Höhepunkt seiner staatlich geförderten Tugendhuberei und erzählte uns Heiden, wie wir uns anständig zu verhalten haben – wie könnte also irgendetwas, das er getan hat, falsch gewesen sein? Merkwürdig, dass der Kontakt mit all den »unglaublichen Frauen« ihn noch 2020 Witze über Zuhälterbanden reißen ließ. Sicherlich hatte er kein Interesse, der jungen Frau zuzuhören, die er, als sie Einspruch erhob, in den sozialen Medien als »Schneeflöckchen« bezeichnete. Woraufhin sie sagte: »Wenn man meint, über die systematische Vergewaltigung Tausender von Menschen sollten keine Witze gemacht werden, ist das von Schneeflöckchen-Gehabe weit entfernt.« Ilyas schreibt, »der trockene Humor der Menschen seiner Heimatstadt Blackburn« habe ihn zu seinem angeblichen Humor inspiriert; doch vielleicht wurde er auch ein wenig von den Zuhälterbanden seines Heimatlandes inspiriert, als er serienweise »Frauen zu meiner persönlichen Befriedigung benutzte«. Und vielleicht fand er das wie bei den Banden etwas weniger schlimm, da es sich um weiße Schlampen und nicht um muslimische Frauen handelte. Vielleicht dachte er sogar, dass er auf seine Weise und die Zuhälterbanden auf die ihre nicht einmal besonders schlechte Muslime seien; schließlich hat Mohammed (Friede sei mit ihm) ein Kind geheiratet. Natürlich vergewaltigen Männer aller Religionen, aber es ist zweifelhaft, ob Männer anderer Religionen vor und nach dem Akt beten, wie jesidische Frauen es von IS-Kämpfern berichten. Ein faszinierender Aspekt der Religion des Friedens, den Tez bei seinen Auftritten wohl vergessen hat. Im Sommer 2020 wandte sich die BBC in einem Anfall rassistischen Eifers gegen sich selbst und entfernte Episoden so hervorragender Comedy-Serien wie »Fawlty Towers« und »Little Britain«. Erstaunlicherweise ist Tez Ilyas' erbärmlich unlustiges Werk noch immer auf dem iPlayer zu finden, ebenso wie das des Sikh-Sexplagegeistes Hardeep Singh Koli. Ihr ergiebigster Sexualstraftäter war natürlich der allerweißeste Jimmy Savile, den zu schützen die BBC jahrzehntelang umfangreiche Beweise für Kindesmissbrauch ignorierte und ihm zu Ehren sogar eine kriecherische Gedenkfeier zur besten Sendezeit ausstrahlte, an der unglaublicherweise auch Kinder teilnahmen. Wenn es um Sexualstraftäter geht, ist die BBC tatsächlich farbenblind.

Man kann nicht wirklich über die Woke Bros. und ihre Angst vor Frauen bzw. ihre Abneigung gegen den Feminismus schreiben, ohne dem Unternehmen, das einst »Auntie« genannt wurde, ein großes Lob auszusprechen. Sogar der Spitzname »Tantchen« erscheint jetzt unheimlich – und völlig unpassend. Wenn überhaupt, dann ist die BBC ein Onkel – ein schmutziger Onkel, wahrscheinlich nicht einmal ein Verwandter, sondern ein »Freund« der Familie, der dir sagt, es bleibe euer kleines Geheimnis nur zwischen euch beiden. Im Jahr 2018, nur wenige Wochen nachdem die enorme Kluft zwischen den Gehältern der Männer und Frauen im Unternehmen aufgedeckt worden war, hat Auntie, anstatt die Hand in die (d.h. unsere) Tasche zu stecken und Frauen genauso zu bezahlen wie Männer, zur Ablenkung ein Tugendzeichen gesetzt, indem sie eine allgemeine »Gender- und Identitäts«-Korrespondentin ernannt hat, nämlich Megha Mohan, die ganz aufgeregt twitterte: »Ich bin begeistert, als erste Gender- und Identitäts-Korrespondentin der BBC anzufangen und über Themen wie Frauen, Sexualität, Rasse usw. zu berichten.«

Toll: »usw.«!

Während sie allerlei Nebelkerzen (»Wokescreens«) zündete, kündigte die BBC auch an, sich mit »Geschlechterfragen« befassen zu wollen, und rühmte sich, unter ihren 21.239 Mitarbeitern seien 786 Schwule, 206 Lesben und 365 Bisexuelle. Und – last but never least –417 Beschäftigte, die sich als transgeschlechtlich bezeichnen und die Auntie natürlich gerne durch eine bezahlte »Übergangszeit« unterstützen wird, in der, wer will, sich einer Geschlechtsumwandlung unterziehen kann. Nicht mitgeteilt wurde, an welchem Punkt der unglaublichen Reise von Mann zu Frau Transgender-Personen schlechter bezahlt würden. Wäre es nicht einfacher, beide Geschlechter gleich zu bezahlen und – als Geste des guten Willens gegenüber der weiblichen Belegschaft, die sie so diskriminiert haben – keine Männer mehr einzustellen, die Frauen belästigen?

*

Gab es einen weiblichen Aspekt bei Covid-19? Ja, natürlich, genauso wie es einen schwarz-asiatisch-ethnisch-minoritären und einen Senioren-Blickwinkel gab. Obwohl uns reiche weiße Männer immer wieder sagten, dass wir »alle unter einer Decke stecken«, setzte sich die ganze traurige Geschichte aus verschiedenen Teilen zusammen. Alte Menschen starben eher als junge, dicke eher als dünne, dunkle eher als helle … und Männer eher als Frauen. Zu letzterem gab es ein witziges Meme, das eine starke Frau in »Rosie the Riveter«-Pose zeigte mit dem Hinweis, dass Männer häufiger am Coronavirus stürben als Frauen, was also bedeute, dass Frauen besser seien. Ein gewisser Smart Alec fügte dem die Zeile hinzu: »Versucht das mal mit ›Rasse‹…«

Es war dumm, in einer tödlichen Pandemie »Sisters are Doin' it for Themselves«-Punkte einheimsen zu wollen. Ja, es wurden mehr Männer getötet, so wie mehr Männer im Krieg getötet werden, aber in einer Gefahrenzone eine Frau zu sein, birgt besondere Risiken. In Kriegszeiten: Vergewaltigung, wenn siegreiche Fremde in dein erobertes Land strömen; im Lockdown: häusliche Gewalt, wenn besiegte Vertraute ihren Frust an dir auslassen. Die UNO bezeichnete die weltweite Zunahme häuslicher Gewalt als eine mit Covid-19 einhergehende »Schattenpandemie«, wobei die Zahl der häuslichen Tötungen allein in diesem Land von den üblichen »normalen« zwei um 160 % gestiegen ist. Dame Vera Baird, die ausgezeichnete Opferbeauftragte für England und Wales, sagte:

»Counting Dead Women hat in den letzten drei Wochen insgesamt 16 Tötungen durch häusliche Gewalt registriert. Normalerweise sagen wir, dass es zwei pro Woche sind – das aber sieht mir nach fünf pro Woche aus. Das ist das Ausmaß dieser Krise. Um in dieser Pandemie Leben zu retten, sperren wir einige Menschen für längere Zeit mit Menschen zusammen, die ihnen Schaden zufügen werden.«

Aber keine Sorge, Pornhub war zur Stelle, um die Situation zu retten. Während des Lockdown kam es zu einem massiven Anstieg der Masturbation, da auch diejenigen von uns, die ein wirkliches Leben haben, gezwungen waren, das einsame Dasein eines engagierten Onanisten zu fristen. Und wie könnte man all die schöne unverhofft freie Zeit besser nutzen, als sich mit Rachepornos den Tag zu versüßen?

»Das Beunruhigendste ist«, sagte die Labour-Abgeordnete Dr. Rosena Allin-Khan, »dass Menschen vergewaltigt werden können und ihr Video online gestellt werden kann. Das ist absolut schockierend, es sollte einen nationalen Aufschrei geben.« Mit Unschuldsmiene gab Pornhub zu verstehen: »Wir sind fest entschlossen, nicht-einvernehmliche Inhalte und Material für Minderjährige zu löschen und zu bekämpfen. Jede gegenteilige Behauptung ist kategorisch und sachlich unrichtig.« Um zu zeigen, dass das Posten von Vergewaltigungsvideos aus dem wirklichen Leben einen nicht zu einem schlechten Menschen macht, spendete Pornhub sowohl Geld als auch Masken für den Kampf gegen Covid-19, denn nichts ist so schlecht fürs Geschäft wie eine Welt, in der Männer so viel Angst davor haben, sich mit dem Coronavirus anzustecken, dass sie Frauen nicht nahe genug kommen, um sie zum Vergnügen und zum Profit ihres großen Bruders zu verletzen.

Ja, die Wokeness von Pornhub war herrlich anzusehen: »Pornhub steht in Solidarität gegen Rassismus und soziale Ungerechtigkeit. Wenn Sie dazu in der Lage sind, raten wir Ihnen, an Organisationen wie @bailproject @BlackVisionsMN @MNFreedomFund @splcenter @NAACP zu spenden.« Die Anti-Pornographie-Aktivisten von »Click Off« erwiderten scharf: »Alles Lüge! Die Pornoindustrie *ist* eine soziale Ungerechtigkeit. Frauen werden nach ihrer ›Rasse‹ kategorisiert, damit Männer dazu masturbieren können. Es ist grotesk, eine echte Bewegung und einen echten Kampf für die eigenen Zwecke zu missbrauchen. Es reicht.« Und die Gruppe »Fight the New Drug« fragte: »Wenn ihr gegen Rassismus seid, warum stellt ihr dann die folgenden Videos auf eure Website? ›Schwarze Sklavin von weißem Herrn bestraft‹ – ›Weiße Bullen f*** schwarze Tussi und zwingen deren Freund zuzusehen‹ – ›Von einer Gruppe Schwarzer vergewaltigt‹ – ›Nuttige N*** gibt einen Blowjob‹ – ›Schwarzes Sklavenmädchen brutal behandelt‹.«

Während die Sexindustrie den PBM weiszumachen versucht, es mache einen weißen Mann zu Martin Luther King, wenn er sich auf eine schwarze Frau einen runterholt, die von einer Gruppe gevögelt wurde, treibt die Woke Bros. lustigerweise allein die Sorge um, der Porno könne nicht echt sein, wodurch der an Craftbeer und traditionell angebaute Tomaten gewöhnte PBM sich ungerecht behandelt wähnte.

Woke Bros.-Journalisten, die noch nie ein Wort über die Zerschlagung von Pornhub geschrieben hatten, wo Rachepornos, Kinderhandel und tatsächliche Vergewaltigungen routinemäßig als Masturbationshilfen verkauft werden, waren plötzlich entsetzt über die Vorstellung, dass Frauen vielleicht nicht wirklich zu ihrer Unterhaltung zu Hause misshandelt würden, sondern dass es sich dabei um Deepfakes handeln könnte – Frankenstein-Pornographie! Denn Gott bewahre, dass in Pornos keine echten Frauen auftreten, die sexuell benutzt werden und es lieben. Wir wollen keine gefälschten Pornos, wir wollen organische Pornos, bei denen wir sicher sein können, dass eine verzweifelte Frau ihre Genitalien tatsächlich stundenweise vermietet hat. Ja, wir sind die Guten! Der Name des Unternehmens, dem Pornhub gehört, spricht Bände: Mindgeek. Wir sind nicht der Feind. Wir sind keine altmodischen Macho-Chauvinisten. Wir sind klug, wir sind Freaks. Ja, wir wollen Frauen in Scheiben geschnitten und gewürfelt, geschlagen und beschissen sehen, genau wie es böse Männer seit jeher tun – doch ist das nicht dasselbe, denk dran, wir sind die Guten. Wir sind die Woke Bros. und wissen, was das Beste für dich ist, also mach die Beine breit.

Wenn dir jemand zeigt, wer er ist – vor allem wenn er dir mit seinem wütenden kleinen Penis vor der Nase herumfuchtelt –, dann solltest du über die Wokescreens und die einhändige Tugendhuberei hinwegsehen und ihm glauben. Die Woke Bros. sind nicht unsere Brüder. Der einzige »Kampf«, der sie wirklich interessiert, ist der einer verängstigten, attraktiven Frau, die sich gegen ihren Angreifer zu wehren versucht, und zwar zur Belustigung derer, die es sich im Internet anschauen.

2020 war ein hartes Jahr, aber es hatte auch sein Gutes, denn wir sahen die Männer hinter Woke – die Perversen, Pädophilen, Pornographen und PBM – in all ihrer schmutzigen Pracht, wie wichsende Zauberer von Oz, die nun endlich hinter ihren Wokescreens hervortraten. Und man muss Woke zugute halten, dass es den Frauen einen großen Gefallen getan hat, auch wenn das sicher nicht beabsichtigt war. All die Jahrzehnte, in denen wir von der Linken misshandelt wurden, vermutlich zu unserem eigenen Besten; für eine kluge Frau war die Abkehr vom Sozialismus das geistige Äquivalent dazu, endlich ein Paar Schuhe auszuziehen, die zwei Nummern zu eng waren, nachdem sie tausend Meilen in ihnen gelaufen war, ein Sahnehäubchen auf der zweiten Kindheit, die mit den Wechseljahren kommt. Eigentlich sollte man sich davor fürchten, doch wenn man richtig darauf vorbereitet ist, befreit es einen von der Sorge, was die Leute im Allgemeinen und die Männer im Besonderen von einem denken, und bringt ein ganz neues Maß an Unbekümmertheit und Freiheit mit sich; ohne den biologischen Wunsch, ein Heim oder eine Familie zu gründen, ist man plötzlich frei, die Männer so zu sehen, wie sie sind. Einige von ihnen sind bezaubernd – aber viele von ihnen sind gewöhnliche Monster, und viele dieser gewöhnlichen Monster sind in das Gewand von Erleuchteten gekleidet. Spät auftretender Lesbianismus ist ein beachtliches gesellschaftliches Phänomen der letzten Zeit und sicher nicht für jede Frau das Richtige – aber selbst diejenigen von uns, die sich eine Liebe zum männlichen Geschlecht bewahrt haben, können ihren Geist freimachen und sind nicht mehr auf männliche Zustimmung angewiesen. Natürlich wird das vielen Männern nicht gefallen, erst recht den Woken nicht. Aber das ist ihr Problem, nicht wahr? Schließlich können sie Frauen nicht durch pantomimische Imitationen von Frauen ersetzen, durch duldsame Parodien der Weiblichkeit, die es genießen, sich selbst zu Objekten zu machen … oder etwa doch? (»Zwinker«)

Eines der Hauptziele der feministischen Bewegung war es, dass Frauen sich nicht länger über Männer definieren sollten. Einer der schärfsten und niedlichsten kleinen Meilensteine auf dem Weg dieses langen harten Kampfes war der »Bechdel-Test«, mit dem ermittelt werden kann, ob Frauen in einem Film angemessen dargestellt werden. (Er wird auch als Bechdel-Wallace-Test bezeichnet, da Alison

Bechdel die Idee für den Test ihrer Freundin Liz Wallace verdankt: Schwesternschaft in Aktion.) Um ihn zu bestehen, muss ein Film mindestens zwei weibliche Hauptfiguren haben, beide müssen einen Namen haben und miteinander über etwas anderes als einen Mann sprechen. Das brachte die Zärtlichkeit und Zähigkeit des modernen Feminismus schön auf den Punkt: dass wir mit anderen Frauen nie wieder um Männer streiten würden – sisters before misters. Aber dann ergriffen die Frauen Partei und fingen an, auf eine Art und Weise um Männer zu streiten, die außer in einem sehr merkwürdigen Albtraum unvorhersehbar und unvorstellbar war.

Wir fingen an, darüber streiten, ob Männer Frauen sein können.

Kapitel 4

Tolle Kweens gegen schreckliche TERFs: Womanface goes Woke

Als Kind hatte ich nichts übrig für die Pantomimedamen, die meine Klassenkameradinnen mit ihren tintenbefleckten Fingen frohlocken ließen, denn ich war ein ungehöriger kleiner Snob aus proletarischen Verhältnissen, der sich nur für Erwachsene interessierte, die für Flucht und Geheimnis standen. Jene Damen wirkten wie eine schreckliche Warnung davor, wie ein Mädchen aus der Arbeiterklasse enden könnte, wenn es sich zu sehr in der ihm von der Gesellschaft zugewiesenen Rolle gefällt: »Halt die Klappe, Witwe Twankey!« murmelte ich, als meine heilige Mutter mich noch einmal anflehte, nicht länger den atemberaubenden Anblick im Spiegel zu bestaunen und beim Staubsaugen zu helfen.

Doch dann sah ich eines Abends Danny La Rue im Fernsehen. Geheimnisvoll wie eine Meerjungfrau (wie sie wusste auch er, dass alle sich über seine Genitalien wunderten, aber nicht zu fragen trauten) betrachtete er alles um sich herum mit einem unbekümmerten Blick, den er sich wahrscheinlich von Hedy Lamarr abgeguckt hatte, als die beiden sich im letzten Waggon des Orient-Expresses bei einem Märchen und einem Flachmann nähergekommen waren. Ich erinnere mich, dass ich ihn mit vollkommener Verehrung anstarrte. Es wurde still im Zimmer; erstaunlicherweise stand mein Vater, der effeminierten Männern misstraute, nicht auf, um den Hund zum Gassigehen zu rufen, wie er es sonst immer tat, wenn männliche Tänzer kichernd in unser Wohnzimmer wackelten. Der Hund rang nicht länger mit seinem Knochen, meine Mutter seufzte, und dieses eine Mal waren wir uns einig; auch ich seufzte. Was für ein Bild der Weiblichkeit das war – und doch so weit über uns, dass es nicht einmal Gefühle von Neid oder Minderwertigkeit hervorrief. Wir schauten ihr zu, als wir den Miss-World-Wettbewerb verfolgten, und waren dankbar, der gleichen Spezies anzugehören wie diese herrlichen Geschöpfe.

Wie eine Schönheitskönigin sah La Rue sich selbst als eine Hommage an Frauen; er hatte nichts Vulgäres oder Komisches an sich, sondern bestand darauf, kein Drag-Künstler, sondern ein Frauenimitator zu sein – und was für eine Hommage an die Weiblichkeit das war, dass er uns so sah! Sein Repertoire umfasste Margot Fonteyn, Marlene Dietrich und Margaret Thatcher. Beim Anblick der heutigen Drag Queens – Malestia Child, Anna Bortion, Cheryl Hole – würde Daniel Patrick Carroll seine elegant ausgestattete Urne auf dem katholischen Friedhof St. Mary's in London abgeben.

La Rue war ein Homosexueller zu einer Zeit, als man dafür eine Gefängnisstrafe und keine Auszeichnung für sein Lebenswerk bekam. Im irischen Cork geboren und im Londoner Stadtteil Soho aufgewachsen, zog er während der deutschen Luftangriffe im Zweiten Weltkrieg nach Devon, wo er sein Talent für das Laientheater entdeckte: »Es gab nicht genug Mädchen, also habe ich mir diese Rollen ausgesucht … meine Julia war sehr überzeugend.« Er diente in der Royal Navy, was für einen schwulen jungen Mann ein Riesenspaß gewesen sein muss, bevor er seine lange und luxuriöse Karriere begann. Dem Mythos des Showbusiness zufolge war er ein »Trooper«: ein guter Trinkgeldgeber, ein Kofferträger für einsame Frauen und ein Plauderer für Kinder, ehe die Titanen der leichten Unterhaltung daraus eine unheilvolle Sache machten. 2002 wurde er zum Ritter geschlagen: »der stolzeste Tag meines Lebens«; als er kaum noch laufen konnte, rollte man ihn auf einer Chaiselongue hinaus auf die Bühne. Er litt, ohne Aufhebens davon zu machen, an mehreren Krebsarten und starb im Alter von 81 Jahren. »Die Leute sollen nie vergessen, dass ich ein Kerl in einem Kleid bin«, lautet die zu seiner Herkunft aus der Arbeiterklasse und zu seinem robusten Humor passende Grabinschrift. La Rue hätte sich nicht um Pronomen gekümmert; er war ein stolzer Homosexueller, der sich nicht auf Damentoiletten herumtreiben wollte – obwohl die Frauen ihn, wenn er hineingegangen wäre, wahrscheinlich mit offenen Armen empfangen und gebeten hätten, ihnen ihr Make-up aufzutragen.

Ich war noch ein Kind, als ich Danny mit keuschem Blick liebevoll fixierte, und eine Jugendliche voll schmutziger Gedanken, als ich sah, wie David Bowie seinen Arm um seinen Gitarristen Mick Ronson legte, während er »Starman« sang. Ich konnte meine Freude kaum zügeln und schaute meinen Vater von der Seite an, einen fröhlichen Mann, der sich »Top of the Pops« anscheinend nur ansah, um sich zu ärgern. Und meine Mutter wimmerte: »Oh, Bill, was macht er da?« Mein Vater hatte die letzten Monate damit verbracht, sich nach den Chromosomen – XY oder XX – eines jeden zu erkundigen, der in meiner Lieblingspopshow im Fernsehen auftrat, von David Cassidy bis Brian Eno, und er war auch jetzt nicht in der Stimmung, seine Meinung für sich zu behalten: »Ich werde nicht fragen, ob *das* ein Junge oder ein Mädchen ist, denn es ist ein *verdammter Außerirdischer*!«

Wir springen vier Jahrzehnte vor zu Sam Smith: »Ich habe beschlossen, meine Pronomen in ›sie/ihnen‹ zu ändern«, verkündete er. »Nachdem ich ein Leben lang mit meinem Geschlecht gehadert habe, will ich mich nun so annehmen, wie ich bin, innerlich und äußerlich. Mir ist klar, dass es viele Fehler und Verwechslungen geben wird, aber ich bitte euch nur darum, es bitte bitte zu versuchen. Ich liebe euch alle. Ich habe eine Scheißangst, aber ich fühle mich super frei im Moment. Seid nett x«.

Diese Geschichte zweier Popstars führt vielleicht am schönsten vor Augen, wie die Woken alles ruinieren, was ihnen in ihre verzärtelten Hände fällt. Vor Woke: David Bowie, furchtlos, unverfroren und empörend aufreizend, wobei er wahrscheinlich mehr Leben verändert hat als das Rad. Nach Woke: Sam Smith, wie er herumschluchzt und die Leute bittet, nett zu sein. Unglaublich, dass Smith älter war als Bowie, als sie beide ihre wichtigsten Stiche in den reichhaltigen Wandteppich des Rock setzten.

Warum sind die woken Geschlechtsverdreher von heute – die »Nicht-Binären« – ein so miserabler Haufen? Obwohl sie nicht müde werden zu betonen, wie »sexpositiv« sie seien, ist alles an ihnen negativ, sogar die von ihnen selbst gewählte Bezeichnung. Wenn ich an meine eigenen jugendlichen Abenteuer in Sachen sexueller Perversität zurückdenke – von Bowie bis Patti Smith – erinnere ich mich vor allem daran, wie schelmisch wir waren. Wir hatten großen Spaß daran, so zu tun, als wären wir lesbisch, oder uns als lesbisch zu outen, obwohl die Zeiten damals – vor fast einem halben Jahrhundert – nicht halb so aufgeklärt waren. Warum sind die beckmesserischen Geschlechtsverdreher heute vor allem auf Zensur aus? Hat es etwas mit ihrer Klassenherkunft zu tun, weil sie auf eine Weise verwöhnt und begünstigt wurden, die uns fremd war? Liegt es vielleicht an mangelndem Talent, dass ihre sexuelle Verwirrung das Interessanteste an ihnen ist und sie sich deshalb daran klammern wie ein Exhibitionist an seinen geöffneten Mantel?

Woker Sex erinnert an Huxleys »Schöne neue Welt«, es herrschen Wut und Konformität und nicht Freude und Neugierde, die meine Generation antrieben. Wie das meiste an der ganzen Wokeness ist er performativ und pornographisch; wie kümmerlich mag einem die stille Demonstration von Martin Luther King und seinen Jüngern vorkommen, wenn man gefilmt werden kann, wie man kniend die Füße verständlicherweise johlender junger Schwarzer küsst? Nirgends wird das deutlicher als im Aufstieg des riesigen Regiments verblödeter Transaktivisten.

»Transfrauen sind Frauen«, lautet der oberste Glaubensartikel des Woke-Kults. Während eine weiße Frau sich »kultureller Aneignung« schuldig macht, wenn sie sich Cornrows ins Haar flechten lässt, ist es für einen Mann – mit einem Penis, wie bei Männern üblich – völlig in Ordnung zu sagen, er »fühle« sich wie eine Frau. Jede Frau, die gegen dieses gigantische Stück kultureller Aneignung Einspruch erhebt, wird prompt als schlechte Feministin abgestempelt, weil sie sich weigert, einen haarigen Ständer mit zwei Eiern dran zu akzeptieren. Sie wird, kurzum, als TERF bezeichnet – »trans-exclusionary radical feminist«: eine radikale Feministin, die Transgender-Personen ausschließt. Eine Bezeichnung, die ebenso wie »cis« dazu dient, all diejenigen erwachsenen Frauen zu isolieren und zu dämonisieren, die glauben, dass Incels in Tangas wahrscheinlich nicht die ersten sind, mit denen Frauen öffentliche Toiletten teilen wollen.

Die Fähigkeit, ein Kleid auf eine unbeschwerte und zugleich rebellische Art an- oder auszuziehen, ist diesen Männern völlig abhanden gekommen. Einerseits erleben wir nun die zum affektierten Mainstream gewordene Mode, dass Männer sich ihre Gesichter wie Frauen schminken, wobei das »Womanface« nichts anderes ist als ein wokes »Blackface«, und andererseits den trampelhaften Aufmarsch der Transen. Eine grell gekleidete Truppe aus albernen Tunten und bedrohlichen Transen schickt sich an, Frauen beiseite zu schieben und zu ersetzen. Ihren Platz im öffentlichen Leben dürfen nur die Frauen behalten, die der neuen Orthodoxie gefügig sind: Mägde, die ihr Leben damit verbringen sollen, den tapferen tollen Kweens zu dienen.

Dass diese kleine Interessengruppe es so schnell geschafft hat, die Öffentlichkeit für sich einzunehmen, von den Kandidatenlisten der Labour-Party bis hinein in die unendlich tiefen Taschen der Unternehmen, lässt sich leicht als der letzte und raffinierteste Versuch eines frauenfeindlichen Establishments erklären, die Rechte der Frauen zurückzudrängen, da die Behauptung »Frauen sind nicht so gut wie Männer« einfach nicht mehr zieht. Man verkleidet ein paar Männer *als* Frauen und sagt, sie *seien* Frauen – voilà! Menschen mit Penissen sind imstande, alles zurückzuerobern, was ihnen genommen zu werden drohte. Nachdem es ihnen nicht gelungen ist, die Frauen von außen zu besiegen, versuchen einige geistig verwirrte Kamikaze-Trupps es nun von innen.

Um es klar zu sagen: Der Kampf um »Transrechte« ist kein Befreiungskampf einer unterdrückten Minderheit; dieser Bewegung geht es um männliche Vorherrschaft, es handelt sich um Wölfe im Schafspelz, die gemeinsam mit den Incels von ihrer schmerzhaften und ungewollten Erektion dermaßen eingenommen sind, dass sie den Wald vor lauter Bäumen nicht sehen. Ihre Verbündeten sind genauso dumm. Matt Healy von der Popgruppe The 1975 meinte im Frühjahr 2020 hochtrabend: »Toiletten sind die neuen Wasserfontänen – es geht nicht um Wasserfontänen und nicht um Toiletten.« Er hat recht – es geht ums Wichsen. Denn die Schwarzen in den Südstaaten der USA wollten die gleichen Toiletten wie andere Menschen benutzen;

diese Leute wollen darin masturbieren. Das liegt daran, dass sie nicht »trans« sind, was, wie das Wort schon sagt, eine Art Reise von einem Zustand in einen anderen nahelegt. Zu einem solchen »Übergang« (durch etwas hindurch oder über etwas hinaus) sind nur einige wenige Lebewesen in der Lage: Kaulquappen etwa, die sich in Frösche, oder Raupen, die sich in Schmetterlinge verwandeln – jedoch, soweit ich sehe, keine Menschen. Der Irrsinn, dass die Biologie durch »Gefühle« überwunden werden könne – dass Männer zu Frauen werden könnten – ist so absurd, als würde man einem Seepferdchen einen winzigen Sattel aufsetzen und erwarten, dass es den Grand National gewinnt. Wie die amerikanische Denkerin Emily Zinos es ausdrückte: »Die ontologische Unmöglichkeit, zum anderen Geschlecht zu werden, ist der Grund, warum so viel Wert auf die Verabschiedung von Gesetzen zur Geschlechtsidentität gelegt wird: Die einzige Möglichkeit, das andere Geschlecht zu ›sein‹, besteht in einer rechtlichen Definition. *Außer in Worten soll es Geschlechtsidentität einfach nicht geben.*«

Wenn man schon lügt, dann richtig, heißt es, und der moderne Transmann gibt sich selten auch nur die Mühe, wie eine Frau auszusehen, denn er ist arrogant geworden, seit seine Verbündeten ihm versichern, er sei eine tapfere tolle Kween, die eines Morgens einfach so aufwacht. Im Gegenteil, es scheint den Transen Spaß zu machen, Bilder in den sozialen Medien zu posten, auf denen sie damit prahlen, dass niemand Margarine von Butter unterscheiden könne und ihre »Mädchenschwänze« alle scharfen Heteromänner herbeilockten. Ich gebe zu, dass ich der Versuchung selten widerstehen kann, die prägnante Aufforderung »Hol die Schwulen rein, Alter« (»Get the pints in, mate«) zu posten, wann immer ich eine solche Kreatur sehe, denn dieser Satz ist zu einer Art Schlachtruf geworden, wenn meine gemeinen TERF-Kolleginnen und ich uns im Cyberspace begrüßen.

Aber selbst diejenigen, die sich einer Operation unterziehen – in meiner Jugend nannten wir das eine Geschlechtsumwandlung – und für diesen Aufwand eine Eins bekommen, verschwenden ihre Zeit. Die »Neo-Vaginas« – vielmehr Fauxginas –, die sie so beharrlich anpreisen, sind nichts anderes als offene Wunden, die, oft auf unbestimmte Zeit, mit Dilatoren offengehalten werden müssen, damit die schreckliche alte TERF Mutter Natur nicht zu heilen versucht, was sie als lebensbedrohliche Wunde empfindet. Von Sex ohne Gleitmittel ist abzuraten, es sei denn, die stolze Besitzerin will sich eine neue Wunde zuziehen, was in Anbetracht der Konkurrenz, die unter ihresgleichen herrscht, ja durchaus reizvoll sein könnte, da es sie möglicherweise doppelt so sehr zu einer Frau macht wie uns unbedeutende geborene Frauen. Wie bei Wunden üblich zieht die Fauxgina riesige Mengen an Bakterien an, die einen beängstigenden Geruch verströmen. Und als ob das nicht schon schmutzig genug wäre, rühmen sich viele dieser Kreaturen, die Abfalleimer der Damenabteilung auf der Suche nach schmutziger Unterwäsche zu plündern; weniger ein »Lady Garden« als ein Gruselkabinett.

Doch wenn einem die Hoden abgehackt, die Haut des Penis nach außen gestülpt und der Hodensack in eine äußere Schamlippe verwandelt wurde, mag einem die Suche nach alten Tampons vergleichsweise harmlos vorkommen. Obwohl ihre stolzen Besitzerinnen gerne davon schwärmen, wie überlegen ihre aufgemotzten Muschis sind, sind sie in Wirklichkeit eine Art Bouillabaisse, die immer fischiger wird. Apropos, 2019 wurde ein Brasilianer zur ersten glücklichen Person, die tatsächlich eine Vagina aus Fischschuppen erhielt, nachdem die ihr zwanzig Jahre zuvor verliehene Fauxgina kaputtgegangen war. »Ich bin absolut begeistert von dem Ergebnis«, jubelte sie. »Zum ersten Mal in meinem Leben fühle ich mich vollendet und wie eine richtige Frau.«

Natürlich hätte niemand etwas dagegen, wenn Leute für die Modifikation ihres eigenen Körpers bezahlen und sich in echte Meerjungfrauen verwandeln würden. Auch wenn man den Versuch einer Geschlechtsumwandlung für letztlich aussichtslos hält, so sagen wir doch den Schlaumeiern, die sich vor lauter Sehnsucht nach einem Leben unter dem Namen »The Lizard King« die Zunge spalten lassen, lieber nicht, dass sie mit ihrem eigenen Körper nicht machen können, was sie wollen. Wenn der Staat aufgefordert wird, Körperdysmorphien zu unterstützen, müssen wir uns fragen, warum wir bestimmte Phantasien fördern und andere nicht. Bevor das Gesetz 1999 geändert wurde, mussten Transsexuelle, die sich 10.000 Pfund für das Vergnügen nicht leisten konnten, ihre Genitalien in eine gemischte bunte Tüte zu verwandeln, bei ihrer örtlichen Gesundheitsbehörde Unterstützung beantragen und andernfalls selbst dafür aufkommen. Im ersten Jahr nach dem Urteil des Berufungsgerichts, das verfügt hatte, dass diejenigen, die glauben, im falschen Körper geboren worden zu sein, an einer seriösen Krankheit litten, nutzten 49 Personen das Angebot, wobei der übliche Anteil von 80 Prozent eine Umwandlung vom Mann zur Frau wünschte. Offensichtlich waren sie zufriedene Kunden, denn in den folgenden zehn Jahren fanden mehr als tausend solcher Operationen statt, die den staatlichen Gesundheitsdienst NHS etwa 10 Millionen Pfund kosteten.

Das ist natürlich nur ein Tropfen auf den heißen Stein. Aber ist es wirklich die Aufgabe des überforderten Gesundheitswesens eines Landes, Phantasien zu bedienen? Würde ein Arzt einer ausgemergelten Person, die an Anorexia nervosa leidet, sagen, dass sie, weil sie denkt, sie sei übergewichtig, auch wirklich übergewichtig ist, und ihr deshalb eine Magenbandoperation anbieten, um sie von ihrem eingebildeten Fett zu befreien? Was ist mit den als »transabled« bezeichneten Personen, die unter einer Wahnvorstellung leiden, die seit 2013 als »Body Integrity Identity Disorder« anerkannt ist und 2015 Gegenstand eines faszinierenden Berichts der kanadischen *National Post* war?

> »Unter ›transability‹ verstehen wir den Wunsch oder das Bedürfnis einer von anderen als nichtbehindert angesehenen Person, ihren Körper so zu verändern, dass er eine bestimmte Beeinträchtigung erfährt«, erklärt der kanadische Wissenschaftler Alexandre Baril. »Die Person könnte taub, blind, amputiert oder querschnittsgelähmt werden wollen. Das ist ein wirklich sehr starker Wunsch.«

Das kann man wohl sagen. Ein seinem Wunsch ergebener Mann hatte sich mit einem »sehr scharfen Elektrowerkzeug« den Arm abgetrennt, damit er sich »Der einarmige Jason« nennen und Lügengeschichten über einen tragischen Unfall erzählen konnte. Ein anderer, der dem Brain Trust somit verlorenging, ließ schwere Betonplatten auf seine Beine fallen, um sie amputieren zu lassen; die Ärzte taten alles, um sie zu retten, und er musste sich mit einem ausgeprägten Hinken zufriedengeben, doch schwor er weiterzumachen, bis seine Gliedmaßen endgültig abgetrennt seien. Ein schlaues Kerlchen wollte seinen Penis entfernen lassen; man sollte meinen, dass sie ihren perversen Kameraden umarmen würden, aber viele Transaktivisten zeigten sich dieser Idee abgeneigt. Professor Baril, selbst transsexuell und behindert, sagt: »Sie neigen dazu, ›transabled‹ Personen als unehrliche Menschen zu betrachten, die versuchen, der Gemeinschaft Ressourcen wegzunehmen, und respektlos sind, da sie die Realität der Behinderung leugnen, fetischisieren oder romantisch verklären.« Nicht, dass die Verrückten, die in Mülltonnen nach blutigen Tampons suchen, die Realität von kleinen Mädchen romantisch verklärten, die in Entwicklungsländern in »Menstruationshütten« sterben. Natürlich gibt es Körperdysmorphie – aber man sollte sie als Geisteskrankheit behandeln und ihr nicht nachgeben, genausowenig wie man Menschen, die sich für Napoleon halten, bei der Invasion Russlands unterstützen sollte.

Da die falsche Frankenstein-Vagina so wenig taugt, ist es kaum verwunderlich, dass die große Mehrheit der Transen an ihrem Penis festhalten möchte (im wahrsten Sinne des Wortes), vornehmlich auf der Damentoilette. Sie sind Autogynephile (»Die paraphile Neigung eines biologischen Mannes, den die Vorstellung, eine Frau zu werden, sexuell erregt, wird manchmal als eine Form der Geschlechtsidentitätsstörung oder des Transvestitenfetischismus betrachtet«), ein langes und unschönes Wort, das die Abscheulichkeit einer Gruppe von Hardcore-PBM (angeheizt durch »Sissy-Pornos«, in denen die Verbindung von Autogynephilie und Pädophilie offensichtlich ist) perfekt zusammenfasst, die es irgendwie geschafft haben, einem beträchtlichen Teil der Gesellschaft einzureden, ein Mann müsse nur die magischen Worte »Think pink« aufsagen, und schon sei er eine Frau.

Um Toiletten kämpfen sie an vorderster Front, was beweist, wie entwürdigend und frivol ihr angeblicher Kampf ist. Viele rühmen sich, mit ihren niedlichen kleinen »Mädchenschwänzen« auf die Sitze der Damentoilette zu urinieren. Sie benutzen dieses vermeintlich lustige Wort wirklich, es kommt ihnen auch nicht abstoßend lächerlich vor zu sagen: »Heterosexuelle Männer können sich das einfach als Klitoris vorstellen, die wirklich leicht zu finden ist – sicherlich ein Vorteil.« Soweit ich weiß, ist ein »Mädchenschwanz« ein ganz normaler Schwanz mit Größenwahn, wie im Fall der armen Seele, die wie ein Roadie von Spinal Tap aussah und ein Foto mit der Unterschrift postete: »Ja, mein Mädchenschwanz ist riesig, hör auf zu fragen«. Sie sind Verfechter männlicher Vorherrschaft, die aber auf Verweiblichung setzen und nicht wollen, dass Frauen schöne Dinge für sich haben, also nehmen sie sie sich und verderben sie; Incels, die gelernt haben, dass Tränen ihnen mehr helfen als Drohungen, obwohl diese vorsichtshalber immer zur Hand sind. Ihr Wunsch, die fragilen Freiheiten und bescheidenen Feste zu zerstören, die Frauen im Angesicht von Jahrhunderten voller Unterdrückung und Leid errungen haben, geht über sexuelle Perversion weit hinaus. Männliche Tyrannen bekommen Angst vor Rebellion, wenn Frauen sich versammeln, darum mischen sie sich in jede mögliche Situation ein. Wie alle Tyrannen ziehen sie aus ihrer Bienenstockmentalität dunkle Nahrung und ermutigen sich gegenseitig zu immer neuen Methoden, Frauen zu demütigen und aus dem Weg zu räumen.

Wie sie uns hassen? Das werden ich Ihnen zeigen. Zuerst nahmen sie uns die Preise weg. 2015 wurde Caitlyn Jenner mit dem »Glamour Woman of the Year Award« ausgezeichnet; James Smith, der Witwer von Moira Smith, der einzigen New Yorker Polizistin, die bei den Angriffen auf das World Trade Center ums Leben kam, als sie den Arbeitern zur Flucht verhalf, gab den Preis seiner verstorbenen Frau zurück und schrieb in einem Offenen Brief an den Herausgeber der Zeitschrift: »Ich war schockiert und traurig, als ich erfuhr, dass die Zeitschrift *Glamour* Bruce Jenner zur ›Frau des Jahres‹ ernannt hat … gab es denn keine Frau in Amerika oder im Rest der Welt, die es mehr verdient hätte als dieser Mann?« Bis 2020 erwiesen nicht nur einige Frauenpreise, sondern sogar der Internationale Frauentag den Transen die Ehre. Die Vereinten Nationen twitterten eine Liste derjenigen, die in den besonderen Rubriken »Womxn«, »Trans« und »Genderqueer« geehrt wurden, versehen mit den weisen Worten eines Aaron Philip, eines schwarzen behinderten Transmodels: »Transfrauen sind letzten Endes auch Frauen. Jede Frau ist eine Frau. Frauen sind vielfältig, generationenübergreifend, international. Sie sind grenzenlos, formlos … Frauen sind die Welt.«

Sind Schwarze auch grenzen- und formlos? Oder Behinderte? Er redet über uns wie über Gespenster, denen jedoch selbst die Individualität und Persönlichkeit eines frechen Caspar oder eines verwegenen Slimer fehlen. Eine Feministin fragte scherzhaft, ob es nicht besser wäre, den Tag ganz ohne lästige Frauen zu begehen und ihn in den superinklusiven »Internationalen Tag der formlosen Leere« umzubenennen.

Nicht, dass die Transen nicht schon etliche Tage hätten, um sich selbst als mutig und großartig zu feiern:

International Day Against Transphobia (17. Mai)
International Pronouns Day (3. Mittwoch im Oktober)
International Transgender Day of Visibility (31. März)
LGBT History Month (heutzutage eher T History Month: Februar oder Oktober, je nach Land – doch warum nicht beide Monate?)
LGBT Pride Month (Juni, geht aber auch nur noch ums T)
National Coming Out Day (11. Oktober)
Spirit Day (3. Donnerstag im Oktober, geht um LGBTQ+)
Stonewall Riots Anniversary (Marsha P. Johnson-Tag: 28. Juni)
Trans Parent Day (1. Sonntag im November)

Transgender Awareness Week (2. Novemberwoche)
Transgender Day of Remembrance (20. November)
International Drag Day (16. Juli)
International Men's Day (19. November)

Und immer noch müssen sie bei uns Mädchen an einem besonderen Tag mitmischen, so als wäre ihr Verlangen nach Bestätigung schier unendlich; als müssten sie sich ihre Phantasien immer wieder selbst vor Augen führen, damit sie nicht aufwachen und plötzlich die Fischschuppen riechen.

Sie nehmen uns den Sport weg. Ich persönlich bin aus philosophischen Gründen gegen Anstrengung, aber für viele junge Frauen ist Sport eine belebende Art, sich in einer Welt zurechtzufinden, in der jugendliche weibliche Körper ihre Besitzerinnen leicht unterdrücken können, da sie ununterbrochen männliche Blicke auf sich ziehen. Stellen Sie sich vor, Sie sind ein junges Mädchen, das alle Möglichkeiten ihres Körpers kennenlernt, ohne ausgehungert, aufgetakelt und öffentlicher Anerkennung wegen zur Schau gestellt werden zu müssen, und Sie genießen eine Kameradschaft, in der es um einen Wettbewerb geht, der nichts mit männlicher Aufmerksamkeit zu tun hat – und dann zertrampelt ein Mann, der einen Fuß größer, zwei Stones schwerer und in seinem eigenen verrückten Kopf dreimal so groß wie eine Frau ist, jede Anstrengung, die Sie je unternommen haben.

Jeder Narr, der glaubt, diese Leute wollten mit Frauen nur nett spielen, sollte sich mal ansehen, wie Transen die von ihnen übernommenen Sportarten wie Radfahren und Kampfsport besudeln. Rachel McKinnon ist ein pinkhaariger kanadischer Woke Bro, der bis zu seinem 29. Lebensjahr den weitaus passenderen Namen Rhys trug und 2018 Weltmeister im Bahnradsport der Frauen wurde, obwohl er biologisch ein Mann ist. Lustigerweise trug seine Examensarbeit den Untertitel »Warum man nicht wissen muss, wovon man spricht«, und in seinem späteren Buch »The Norms of Assertion: Truth, Lies and Warrant« behauptet er, dass »wir in einigen bestimmten Zusammenhängen lügen dürfen«. Meinte er die Antwort auf die Frage: »Sieht mein Schwanz in diesen Radlerhosen groß aus?«, bei der man lügen muss, um dem Zorn dieses Berges von einem Mann zu entgehen? McKinnon, ein wahres Sammelsurium aus Angst und Abscheu, feierte den Tod der jungen feministischen Aktivistin Magdalen Berns. Er sei »glücklich«, wenn »schlechte Menschen« sterben, twitterte er, und riet seinen Anhängern: »Verhaltet euch nicht so, dass Menschen, denen ihr geschadet habt, glücklich sind, dass ihr an Gehirnkrebs sterbt«. Seine sich beklagenden Konkurrentinnen tat er als »Verliererinnen« ab. Als 2019 die olympische Schwimmerin Sharon Davies twitterte: »Ich glaube, es gibt einen grundlegenden Unterschied zwischen dem binären Geschlecht, mit dem man geboren wird, und dem biologischen Geschlecht, mit dem man sich identifizieren kann. Um den Frauensport zu schützen, sollten Personen mit einem männlichen Geschlechtsvorteil dort nicht antreten können«, schickte McKinnon ein Foto von Davies herum und warf ihr vor, wie ein Mann auszusehen. Ein schmutziger großer Krug, der sich als kleine klimpernde Teetasse entpuppt!

Aber McKinnon wirkt so bedrohlich wie eine winzige Träne im Vergleich zu Fallon Fox (geboren als Boyd Burton), dem ehemaligen LKW-Fahrer, der als erste Transe Mixed Martial Arts-Kämpferin wurde und twitterte, dass er – nunmehr sie – es genieße, »TERFs zu verprügeln … fürs Protokoll: Ich habe [zwei] Frauen K.O. geschlagen … der Schädel der einen war gebrochen, der der anderen nicht. Und nur damit ihr es wisst, ich hab's genossen. Ich war glückselig. Seid mir nicht böse.« Dennoch wurde diese Kreatur 2014 in die National Gay and Lesbian Sports Hall of Fame aufgenommen und bei ihrer Pensionierung im Jahr 2020 vom *Outsports*-Magazin als »die mutigste Sportlerin der Geschichte« bezeichnet. Das wird Frauen lehren, ihren Körper zu beherrschen und den Mut zu haben, nach noch anderen körperlichen Höchstleistungen zu streben, als Woke Bros. zum Wichsen anzuregen.

Wenn schon der Sport eine gefährliche Sache ist, bei der Frauen die Macht ihres Körpers spüren können, wie viel bedrohlicher für hilflose Männer – ob nun in Kleidern oder nicht – sind dann erst politische Treffen, bei denen wir uns versammeln und von einer Welt zu träumen wagen, in der wir nicht nur Körper sind. Eine der groteskesten Entwicklungen der letzten Jahre war der Anblick junger Männer – durchweg Woke Bros. –, die in Woke-Städten von Bristol in Großbritannien bis Seattle in den USA Frauen, die sich zu organisieren wagten, ins Gesicht schrien. Eine grässliche Mischung aus Little Lord Fauntelroys und Little Bo Peeps, die in ihren an Privatschulen erzogenen Stimmen riefen: »Transrechte sind Menschenrechte!« Jeder, der schon einmal an echten Streikpostenketten teilgenommen hat, bei denen es um den Erhalt von Arbeitsplätzen ging und nicht um das Recht, einen Bleistiftrock anzuziehen und sich Penelope zu nennen, obwohl man eindeutig Pete ist, wird den Klassenkampf augenblicklich anrüchig finden.

Dass sie albern sind, heißt jedoch nicht, dass sie nicht auch böse sind. Wenn man sich eine Versammlung von Transen ansieht, fällt einem ihre schiere sexuelle Abgestumpftheit auf. Auch wenn man es hasst, auf alte sexistische Schmähungen zurückzugreifen, kann man nicht umhin zu fragen, ob sie (da so vieles an ihnen ohnehin eine Parodie der Weiblichkeit ist) Sklaven ihrer Hormone sind.

Die Hormontherapie ist ein wichtiger Bestandteil der Transgender-Erfahrung, und unmöglich können all die Östrogene, Antiandrogene und Gestagene (klingen wie Figuren aus »Warten auf Godot«) im männlichen Organismus umherschwirren, ohne irgendwelche Verwüstungen anzurichten. Übrigens sind diese starken Medikamente rezeptfrei in Online-Apotheken erhältlich: beste Voraussetzungen für einen Sturm speichelgetränkter Flüche, der losbricht, sobald eine verhasste TERF in Sichtweite kommt. Diese Leute werden alles tun, um einer Debatte aus dem Weg zu gehen, damit nur ja kein Tageslicht auf ihr magisches Denken falle: den Glauben nämlich, die eigenen Ideen, Gedanken, Wünsche oder Handlungen könnten den Lauf der Dinge in der physischen Welt beeinflussen, um Bagehot über die Monarchie falsch zu zitieren.

Eine der beliebtesten Transen-Binsenweisheiten lautet: »Worte sind buchstäblich Gewalt«, was diejenigen von uns einigermaßen verblüfft, die in dem Glauben aufgewachsen sind, dass uns zwar Stöcke und Steine die Knochen brechen können, Worte uns aber niemals verletzen werden. Interessanterweise stand das so bereits in *The Christian Recorder*, einer amerikanischen Zeitschrift für hauptsächlich schwarzes Publikum, in einer Ausgabe von 1862 zu lesen. Außerdem heißt es dort: »Wahrer Mut besteht darin, das Richtige zu tun, trotz des Hohns und Spotts unserer Mitmenschen.« Bezeichnend, dass schwarze Amerikaner vor anderthalb Jahrhunderten Schmähungen gegenüber eine robustere Haltung an den Tag legten als die wohlhabenden weißen »They« von heute!

Eine der wichtigsten Errungenschaften der Aufklärung – des Aufkommens der Vernunft – war die Trennung von Wort und Tat. Früher glaubten die Menschen an Magie: dass Gedanken und Worte die physische Welt beeinflussen könnten. Wenn wir zur Gleichsetzung von Wort und Tat zurückkehren, werfen wir dreihundert Jahre Fortschritt weg; ohne diese Erkenntnis lebten wir noch immer im Mittelalter, und Männern stünde es noch immer frei, aufmüpfige Frauen als Hexen zu verbrennen. Woke: die einzige Philosophie, der die Welt des Mittelalters als Utopie erscheint. In Anbetracht ihres verblüffenden Mangels an Witz (ich kann mich wirklich nicht an auch nur einen *einzigen* lustigen Spruch eines Transaktivisten erinnern, nach ihrem Aussehen zu urteilen bevorzugen sie vielleicht visuelle Gags) steht zu vermuten, dass die Transen sich besser fühlen würden, wenn wir die Sprache ganz wegließen und nur grunzten. Erschreckend vorhersehbar daher, dass einige Transen (wie viele Männer in Situationen häuslicher Gewalt) es rechtfertigen würden, Frauen körperlich anzugreifen, da sie durch ihre Worte verletzt worden seien. Der bemerkenswerteste Fall war der von Tara Wolf, die 2018 vor Gericht stand, weil sie im Jahr zuvor Maria MacLachlan angegriffen hatte. Die unverschämt feministischen Ansichten, die eine Gruppe von Frauen an der Speakers' Corner verlautbarte, waren zu viel für die zarten Gemüter der Transen.

Die Tatsache, dass Wolf in den Zwanzigern und MacLachlan in den Sechzigern war, ließ den Angriff besonders feige erscheinen – denn da hatte ganz einfach ein kräftiger junger Mann eine Frau attackiert, die seine Großmutter hätte sein können. Der Bezirksrichter Kenneth Grant, der die ganze hinterhältige Wokeness offenbarte, der sich die Justiz mit elender Regelmäßigkeit befleißigt, schien allerdings mehr an der Sprache als an der tatsächlich verübten Gewalt Anstoß zu nehmen und wies Frau MacLachlan zurecht: »Die Angeklagte möchte als Frau bezeichnet werden, also könnten Sie sie zum Zwecke des Verfahrens vielleicht als ›sie‹ bezeichnen.« Worauf Frau MacLachlan energisch erwiderte: »Ich bin es gewohnt, diese Person, die ein Mann ist, als einen Mann zu betrachten.« Maria erzählte mir:

»Ich hatte an jenem Tag keine Angst vor tätlichen Angriffen. Mir kamen sie wie ein Haufen dummer, aber harmloser Kinder vor. Ich war nicht beeindruckt, dass sie einer Gruppe friedlicher Frauen zur Speakers' Corner gefolgt waren, um zu schreien und unsere Stimmen zu übertönen, aber ich erkannte ihr Recht an, das zu tun, ebenso wie es mein Recht war, sie dabei zu filmen. Ich war sehr schockiert, dass ein 25jähriger Mann eine ältere Frau angriff, die nichts weiter tat, als zu filmen und zu versuchen, mit ihnen zu sprechen. Ich habe keinen Zweifel, dass er mich angegriffen hat, weil ich eine ältere Frau war, die abseits der anderen zu dem Treffen versammelten Frauen stand – ein leichtes Ziel –, während er die Unterstützung seiner Kumpels hatte. Als ich mir vor Gericht eine Videoaufzeichnung des Angriffs auf mich ansehen und Fragen dazu beantworten musste, blaffte der Richter: ›Wo ist das Problem?‹ Er sagte, das Gericht habe aus Höflichkeit zugestimmt, Wolfs weibliche Identität zu respektieren, und schlug vor, ich solle das gleiche tun und ihn als ›sie‹ ansprechen. Dass man von mir erwartete, einem gewalttätigen Mann die Höflichkeit zu erweisen, seine Phantasie zu befriedigen, hat mich umgehauen. Ich sagte dem Richter, ich sei es gewohnt, Wolf als Mann zu betrachten, weil er das auch sei. In seinem Resümee bezeichnete der Richter meine Entgegnung als ›unanständig‹. Er kam wie ein weiterer männlicher Tyrann rüber, der versucht, eine aufmüpfige Frau zu kontrollieren und zu bestrafen.«

Die Unterstützung, die Wolf vor Gericht bekam, war entsprechend gewalttätig: »Zwei Dutzend Personen – meist

Männer mit Masken, einige in voller Kampfausrüstung – begleiteten Wolf. Viele trugen die komplett schwarze Uniform der Antifa, mit Kopftüchern und Sonnenbrillen. Die meisten erkannte ein Mitglied unserer Gruppe als Angehörige von Class War, einer anarchistischen Organisation, der auch Wolf angehört. Drei von Wolfs Unterstützern brachten Kampfhunde und eine riesige Soundanlage mit, aus der Death Metal ertönte. Das Machogehabe war deutlich zu spüren«, schrieb Jen Izaakson auf *Feminist Current*. Wie viele Männer, die Frauen angreifen, kam auch Wolf mit einer lächerlichen Geldstrafe davon. Der Richter schien sogar noch verärgerter über Frau MacLachlan zu sein, die er als »unanständig« bezeichnete, weil sie Wolf während des Prozesses nicht als »sie« angesprochen hatte.

Wolf entpuppte sich als eine Mischung aus Little Orphan Annie und Michelle Obama. Dafür, dass sie eine ältere Frau geschlagen hatte, musste sie eine kleine Geldstrafe zahlen: etwa so schmerzhaft wie ein Klaps auf die Knöchel, mit denen sie auf die Oma eingedroschen hatte. Ihr Anwalt, eine krächzende kleine Geige, versuchte, Wolf wegen ihres Autismus zu entlasten; interessanterweise ist das bei Transen sehr verbreitet, was ihre Verblüffung darüber erklären könnte, wie knabenhafte Mädchen und mädchenhafte Jungen einst glücklich existieren konnten, ohne sich die Genitalien abzuschneiden, ganz zu schweigen davon, dass sie von beiden Geschlechtern jede Menge »Action« bekommen. Zudem leiden sie an einer sogenannten Oppositional Defiant Disorder, einer Trotzverhaltensstörung, die Mayo Cinic folgendermaßen definiert:

> »Selbst die artigsten Kinder können manchmal schwierig und anstrengend sein. Wenn Ihr Kind sich jedoch häufig und anhaltend wütend, gereizt, streitsüchtig, trotzig oder rachsüchtig Ihnen und anderen Autoritätsper-

sonen gegenüber verhält, leidet es möglicherweise an Oppositional Defiant Disorder (ODD).«

Vermutlich ziemlich benommen vom engen Kontakt mit all den stattlichen Männern in Uniform, postete Wolf später am Abend einen Kommentar auf Facebook, in dem er sagte, dass MacLachlan »ein Mann« und darum Wolfs Gewalttätigkeit »eigentlich Misandrie« sei. Später in der Nacht änderte er seinen Facebook-Namen in »Tara die TERF-Töterin«. Man kann sich leicht vorstellen, dass an jenem triumphalen Abend einige süße Sherrys darauf getrunken wurden, dass ein Mann in den Zwanzigern eine winzige Geldstrafe zahlen musste, nachdem er für schuldig befunden worden war, eine Frau in den Sechzigern angegriffen zu haben.

Wie sonst noch hassen sie uns? Sie sorgen dafür, dass wir unsere Jobs verlieren. Bei so wenig Zeit und so vielen Frauen, die es zu belästigen gilt, ist es verständlich, dass ein großer Teil der Transaktivisten anscheinend nicht arbeiten, sondern lieber einen großen Teil seines herrlichen Lebens damit verbringt, in den sozialen Medien zu schnorren. Drückebergern mit einem verzweifelten Bedürfnis nach Aufmerksamkeit könnte die einfache Wahrheit, dass man Aufmerksamkeit am besten dann bekommt, wenn man über einen längeren Zeitraum an etwas arbeitet, das man gut kann, wie eine Inschrift auf Sanskrit vorkommen. Erbittert neidisch auf weibliche Errungenschaften (siehe vor allem Rowling, J.K.) glauben sie nicht, dass es Frauen erlaubt sein sollte, schöne Dinge wie Jobs zu haben, es sei denn, sie entsprechen voll und ganz der Transagenda und machen sich selbst zu weiblichen Eunuchen, die im hermaphroditischen Harem dienen. Einmal mehr erweist sich meine Theorie, dass Wokeness reaktionär und nicht rebellisch ist, als richtig. Man schaue sich nur an, wie die

Transen sich kein bisschen um hart erkämpfte Arbeitnehmerrechte scheren, sondern sich gerne den Chefs anvertrauen, die dann jede Angestellte, die es wagt, eine nicht genehme Meinung zu vertreten, umgehend entlassen können. Es ist bezeichnend für die verrückten Zeiten, in denen wir leben, dass angeblich linke Menschen glauben, Arbeitgeber sollten in der Lage sein, Menschen wegen ihrer privaten Meinung zu entlassen.

Frauen haben erst seit relativ kurzer Zeit Zugang zu Berufen, die über einfache Tätigkeiten hinausgehen, da ihr Ausschluss von der Hochschulbildung dafür sorgte, dass gut bezahlte und prestigeträchtige Berufe Männern vorbehalten blieben. Erstaunlicherweise wurden Frauen in Oxford erst 1921 zu den gleichen Bedingungen wie Männer zugelassen, in Cambridge sogar erst 1947. Es herrschte der Glaube, eine höhere Bildung würde unsere Gebärmutter schrumpfen lassen – ein schönes Stück männlichen logischen Denkens in Aktion. Aber der Kampf war noch nicht vorbei. Sobald wir einen Fuß in der Tür hatten, schoben viele Männer ihre Hände unter unsere Röcke. Eine Umfrage der BBC aus dem Jahr 2017 ergab, dass die Hälfte aller britischen Frauen an ihrem Arbeitsplatz sexuell belästigt wurde. Als ob wir nicht schon genug zu ertragen hätten – was dem Ausdruck »Tretmühle« eine ganz andere, schmutzige Bedeutung verleiht – entstand dem Recht der Frauen, ihren eigenen Lebensunterhalt zu verdienen, mit dem Aufstieg der Transen eine neue männliche Bedrohung. Maya Forstater, Steuerexpertin am Centre for Global Development, hatte nicht das Recht, ihre Meinung zu der Frage zu äußern, ob Männer Frauen sein können, ohne dafür 2019 ihren Job zu verlieren. Sie sagte mir:

»Wie viele Menschen bin ich in diese Debatte hineingeraten, weil ich dachte, es müsse einen vernünftigen Weg geben, um eine Antwort auf die Frage zu finden, wie man die Rechte von Frauen und Transgender-Personen unterstützen kann. Ich habe in einer Denkfabrik gearbeitet. Meine Kollegen waren kluge, analytische Wirtschaftswissenschaftler, die es mit Beweisen und Argumenten ernst meinten. Ich habe nicht damit gerechnet, dass dies das einzige Thema ist, über das man nicht sprechen kann. Ich twitterte über das Geschlechteranerkennungsgesetz und über Phillip/Pips Bunce – einen Mann, der bei der Credit Suisse arbeitet und an manchen Tagen in einem Kleid und mit einer Perücke zur Arbeit kommt. Er wurde von der *Financial Times* als ›Woman in Business‹ ausgezeichnet. Ich empfand dies als beleidigend. Aber einige junge Frauen im Büro in Washington hielten es für beleidigend, wenn ich darüber sprach. Als sie das Thema zur Sprache brachten, brach die Organisation zusammen. Ihr ganzes Engagement für eine richtige Auseinandersetzung und für Beweise ließ nach, sie ermittelten gegen mich und ließen mich nach fünf Monaten schließlich gehen. Ich bin mir sicher, dass keiner der leitenden Angestellten sich darüber im Unklaren ist, was eine Frau ist. Wie ich verstehen sie, dass Geschlecht etwas Reales ist und dass die Menschenrechte von Transgender-Personen geschützt werden können, ohne die Realität umzudeuten. Aber der Druck, den Mund zu halten, ist zu groß. Ich erlebe das überall. Zuerst glauben die Leute, es gehe einfach nur um Liberalismus und Inklusion, um eine Erweiterung der Rechte von Homosexuellen. Wenn sie dann ein bisschen mehr lesen und nachdenken, erkennen sie, dass es nicht nur darum geht, dass Erwachsene ihr Leben so leben können, wie sie wollen, sondern dass Institutionen die Realität des Geschlechts leugnen und durch eine Geschlechtsidentität ersetzen und dass Kindern gesagt wird, sie könnten ›im falschen Körper geboren werden‹. Einige wenige melden sich weiterhin zu Wort, und viele haben Konsequenzen zu tragen: Verlust von Freunden, Verlust des Arbeitsplatzes. Viele können sich nur anonym auf Twitter oder privat äußern, indem sie an ihren Abgeordneten schreiben und mit ihren Freunden sprechen. Aber die Leute in einflussreichen Positionen, die den Raum für eine richtige Debatte über die Ausgewogenheit der Menschenrechte hätten schaffen können, schwiegen oder gaben klein bei. Sie wiederholten Slogans wie ›Transrechte sind Menschenrechte‹, wollten aber nicht weiter darüber nachdenken, was daraus folgt, nämlich dass Menschen ihr Geschlecht ändern können, indem sie es einfach sagen. Sie haben ihren Job behalten, indem sie schwiegen und bei der Misshandlung von Frauen wegschauten. Jeder, der sich der Gender-Ideologie widersetzen wollte, wurde knallhart und effektiv zum Schweigen gebracht.«

Wie sonst noch hassen sie uns? Sie schnappen sich »safe spaces«, die für diejenigen von uns, die männliche Gewalt erlitten haben, so wichtig sind. Wie ironisch, dass die Woken, die so viel über sichere Räume reden, sich dafür einsetzen, dass diejenigen, die solche Räume wirklich brauchen, sie nicht bekommen. In Kanada finanziert die Regierung keine Krisenzentren für Vergewaltigungen und Frauenhäuser für Opfer häuslicher Gewalt mehr, wenn sich selbst für weiblich haltende Männer dort keinen Zutritt haben. Denn das ist genau das, was man will, wenn man von einem Mann angegriffen wurde: einen Fremden mit einem Penis im Bett nebenan.

Obwohl die Woke Bros. in ihrem Kampf gegen den »systemischen« Rassismus (die zerquetschte Avocado auf dem Toast der Politik – einst völlig unbekannt, jetzt überall) Märsche anführen, die eine Mittelkürzung bei der Polizei fordern, sind sie unter der Hand Brüder, vereint in ihrer finsteren Frauenfeindlichkeit. Die Polizei ihrerseits, die bei Zuhälterbanden schon immer gerne ein Auge zudrückte oder wegschaute, hat in Woke ein ganz neues Wunderland des Frauenhasses gefunden.

Einiges davon ist einfach nur albern. Die Thames Valley Police tritt als Partner auf der Website einer Organisation namens My Umbrella auf, die, falls Sie immer noch nicht überzeugt sind, wie überaus verrückt Gender-Krieger sind, Sie ganz bestimmt bekehren wird. Laut My Umbrella gibt es 371 Geschlechter. Mein Favorit ist jedenfalls Tetrisgender: »Eine Person, deren Geschlechtsidentität sich nach und nach aufbaut, aber sobald sie das Gefühl hat, ihre Geschlechtsidentität abgeschlossen zu haben, verschwindet diese wieder. Genau wie bei Tetris, wo man nach und nach Blöcke errichtet, um die Linien zum Verschwinden zu bringen« – obwohl man die Qual der Wahl hat. »Aber das ist nur ein Lippenbekenntnis, es hat keinen Einfluss auf die tatsächliche Arbeitsweise der Polizei«, werden Sie jetzt spöttisch sagen.

Menschen wurden verhaftet, in Zellen festgehalten und zu Geldstrafen verurteilt, weil sie in den sozialen Medien andere Menschen mit dem falschen Geschlecht angesprochen hatten.

2019 twitterte Harry Miller, ein ehemaliger Polizist, der sich unter dem Namen »Fair Cop« für Meinungsfreiheit einsetzt, ein ziemlich freihändig verfasstes Gedicht:

»Du bist ein Mann
Deine Brüste sind aus Silikon
Deine Vagina taugt nichts
Und wir können den Unterschied erkennen
Auch wenn du nicht da bist
Deine Hormone sind synthetisch

Lass es uns geradeheraus sagen
Was du hast, du dummer Mann
Ist männliches Privileg.«

Prompt belaberte ein Polizist ihn mehr als eine halbe Stunde lang am Telefon und beschuldigte ihn der »Hassrede«. Als Harry Miller fragte, ob er eine Straftat begangen habe, antwortete die Polizei: »Das ist keine Straftat, aber es wird als Hassvorfall registriert.«

Harry sagte:

> »An dieser Stelle wurde es unglaublich unheimlich. Der Polizist sagte mir, er müsse mit mir sprechen, weil er, obwohl ich kein Verbrechen begangen hatte, (ich zitiere) ›mein *Denken* überprüfen‹ müsse. Dann belehrte er mich: ›Manchmal wächst aus einem Frauengehirn im Mutterleib ein Männerkörper, und das ist Transgender.‹ Sie können sich meine Reaktion vorstellen. Schließlich sagte er mir, ich solle auf meine Worte besser aufpassen, da ich sonst Gefahr liefe, von meinem Unternehmen wegen Hassreden entlassen zu werden.«

Aufgrund der unaufhörlichen Verhätschelung seitens der Polizei und der Propaganda für ihre Sache könnte man meinen, dass Trans-»Leute« (sie nennen sich selbst gerne »folk« mit dem wohltuenden Beigeschmack von »Unsere kleine Farm«) zweifellos den wehrlosesten und gesetzestreuesten Teil der Gesellschaft bilden, wie eine Kreuzung aus zusammengewürfelten Kleinkindern und Amish-Ältesten. Aber wie viel Wimperntusche sie auch auftragen mögen, als Frauen verkleidete Männer scheinen einem Verbrechensmuster zu entsprechen, das eher männlich als weiblich ist.

Schon eine kurze Durchsicht der Nachrichten aus dem

Jahr 2020 ergibt eine Auswahl an Transenverbrechen, bei denen sich einem der Magen umdreht. Roger Spackman, ein Crossdresser und Labour-Abgeordneter aus Devon, ging als freier Mann aus dem Gerichtssaal, nachdem er des Besitzes von fast 300.000 kinderpornographischen Bildern für schuldig befunden worden war: »Er tut gerne so, als sei er ein junges Mädchen, das missbraucht wird«, erklärte sein Anwalt. Anthony Scales aus Derby entging einer Freiheitsstrafe wegen Besitzes von Kinderpornographie, nachdem seine Verteidigung seine »Geschlechtsdysphorie« als Entschuldigung vorgebracht hatte: »Er ist ein 64jähriger Mann, der sich jetzt als Frau präsentiert« – na, dann ist ja alles gut! Eine »Frau« aus Blackpool, wurde berichtet, habe, während sie sich von einem Herzinfarkt erholte, vom Krankenhausbett auf »ihre« riesige Kinderpornographie-Sammlung zugegriffen – nur dass »ihr« Name John Marshall war; ungewöhnlicherweise wurde dieser hier für einige Monate ins Gefängnis gesteckt. »Trans« zu sein aber kann Leute durchaus vor langen Haftstrafen bewahren, wie der Fall eines Pädophilen aus Iowa zeigt, der fünfzehn Kinder – darunter ein einjähriges Baby – sexuell missbraucht hatte, dessen Strafe aber verkürzt wurde, nachdem er Hormone eingenommen hatte, die seinen Testosteronspiegel senkten, um eine wiedergeborene gesetzestreue Frau zu werden.

Dies ist nur Handvoll der Berichte über Transenverbrechen aus dem Jahr, in dem dieses Buch geschrieben wurde, aber wer es aushält, tiefer in diese dunkle Materie einzutauchen, wird noch viele mehr finden. Wenn man ihr Gejammer hört, könnte man allerdings meinen, nur gegen sie würde sich versündigt, wie die gern wiederholte Lüge glauben machen soll, wir erlebten eine Art Transgender-Mordepidemie. Doch obwohl sie sich als Opfer darstellen, sind Transen weitaus häufiger als Täter in Gewaltverbrechen verwickelt. Seit die Gefängnisse 2016 die lächerliche Entscheidung getroffen haben, Menschen mit Penissen in Frauengefängnisse zu lassen, nur weil sie dreimal mit ihren Rubinpantoffeln geklappert und »Ich bin eine Dame« gesagt haben, verübten sie sieben sexuelle Übergriffe auf Frauen im Gefängnis. Obwohl sie nur ein Prozent der Insassen in Frauengefängnissen ausmachen, waren sie für 5,6 Prozent sexueller Übergriffe verantwortlich. Darüber hinaus, so berichtete der ehemalige Strafvollzugsminister Rory Stewart, habe es Fälle gegeben, »in denen sich männliche Häftlinge als Frauen ausgaben und dann das Gefängnispersonal vergewaltigten«.

Abgesehen von der offensichtlichen Dummheit und Grausamkeit, gewalttätigen Männern Zugang zu schutzbedürftigen Frauen zu gewähren, die buchstäblich nirgendwohin fliehen können, gibt es noch einen weniger schockierenden, aber heimtückischeren Aspekt. All diese Verbrechen werden als von Frauen begangene verzeichnet; künftig also werden unsere Nachkommen zurückblicken und sich fragen, warum so viele Frauen sich plötzlich so abscheulich aufführten. Frauen machen weniger als fünf Prozent der Gefängnisinsassen aus, meist sitzen sie wegen gewaltfreier Straftaten ein, aber das hat die eher frauenfeindlichen Zeitungen nie davon abgehalten, jedes Jahr, wenn die neuesten Kriminalitätsstatistiken veröffentlicht werden, darüber zu schwadronieren, dass Frauen viel gewalttätiger geworden wären. Die Schlagzeile lautet dann in der Regel: »Tödlicher als Männer« (Fragezeichen optional). Diese rasend originelle Frage taucht auch immer dann auf, wenn eine kaltblütige Mörderin ins Visier genommen wird – obwohl die Tatsache, dass wir den unheiligen Kanon von Myra Hindley, Mary Bell, Beverley Allitt und Rosemary West aufzählen können, natürlich nur zeigt, wie selten solche Frauen sind. Wollten wir uns die Liste der kaltblütigen männlichen Mörder ins Gedächtnis rufen, die in der Nachkriegszeit vor Gericht gestellt wurden, säßen wir auch im nächsten Jahrtausend noch hier. Zur Jahrtausendwende veröffentlichte die *Daily Mail* einen Artikel, in dem behauptet wurde, die Zahl der weiblichen Gefangenen habe sich innerhalb von fünf Jahren verdoppelt – doch auch wenn 17 % der Gefangenen heute Frauen sind, sitzen sie meist wegen Ladendiebstahls, Betrugs und Nichtbezahlens der Fernsehgebühren ein, während die Männer mit 83 % bei Vergewaltigung, Mord und Kindesmissbrauch konstant zuverlässig bleiben.

Das wird in Zukunft nicht mehr so sein, da jetzt regelmäßig Verbrechen von Männern als von Frauen begangene registriert werden. Einem Mann zu sagen, er sei keine Frau, gilt als Hassverbrechen – aber der Nachwelt zu verschweigen, wie häufig die Hälfte der Weltbevölkerung sich bösartig verhalten hat, ist ein Fortschritt.

*

Frauen sind keine Kinder, auch wenn wir bis vor kurzem so behandelt wurden. Alle, die als Mädchen aufwachen, werden schon früh darüber aufgeklärt, auf welch vielfältige Weise verschiedene Männer versuchen werden, sie zu missbrauchen, zu benutzen oder zu verarschen, sobald sie nur die geringste Chance dazu haben; zu lernen, diese Situationen zu erkennen und zu vermeiden, sind so nette kleine »skills«, die wir als Cis-Privilegierte erwerben, bevor wir das Alter erreichen, in dem wir einwilligen, missbraucht, benutzt oder verarscht zu werden. Doch damit haben wir nie gerechnet: mit diesen neuesten seltsamen Stichen im großen postmodernen Wandteppich des Lebens. Wir hätten uns nie träumen lassen, dass es eine ganz neue Art und Weise geben würde, uns zu entwerten, respektlos zu behandeln und unter Druck zu setzen. Dass im Jahr 2020 der Tag kommen würde, an dem in Kanada (einem Land, das immer mehr wie ein ehemals reifer, seniler Delinquent aussieht, der eine Midlife-Crisis durchmacht und zeigen will, wie er es noch mit der Jugend aufnehmen kann) ein sechsjähriges Mädchen nach Hause kommt und ihren Eltern verzweifelt erzählt, ihre Lehrerin habe ihr gesagt, dass »Mädchen nicht real sind«. Sexualerziehung in Schulen ist immer ein »heißes Eisen«. Leute wie ich, die über Woke spotten, werden den Zusammenbruch der Wolkenkuckucksheim-Koalition im Jahr 2019 sehr genossen haben, als hauptsächlich muslimische Eltern mit Schwulen (von den absurden »Gays for Palestine« hier ganz zu schweigen) vor Schulen im ganzen Land zankten, während sie dagegen protestierten bzw. dafür warben, Grundschulkinder über Homosexualität aufzuklären. Wie viel verwirrender ist es für Kinder, die noch nicht in der Lage sind, Autogynephilie zu buchstabieren (allerdings, ich muss es auch immer wieder nachschlagen), die Tatsache zu verinnerlichen, dass Mädchen und Jungen Hirngespinste unserer kollektiven Phantasie sind!

Natürlich ist die überwiegende Mehrheit der Pädophilen hetero – »straight men« sozusagen, wenn das nicht die gruseligste aller Wortkombinationen wäre.* Unmöglich aber lässt sich die Tatsache ignorieren, dass diejenigen, die für Transgender-Rechte eintreten, geradezu ungesund darauf erpicht zu sein scheinen, Kinder in ihren Kult einzubeziehen, und zwar auf eine Art und Weise, mit der selbst die Jesuiten sich nicht mehr brüsten würden: Gib einem Kind »Drag Queen Story Time«, bis es sieben Jahre alt ist, und es wird sein Leben lang Schwachsinn über nicht-binäre

* »Straight« kann sowohl heterosexuell als auch gesetzestreu (»to go straight«: sauber bleiben) bedeuten.

Geschlechterfluidität erzählen. Im Jahr 2020 tauchte neben Leuten, die sich selbst als sexuelles Tetris betrachten, eine weitere Fahne auf, die in dunkelblauen, hellblauen, dunkelrosa, hellrosa, gelben und weißen Streifen MAPs darstellte: Minor-Attracted Persons (Menschen, die sich zu Minderjährigen hingezogen fühlen), denn so nennen sie sich jetzt, da Pädophilie zu Recht ein Schimpfwort ist.

Das hatten wir natürlich schon einmal, als die Pädophilen-Informationsbörse (Paedophile Information Exchange: PIE) versuchte, sich in die Schwulenbewegung einzuschleusen, um Maßnahmen wie die Herabsetzung des Schutzalters auf zehn Jahre zu fordern. Wann immer einem die Welt heute besonders verrückt vorkommt, sollte man sich daran erinnern, dass *Time Out* auf der Titelseite einmal die Schlagzeile »Pädophilie, ein schwieriges Thema« brachte, während der Nationalrat für bürgerliche Freiheiten (National Council for Civil Liberties, unter der Leitung der lilienweißen Labour-Grande Dame Harriet Harman) der PIE den offiziellen Status einer Mitgliedsorganisation verlieh. Darum war ich auch nicht sonderlich schockiert, als der Hauptakteur von PIE, Thomas O'Carroll (zuletzt gesehen, wie er von der Labour Party 2016 am Kragen gepackt wurde, als sie feststellte, dass es in ihren Reihen jemanden gab, der noch unbeliebter war als Jeremy Corbyn), als neumodischer Gender-Fluid-Typ verkleidet auftauchte und über die 12jährige amerikanische Drag Queen mit dem vorwitzigen Namen »Desmond Is Amazing« herfiel. Desmonds Mutter Wendylou Napoles, die ihn seit einigen Jahren für Auftritte in schwulen Nachtclubs anpreist, in denen Männer ihm Geld nachwerfen, war entsetzt, als sie O'Carrolls Offenen Liebesbrief an ihren Sohn las:

> »Desmond ist wirklich unglaublich – und heiß! Als Drag Queen oder Drag-Prinzessin, wenn man so will, zeigt es

sich in aller Öffentlichkeit, damit alle es sehen können. Es sagt laut und stolz: ›Ich bin ein sexy Kind mit sexy Gefühlen. Es ist total cool, wenn Erwachsene von mir erregt werden. Ich liebe es. Deshalb mache ich diese Sachen.‹ Es geht um weit mehr als nur eine Feier der Geschlechtervielfalt oder eine unschuldige Darbietung frühreifer Talente. Warum also das ganze Dementi? Warum beharrt man verschämt darauf, dass die ›Drag-Performance‹ von Kindern nichts mit ihrer Sexualität zu tun habe?«

Desmonds Mutter, zugleich seine Managerin, entgegnete darauf: »Es ist höchst unangemessen, so über Minderjährige zu sprechen. Nur weil Desmond sich als schwul zu erkennen gibt, heißt das nicht, dass er sexuell aktiv wäre oder es sein wollte. Uns widert diese ganze Situation einfach nur an.«

Wahrlich eine surreale Welt, in der man mit einem Mann übereinstimmt, der wahrscheinlich glaubt, dass zweijährige Kinder Wutanfälle bekommen, weil sie keinen Sex mit ihm haben dürfen, aber in diesem Fall hat O'Carroll recht. Der arme Desmond, von Lippenstift verdummt und von Mascara geblendet, ist offensichtlich ein Sexobjekt für die kreischenden Königinnen, die ihm Kleingeld in seine paillettenbesetzten Hotpants werfen. Und nur weil das Woketum einen Gnadenstand erlangt hat, der niemals in Frage gestellt werden darf, kommen alle Beteiligten damit durch.

Ich habe viele schwule Freunde, die wie ebenso wie Eltern empört sind über die Art und Weise, in der Wokeness die Grenze verwischt hat zwischen dem völlig legitimen Recht erwachsener Homosexueller, in Ruhe (wenn auch nicht in der Öffentlichkeit) ihre Bedürfnisse zu befriedigen, und dem ausgesprochen seltsamen Wunsch Erwachsener, sich im Namen der Bürgerrechte an Kindern oder urinierenden Frauen zu ergötzen. Andererseits wenden sich die Transen, die sich immer stärker fühlen, seit ein Unternehmen nach dem anderen sich ihrer Sache annimmt in der Hoffnung, die Woken ebenso als Kunden zu gewinnen wie einst die Schwulen, nun zusehends gegen die Homosexuellen, die sie einst vor ihren Karren spannten in der Hoffnung, ihre hanebüchenen Forderungen könnten mit etwas so Vernünftigem wie dem Schutzalter für gleichgeschlechtlichen Sex irgendwie verwechselt werden.

Transen sind Tyrannen, also lassen sie schwule Männer in Ruhe. Der lesbischen Community aber begegnen sie mit großer Angst und Abscheu. Lesbenpornos sind etwas für Männer, die Angst haben, mit dem ungestümen Gebaren der männlichen Darsteller nicht mithalten zu können. Transen hingegen begehren und verachten ihre auserwählten Sexobjekte so sehr, dass sie – sofern sie ihnen nicht vorhalten, sie wären »transphob«, weil sie »Transfrauen« ablehnen, was aber ein ordentlicher »Frauenschwanz« wieder in Ordnung bringen würde –, sie als »haarige sterile Lesben« und »schlaffe alte Tanten« bezeichnen.

Ironie des Schicksals, dass Homophobie, die früher von reaktionären Institutionen und Personen ausging, sei es in Form von Konversionstherapien oder unerbetenen Ratschlägen an lesbische Frauen auf dem Bürgersteig, sie sollten sich nur mal gründlich untersuchen lassen, heute von dem Teil der Gesellschaft ausgeht, der sich selbst für den aufgeklärtesten hält. Durch Pornographie, die diese Kreaturen so sicher am Leben erhält wie den Rest von uns der Sauerstoff, hat sich die Botschaft, dass alle Lesben auf einen Schwanz warten, tief in den verhutzelten Hirnen der Transen festgesetzt. Wir sind Frauen – aber mit Schwänzen! Ob das der Traum jeder Pornolesbe ist?

Jede im 20. Jahrhundert aufgewachsene junge Frau, die

sich in die Bohème vorwagte, traf irgendwann auf einen Mann, der es irgendwie verführerisch fand, ihr ins Ohr zu flüstern, er wäre in Wirklichkeit gar kein lüsterner Mann, sondern »eine Lesbe, gefangen im Körper eines Mannes«. Wenn unser IQ zweistellig wäre, würden wir vor Hohn heulen und ihm sagen, er sei nicht annähernd süß genug, um eine Lesbe zu sein. Heutzutage kann ein Mann sowas sagen, und in Woke-Kreisen wird von jungen Frauen erwartet, dass sie damit einverstanden sind. Es gibt dafür sogar einen wie Arsch auf Eimer passenden Namen, den der kanadische Transaktivist und Pornodarsteller Drew DeVeaux geprägt hat: »Cotton Ceiling«, was sich auf das schamlose Schnüffeln am Zwickel der Unterwäsche bezieht, die diese Widerlinge sich als »Höschen« vorstellen. Die Gefühllosigkeit und Borniertheit dieser Frauenjäger im Hirtengewand zeigt sich unbewusst in der Anlehnung an den Begriff »Glass Ceiling«, die »gläserne Decke«, die sich auf die uralte Diskriminierung von Frauen am Arbeitsplatz bezieht. Aus irgendeinem seltsamen Grund scheinen die Transen, obwohl sie ihr Mantra »Transfrauen sind Frauen« so nuanciert und abwechslungsreich wiederholen wie ein Dalek*, der seine zerstörerischen Absichten zum Ausdruck bringt, Sex untereinander extrem abgeneigt zu sein. Fast so, als ob zwei sich berührende »Mädchenschwänze« ihre verlegenen Besitzer sogleich mit der peinlichen Tatsache konfrontierten, dass sie eigentlich nur zwei schwule Männer in Frauenkleidern sind.

Erwachsene Lesben sind hartgesotten genug, um sich gegen jeden phallusschwingenden Schwachkopf zu wehren, der Sex verlangt, weil es unmenschlich sei, einer gefangenen inneren Lesbe nein zu sagen, und haben ange-

* Ein Außeridischer aus der britischen Science-Fiction-Serie »Doctor Who«.

messen kämpferisch reagiert. Die kleine, aber gut informierte Gruppe, die sich »Get the L Out« nennt, erklärte: »Wir glauben, dass die Rechte der Lesben von der Transbewegung angegriffen werden, und wir ermutigen Lesben überall, die LGBT-Bewegung zu verlassen«. Junge Mädchen aber, durch ihre Sexualität verwirrt oder beunruhigt, können eine leichte Beute für eine neue Art von Raubtier sein; eines, das nicht mit Süßigkeiten daherkommt, sondern mit aufrüttelnden Worten darüber, im falschen Körper geboren zu sein, sowie einem Programm von Pubertätsblockern. Die Möglichkeit, sich für »trans« zu halten, mag einem Mädchen, dem die Aussicht, eine erwachsene Frau zu sein, albtraumhaft erscheint, wie eine gnädige Gelegenheit zur Flucht vorkommen, um gegen ihre Eltern zu rebellieren und sich dennoch ihren Altersgenossen anzupassen. Aus welchen Gründen auch immer jemand sein Geschlecht wechseln möchte, diesen unsäglich traurigen Aspekt sollte man dabei nicht übersehen: Männer hegen oft den Wunsch, eine Frau zu sein, weil sie pornoverrückt sind, während Mädchen zu Jungen werden wollen, weil sie *von* Pornos verrückt gemacht worden sind.

Dem staatlichen Gesundheitsdienst (NHS) zufolge stieg die Zahl der Kandidaten für eine Geschlechtsumwandlung unter 18 Jahren in diesem Land von 77 im Jahr 2009 auf 2.590 im Jahr 2019. 2007 waren insgesamt 75 % derer, die eine Geschlechtsumwandlung anstrebten, Männern; zehn Jahre später waren es 70 % Frauen. Viele dieser Mädchen haben bereits psychische Probleme, lange bevor eine Geschlechtsdysphorie sie in ihren Bann zieht. Von Ängsten bis hin zu Autismus kann alles einen Zustand existenzieller Panik auslösen, und in solch einem Zustand wird der »Übergang« zu einem anderen Geschlecht – ungeachtet des gravierenden Eingriffs, der dazu nötig ist – als eine einfache Antwort auf etwas gesehen, das dem überforderten jugendlichen Verstand oft unergründlich erscheint. Und vergessen wir nicht den Herdentrieb, der sich umso mächtiger auswirkt, wenn junge Menschen zwischen der Schlichtheit der Kindheit und der Kompliziertheit des Erwachsenenlebens Schiffbruch erleiden und Schutz vor dem Sturm der Ungewissheit suchen. Vor allem Mädchen im Teenageralter bedeutet die Gruppe der Gleichaltrigen alles. Ein Freund von mir, der in einer privaten psychiatrischen Praxis in London arbeitete, verfolgte über sechs Monate die erste Welle von Selbstverletzungen von der obersten Ebene der kostenpflichtigen Mädchen-Tagesschulen bis hinunter zur untersten und sagte, es sei erschreckend, wie genau man Woche für Woche feststellen konnte, wen sie traf. Ein anderer Freund, der die angesehene Godolphin and Latymer School besuchte, sagte mir einmal lässig: »Um ›in‹ zu sein, brauchst du in diesem Semester einen silbernen A-Linien-Rock, eine Packung Marlboro Light und eine Essstörung.«

Heutzutage könnte »Transing« die neue gefährliche Tanzmode sein. 2018 berichtete die *Times*: »An der Dorothy Stringer School in Brighton weht der Wind der Geschlechtsumwandlung. Das Magazin *Tatler* bezeichnete sie als die coolste staatliche Sekundarschule der Stadt, mit einem ›liberalen Vibe‹, der zu ihrem progressiven Einzugsgebiet passt, und Dorothy Stringer steht an der Spitze von etwas, das in der Tat sehr cool ist.« Wir wissen, dass wir in seltsamen Zeiten leben, in denen »cool« so viel bedeuten mag wie »verwirrt«. An der Dorothy Springer School identifizieren sich vierzig Kinder nicht mit ihrem Geschlecht, weitere 36 Kinder und Jugendliche zwischen 11 und 16 Jahren bezeichnen sich als »genderfluide«.

In den Regionen Surrey, Kent und Sussex, zu denen auch Brighton gehört, wurden dem NHS Gender Service mehr Kinder mit einer Phobie vor den eigenen Genitalien überwiesen als im gesamten Großraum London, was darauf hindeutet, dass es sich hierbei, wie bei den meisten Neurosen, um eine Wohlstandskrankheit handelt.

Es gibt auch anderslautende Stimmen, die dem offensichtlichen Wunsch vieler Gesundheitsexperten, alles abzuschneiden, was sie in die Finger bekommen, widersprechen. Polly Carmichael, Direktorin des NHS Gender Service für Kinder, sagte der *Sunday Times*:

> »Zweifellos gibt es einige junge Menschen, die eine Community, Freunde und alles Mögliche finden, indem sie sich einer Gruppe anschließen, die sich für das Thema Geschlecht interessiert. Es ist wahrscheinlich eher so, dass [einige] in etwas hineingezogen werden, und nicht so sehr Ausdruck von etwas in ihnen selbst.«

In den USA prägte Lisa Littman, Professorin für Gesundheitswesen, 2018 den Begriff »Rapid Onset Gender Dysphoria« (schnell einsetzende Geschlechtsdysphorie), um den Lauffeuer-Effekt der Geschlechtsverwirrung in Teenager-Gruppen zu beschreiben. Sie vermutet, dass es sich dabei oft um einen sozialen Bewältigungsmechanismus handelt – ähnlich wie bei Bulimie –, um andere Konflikte zu überdecken. In ihrer Studie stellte sie fest, dass »unter den untersuchten Jugendlichen – von denen 83 % bei der Geburt als weiblich bezeichnet wurden – mehr als ein Drittel Gruppen von Freunden hatte, in denen 50 % oder mehr Jugendliche etwa zur gleichen Zeit begannen, sich als ›transgender‹ zu betrachten.«

Die betroffenen Kinder sind manchmal schockierend jung. Eine Wohltätigkeitsorganisation in Brighton, das Allsorts Youth Project (das öffentliche Gelder erhält und »Awareness«-Kurse in Schulen in ganz Brighton – einschließlich Dorothy Stringer – anbietet), berät Kinder im

Alter von fünf bis elf Jahren, die »ihr Geschlecht in Frage stellen«; das Durchschnittsalter ist neun. Es mag nur eine Kleinigkeit sein, aber ist es nicht etwas geschmacklos, eine Wohltätigkeitsorganisation, die sich mit Genitalverwechslungen beschäftigt, »Allsorts« zu nennen? Das ist ungefähr so, als würde man eine Wohltätigkeitsorganisation für Kinder mit Kleinwuchs »Midget Gems«* nennen.

Andererseits hätte es auch schlimmer kommen können – sie hätte auch »Dolly Mixtures« heißen können. Der Name »Allsorts« gibt immerhin etwas von dem bunten Budenzauber und dem lebhaften Themenpark-Kitzel wieder, als der das »Transing« heute dargestellt wird – jeder macht es! »Wenn X von einer Klippe spränge, würdest du es auch tun?« fragten Mütter früher die Töchter meiner Generation, wenn wir als Teenager unseren wilden besten Freunden bei einer waghalsigen Aktion nacheiferten. Heute lautet die Frage eher: »Wenn X sich die Brüste abschneiden ließe, würdest du es auch tun?« Und die Antwort lautet ja.

Um den Druck noch zu erhöhen, haben Teenager heute nicht nur eine Gruppe von Freunden, sondern auch die einflussreichen Vlogger in den sozialen Medien, mit denen sie sich auseinandersetzen müssen. Um noch einmal die *Times* zu zitieren:

> »Leicht zu beeindruckende junge Menschen, vor allem Mädchen, bekommen von fröhlichen hübschen Leuten, die etwas älter sind als sie selbst, erzählt, dass der Geschlechterwechsel einen Ausweg aus Unsicherheit, Autismus, Freundlosigkeit, Missbrauch, den Schmerzen der Pubertät oder Homosexualität bieten könne. Eine junge Lesbe zu sein ist weniger cool.«

* Bunte Bonbons, die Weingummis ähneln.

Ich habe einen Freund mit einer intelligenten hübschen jungen Tochter; obwohl die meisten Leute ihn als reaktionär bezeichnen würden, war er keineswegs besorgt darüber, dass sie lesbisch sein könnte. »Ich habe mich darauf gefreut, dass sie aufwächst und alle möglichen Abenteuer erlebt, während andere Mädchen zu jung heiraten und Kinder bekommen«, sagt er; »wir hatten noch nie eine Lesbe in der Familie, aber viele von ihnen scheinen ein so interessantes Leben zu führen. Ich habe mir nicht Gott weiß was für unheimliche Gedanken darüber gemacht, sondern mich für sie über die Zukunft gefreut, die sie haben könnte, wenn sie frei von den üblichen Dingen ist, die Frauen sonst durchmachen müssen, oft wegen Männern wie mir. Aber jetzt habe ich Angst, dass sie eines Tages von der Schule nach Hause kommt und fragt, ob sie diese Operation haben darf.«

Leider ist er den anderen Eltern unterlegen, die nichts anderes zu wollen scheinen, als Schwule und Lesben auf eine trendige, fürsorgliche Art und Weise aus dem Weg zu transen. In der Vergangenheit waren Leute wie Susie Green, die Gründerin von Mermaids, einer Organisation, die sich für die Kastration von Kindern einsetzt, vielleicht Bühnenmütter, die ihre verwirrten Kinder ins Rampenlicht drängten, um in Ermangelung ihrer eigenen Leistungen Aufmerksamkeit zu erregen. Jetzt sorgen sie dafür, dass Leuten die Schwänze abgeschnitten werden, und enthüllen das neue Geschlecht anschließende in den sozialen Medien. Sie sind eine gruselige Kreuzung aus Mama Rose aus »Gypsy« und Münchhausen-Monstern.

Transen verwenden gern den typisch melodramatischen Ausdruck »dead-naming«, wenn man einen, dem der Penis aus der Schürze hängt, verständlicherweise Pete und nicht Petula nennt. Doch wenn ein Kind zu einer willkürlichen Imitation des anderen Geschlechts mutiert, stirbt nicht nur sein Name. Kleine Jungs, die zu großartigen Tänzern und zügellosen Homosexuellen hätten heranwachsen können, werden viel Zeit damit verbringen, Dilatoren in ihre Fauxginas einzuführen, damit sie nicht wie die Wunden verheilen, die sie sind. Aber noch trauriger ist – in Anbetracht der kurzen Zeit, in der jungen Frauen jegliche Freiheit gewährt wird –, dass Mädchen, die einst zu faszinierenden Lesben heranwuchsen, die sich in allen Bereichen vom Sport bis zur Verführung hervortaten, nun für den Rest ihrer Tage ihre vernarbte Brust pflegen und mit ihren angeblichen Penissen spielen. Sie könnten sich durchaus in die Reihe der »Rückkehrerinnen« (detransitioners) einreihen, die wachsende Zahl junger Frauen, die erkennen, dass sie einen schrecklichen Fehler gemacht haben und die Umwandlung rückgängig machen lassen wollen. Eine von ihnen, Charlotte »Charlie« Evans, sprach mit dem *Daily Telegraph* darüber:

> »Sie beschloss, die Umwandlung dieses Jahr rückgängig machen lassen zu lassen. Angesichts der Narben, die die Mastektomie ihrer Mutter hinterlassen hatte, fragte sie sich, warum sie sich ihre eigenen gesunden Körperteile entfernen lassen wollte. In dieser Erkenntnis wurde sie durch eine Reise nach Ghana bestärkt, wo es ihr wie ein Problem der Ersten Welt vorkam, dass sie darauf bestand, man möge ihre Pronomen respektieren. Entscheidend beigetragen zu ihrer Erleuchtung hatte auch eine langfristige Beratung durch Therapeuten, die keine Gender-Spezialisten waren. ›All das aufzudröseln, was mir als Kind widerfahren ist, hat mir geholfen, mich in meinem Körper nicht mehr so unwohl zu fühlen, dass ich mich am liebsten in Stücke hauen würde‹, sagt Charlie. ›Wenn ich in eine Klinik für Geschlechtsidentität gegangen wäre, hätte ich das nicht bekommen, denn die

wollen einen in seinem Glauben bestärken. Es besteht zu wenig Interesse an Studien, Ergebnissen und Daten, über Leute, die eine Umwandlung rückgängig machen lassen, da die Verfechter dieser Ideologie von den schlechten Ergebnissen nichts wissen wollen – auch die Ärzte nicht, die mit dem Kopf im Sand nach Vorschrift handeln.‹«

Und mit dieser Rücknahme, die zweifelsohne besser ist, als ein Leben lang so zu tun, als gehöre man dem anderen Geschlecht an, gehen noch mehr Operationen und noch mehr Schmerzen einher. In einer Zeit, in der sie in ihrem jugendlichen fitten Körper schwelgen sollten, kriechen Transmenschen wie gebrechliche alte Invaliden umher, deren Kraft und Vitalität durch die Lüge von der Geschlechtsumwandlung in Luft aufgelöst wurden.

Es gibt einen Buchtitel, den ich mehr liebe als jeden anderen: »Als ich in der Moderne lebte«, ein Roman über die Wiederherstellung Israels im 20. Jahrhundert von Linda Grant. Ich habe es geliebt, in der Moderne zu leben – aber ich fürchte, sie ist vorbei, und Woke ist ihr Totengräber. Dr. Moore schilderte mir einmal, was auf die Moderne folgt:

»An der Universität habe ich gesehen, wie der Postmodernismus zu einer modischen Theorie wurde, die etwa bedeutete, dass man eine Art ›Feminismus‹ ohne Frauen haben könnte – und dass Männer jede Position einnehmen könnten. Alles war entweder ›relativ‹ oder einfach ein Text, der interpretiert werden musste.«

Eine Frau zu sein wurde im Zeitalter des Cosplay auf das ultimative Privileg des weißen Mannes reduziert; wie Buffalo Bill aus »Das Schweigen der Lämmer« glaubt eine bestimmte Sorte von Männern, einen Frauenanzug aus

Worten konstruieren und uns der Privilegien berauben zu können, die wir ihrer Meinung nach haben. Zwar ermorden sie uns nicht, um sich zu schmücken, aber sie versuchen, uns unsere Freiheiten Stück für Stück zu nehmen. Und sie hinterlassen die blutigen Körperteile derjenigen als ihre Visitenkarte, die zu jung sind, um zu verstehen, was ihre Gefühle bedeuten.

Ein paar selige Jahrzehnte lang fanden wir es in Ordnung, anders zu sein. Man konnte sich wie ein Junge anziehen und ein Mädchen sein, sich wie ein Mädchen anziehen und ein Junge sein, und niemand hat einem ein Haar gekrümmt – nicht einmal mein Vater, der schließlich »Top of the Pops« schaute und später ein großer David Bowie-Fan wurde, sehr zu meinem Ärger als Teenager. »Got your mother in a whirl / Cos she's not sure if you're a boy or a girl«, sang Bowie in »Rebel Rebel«. Nun, heute wird die Mutter sicher wissen, ob ihr Kind ein Junge oder ein Mädchen ist, denn sobald es Interesse an Dingen zeigt, die dem anderen Geschlecht gefallen sollten, wird sie es in eine Kastrationsklinik einliefern.

Wokeness brachte uns wieder dorthin zurück, wo wir angefangen hatten: zurück zu all dem reaktionären Gebaren – nur mit revolutionärer Begründung.

*

Und dann kam die Seuche.

Da die Transen ihre sexuelle Pathologie gerne mit den vernünftigen Forderungen der Homosexuellen vergleichen, konnte ich nicht umhin, die Energie und den Pragmatismus, mit dem die Schwulen es mit AIDS aufnahmen, mit den aufmerksamkeitshungrigen Mätzchen der Transen angesichts des Coronavirus zu vergleichen. Einiges davon war witzig: »Ich weiß nicht, ob sonst noch jemand dieses

Problem hat, aber für mich bedeutet trans zu sein zu einem großen Teil, meine Identität in der Öffentlichkeit zu zeigen … und in der Isolation habe ich keine Ahnung, wer ich bin«, twitterte ein verhinderter Angeber. »Ich muss mich bei meinem Großvater outen, bevor er an Covid stirbt«, jammerte ein anderer Crossdresser. Einiges war tragikomisch: »Ich habe Angst davor, als das falsche Geschlecht begraben zu werden«, seufzte ein armer Teufel gegenüber der BBC, was in einer Zeit, in der die Zahl der durch das Virus verursachten Todesfälle in die Höhe schnellte, gelinde gesagt, wenig einfühlsam erschien. Einige Reaktionen waren so wunderbar zickig, dass ich mich selbst vor Freude umarmt habe. Ein Schlaumeier schimpfte auf Twitter, die meisten »Cis«-Frauen lögen über ihr Alter – billige Geschlechterstereotypen, etwa nicht? –, es gäbe einen Aufschrei, wenn Frauen jenseits der 50 während des Lockdown zu Hause bleiben müssten und diejenigen, die sich als junge Küken getarnt haben, ihrer Kleider beraubt würden.

Eine furchtbare Niederlage fügte das Coronavirus aber natürlich gar nicht den Menschen zu, die über ihr Alter logen, sondern denen, die über ihr Geschlecht logen. Die BBC brachte einen Bericht aus Panama, wo die Behörden beschlossen, die Zahl der Leute zu reduzieren, die sich während des Lockdown in der Öffentlichkeit bewegen dürfen, indem sie Männer und Frauen abwechselnd nach draußen ließen. Monica, eine »Transfrau«, ging am Frauentag aus. Doch als sie ein Geschäft um die Ecke betrat, wurden alle still. Der Besitzer kam auf sie zu, und anstatt zu lächeln, wie er es sonst tat, sagte er bedauernd: »Tut mir leid, Monica. Die Polizei hat gesagt, dass wir heute nur Frauen bedienen dürfen.«

Woke Nachrichten-Websites auf der ganzen Welt warnten davor, dass »Transfrauen« durch Covid-19 einem schrecklichen Risiko ausgesetzt seien – viel mehr als die jammernden Cis-Frauen, die das Privileg genössen, mit ihren Peinigern in einem Haus gefangen zu sein, wobei sich die Zahl der »häuslichen« Todesfälle verdoppelt hat. Und ausnahmsweise enthielt der Wutausbruch der Transen einen wahren Kern. Tatsächlich waren »Transfrauen« einem höheren Risiko ausgesetzt, an dem Virus zu sterben, und zwar aus dem einfachen Grund, dass Männer doppelt so häufig daran sterben wie Frauen – und weil »Transfrauen« *Männer* sind.

Mutter Natur – was für eine TERF!

*

»Alice lachte. ›Das hat keinen Zweck‹, sagte sie. ›Man kann nicht unmögliche Dinge glauben.‹ – ›Ich wage zu behaupten, dass du nicht viel Übung hast‹, sagte die Königin. ›Als ich in deinem Alter war, habe ich immer jeden Tag eine halbe Stunde geübt. Ja, manchmal habe ich nicht weniger als sechs unmögliche Dinge vor dem Frühstück geglaubt …‹«

Wir sind jetzt alle Alice, Alice im Wokeland, das Kaninchenloch hinab, ohne nach Hause zurückzufinden, auf der Flucht vor dem vielschlundigen, vielschwänzigen Jabberwocky, der uns, wutentbrannt und mit Perücke auf dem Kopf, aus unserer eigenen traurigen, schönen, hart erkämpften Geschichte zu vertreiben sucht.

Kapitel 5

Farbtabellenpolitik: Hipper Antisemitismus und woke Islamophilie

Als Teenager, der im Bristol der 1970er Jahre aufwuchs, wusste ich nichts von Rassismus. Ich wusste auch nicht, dass die Stadt (die mir heute aus der Ferne wunderschön vorkommt, damals aber als das langweiligste Kaff der Welt galt, das es überhaupt nur gab, um mich daran zu hindern, im sagenumwobenen London reich und berühmt zu werden) auf Profiten aus der Sklaverei aufgebaut worden war. Ich wusste nicht, dass die Colston Hall, in der ich meine erste Live-Band – Cockney Rebel – sah, nach Edward Colston benannt war, dem Sklavenhändler, Philanthropen und Parlamentsabgeordneten, der an jener Stelle im frühen 18. Jahrhundert die Colston's School gegründet hatte. Wenn ich es gewusst hätte, wäre ich noch entsetzter nach Hause gegangen, als ich es nach den rätselhaften Grimassen von Steve Harley ohnehin schon tat. War er sexy, war er tiefgründig? Weder noch, soweit ich sehen konnte – er war wohl einfach ein schlechter Popstar.

Wahrscheinlich wusste ich ihn schon deshalb nicht richtig zu schätzen, weil ich, abgesehen von pubertären Masturbationshilfen wie Bolan, Bowie und Bryan, nur schwarze Musik mochte. Als ich zum ersten Mal Punkmusik hörte, dachte ich: »Das ist keine Musik, das ist nur Gebrüll«, und obwohl ich, um Schriftstellerin werden zu können, zumindest so tun musste, als möchte ich sie (eine bittere Ironie, wenn man bedenkt, dass Punksongs, gelinde gesagt, subliterarisch waren, denn ein typisches Lied dieser Zeit hieß »I Wanna be Sick on You«), gab es für mich immer nur eine Art von Musik, und das war schwarze Tanzmusik: Soul, Motown, Philly, House, Handbag, wie immer man sie nennen mag. (Später, als ich mir Platten von Massive Attack kaufte, dachte ich, ich lebte gefährlich, weil da ein Weißer mitspielte.) Jedenfalls kann man sich nichts vorstellen, was weiter von lieblicher Soulmusik entfernt ist als Punk: total weiß, männlich, gegen Liebe und Sex. Nach elenden drei Stunden im Roxy oder im Vortex, in denen ich wieder einmal The Lurkers dröhnen hörte oder The Drones herumlungern sah, kehrte ich in mein bescheidenes Zimmer zurück und machte den akustischen Schaden wieder gut, indem ich mir die hautengen Lederhosen vom Leib riss und in meinem Geburtstagsanzug zu den Isley Brothers tanzte.

Seit ich elf Jahre alt war und auf die Gesamtschule ging, hatte ich diese Einstellung zur schwarzen Musik. Ich war eine sensible Mischung aus Kleinkind und Jugendlicher, die gerne Ballett tanzte und Wildblumen pflückte, aber im Dschungel der Bristoler Schule wurde Baby Jekyll als Jailbait Hyde wiedergeboren, was mich sowohl erschreckte als auch begeisterte. Sobald ich mich damit abgefunden hatte, dass meine johlenden Mitschüler mich grob anrempelten und meinen Lesestoff vor meinen Augen zerrissen, wenn ich meine Nase in der Pause in ein Buch steckte, kamen wir gut miteinander aus; ich war ein großes, blondes, hübsches Mädchen, das leicht als normal durchgehen konnte, während ich meinen inneren Oscar Wilde noch eine Weile warten ließ, ehe ich mich entschied, was ich mit meinem jungen Leben anfangen wollte. (Am liebsten wollte ich reich und berühmt werden und etwas tun, von dem Eltern sich wünschten, man würde nie dazu kommen.)

Meine Schulkameraden waren hauptsächlich britische Hinterwäldler, die Söhne und Töchter von Landarbeitern – was aber nicht bedeutet, dass sie rassistisch gewesen wären. Hatte man je so bezaubernde Mädchen gesehen wie die Fünftklässlerinnen mit Federschnitt, die in ihren Trevira-Röcken (die sich geschickt als reguläre Schuluniform tarnten) mit verschränkten Armen durch die Gänge stolzierten und ihren Schlachtruf brüllten: »Nuts, whole hazelnuts – ooo! Cadbury's take dem and dey cover dem wit' chocolate«? Das war ein früher Vorbote des jamaikanischen Patois, das viele weiße Großstadt-Arbeiterkinder in den kommenden Jahrzehnten nachahmen würden – nichts für ungut, denn damals gab es noch kein Twitter und darum auch nicht ständig Leute, die sich im Namen einer anderen Gruppe von Leuten, die sich selbst darum gar nicht scheren, in ihre Erwachsenenwindeln machen. In jenem unschuldigen Schokoladenlobgesang hörte ich ein Echo des Wokestorm, der losbrach, als Adele den von Covid gebeutelten Notting Hill Carnival 2020 mit einem Instagram-Schnappschuss kommentierte, auf dem sie einen Bikini mit jamaikanischer Flagge und Bantu-Knoten im Haar trug – und viele schwarze Berühmtheiten eilten zu ihrer Verteidigung herbei und wiesen darauf hin, dass sie in Teilen Londons aufgewachsen, wo es unter weißen Jugendlichen üblich ist, das karibische Erbe ihrer Freunde zu übernehmen. In jenem Moment kam die Taubheit der an Privatschulen unterrichteten Woke-Leute gegenüber dem Schmelztiegel der Arbeiterklasse wünschenswert deutlich zum Ausdruck: Was sie kulturelle Aneignung nennen, nennen wir Kumpels.

Denn an der Spitze der coolen Kids meines Jahrgangs standen immer ein paar eiskalte schwarze Kids – davon gab es nicht viele an der Schule, aber sie waren unantastbar. Es gab sogar ein paar dieser mythischen schwarzen

Skinheads zu sehen, die die Bürger so sehr erschreckten; am Wochenende hing so einer in voller Montur mit seiner Clique herum, rauchte Kippen und pfiff Mädchen hinterher – wie ein geschorener und gestiefelter Sammy Davis Jr., der seinen besonderen Status im Rat Pack genießt. Wenn eines von uns weißen Mädchen am Samstagabend in einem Club von einem schwarzen Jungen zum Tanzen aufgefordert wurde, war es am Montag die Königin der Schule. Die Mutter eines unbeliebten Mädchens fing an, mit einem schwarzen Mann »in Sünde zu leben« – und plötzlich wollten alle mit ihr befreundet sein.

Dann tauchten ein paar ugandisch-asiatische Mädchen in der Schule auf – hübsch und schüchtern, sie waren nicht so cool wie die karibischen Kids, aber ich kann mich nicht erinnern, dass wir ihnen etwas Schlimmes angetan hätten, außer dass wir ihnen das Fluchen beigebracht haben. Die schwarzen Kids mochten sie nicht besonders, wahrscheinlich weil die Mädchen so fleißig waren; die schwarzen Skinheads, so wurde erzählt, sagten nie nein zu einer Runde »Paki bashing«, doch als Kinder konnten wir das natürlich noch nicht richtig begreifen. Jahre später las ich Michael Collins' Meisterwerk »The Likes of Us: A Biography of the White Working Class«, und es war aufregend, darin so vieles wiederzuerkennen:

> »Was fällt der Mittelschicht ein, der Arbeiterklasse Vorhaltungen über Rassismus zu machen? Die weiße Arbeiterklasse von heute hat vielfältigere, ehrlichere und intimere Erfahrungen als die Mittelschicht gemacht, denn sie hat Nichtweiße als Liebhaber, Straßenräuber, Ehemänner, Mörder, Ehefrauen, Opfer, Nachbarn, Vergewaltiger, Freunde, Feinde, Angreifer und Betreuer kennengelernt. Jahrzehntelang hat die urbane weiße Arbeiterklasse mit Menschen aller Hautfarben zusammen-

gelebt, sie wurde an denselben Schulen unterrichtet, hatte dasselbe soziale Umfeld und lebte in denselben Vierteln. Viele haben das vielleicht nicht gewollt, und viele sind davongelaufen (›white flight‹), aber viele andere haben es akzeptiert – oder zumindest ihren Widerwillen nicht durch Aufruhr oder rassistische Angriffe zum Ausdruck gebracht.«

Aufgrund meiner Herkunft musste ich mich nie anstrengen, nicht rassistisch zu sein; ich hatte mir nie genug Gedanken darüber gemacht, um mich darum zu sorgen – das ist etwas für Leute, die Zeit haben, Leute, die zur Uni gehen. Ich bin nach wie vor der Meinung, dass der natürliche und wünschenswerte Zustand darin besteht, nicht rassistisch und nicht antirassistisch zu sein – denn das ist ein Unterschied. Es lässt sich vielleicht einfach und anschaulich damit erklären, dass ich beim Anblick eines Affen keine Ähnlichkeit mit einem schwarzen Menschen sehe; für mich ist die atemberaubend schöne Billie Piper der affenartigste Mensch, den ich je gesehen habe, und sie ist noch weißer als ich. Antirassisten aber geraten immer wieder in Streit über Affen; 2019 verlor ein Freund aus meiner Jugendzeit, der ähnlich proletarische Danny Baker, seinen Job bei der BBC, weil er ein Foto des neuen königlichen Babys als Zirkusaffe getwittert hatte, wiewohl mit der unmissverständlichen Andeutung, dass die Windsors einem Haufen Zirkusschimpansen ähnelten. Nur hatte er nicht bedacht, dass das Baby zu einem Viertel schwarz war – denn es war zu 100 % Teil der herrschenden Klasse und damit perfekt geeignet für den Spott übermütiger Untertanen.

Er (wie ich von schwarzer Musik besessen) hat in bestem Glauben einen Fehler gemacht, ohne böse Absichten, über die man weiter nachdenken müsste. Er hat keine geheimen Vorurteile, die es zu untersuchen gälte; er ist kein Rassist. Doch immer wenn ich einen peniblen Antirassisten aus der Mittelschicht sehe, denke ich: »Hmm, ich frage mich, was *du* versteckst … denn was auch immer es ist, du musst wirklich sehr laut darüber wettern.«

Diese Sorte traf ich zum ersten Mal an dem Ort, an dem ich auch Danny kennenlernte: beim *New Musical Express*, wo ich im Sommer 1976 arbeitete. Wie Jon Snow später über eine Brexit-Kundgebung sagen würde, hatte ich noch nie so viele weiße Männer an einem Ort gesehen. Mir fiel auf, dass einige meiner Kollegen ununterbrochen Reggae-Musik spielten – die einzige Art schwarzer Musik, die ich verabscheute. Doch bevor Sie mich als rassistischen alten Knacker abtun wie meinen Kollegen Morrissey (»Reggae ist widerlich«), möchte ich zugeben, dass das frühe lebhafte Zeug, das sich anhört, als wäre es in einem Schuppen aufgenommen worden, reizend war, ebenso wie Ska, Bluebeat und Rocksteady: die Wurzeln des Reggae – einige der muntersten Melodien, die Pollyanna je kennenlernen durfte. Natürlich liebe ich Johnny Nash, Jimmy Cliff, Desmond Dekker und »Young, Gifted and Black«, »Uptown Top Ranking«, »Born for a Purpose«. Aber dass ich alle, die ich mag, in einem Satz nennen kann, beweist, wie sehr ich das Genre verabscheue – wenn ich anfinge, die Lieder und Sänger der anderen schwarzen Genres zu nennen, die ich liebe, würde ich dabei sterben.

Ich wusste, dass vieles, was mit Reggae nicht stimmte, darauf zurückzuführen war, dass ihm eine weibliche Präsenz fehlte, die jede andere Form schwarzer Musik von Gospel bis House belebt. Als ich dies dem reggaeverrückten Redakteur des *NME* mitteilte (der inzwischen für Zeitungshoroskope zuständig ist, also ein mental starker Typ), riet er mir, »Lovers Rock« zu hören, ein Reggae-Subgenre, das so lasch und kitschig ist, dass es Patience Strong wie

Sylvia Plath aussehen lässt, das musikalische Äquivalent von »ein kleines Glas süßen Weißwein für die Dame«.

Heute würde man es wohl als »kulturelle Aneignung« bezeichnen, dass die Kollegen stinkendes Cannabis rauchten und in einem geradezu absurden jamaikanischen Patois sprachen. Sogar ich, die ich noch immer »Nuts, whole hazelnuts« in den Ohren hatte, war etwas verblüfft über die wahllosen Rufe »Ey mon!« und »Soon come!«, die das Büroleben unterbrachen. Ich tat es als Hippie-Schwachsinn ab, aber etwas machte mich stutzig. Ich fragte einen meiner Arbeitskollegen, warum der *NME* keine schwarzen Redakteure habe.

Er lachte!

Von der Linken bevormundet und von der Rechten verteufelt, hätte ich eigentlich nicht so schockiert sein dürfen, als ich im Frühjahr 1980 den Fernseher einschaltete und sah, wie schwarze Briten in meiner eigenen verschlafenen Stadt, im überwiegend schwarzen Viertel St. Pauls, randalierten. Aber ich war, gelinde gesagt, überrascht. Sicher kannte man solche Unruhen aus Amerika, die bittere Ernte einer schwarzen Bevölkerung, die auf Sklavenschiffen dorthin verschleppt und nicht auf gewöhnlichen Schiffen aus der Karibik hergebracht worden war, und zwar so voller Zuversicht, dass Lord Kitchener (alias Aldwyn Roberts, der trinidadische Calypsonianer) nach seiner Ankunft auf der HMT Empire Windrush am Kai der Tilbury Docks sang:

»London is the place for me
London this lovely city …
Well believe me I am speaking broadmindedly
I am glad to know my Mother Country
I have been travelling to countries years ago
But this is the place I wanted to know …

To live in London you are really comfortable
Because the English people are very much sociable
They take you here and they take you there
And they make you feel like a millionaire …«

Am nächsten Morgen stand es auf der Titelseite aller Zeitungen. Die *Daily Mail* schrieb über »ein von Unruhen verwüstetes Einwandererviertel von Bristol … Mobs schwarzer Jugendlicher zogen fast acht Stunden gewalttätig durch die Straßen«. Wie sich herausstellte, war der Hauptauslöser das berüchtigte »Sus«-Gesetz, das es der Polizei erlaubte, Personen anzuhalten, zu durchsuchen und zu verhaften, wenn der Verdacht bestand, sie hätten gegen Abschnitt 4 des Vagabundage-Gesetzes von 1824 verstoßen; ähnliche Unruhen fanden im folgenden Jahr in schwarzen Vierteln von London, Leeds und Liverpool statt. Zwanzig Jahre nach den Unruhen sagte Inspektor Neil Smart, ein Polizist aus Bristol, dass sich die Polizeimethoden zum Besseren gewandelt hätten. »Wir haben seit den 1980er Jahren enorm viel gelernt und unsere Methoden sind jetzt ganz andere«, zitierte ihn die *Bristol Post.* »Ich glaube, dass sich eine solche Situation nie wieder ereignen könnte.«

Nur sehr wenige würden bestreiten, dass die Polizei junge schwarze Männer gewohnheitsmäßig viel mehr schikanierte als andere Gruppen und dass sich etwas ändern musste. Aber wie so oft muss immer ein heller Kopf eine Sache zu weit treiben und sie allen verderben, nämlich dafür sorgen, dass ein wünschenswerter Fortschritt sich in eine abscheuliche Anmaßung verkehrt. Schon bevor Leute wie ich über die Woken spotteten, machten wir uns über ihre Vorfahren lustig: die »politisch Korrekten«, die dem Lexikon zufolge der Überzeugung sind, »dass sprachliche Bezeichnungen und Handlungen, die politische Empfindungen verletzen könnten (z.B. in Fragen des Geschlechts oder der ›Rasse‹), beseitigt werden sollten.«

Die erste Erwähnung des Begriffs, die ich entdecken konnte, findet sich in einer Ausgabe der *New York Times* von 1934, wo über Nazi-Deutschland berichtet wird, dort würden »reine ›Arier‹ bevorzugt, deren Meinungen politisch korrekt sind«. Wie bei vielen unglücklichen Dingen (Antisemitismus kommt mir dabei sofort in den Sinn) konnte das, was extrem rechts war, leicht zu etwas extrem Linkem werden, und der amerikanische Kommentator Herbert Kohl, der die Auseinandersetzungen zwischen Kommunisten und Sozialisten im New York der späten 1940er und frühen 1950er Jahre beobachtete, schrieb:

> »Der Begriff ›politisch korrekt‹ wurde abschätzig verwendet, um jemanden zu bezeichnen, dessen Loyalität zur KP-Linie jedwedes Mitgefühl übertraf und zu schlechter Politik führte. Er wurde von Sozialisten gegen Kommunisten verwendet und sollte Sozialisten, die an egalitäre moralische Ideen glaubten, von dogmatischen Kommunisten unterscheiden, die Parteipositionen ungeachtet ihres moralischen Gehalts befürworteten und verteidigten.«

Bereits 1987 hatte Allan Bloom in seinem Buch »The Closing of the American Mind« den Begriff als einen weiteren Vorboten der von unheimlichen Leuten geführten Einfältigen entlarvt, und 2009 stellte Geoffrey Hughes in »Political Correctness: A History of Semantics and Culture« die Frage, ob eine Änderung der Sprache tatsächlich politische und soziale Probleme löse oder einfach nur Zensur, intellektuelle Einschüchterung und die Darbietung moralischer Reinheit seitens der politisch Korrekten fördere; es handle sich um das Projekt einer Minderheit und nicht um eine organischen Form des Sprachwandels. Leute, die behaupten, sich für das Leben des Geistes zu interessieren, sind erstaunt darüber, dass erst die politisch Korrekten und jetzt die Woken ein scheinbar so feines Gehör für Sprache haben. Man hat das Gefühl, dass sie ihr zu viel Gewicht (»Worte sind buchstäblich Gewalt!«) und zu wenig Respekt entgegenbringen. Es ist eigentlich ziemlich egal, ob der Stadtrat von Berkeley in Kalifornien den vormals als »manhole cover« bezeichneten Gullydeckel offiziell in »maintenance hole« (wörtlich Instandhaltungsloch) umbenennt, auch wenn mein schmutziger Verstand die letztere Variante wohl am suggestivsten findet. Es machte nicht viel aus, als 2006 zwei Kindergärten in Oxfordshire ihre »gemischten« Kinder (d.h. solche unterschiedlicher Hautfarbe) anwiesen, »Baa baa rainbow sheep« zu singen, statt Bezug auf ein Schaf dunklerer Farbe zu nehmen, wiewohl eine Frau mit dem großartigen Namen Jill Edge, Erzieherin in einem konkurrierenden Kindergarten, dazu meinte:

> »Wir singen ›Baa baa black sheep‹ und ›Baa baa white sheep‹, denn das ist die Realität, das ist das, was die Kinder auf den Feldern sehen, und es ermutigt sie, sich umzuschauen. In Wirklichkeit werden sie auf den Feldern keine Regenbogenschafe sehen. Es gibt viel bessere Möglichkeiten, über diese Themen zu sprechen.«

Allerdings – im Jahr 2000 wurde eine Warnung der Stadt Birmingham, »Baa Baa Black Sheep« solle in Schulen nicht gesungen werden, weil es »rassistisch beleidigend« sei, zurückgezogen, nachdem schwarze Eltern sich darüber lustig gemacht hatten. Solche sich häufenden Kleinlichkeiten führen dazu, dass die Mehrheit der Wähler, die sich mehr mit den tatsächlichen Problemen des täglichen Lebens befassen, auf stur schalten und viel eher geneigt sind, für populistische Führer zu stimmen, die diesen Unsinn als solchen verspotten.

Ein merkwürdiger Zwiespalt kommt da bei den farblich gekennzeichneten Schafen zum Ausdruck: Schwarz soll einerseits schön oder zumindest jeder anderen Hautfarbe ebenbürtig sein, jedoch das Wort andererseits möglichst vermieden werden. Logik aber war noch nie eine Stärke der politisch Korrekten bzw. Woken, wenn es um Farben geht. Aufgrund ihrer sozialen Schicht sind die meisten Woke-Aktivisten unter Weißen aufgewachsen – und wenn sie zu spät mit Schwarzen in Kontakt kommen, scheinen sie völlig den Verstand zu verlieren. Ob sie nun an einer schwarzen Fußsohle herumschmatzen, weil sie glauben, durch eine solche Selbstaufopferung würden sie eins mit der schwarzen Seele, oder weil sie es besser zu wissen meinen als Martin Luther King, der davon träumte, dass Menschen nach ihren persönlichen Qualitäten und nicht nach ihrer Hautfarbe beurteilt werden, sie leben nach einem seltsamen Glaubensbekenntnis, das ich vor mehr als einem Jahrzehnt als »Farbtabellenpolitik« (»Paint Chart Politics«) bezeichnet habe. Demnach hat man, je weiter man von der weißen Hautfarbe entfernt ist, in den Augen der Linken desto eher recht.

So ist das demokratische Israel, das Frauen und Homosexuellen volle Bürgerrechte gewährt, in den Augen der Woken »schlimmer« als die umliegenden Länder, die das nicht tun, aber dunkler sind. (Solcherlei Ignoranz führte dazu, dass gegen die Labour Party wegen Rassismus ermittelt und der Holocaust von einem Woken als »Verbrechen von Weißen an Weißen« bezeichnet wurde.) Sie hat dem ältesten Hass neues Leben eingehaucht, unter dem Banner dessen, was ich »hippen Faschismus« (»Fresh'n' funky fascism«) genannt habe – propagiert von jungen Islamisten und nicht von alten weißen Männern, weshalb er den Woken viel attraktiver erscheint. In einer Zeit, da Rassismus zu Recht verteufelt wird, sind die Juden – weil sie »weiß« sind – zur einzigen ethnischen Minderheit geworden, die man reinen Gewissens schikanieren kann. Es ist immer wieder lustig zu sehen, wie bleichgesichtige propalästinensische Aktivisten aus dem Westen von dunkelhäutigen mizrachischen Soldaten der israelischen Armee auf Kleinlaster verladen werden, während sie mit ihrer schlichten Farbtabellenpolitik die Tatsache zu verarbeiten suchen, dass Israelis auch braune und schwarze Haut haben können. Ganz ähnlich wurden die Linken in Darfur vor den Kopf gestoßen, als sich herausstellte, dass arabische Muslime schwarze Christen terrorisierten. Ähm, Islam gut, Christentum schlecht – aber Moment mal, Christen sind hier dunkler! *Das passt nicht zusammen!*

In der Kinderwelt von Janet und John, in der heldenhafte Linke gegen hundsgemeine Rechte und heilige Schwarze gegen sündige Weiße kämpfen, ist die westliche Gesellschaft ein Monolith aus mächtigen Bleichgesichtern, die alle anderen unterdrücken. Die wirkliche Welt ist um einiges komplizierter. Whistleblower werden der Vergewaltigung beschuldigt. Muslimische Männer verkuppeln ungläubige Mädchen. Roma offenbaren einen heftigen Abscheu vor Homosexualität. Die BBC entlässt Frauen mittleren Alters, um ihre Quote für ethnische Vielfalt zu erhöhen. Osteuropäische Einwanderer sind schockiert, wie viele schwarze Briten es gibt. Die Vermählung britischer Asiaten mit britischen Schwarzen stößt bei den Angehörigen dieser Communitys auf viel stärkere Ablehnung als bei einheimischen weißen Briten, die ihrerseits weniger Probleme damit haben, Asiaten oder Schwarze zu heiraten und überhaupt große Fans von »Mischehen« sind: »Meine Erwartungen an Großbritannien sind hoch«, sagte etwa Trevor Phillips. »Dies ist das einzige Land der Welt, in dem eine beträchtliche ›gemischte‹ Bevölkerung durch Liebe und nicht durch Zwang und Sklaverei entstanden ist.«

Was aber geschieht, wenn eine Gruppe kein Interesse an Assimilation hat und andere Communitys – sowohl die weiße Mehrheit als auch andere ethnische Minderheiten – als minderwertig betrachtet? Der schwarze Aktivist Darcus Howe kehrte, zwanzig Jahre nachdem er dort gelebt hatte, nach Walsall zurück, um eine Fernsehsendung über die Stadt zu drehen, wo er von einer Gruppe wütender junger Pakistaner zur Rede gestellt wurde: »Sie erzählten mir von ihrer gewalttätigen Feindseligkeit gegen Leute aus der Karibik und drohten, mir die Beine zu brechen. Der pakistanische Nationalismus ist ihr tägliches Brot. ›Wir sind Muslime‹, sagten sie, ›und niemand mag uns.‹«

Schwer zu verstehen, wie sie darauf kommen, wo doch der Westen oftmals von etwas beherrscht zu sein scheint, das ich nur als Islamophilie bezeichnen kann. Das groteskeste Beispiel war natürlich die Weigerung zahlreicher britischer Polizeibehörden, gegen Zuhälterbanden vorzugehen, aus Angst, der Islamophobie bezichtigt zu werden, aber jede Woche kommen neue Geschichten ans Licht. Es bedurfte erst unserer großartigen Innenministerin Priti Patel (die sich von weißer Wokeness nicht abhalten ließ, wenn es um Kriminelle ethnischer Minderheiten ging), um im Sommer 2020 den Kampf gegen die Geißel der modernen Sklaverei aufzunehmen, nachdem sie fehlgeleitete »kulturelle Empfindlichkeiten« als Grund dafür genannt hatte, dass sich Polizei und Regierungsbehörden bei der Bekämpfung illegaler Ausbeuterbetriebe in der britischen Fast-Fashion-Industrie zurückhielten, um nicht des »Rassismus« beschuldigt zu werden. Fast so, als ob es dem weißen Establishment nichts ausmachte, Frauen vor den Bus zu werfen, um sich bei muslimischen Ausbeutern einzuschleimen; fast so, als hätte es den Sexausbeuterladen Rotherham nie gegeben, mit all den kleinen weißen Schlampen, die den ganzen Weg zur Polizei geschluchzt haben, nur um dort wie Müll behandelt zu werden.

Obwohl selbst keine »Rasse«, nimmt der Islam einen besonderen Platz ein, wenn es um Schutz und Förderung geht. Selbst während der Rushdie-Affäre gab man sich bei der BBC alle Mühe, den Islam als etwas im Wesentlichen »Fröhliches« und »vor Lebensfreude Strahlendes« darzustellen – eine Art afrokaribischer Kultur, nur mit Fasten und Fatwas. 2001 schrieb ich dazu im *Guardian*:

> »Die Islamwoche der BBC brachte uns die Wunder von Moscheen und Mekka nahe, beschönigte das islamische Reich, das zu seiner Blütezeit größer war als das römische (zur Erinnerung: britisches Reich = schlecht, islamisches Reich = gut), zeigte – ho, ho, ho! – eine muslimische Fußballmannschaft und Laurence Llewelyn-Bowens Kreation eines ›islamischen Gartens‹ und endete mit Jools Hollands ›Rhythms of Islam‹. Das also ist der Islam – Spaß, Spaß, Spaß! Kein Wort von den Frauen, die gefoltert, den christlichen Konvertiten, die hingerichtet, den Apostaten, die verfolgt, den Sklaven im Sudan, die jetzt gerade verkauft und ihren Peinigern überlassen werden. Und bis 2025, so klärt uns die BBC auf, wird ein Drittel der Welt muslimisch sein.«

Man konnte fast hören, wie Auntie lüstern mit der Zunge schnalzte, als sie sich auf die sexy Unterwerfung der sieben Schleier freute, die sie erwartete. Den fanatischen Wunsch der BBC, dem Islam auf Kosten aller anderen Religionen zu dienen (man erinnere sich an das gruselige »Friede sei mit ihm«-Kürzel auf ihrer Religions-Website), bekam 2019 der gefürchtete Lord Singh aus Wimbledon zu spüren. Seine regelmäßige Sendung »Thought for the Day« für Radio 4 gab er auf, nachdem die BBC ihn daran gehindert hatte, über einen religiösen Führer zu sprechen, der im Indien des 17. Jahrhunderts die Bekehrung von Hindus zum Islam bekämpfte, weil das Muslime hätte beleidigen können. Eine Welt, in der der Islam Andersgläubige nie mit vorgehaltenem Krummsäbel »bekehrte«? Das ist weniger ein Gedanke für den Tag als vielmehr das magische Denken des Tages. Lord Singh schrieb:

> »Ich gebe ›Thought for the Day‹ nur mit großem Widerwillen auf. Aber ich kann die vorurteilsbehafteten und intoleranten Versuche der BBC nicht länger hinnehmen, die Lehren der Sikhs über Toleranz, Glaubensfreiheit und die Pflicht, die uns allen auferlegt ist, um eine Gesellschaft mit stärkerem Zusammenhalt und mehr Verantwortung zu schaffen, zum Schweigen zu bringen.«

Die BBC hat ihre Lektion nicht gelernt. Im Sommer 2020 berichtete sie so penetrant über die religiösen Feste der Muslime, dass man sich leicht vorstellen konnte, in den Vereinigten Arabischen Emiraten zu leben und nicht im Vereinigten Königreich.

Als Grund für die Islamophilie wird oft angegeben, man wolle die Unterlegenen schützen; eine Reihe von Schriftstellern erhob nach dem Massaker an *Charlie Hebdo* Anklage und beschuldigte die Zeitschrift, auf eine verletzliche Gemeinschaft »einzuschlagen«. Aber der Islam ist die am schnellsten wachsende Religion der Welt und wird in fünf Jahren ein Drittel der Weltbevölkerung beherrschen. Wann wird er *nicht* mehr der Außenseiter sein? Wenn die Hälfte der Welt muslimisch ist? Ich bin sicher, dass die westlichen Verteidiger des Islamismus bis dahin eine andere Ausrede parat haben werden. Denn ihre Verteidigung des Islamismus ist nicht wirklich auf ihre Zuneigung zum Underdog zurückzuführen. Es ist vielmehr die Angst vor dem Kampfhund: das Wissen, dass ein kleiner Teil der Anhänger dieses einen Glaubens sie töten wird, sobald sie ihn beleidigt sehen. Sie sind nicht der stolze Verteidiger der Unterlegenen, sondern der feige kleine Handlanger des Schultyrannen, der seinen Vorgesetzten dazu anstachelt, auf so vielen Opfern wie möglich herumzutrampeln, in der Hoffnung, dass die Hitze und der Hass ihn keinen Tag länger treffen.

Es ist schon erbärmlich genug, wenn woke westliche Männer so etwas tun, aber zumindest kann man erkennen, was für sie dabei herausspringt, wenn sie ihr mickriges Gewicht an diese frauenfeindlichste aller Religionen hängen. Aber welche Art Frau will weniger frei sein? Oft kann man anhand der Aufmerksamkeit, die sie auf sich ziehen, vorhersagen, wer es als nächstes tun wird. Als ich entdeckte, dass Sinéad O'Connor zum Islam konvertiert war, war ich ungefähr so schockiert wie ein Weihnachtseinkäufer, der die ersten Takte von Slades »Merry Xmas Everybody« hört, während er in letzter Minute noch ein paar Geschenke kauft.

Ein großer Teil der Bekehrungen von Männern zum Islam findet im Gefängnis statt – plötzlich bekommen Schlägertypen den Segen einer höheren Macht, um zu foltern, zu vergewaltigen und zu töten –, aber bei Frauen, glaube ich, handelt es sich oft um eine ausgeklügelte Art und Weise, mit der schwindenden Attraktivität des eigenen Körpers fertig zu werden: »Seht mich an in meinem schönen, besonderen, bescheidenen Kostüm, ihr Schlampen!« O'Connor hatte wenigstens Talent und gab zu, psychisch krank zu sein. Lauren Booths völlig vermessene Sucht nach dem Rampenlicht ist ihre einzige Besonderheit; offenbar wurde sie von Mutter Natur bereits als Begleitperson erschaffen. Eine gescheiterte Schauspielerin und ein mittelmäßiger Schreiberling – man kann mit Fug und Recht behaupten, dass wir nie von ihr gehört hätten, wenn ihre Halbschwester nicht einen Mann geheiratet hätte, der Premierminister wurde. Nachdem sie während der 2006er Version von »I'm a Celebrity … Get Me Out of Here!« wegen Verbrechen gegen den Rap aus dem Dschungel geworfen worden war, fand sie schließlich ihre verkorkste Berufung im Mohammedanismus, indem sie als bezahlte Handlangerin für den Fernsehsender Press TV des mörderischen iranischen Regimes arbeitete. Eine Frau, die sich entschließt, als Fassade für eine Bande von Schlägern zu fungieren, die die Todesstrafe durch Steinigung für Ehebrecherinnen aufrechterhalten – das war sicherlich die verrückte Variante des Scharia-Syndroms.

Booth konvertierte 2010 zum Islam und nahm den Hidschab an, der es ihr erlaubte, so viel zu essen, wie sie wollte. Vielleicht war das der Grund, warum sie ihren neugefundenen Glauben als »diesen Schuss spirituelles Morphium, einfach absolute Glückseligkeit und Freude« beschrieb – *all der Kuchen, und dazu der Hidschab, der so viele Kuchensünden verdeckt!* Aber eine Sünderin wird nicht über Nacht zur Heiligen, und obwohl Booth geschworen hat, ihre Brüste nie wieder in der Öffentlichkeit zu zeigen, scheint es ihr an absoluter Treue zur Wahrheit und Ehre gefehlt zu haben, als sie einen muslimischen Ehemann nahm, der leider bereits der Mann einer anderen war. Faiza, Sohale Ahmeds schöne Frau von sechzehn Jahren, erzählte der *Daily Mail* 2013:

> »Sie hat mein Zuhause zerstört. Man kann nicht einfach einen Hidschab aufsetzen und sagen, man sei eine gute muslimische Frau – es geht um Grenzen zu Männern, um Liebe und Respekt vor Frauen. Am Zuckerfest kam Lau-

> ren mit Sohale und anderen Familienmitgliedern aus der Moschee nach Hause, doch niemand hatte mich gewarnt. Als ich aus der Küche kam, stand sie voll geschminkt in meinem Wohnzimmer, von Kopf bis Fuß in Rot gekleidet, der traditionellen Farbe eines muslimischen Hochzeitskleides. Sie sah aus wie eine Braut. Sie folgte mir zurück in die Küche und sagte: ›Es tut mir leid, dass ich dir deinen Mann gestohlen habe!‹ Er kümmerte sich die ganze Zeit nur um sie, und am Abend gingen sie aus. Keines seiner Familienmitglieder sagte etwas zu ihm. Sie kam als Gast von mir und meinem Mann in mein Haus und tat dies vor meiner Nase. Ihr Verhalten entsetzt mich, und andere muslimische Frauen – genau die Menschen, die sie zu unterstützen vorgibt – müssen sich nun ein Urteil über sie bilden.«

Das seltsame Paar – Booths zunehmender Körperumfang ließ ihren zierlichen Partner, wenn sie zusammen fotografiert wurden, wie einen handlichen Snack aussehen – wurde bald darauf von allen Treuhänderposten ausgeschlossen, nachdem die Wohltätigkeitskommission festgestellt hatte, dass sie nicht in der Lage waren, über die Hälfte des von ihrer Palästina-Hilfsorganisation Peacetrail gesammelten Geldes Rechenschaft abzulegen, von denen satte 70.000 Pfund auf mysteriöse Weise verschwunden waren. Lag vielleicht am *Kuchen!*

Welche Art Frau richtet sich in einer Religion gemütlich ein, die die Unterdrückung, Folterung und Ermordung von Frauen unterstützt, die es wagen, Freiheit zu wollen? Die Art, die Liebesbriefe an Serienmörder schreibt. Es ist eine Sache, wegen Mohammed komplett den Verstand zu verlieren (Iranian.com, eine Website von Exil-Iranern, kommentierte ein Foto von Booth in voller Muslima-Verschleierung mit den Worten: »Ist diese Frau verrückt geworden?«) – wir alle machen Dummheiten, wenn wir verliebt sind. Aber stellen Sie sich eine Gruppe vernünftiger Frauen vor – zum Beispiel gewählte schwedische Abgeordnete einer progressiven, gegen Trump gerichteten, feministischen, fair gehandelten und glutenfreien Regierung –, die sich bei ihrem Besuch der iranischen Führung im Jahr 2017 dazu entschieden, ihren Hidschab zu tragen, während überall in der muslimischen Welt herzzerreißend mutige Frauen mit ihrer Freiheit bezahlen, mit Gefängnis, Folter und Tod rechnen müssen, wenn sie ihren Hidschab ablegen, um sich aus dem Schleier der Unterwerfung zu befreien.

Eine junge Iranerin schrieb einen Offenen Brief an Magdalena Andersson, die schwedische Finanzministerin, die sich rühmt, der ersten feministischen Regierung der Welt anzugehören:

> »Ich bin eine iranische Frau und Gründerin der Kampagne ›My Stealthy Freedom‹ (Meine heimliche Freiheit), die sich gegen den Schleierzwang und für die Wahlfreiheit der Frauen einsetzt. Sie haben behauptet, das Tragen eines Kopftuches im Iran sei dasselbe wie das Tragen eines Hutes in Schweden. Ist das Ihr Ernst? Das bin ich auf dem Bild, als ich Parlamentsjournalistin war. Der Geistliche versucht, mir ins Gesicht zu schlagen, nur weil ich keinen richtigen islamischen Hidschab trage. Ein Hut kam nicht in Frage.
>
> Wurden Sie jemals gezwungen, Ihr ganzes Leben lang den Hidschab zu tragen? Haben Sie jemals die Brutalität der Moral erlebt, die Sie zwingt, Ihr Haar zu bedecken? Die Antwort lautet: *Nein*. Für uns Millionen iranischer Frauen ist dies jedoch leider alltägliche Realität unseres Lebens. Deshalb verstehen Sie wahrscheinlich auch nicht den Unterschied zwischen einem obligatorischen

Kopftuch und einem Hut (den Sie übrigens freiwillig getragen haben). Indem Sie beides gleichsetzen, zeigen Sie sich geradezu desinteressiert an den täglichen Kämpfen von Millionen iranischer Frauen, die den Schlägen der Sittenpolizei trotzen, wann immer sie versuchen, ihre Wahlfreiheit zum Ausdruck zu bringen.

Ja, Sie können sich über unseren Kampf lustig machen, aber ich würde es begrüßen, wenn Sie verstünden, dass wir über den Hidschab-Zwang sprechen, während Sie, wenn Sie uns Ihre Bilder mit Hüten zeigen, in Wirklichkeit von Ihrer Wahlfreiheit Gebrauch machen. Sie versuchen, den großen Unterschied zwischen dem obligatorischen Schleier, den Iranerinnen tragen müssen, und Ihrem freiwillig getragenen Hut zu verwischen. Ich bin sicher, dass Sie das Burkha-Verbot in Frankreich verurteilt haben. Das hat unsere Kampagne auch getan, denn auch das Burkini-Verbot verstieß gegen die Wahlfreiheit. Allerdings haben Sie das Burkini-Verbot nie verharmlost, so wie Sie jetzt das Gesetz zur Schleierpflicht im Iran verharmlosen.

Niemand hat Sie gezwungen, diese schönen Hüte zu tragen. Wir wünschen Ihnen von ganzem Herzen, dass Sie Spaß haben und in Sicherheit bleiben. Trotz Ihrer Haltung werden wir unseren Kampf niemals aufgeben, und ich bin sicher, dass Sie eines Tages unsere Stimme und unseren Protest gegen den Hidschab-Zwang hören werden. Wie Ihr Verhalten während Ihres Aufenthalts im Iran beweist, als Sie den obligatorischen Schleier trugen, handelt es sich nicht mehr um eine interne Angelegenheit; unsere Regierung hat Sie alle gezwungen, ein diskriminierendes Gesetz zu befolgen. Wir alle müssen mutig sein und *nein* zu jeder Form der Demütigung sagen. Das nennt man Schwesternschaft und Solidarität. Um es klar zu sagen: Wir haben Sie nie aufgefordert, die Gesetze unseres Landes zu beleidigen; wir haben Sie lediglich gebeten, dieses beleidigende Gesetz in Frage zu stellen und es nicht zu befolgen.

Indem Sie uns Bilder von sich selbst mit Hüten zeigen, die die Tatsache herunterspielen sollen, dass Sie den obligatorischen Schleier getragen haben, beleidigen Sie eigentlich alle Frauen, die gegen den Hidschab-Zwang gekämpft haben. Indem Sie den Unterschied zwischen beidem verwischen, verharmlosen Sie, was iranische Frauen täglich ertragen müssen. Stehen Sie Ihren Schwestern bei und zögern Sie nicht, unsere Regierenden auf dieses diskriminierende Gesetz anzusprechen. Die Geschichte wird über uns alle urteilen. Übrigens heißen wir Sie in unserem schönen Land willkommen, aber seien Sie bitte so mutig wie die iranischen Frauen und sagen Sie etwas gegen den obligatorischen Hidschab, denn wenn Sie iranische Politikerinnen zwingen würden, bei ihren Besuchen im Westen das Kopftuch abzulegen, würden sie bestimmt protestieren. Wir sind für gute Beziehungen zum Westen, aber wir hätten gerne gesehen, dass Sie standhaft bleiben und den Feminismus so predigen, wie Sie es in Schweden tun.«

Im Monat zuvor kam es zu einem weiteren Akt der Massenverschleierung freier Frauen. Ich mag es genauso gern wie jede andere Frau, mit Hüten herumzulaufen und Männer anzuschreien, aber ich hatte keine Lust, an einem der Frauenmärsche teilzunehmen, die im Januar 2017 stattfanden. Erstens war ich mir sicher, dass da viele »starke Frauen« dabei sein würden: ein Ausdruck, den ich im besten Fall hasse – denn meiner Meinung nach sollte er nur verwendet werden, wenn die betreffende Dame ein Telefonbuch mit bloßen Händen entzweireißen kann – und der mir besonders unpassend erschien, um einen Haufen übergroßer Veruca Salts zu beschreiben, die einen kollektiven Wutanfall haben, weil ihre Partei gegen Trump verloren hat. Wieder einmal sahen wir, wie die regressive Linke das gleiche Verhalten wiederholte, das ihr die Niederlage überhaupt erst eingetragen hat: nämlich jeden Gegner auf kindische Weise als Hitler mit lustigen Haaren zu dämonisieren.

Unheimlicher allerdings und ziemlich abstoßend fand ich, dass Linda Sarsour, eine der Organisatorinnen des Marsches in Washington, ein ausgesprochener Fan von Saudi-Arabien ist – »10 Wochen *bezahlter* Mutterschaftsurlaub in Saudi-Arabien. Jawohl, bezahlt. Und ihr macht euch Gedanken über Frauen am Steuer. Das ist eine Schande für uns«, hieß es in einem Tweet. Die Tatsache, dass es Frauen in Saudi-Arabien nicht erlaubt ist, Auto zu fahren, sich mit nicht-verwandten Männern zu treffen oder die Sonne auf ihren nackten Kopf scheinen zu lassen, wurde dabei bequem umgangen, denn ihnen zu erlauben, zuhause zu bleiben und sich um die Kinder zu kümmern, ist etwa so »empowering«, wie einem Fisch die Erlaubnis zu schwimmen zu geben.

Dann gab es das groteske Schauspiel, dass viele nichtmuslimische Frauen bei verschiedenen Demonstrationen freiwillig einen Hidschab trugen. Das erinnerte mich an die liberale muslimische Feministin Asra Nomani, die sagte, sie habe für Trump gestimmt, weil sie vier weitere Jahre Liebedienerei vor dem Islamismus im Weißen Haus nicht ertragen könne. Schließlich warf ihr eine weiße Feministin vor, der »Vorherrschaft der Weißen« in die Hände zu spielen. Wie die Schriftstellerin Nervana Mahmoud es ausdrückte: »Jetzt fühlen wir liberalen Muslime uns wieder entfremdet. Die gegen Trump demonstrieren, sind wählerische Liberale. Sie schwören auf den Liberalismus, wenn ein weißer Mann wie Trump der Schuldige ist, verteidigen aber frohgemut den Illiberalismus nicht-weißer autoritärer Regime und Ideologien. Meine Botschaft an alle politischen Aktivisten, die in Amerika demonstrieren, ist einfach: Fühlt unseren Schmerz, und steht zu unseren gemeinsamen Werten. Man kann sich nicht gegen Trumps Frauenfeindlichkeit stellen und gleichzeitig die Frauenfeindlichkeit anderer als ›kulturell‹ oder ›religiös‹ dulden oder ignorieren. Eine solche Unentschlossenheit hat überhaupt erst zum Aufstieg von Trump geführt. Frauenrechte gelten für alle, nicht nur für amerikanische und andere westliche Frauen.«

Was Winston Churchill über die Demokratie sagte, kann man auch über die Polizei sagen: dass sie die schlechteste Form der Polizeiarbeit sei, abgesehen von allen anderen – doch im Sommer 2020 war seine Statue bereits eingepackt worden, um sie vor den etwas schlichten, aber zweifellos von Herzen kommenden künstlerischen Bemühungen des Mobs zu retten, so dass seine Meinung in der wie in einem Fiebertraum durcheinandergeworfenen Welt nach dem Lockdown wohl nicht mehr viel wert war. Covid-19 blieb der große schwarze Raubvogel im Raum – oder inmitten der überfüllten Black Lives Matter-Demonstrationen –, der stillschweigend das Aas vieler Menschen aufsammelte, die ahnten, dass sie keine Zukunft hatten, und diese Prognose umso wahrscheinlicher machten, als sie sich zu Tausenden aneinanderdrängten, um ein besseres Leben zu fordern.

Angesichts des Ansteckungspotentials bei den Demonstrationen gegen die Ermordung eines Berufsverbrechers, das in den ohnehin schwer betroffenen schwarzen Communitys, in die viele der Demonstranten zurückkehren würden, noch viel mehr und viel besseren Menschen das Leben kosten würde, musste ich an den vulgären alten Spruch des Komikers George Carlin denken: »Für Frieden zu kämpfen ist wie für Jungfräulichkeit zu ficken.« Unter solchen Bedingungen gegen den Tod von Schwarzen zu demonstrieren würde mit Sicherheit viele weitere schwarze Tote zur Folge haben.

In der Amtszeit des Bürgermeisters Sadiq Khan kam es zu einem Anstieg der Messerkriminalität, der etlichen Jugendlichen in der Hauptstadt das Leben kostete; in den schwarzen Vierteln Londons ereigneten sich Gewalttaten so regelmäßig wie die Wachablösung vor dem Buckingham-Palast. Nachdem er unablässig den bösen Tories die Schuld gegeben und der Fabian Society schluchzend erklärt hatte, dass »nichts mich nachts mehr wachhält als Messerkriminalität«, woraufhin er 2019 ankündigte, die Polizei in der Hauptstadt werde zusätzliche 234 Millionen Pfund erhalten, weil »die Sicherheit der Londoner meine oberste Priorität ist«, vollzog der Mann mit den vielen Gesichtern im Sommer 2020 eine rasche Kehrtwende und verkündete, dass auch er nun das Budget der Polizei um 110 Millionen Pfund kürzen wolle. Der Polizei Mittel zu streichen, um den Tod schwarzer Jugendlicher durch Messerkriminalität zu verhindern, ist auch ein bisschen so wie für Jungfräulichkeit zu ficken.

Warum wurde ausgerechnet George Floyd von all den unschuldigen Schwarzen, die von rassistischen weißen Polizisten ermordet wurden, als Märtyrer dieser Bewegung ausgewählt? Wer sich nicht aus Selbsthass und selbstverliebter parasexueller Erregung in die Sache hineinsteigerte, konnte die Alarmglocken längst läuten hören, denn das demonstrative Schuhlecken (wie auch die Toilettenmätzchen der Transen) schien mehr von Pornographie als von Politik geprägt. Das gab dem Rest von uns den guten Hinweis, dass die scheinbar vorbehaltlos zu befürwortende Black Lives Matter-Bewegung von Anfang an durch und durch verdorben war. Und dass das Leben von Frauen in der wunderbaren Welt der Woken wieder einmal keine Rolle spielte.

Es war bitterkomisch zu sehen, wie junge britische Linke, die sonst unablässig gegen die USA wettern, sich plötzlich in großem Stil eine amerikanische Protestbewegung zu eigen machten, so wie man schwachsinnige Islamisten in Coca-Cola-T-Shirts sieht. Für Frauen, die mit dem Wissen aufgewachsen sind, dass die Anzeige einer Vergewaltigung bei der Polizei so erniedrigend sein kann, dass viele von ihnen diese Erfahrung mit einer »erneuten Vergewaltigung« vergleichen (die Opferbeauftragte Dame Vera Baird konnte im Sommer 2020 allen Ernstes sagen, Vergewaltigung sei in Großbritannien weitgehend entkriminalisiert), ist es jedoch ganz und gar nicht unterhaltsam, wenn die Polizei die Menschenrechte plötzlich so ernst nimmt, dass sie häufig das Bedürfnis verspürt, flehend niederzuknien. Die PC-Polizei der Zuhälterbanden-Jahre war zur vollwertigen Woke-Brigade geworden. Es war nicht nur die Polizei; nach dem Beifall für den NHS wurden die eingesperrten Briten nun ermutigt, vor Berufsverbrechern im ganzen Land zu kriechen. Eine Freundin, die in einer der ethnisch am wenigsten vielfältigen Küstenstädte Englands lebt, beobachtete folgendes an einem Strand in der Nähe ihres Hauses: »Da war ein Rudel verzweifelter weißer Menschen, die ihren Kindern einen Maulkorb verpassten und am Strand des vielleicht idyllischsten Ortes in England knieten. Es war traurig und seltsam und schien mir nichts mit dem Leiden der Schwarzen in den Städten zu tun zu haben, aus denen diese Menschen in vielen Fällen die ›weiße Flucht‹ angetreten hatten. Sie wollten einfach auf ihre Art mit den anderen mithalten.« Der Anblick so vieler Menschen, die überall in der westlichen Welt auf die Knie fielen, war in der Tat äußerst verwirrend; ich dachte immer wieder, es stünde eine dieser Massenhochzeiten der Moon-Sekte bevor, bei denen dreitausend Paare auf einmal den Bund fürs Leben schließen. Manchmal aber war es abscheulich und kein bisschen lustig: ein winziges weißes Mädchen, nicht älter als acht Jahre, kniete in der Tür ihres bescheidenen Zuhauses und hielt ein selbstgebasteltes Plakat in der Hand, auf dem neben einem Pfeil auf ihr verängstigtes kleines Gesicht die Worte »Privileged #blacklivesmatter« standen. Dazu schrieb der Kommentator Raheem Kassam: »Stellen Sie sich vor, dass ein verwirrtes Kind nicht nur angewiesen wird, vor Scham niederzuknien, sondern dass das Ganze auch noch dokumentiert und in die sozialen Medien hochgeladen wird, um herzergreifende Woke-Punkte zu sammeln.«

Wir erlebten Tage, die so seltsam waren, dass sie den Doors-Song »Strange Days« klingen ließen, als ginge es um einen Ausflug in den Baumarkt; das einzige, was den Wahnsinn des Handgemenges noch steigern konnte, waren ein paar stramme Kerle in Röcken – die, so scherzte ein schwarzer amerikanischer Freund von mir, jeden Moment auftauchten, da Alicia Garza, eine der Gründerinnen von Black Lives Matter, »queer« und mit einem »Transmann« verheiratet sei. Das heißt, ich hielt es für einen Scherz – aber es war wahr. Was um alles in der Welt könnte einen Haufen kluger junger schwarzer Männer und eine Bande affektierter Schwuler vereinen? Schwarze Kampfbewegungen waren in der Vergangenheit extrem heterosexuell, sogar homophob. Da die weiße Gesellschaft einst versucht hat, schwarze Männer zu kastrieren – in der Regel metaphorisch, manchmal auch buchstäblich –, ist es verständlich, dass sie sich als Machos präsentieren, wenn sie die Gelegenheit dazu haben. Die Kehrseite der Medaille sind die zahlreichen herzzerreißenden Berichte darüber, wie schwer es schwarze schwule Männer haben, die sich in ihrer eigenen Community zu outen versuchen. Das Tabu wirkt so stark, dass der Fußballer John Fashanu behauptete, sein Bruder Justin, der Selbstmord beging, sei nicht wirklich schwul gewesen, sondern habe sich nur »Geschichten ausgedacht, um Aufmerksamkeit zu erregen«. Da es für schwarze Männer besonders schwer ist, schwul zu sein, ist es nur logisch, dass sie die Lüge »Transfrauen sind Frauen« nachplappern, damit sie ihren Penis genießen können, ohne theoretisch Sex mit einem anderen Mann zu haben.

Dennoch hat Black Lives Matter im Herbst das Glaubensbekenntnis »What We Believe« von seiner Website entfernt (gut, wenn man den Mut hat, zu seinen Überzeugungen zu stehen), vielleicht weil man ahnte, dass der durchschnittliche schwarze Bürger andere Sorgen hat, als wokes Zeug wiederzukäuen:

> »Wir sind selbstreflexiv und leisten die notwendige Arbeit, um cis-geschlechtliche Privilegien abzubauen und Schwarze Transmenschen zu fördern, insbesondere Schwarze Transfrauen, die weiterhin unverhältnismäßig stark von transfeindlicher Gewalt betroffen sind. Wir pflegen ein Netzwerk, das queere Personen unterstützt. Wenn wir uns versammeln, tun wir das in der Absicht, uns aus dem engen Griff heteronormativen Denkens zu befreien, oder besser gesagt, aus dem Glauben, alle Menschen auf der Welt seien heterosexuell (es sei denn, sie geben das Gegenteil zu erkennen).«

Hatte Michael Jackson nicht einen Song, der so ging? Ein richtiger kleiner Ohrwurm, wenn ich mich recht erinnere. Aber ernsthaft? Anstatt für etwas zu kämpfen, das tatsächlich eine beträchtliche Anzahl schwarzer Leben retten könnte – wie die Beendigung der »No-knock«-Polizeirazzien, bei denen Breonna Taylor getötet wurde –, konzentrierte die ganze Black Lives Matter-Bewegung sich lieber auf die winzige Anzahl schwarzer Crossdresser, die von ihren Kunden und/oder Dealern getötet werden. Wenn man irgendeine woke Bewegung zum Entgleisen bringen wollte, bräuchte man sich ihr nur anzuschließen und sie zu »transen«; sie würde dann ein großes Aufhebens um Menschen machen, die ohnehin kaum gefährdet sind, und die Mehrheit der vernünftigen Bürger das sehr schnell erkennen und sich von ihr abwenden.

Es war irgendwie perfekt, dass die Woke Bros. und ihre neuen bösen Freundinnen mit Posie Parker und Venice Allan aneinandergerieten, den Thelma und Louise der Frauenrechte, die es bisher noch mit jedem Quatsch aufgenommen haben. Zum ersten Mal machten sie 2018 mit den T-Shirts »Woman – Adult Human Female« auf sich aufmerksam, die sie verkauften, um eine Plakatwand mit demselben befremdlichen Spruch zu finanzieren, die auf dem diesjährigen Labour-Parteitag zu sehen war und dann überall in Großbritannien auftauchte. Mit der Feststellung einer einfachen Wahrheit enthüllten sie das ganze Ausmaß, in dem die Gesellschaft in ein Kaninchenloch hinabstürzt, das zu einer endlosen Mad Hat(t)er's Tea Party mit Tunten und Transen führt. Sie sind unanfechtbar weiblich und verfügen über eine extreme Mischung aus Sexappeal und Mutwillen, die nicht nur ihre autogynephilen Feinde auf die Palme brachte, sondern auch Feministinnen der alten Schule aus ihren Birkenstock-Latschen warf. Wie bei Marilyn Monroe und Jane Russell in »Blondinen bevorzugt« war das Funkeln als Ausdruck unverfrorener Aufmüpfigkeit in ihren Augen nicht zu übersehen. Sie sind die Geißel der Woke Bros.: weiblich, furchtlos und vor allem überhaupt nicht davon überzeugt, dass der Feminismus und die Linke natürliche Verbündete seien – sofern der Feminismus selbst durch Wokeness noch nicht unwiederbringlich verdorben ist. Im Sommer 2020 sprachen sie an der Speakers' Corner, als eine Black Lives Matter-Demonstration vorbeikam.

Venice erzählte mir:

»Ich hatte gerade meine Rede gehalten und Posie hatte die Veranstaltung beendet, ich stand hinten und mischte mich rauchend unter die Leute, als ich spürte, wie die Menge sich auf mich stürzte und schrie: ›Transfrauen sind Frauen!‹ Ich ging sofort nach vorne, um zu sehen, was los war, und um unsere Frauen zu schützen, von denen einige älter waren und Angst vor Covid hatten. Ich fing an zu schreien: ›Geht eure Schwänze anbeten!‹ (›Go worship your dicks!‹) – ich weiß nicht, warum mir das in den Sinn kam, aber es schien mir in diesem Moment das Richtige. Leider wurde es auf Twitter als ›Wasch deinen Schwanz!‹ interpretiert, und die Leute sagten: ›Ich glaube wirklich nicht, dass es genderkritischen Feministinnen gut zu Gesicht steht, schwarzen Männern zuzurufen: Mach deinen Penis sauber!‹

Später kam eine Gruppe junger Frauen zurück, um mit uns zu debattieren, und wir waren froh, dass wir die Gelegenheit dazu hatten, in der wunderbaren Tradition der Speakers' Corner. Es war frustrierend, mit diesen Frauen zu sprechen, die zwar all die Redensarten über Unterdrückung draufhaben, aber anscheinend überhaupt nicht verstehen, was das ist. Sie sagten, sie glaubten nicht, dass Jungen in den USA Mädchen Sportstipendien wegnähmen, und als wir ihnen Beispiele wie CeCe Telfer nannten, meinten sie: ›Das sind keine Jungen, das sind Mädchen!‹ Am Ende sagte ich, es habe keinen Sinn, weiter zu diskutieren – sie lebten im Land der Regenbögen und Einhörner, wo nichts etwas bedeute.«

Posie erläuterte:

> »Sobald ich die Rufe ›Black trans lives matter!‹ hörte und die Schilder sah, stimmte ich den Gegengesang ›Woman – adult human female‹ an, gefolgt von ›Transfrauen sind Männer‹ – es war aufregend, diese Worte laut auszusprechen, und das vor Leuten, von denen wir wissen, dass sie sie ablehnen. Ihre Reaktion war vorhersehbar, sie waren wütend, aggressiv und strotzten vor Frauenfeindlichkeit. Im Anschluss an die hitzigen Wortgefechte unterhielten wir uns mit einigen der jungen Frauen, die der liberale Feminismus äußerst erfolgreich zugerichtet hat. Sie haben die Grundlagen des Frauseins, unsere geschlechtlichen Körper, nicht verstanden. Dieses grundlegende Verständnis prägt ihre Auffassung aller anderen feministischen Ideen. Diese Mädchen sind die moderne Version der alten Redensart, dass man sein Haus auf Sand gebaut hat.«

Dass eine Demonstration einer Gruppe, deren gesamte Ideologie sich auf die abscheuliche Geschichte der Sklaverei bezieht, versuchen sollte, eine andere Gruppe von Menschen zum Schweigen zu bringen, die unter einer Art globaler Sklaverei gelitten hat – und in vielen Ländern immer noch leidet –, bringt den ganzen hysterischen Horror der Woke-Bewegung auf den Punkt. Das Wasser muss unaufhörlich getrübt werden, damit die Menschen nicht wirklich aufwachen und erkennen, dass es noch immer privilegierte weiße Männer sind – auch wenn sie sich eher als Brüder denn als Herren ausgeben –, die die Diskussion bestimmen. So viele Gräueltaten werden ignoriert, weil die Woke Bros. andere Dinge für mehr oder weniger wichtig halten. Die bittere Ironie besteht darin, dass die Sklaverei nicht historisch ist und in keiner Weise dadurch gestoppt werden kann, dass man Statuen von toten Männern abreißt, wie anstößig blass sie auch gewesen sein mögen. Sklaverei ist ein Verbrechen gegen die Menschheit, das gerade jetzt geschieht, von den Ausbeuterbetrieben in Nordengland bis zu den Sklavenmärkten in Arabien, wo heute schätzungsweise 529.000 bis 869.000 schwarze Männer, Frauen und Kinder immer noch Sklaven sind, die von muslimischen Herren in Algerien, Libyen, Mauretanien und dem Sudan gekauft, besessen und verkauft werden. Der schon erwähnten Farbtabellenpolitik zufolge ist die historische Sklaverei jedoch eines größeren Aufruhrs würdig als die Sklaverei, die in dieser Minute stattfindet, was hauptsächlich vom Melaninspiegel derjenigen abhängt, die die Versklavung vornehmen, und nicht von dem Ausmaß an Qualen der Versklavten, die verhindert werden könnten.

Die Hebräer waren bekanntlich auch Sklaven, und zwar der Ägypter – aber das zählt natürlich nicht, da wir uns die Ägypter auf der dunkleren Seite der Farbskala vorstellen, obwohl die Hebräer selbst aus dem Nahen Osten stammten und von ähnlicher Farbe gewesen sein dürften. Guiseppe Verdi hat den hebräischen Sklaven sogar ein eigenes Lied gewidmet:

»Flieg, Gedanke, auf goldenen Schwingen …
Grüße die Ufer des Jordan,
die zerfallenen Türme Zions …
O mein Vaterland, du schönes, verlorenes!«

Aber natürlich wurden die Juden, kaum dass sie die Gelegenheit ergriffen und ihre alte Heimat wiederherstellten – anstatt zitternde Opfer zu bleiben, die des Schutzes der Weißen bedürfen –, wieder Freiwild. Die Gnadenfrist, die man ihnen gewährt hatte, nachdem das ganze Ausmaß des

Holocaust enthüllt worden war, war nach wenigen Jahren abgelaufen.

Bei gleich welcher politischen Couleur bleibt allemal genug Hass für die Juden übrig, die sich mit ihrem heimtückischen »weißen Privileg« unsichtbar machen. Islamophilie und Antisemitismus sind das Zwillingspaar identitärer Rassenpolitik. Wo man das eine findet, findet man in der Regel auch das andere. Antisemitismus nennt man den »Sozialismus des dummen Kerls«, und es gibt keinen dümmeren Sozialisten als einen Woken. »Die Juden waren es!« Damit suchen die schwachsinnigen Massen sich zu beruhigen, wenn die Zeiten hart werden – deshalb taucht es auch in so vielen Verschwörungstheorien auf –, und in dieser Hinsicht hat auch Black Lives Matter sich vor seiner Pflicht nicht gedrückt. Als die Bewegung sich formierte, bekam man sehr schnell den Eindruck, als gäbe sie die Schuld an der Lage der Schwarzen weit mehr den Juden als den »arischen« Christen, die die Sklaverei mit Hilfe der afrikanischen Häuptlinge, die ihre eigenen Leute bereitwillig verkauften, begeistert betrieben haben. In einer ruhmreichen Kundgebung, die zeigt, dass weiße Woke im Westen keine Ahnung haben, was die Menschen, die sie bevormunden, tatsächlich wollen, forderte der Bürgerrechtskongress von Nigeria 2009, dass sich auch die Nachfahren dieser Häuptlinge entschuldigen sollten, wie es viele weiße westliche Staatschefs zu dieser Zeit taten:

> »Wir können nicht weiterhin nur den Weißen die Schuld geben, denn auch die Afrikaner, insbesondere die traditionellen Herrscher, sind nicht schuldlos. Angesichts der Tatsache, dass die Amerikaner und Europäer die Grausamkeit ihrer Rolle eingestanden und sich nachdrücklich entschuldigt haben, wäre es logisch, vernünftig und demütig, wenn auch die traditionellen afrikanischen Herr-

scher … ihre Schuld akzeptieren und sich bei den Nachkommen der Opfer ihres ausbeuterischen Sklavenhandels in aller Form entschuldigen könnten.«

Was muss das für ein verwirrender Tag für die Fachleute der Farbtabellenpolitik gewesen sein!

Als im Sommer 2020 ausgelassen gegen Juden gehetzt wurde, gab es die üblichen erbaulichen Epigramme auf Twitter. Anhänger von Black Lives Matter fragten sich, warum die Juden immer wieder den Holocaust erwähnten, der doch schon so lange her sei – worauf Juden und ihre Verbündeten zu Recht antworteten, dass der Holocaust noch nicht so lange her sei wie die Sklaverei, also sollten wir die zuerst vergessen. In den sozialen Medien von Black Lives Matter kam die Rede wie immer auf die Befreiung »Palästinas« (ein imaginäres Königreich, bevölkert von schwulenfreundlichen Muslimen und Truthähnen, die für Thanksgiving sind).

Dann folgten die mittlerweile schrecklich vorhersehbaren Angriffe auf jüdische Geschäfte und Synagogen, trotz einer Erklärung des Jewish Council for Public Affairs, in der sich mehr als hundert angeschlossene Organisationen über die Ermordung des heiligen George Floyd »empört« zeigten, ihre »Solidarität« mit der schwarzen Community erklärten und ein Ende des »systemischen Rassismus« forderten.

Manchmal denke ich, dass es gerade die Zivilisiertheit der Juden ist – wie die Frauen wurden sie dazu erzogen, zu gefallen –, die es den Leuten erlaubt, sie so zu behandeln wie keine andere ethnische Minderheitengruppe in der woken Welt. Wenn die Diaspora-Juden doch nur mehr Israelis sein könnten! Aber hier in Großbritannien sind sie die loyalste ethnische Gruppe, die man sich vorstellen kann (wie oft musste ich bei jüdischen Kundgebungen die

Zähne zusammenbeißen, um »God Save the Queen« zu singen), und werden 2018 von Jeremy Corbyn beleidigt:

> »Die britischen Zionisten haben ganz offenkundig zwei Probleme. Erstens wollen sie keine Geschichte studieren, und zweitens verstehen sie die englische Ironie nicht, obwohl sie schon sehr lange in diesem Land leben, wahrscheinlich ihr ganzes Leben lang. Sie müssen zwei Lektionen lernen, bei denen wir ihnen vielleicht helfen können.«

Und 2020 von Corbyns Lieblingsrapper Wiley auf Twitter angepöbelt:

> »Hört mir zu, jüdische Community … Israel ist nicht euer Land … der Davidstern, das ist unser Ding … Israel gehört uns … es gibt 2 Gruppen von Menschen, gegen die niemand wirklich etwas hatte #Jüdisch & #KKK … Feiglinge … Schlangen …«

Welch böses Erwachen für all die armen, getäuschten, israelfeindlichen Juden, die so viele Jahre lang unermüdlich daran gearbeitet haben, die Höhen des afrikanischen Nationalismus zu erklimmen, weil sie dachten, dort wären sie sicher vor antisemitischen Schmähungen! Doch es ist besser, die Wahrheit zu kennen, als im Paradies der Narren zu leben.

Die liberale jüdische Autorin Hadley Freeman vom *Guardian* (eine Zeitung, die ich wegen ihres abscheulichen Antisemitismus verließ – und weil die *Times* dreimal so viel Geld bot) schrieb: »Es war die Ära Jeremy Corbyn, die mich wirklich umgehauen hat. Leute, die ich als politische Verbündete betrachte, behaupteten, dass die 85 % der britischen Juden, die Corbyn für antisemitisch hielten, bestenfalls unrecht hätten und schlimmstenfalls verlogen wären. Als ich darüber schrieb, erhielt ich so viele antisemitische Beschimpfungen – keine Kritik, sondern Beschimpfungen –, dass ich zur Polizei gehen musste. Und trotzdem wurde mir gesagt, ich solle mich zusammenreißen und für den Mann stimmen, der von David Duke unterstützt wird.«

Vier Jahre zuvor hatte Anne Karpf im *Independent* geschrieben:

> »Wir leben in postmodernen Zeiten, in denen manches, was wie Antisemitismus aussieht, keiner ist, doch andersherum manches, was nicht wie Antisemitismus aussieht, tatsächlich welcher ist. Burchills Philosemitismus ist eine Form des Antisemitismus, würde ich sagen, weil er alle Juden in einen Topf wirft, als bildeten wir eine uniforme Einheit. Die Vorstellung, alle Juden seien wunderbar, unterscheidet sich kaum von der Vorstellung, alle Juden seien hassenswert: In beiden Fällen werden die Juden ihrer individuellen Eigenschaften beraubt und sind nichts anderes als Juden – eine Ansicht, der sich die meisten Rassisten gerne anschließen.«

Ich frage mich, ob sie Antisemiten noch immer den Philosemiten vorzieht. Vermutlich nicht – aber bei diesen Postmodernen weiß man nie. Dass #JewishPrivilege im Juli 2020 auf Twitter zum Trend wurde, haben Karpf und ihre Leidensgenossen hoffentlich als Kompliment und nicht als Beleidigung aufgefasst. Mögen sie die Ansicht Karen Hardines teilen, die ihren jüdischen Mitbürgern in Erinnerung rief:

> »Pogrome, 6 Millionen Tote in der Shoah, 1 Million Juden, die aus Ländern des Nahen Ostens vertrieben wur-

den, Israel, das ständig von Zerstörung bedroht ist. Wir sind das am meisten verfolgte Volk der Geschichte. Privileg?«

Aus der Sicht der Farbtabellenfachleute: ja. Mit der gleichen Logik lässt sich bestimmt auch erklären, warum Wiley nach seinem Wutausbruch im Jahr 2020 seinen Ritterorden behielt, während im selben Sommer der 73jährige Dozent Stephen Lamonby von seinem Posten an der Solent University in Southampton entlassen wurde, weil er in einem privaten Gespräch gesagt hatte, dass »jüdische Menschen zu den klügsten der Welt gehören«. In dieser verkehrten Woke-Welt ist Hass gleich Liebe und Liebe gleich Hass, und die Colston Hall heißt jetzt Bristol Beacon. Das hat keinen einzigen Sklaven wieder zum Leben erweckt – und klingt übrigens wie der Name einer Klinik für sexuell übertragbare Krankheiten.

Gute Arbeit, Wokers!

Kapitel 6

Eine falsche Art Diversität: Die woke Dämonisierung der Arbeiterklasse

Manchmal, in einer der sehr seltenen Dämmerungen, in denen ich mich »nachdenklich«, sogar »wehmütig« fühle, blicke ich von meinem Balkon in einem Art-Déco-Apartmentblock in der schicksten Straße von Hove auf die geheimnisvoll schimmernden Lichtstrahlen über dem Meer und frage mich, wie das alles gelaufen ist. Wie bin ich davongekommen? Wie den ganzen Weg hierher? Wie konnte ich fast ein halbes Jahrhundert lang meinen Traumberuf ausüben (Leute ärgern und dafür bezahlt werden), wo ich doch aus der Arbeiterklasse stamme, einem durch und durch proletarischen Milieu. In den 1970er Jahren riet ein Berufsberater meiner klugen attraktiven Cousine, die gerne Stewardess werden wollte, sie solle mal lieber »auf den Boden der Tatsachen zurückkommen«. Ich kenne einen Mann, der zur gleichen Zeit in Südwales aufgewachsen ist und dessen Berufsberatung sich in der simplen Frage erschöpfte: »Gut, in welche Kohlengrube wollen Sie denn gehen?«

An solchen Abenden glaubt ein winziger Teil von mir, dass ich meinen Brüdern, die das Salz der Erde sind, niemals den Rücken hätte zukehren dürfen. Mein Vater, ein Fabrikarbeiter, lehnte mit großer Freude die Beförderungsangebote ab, die ihn, wie er glaubte, daran hindern würden, ein hartnäckiger Verfechter der Rechte seiner Kameraden zu sein, und ich verehrte meinen Vater. Hätte ich ihm nicht ähnlicher sein und mich selbstlos der Mehrung des proletarischen Wohlstands widmen sollen?

Andererseits erzählte er fast ein bisschen stolz, dass einer der Chefs ihn gefragt habe, ob es in Ordnung sei, wenn seine Tochter ihn kurz treffen dürfe, »da sie so ein Fan *Ihrer* Tochter ist«. »Sie hat mir all diese Fragen über dich gestellt, als wärst du wichtig oder so – ich habe ihr nicht gesagt, dass du eine richtige kleine Madame bist«, kicherte er. Meine Mutter war indes weniger glücklich über meinen neu erlangten Ruhm: »Tu mir das *nie* wieder an!« schimpfte sie, nachdem ein junges Mädchen in einer Seifenoper damit geprahlt hatte, es werde die nächste Julie Burchill sein. Ich versprach es ihr, doch schon in der folgenden Woche erwähnte mich Terry Wogan in seiner Radioshow, und wir waren wieder da, wo wir angefangen hatten. Sie war davon überzeugt, dass ich diese Erwähnungen in den Medien aus irgendeinem ruchlosen Grund arrangierte, wahrscheinlich nur um sie in Verlegenheit zu bringen.

Solche wehmütigen nachdenklichen Abende gibt es nur dreimal im Jahr, meistens mit einem Kater. Denn wenn ich nicht als Teenager im Journalismus Karriere gemacht hätte, wäre irgendeine langweilige Ausgeburt der Bourgeoisie an meine Stelle getreten, die an der Uni war und wusste, wie man Goethe und Nietzsche ausspricht. Jedes Mal, wenn ich meinen Namen in der Zeitung sehe, muss ich schmunzeln, weil ich weiß, dass ich einem privilegierten Trottel seinen Traumjob weggenommen habe; alles in allem habe ich nichts zu bereuen und genieße die Aussicht von hier oben.

Aber es vergeht kaum eine Woche, in der ich nicht an meine in ihre Klasse eingepferchten Zeitgenossen denke, die vielleicht nicht mein Glück, mein Talent oder meine großen grünen Augen hatten, die aber sicherlich genauso klug waren wie die große Mehrheit ihres Mittelschichtsjahrgangs, die zu verunglimpfen ich das Vergnügen hatte. Früher sorgten die Menschen der Arbeiterklasse selbst dafür, dass ihr Sohn einen Job in einer Druckerei oder einem Bergwerk bekam, aber heute haben dieses Privileg nur noch die Bessergestellten mit den besser bezahlten Jobs. Wenn ich die Welt regierte, würde ich vornehme Kinder davon abhalten, Jobs zu bekommen, die sowohl Spaß machen als auch gut bezahlt werden, sagen wir für das nächste Jahrzehnt, nur um die abscheuliche Lage ein bisschen weniger ungerecht zu machen, als sie jetzt ist. Und auch alle, die denselben Beruf wie ihre bestbezahlten Eltern ausüben. Dann könnten all die übergebildeten, untertalentierten Typen, die sich diese Jobs schnappen, weil ihre Eltern in der Musik-/Schauspieler-/Schreiber-Branche tätig waren, einen der »richtigen« Berufe wie Arzt oder Lehrer ergreifen, die sie selbst so gern allen anderen empfehlen, die sich nicht vom Ruhm verführen lassen sollen.

Am schlimmsten wird mir das bewusst, wenn ich die schulischen Erfolgsquoten nach Geschlecht und ethnischer Zugehörigkeit aufgeschlüsselt sehe – wenn die Jungs, die mich gejagt und gequält haben, die gutaussehenden, schlechtgelaunten und die hässlichen, allesamt zu Statistiken auf einem Diagramm zusammengeschrumpft werden, wo sie unweigerlich an letzter Stelle stehen, denn nur 9 % der weißen Jungs aus der Arbeiterklasse besuchen eine Universität. Es gibt allerdings auch viel Schönes an diesen Diagrammen: Asiatinnen stehen an erster Stelle, gefolgt von schwarzen Frauen, gefolgt von »gemischten« Frauen (in unserem pornoverrückten Zeitalter ist es unmöglich, diese Kategorien auch nur hinzuschreiben, ohne sich vorzustellen, dass irgendein woker PBM verzweifelt an sich herumfummelt). Wenn ich es mir recht überlege, bin ich auch nicht der größte Fan von Unis – sie sind die Brutstätte der Wokeness, wenn »Brut« nicht ein zu lebensbejahendes Wort für ein so steriles und totes Glaubenssystem ist. Millennials, die noch bei ihren Eltern leben und den Tag bereuen, an dem sie je etwas von Medienwissenschaften gehört haben, sind Legion, während sie, wenn sie eine Lehre als Klempner oder Elektriker absolviert hätten, inzwischen ihre Zweitwohnungen in Spanien einrichten würden. Aber wenn Gärtner und Bauarbeiter in den Glücksumfragen immer am besten abschneiden, heißt das noch lange nicht, dass weiße Jungs aus der Arbeiterklasse nicht auch die Chance haben sollten, drei Jahre lang fernzusehen.

Michael Merrick beschreibt in seinem Buch »Notes From Nowhere« sehr schön, wie er als der Erste in seiner Familie eine Universität besuchte:

> »Ich glaube, ich war 14. Es war eine Englischstunde, wenn ich mich recht erinnere. Und die Worte wurden mit dem Anflug eines Grinsens vorgetragen.
>
> Nun ja, die *Sun* hat halt ein Lesealter von acht Jahren.
>
> Ganz harmlos. Ich wusste nicht, ob es wahr war, und es war mir auch ziemlich egal. Die Wahrheit war, um ehrlich zu sein, weniger wichtig als die Andeutung, der Wahrheitsgehalt weniger wichtig als die Bedeutung. Ich wusste, was los war, was wirklich gesagt wurde: ›Hier sind Leute, die nicht so sind wie wir, wir Klugen, wir Raffinierten, wir, die die List der Unwissenheit der Leute durchschauen können. Wir, Kinder, wissen es besser, sind besser.‹
>
> Ich wollte Teil der In-Group sein. Ich wollte auch einen echten Status und Autorität haben. Ich wollte wie Sie sein, Sir, so kenntnisreich, selbstbewusst und gebieterisch. Ich wollte nicht einer von ihnen sein, der mit einem bissigen Kommentar und einer hochgezogenen Augenbraue fast unmerklich verhöhnt wird. Und so sickerte

es in mich ein. Es wurde wahr. Diese dummen *Sun*-Leser – allesamt Dummköpfe und Fanatiker. Nur, dass mein Vater ein *Sun*-Leser war. Und viele in meiner Familie. Und die meisten Leute in der Sozialsiedlung, in der ich aufgewachsen bin. Das wusste ich, weil ich sieben Tage in der Woche ihre Morgenzeitungen ausgetragen habe.

Und obwohl ich sie im Stillen ablehnte, haben sie mich nie abgelehnt. Ich war einer von ihnen, auch wenn ich zunehmend den Eindruck erweckte, das nicht sein zu wollen. Ich war ›unser Mike‹ und würde es immer bleiben. Und im Laufe der Zeit wurde mir bewusst, wie stolz ich auf sie bin und welch großes Glück es ist, als Arbeiterkind aufgewachsen zu sein, als einer von ihnen. Diese Herkunft war kein Hindernis, das es zu überwinden galt, worauf Argumente für soziale Mobilität fast immer hinauslaufen, sondern ein fruchtbarer Boden, in den die Saat künftigen Erfolgs gepflanzt wurde.«

Nicht, wenn es nach den Woken geht – für sie sind Jungs aus der Arbeiterklasse sowohl männlich als auch weiß und privilegiert und verdienen es, aussichtslose Jobs zu bekommen, in denen sie zu »Gammons« heranwachsen, als welche sie neuerdings beschimpft werden (die Woken gehen noch weiter als frühere Generationen von zu groß geratenen unterbeschäftigten Studenten, die die Polizei mit »Schweinen« verglichen und diese Bezeichnung auch auf eine ganze soziale Schicht unter ihnen anwandten). Umso mehr verdienen sie daher die Verachtung derer, die in privilegierteren Verhältnissen geboren wurden. Als jemand, der in einem kommunistischen Arbeiterhaushalt aufgewachsen ist, war ich zugegebenermaßen ziemlich verblüfft, als ich von dem woken Begriff des weißen Privilegs hörte, und empört darüber, dass Lehrer mir mein Privileg genommen hatten, als sie meinten, ich würde es nie zu etwas bringen, nur weil ich eine miese Schule besuchte. Und dieser zahnlose alte Veteran, der in einer Ladenpassage lebt und dem ich jeden Tag einen Zehner gebe, wird mit der Welt versöhnt sein, wenn ich ihm als Bonus die frohe Botschaft überbringe, dass er aufgrund seiner Hautfarbe mehr Privilegien genieße als die Herzogin von Sussex.

Man könnte auch glauben, das weiße Privileg sei eine Spaltungs- und Herrschaftstaktik der woken Bourgeoisie, um das Klassenprivileg aus der Schusslinie zu halten, das die Gesellschaft in einer Weise verkrüppelt und vergiftet hat, von der der Rassismus nur träumen kann – und von der sie von der Wiege bis zur Bahre profitieren.

Weiße Menschen aus der Arbeiterklasse werden vom liberalen Establishment oft für Dinge verteufelt, für die ihre dunkelhäutigen Brüder leicht entschuldigt werden können. Man denke nur an Zuhälterbanden und Ausbeuterbetriebe sowie an Bigamie in der muslimischen Community. Es gab sogar einen erstaunlichen Fall eines muslimischen Mannes, der einer Gefängnisstrafe wegen zu schnellen Fahrens entgehen konnte, weil er zwei Frauen hatte. In den Nächten nach den Unruhen in St. Pauls kam es zu Unruhen in zwei anderen Stadtteilen von Bristol; während St. Pauls landesweit Aufmerksamkeit und Anteilnahme fand, wurde über die Aufstände in Southmead und Knowle West nur in Bristol berichtet. Da die Bevölkerung in diesen beiden Gegenden überwiegend weiß ist, wurden die jugendlichen Randalierer lediglich als Halbstarke abgetan.

Selbst wenn junge Leute aus der Arbeiterklasse einmal Glück haben, geht das oft nicht gut aus. Im Jahr 2019 erhängte sich Jessica Small, eine vielversprechende junge Doktorandin an der Universität Kent. »Sie sagte mir, die Leute in ihrem Labor machten ihr das Leben zur Hölle, gifteten sie an«, berichtete ihre Mutter. »Das eigentliche

Problem war, dass Jess eine staatliche und die anderen eine private Bildung genossen hatten. Sie war nicht vornehm genug. Sie erzählte mir, man habe sie verspottet wegen ihres Akzents, und weil sie nie segeln war.« Nach ihrem erstklassigen Abschluss mit Auszeichnung bekam Miss Small ein angesehenes Promotionsstipendium, unterrichtete auch jüngere Studenten. Ein Kollege, Dr. Chris Deter, sagte: »Ich habe gerne mit ihr gearbeitet, sie konnte sehr gut mit den Studenten umgehen und regte sie zum Nachdenken an.« Ich bezweifle, dass so etwas im heutigen Großbritannien aufgrund der Hautfarbe oder ethnischen Herkunft passiert – das schwarze Äquivalent der hübschen, freundlichen und klugen Jessica Small wäre die Schönheit des Erstsemesterballs.

Es sind nicht nur kaltherzige Wissenschaftler, die dafür sorgen, dass Arbeiterkinder sich wie Fische auf dem Trockenen fühlen; schuld daran sind auch die Künste. Ich habe einen hinreißenden schwulen Cockney-Kumpel, der kurzzeitig aufhörte, in der City ein Vermögen zu verdienen, um sich zum Schauspieler ausbilden zu lassen, aber schon nach wenigen Monaten aufgab und zurückging, weil er feststellte, dass es an seiner Schauspielschule viel mehr rüpelhafte, hochnäsige und privilegierte Typen gab als in der Londoner City. Kein Arbeiterkind könnte es sich je leisten, eine Schauspielschule wie Rada oder Lamda zu besuchen, es sei denn, es bekommt ein Stipendium. Die von der Regierung finanzierten Stipendien werden DaDAs genannt, das Nonplusultra an Bevormundung. Die Ironie bestand allerdings darin, dass sie an meiner Schule an gerade mal zwei Kinder vergeben wurden, und eines davon war der Sohn eines Millionärs. Ich würde sagen, 90 Prozent der Kinder in meinem Kurs hatten reiche Eltern und wurden während ihres Studiums unterstützt. Ich habe zwar Freunde gefunden, und einige von ihnen waren solvent, aber wenn man mindestens die Hälfte der Bevölkerung diskriminiert, schrumpft natürlich der Talentpool. Meiner Meinung nach können es sich nur noch die Kinder der Reichen leisten, sich künstlerisch zu betätigen, sei es in der Schauspielerei, der bildenden Kunst, der Musik oder der Literatur, und das ist der Grund, weshalb unsere Kulturlandschaft derzeit so trostlos aussieht. Die Schauspielerin Julie Walters bestätigte das 2015:

> »Es fühlte sich wie eine Revolution an, als stünde man an vorderster Front. Es fühlte sich an, als täte man etwas Bahnbrechendes, wenn man am Everyman-Theater arbeitete. In Bezug auf die Klasse, ja, bestimmt. Das begann in den 50er Jahren. Michael Caine und all diese Leute. Und jetzt ist es genau andersherum. Leute wie ich wären heute nicht in der Lage, aufs College zu gehen. Ich konnte es, weil ich ein volles Stipendium bekam. Ich weiß nicht, wie man heute dazu kommt. Ständig schreiben mir Kinder, und ich denke: Ich weiß nicht, was ich euch sagen soll … Arbeiterkinder sind nicht vertreten. Auf das Leben der Arbeiterklasse nimmt niemand Bezug. Das ist wirklich traurig. Das bedeutet, glaube ich, dass wir viel mehr Mittelklassedramen bekommen werden. Es werden Leute aus der Mittelklasse Leute aus der Arbeiterklasse spielen, so wie es früher einmal war.«

Cheryl Cole spielte in ihrer Jugend mit gebrauchten Barbies. Der *Times* erzählte sie:

> »Ich wollte Ballerina werden, und dann ging ich mit 9 Jahren zur Sommerschule des Royal Ballet. Ich habe es gehasst. Habe den Traum verworfen. Das war nicht ich. Ich passte nicht hinein. Ich musste gesponsert werden, um dorthin zu gehen, weil meine Eltern es sich nicht

leisten konnten, uns dorthin zu schicken, und alle anderen waren – offensichtlich … im Grunde war ich so etwas wie ein Außenseiter. Es war das erste Mal, dass ich mich … als Klasse fühlte. Ich wusste nicht, was das war. Ich habe es nicht verstanden. Ich wusste nur, dass es anders war. Und dass sie auf mich herabblicken würden. Aber ich konnte es nicht ausdrücken. Ich war fehl am Platz. Wenn ich an mein 9jähriges Ich denke, geht mir durch den Kopf: ›Das muss hart gewesen sein.‹ Schwer genug für mich, nach Hause zu meinen Eltern zu gehen und zu sagen: ›Das ist nicht mehr das, was ich tun will.‹«

Wahrscheinlich glaubte sie, ein so abscheuliches Verhalten – nichts weniger als Sozialrassismus – mit ihren abgenutzten Spitzenschuhen hinter sich gelassen zu haben. Aber der Ruhm sollte ihr 2011 noch mehr Klassenhass einbringen, und zwar von dem privat ausgebildeten (Millfield, Bedales und Hill House, Prinz Charles' Alma Mater) Popstar Lily Allen, die später eine begeisterte Corbyn-Anhängerin werden sollte und, wenn sie auch sonst offensichtlich zu nichts taugt, die Haltung der großstädtischen Labour-Aktivisten zur weißen Arbeiterklasse perfekt verkörpert. Als sie in den sozialen Medien als »Mittelschicht« bezeichnet wurde, warf sie ihre Rassel aus dem Kinderwagen und kotzte diese Enthüllung aus:

»Was, wenn wir Mittelschicht wären? Nur weil deine Mama zu faul war, ihren fetten Arsch vom Sofa zu heben und etwas Geld zu verdienen, sollte ich nicht in der Lage sein, Melodien zu machen, ja?«

Natürlich konnte ich mich nicht zurückhalten und nutzte meine Kolumne im *Independent*, um Lilys Mutter – Entschuldigung, »Mama« – einen Offenen Brief zu schreiben:

»Diese Woche wurde bekannt, dass ein Baby, das in einem Glasgower Arbeiterviertel geboren wird, im Durchschnitt 28 Jahre weniger lebt als eines, das in einer Mittelklassegegend geboren wird. Liegt das daran, dass die Mütter dieser Babys, um Ihre Tochter zu zitieren, zu faul sind, ihre fetten Ärsche vom Sofa zu heben und etwas Geld zu verdienen? Was bringen sie den Kindern an diesen Privatschulen bei? Etwas, das man ›Sozialrassismus‹ nennt, fürchte ich. Glauben Sie wirklich, dass dieses schmutzige Vorurteil über Arme kritiklos hingenommen werden sollte? In einem Land mit einer freien Presse? Natürlich glauben Sie das – Sie sind ihre Mutter (oder ›Mama‹, oder wie immer Sie sich nennen). Aber ich bin es nicht. Ich bin Journalistin von Beruf, und wenn ich sehe, dass eine Frau, die Ruhm und Reichtum unter anderem dadurch erlangt hat, dass sie sich als eine von der ›Straße‹ ausgibt, so etwas sagt, dann werde ich sie darauf ansprechen.«

Ich bezweifle, dass Lily Allen in früheren Jahrzehnten so offen ihre Verachtung der offenkundig nichtsnutzigen Arbeiterklasse geäußert hätte, die ihre Tage auf dem Sofa verbringt und ihren prallen Hintern noch größer werden lässt, während sie Sozialhilfe abgreift, um sie beim Online-Bingo zu verprassen. Menschen aus der Arbeiterklasse, die es allen Widrigkeiten zum Trotz in unserer schrecklich versnobten Gesellschaft zu etwas gebracht hatten, wurden seit den 1960er Jahren bestenfalls respektiert, schlimmstenfalls fetischisiert, was ich übrigens ziemlich lustig finde. Doch als die soziale Mobilität im 21. Jahrhundert ins Stocken geriet, verloren die Meinungen von Menschen aus der Arbeiterklasse, die sich ihren Weg in Kunst und Medien gebahnt hatten – von Shelagh Delaney bis zu Steven Morrissey – immer mehr an Bedeutung. Wie dumm obendrein, die armen Kreaturen hatten keine Ahnung. Die politische Korrektheit trat auf den Plan und legte fest, dass das Sprechen in einer anerkannten Art und Weise (früher war es die Form, die uns von der Unterhaltung ausschloss, jetzt ist es der Inhalt) wichtiger war, als unsere Meinung zu sagen, worin meine Klasse immer am besten war.

Lily Allens kulturelle Aneignung der Cockney-Sprache – die sie sich zulegte, während sie sich zugleich über die bescheidenen Anfänge eines Mädchens aus einer nördlichen Sozialsiedlung lustig machte – kann als Probelauf für den Transenkrieg gesehen werden, der noch bevorstand, als Woke den Staffelstab von der politischen Korrektheit übernahm; so wie echte Frauen ausgelöscht und durch Parodien von Weiblichkeit ersetzt werden konnten, konnten sich auch privilegierte Menschen als echt und bodenständig ausgeben, indem sie die Sprachmuster der Armen übernahmen. Die Kinder der Privilegierten blockierten jeden Ausgang aus unserer Rattenfalle. »Wenn wir das nicht täten, stünden wir bei Tesco an der Kasse«, bemerkte Cheryl Cole. (Die Zeiten ändern sich nicht; als ich in den 1970er Jahren ein Teenager war, beschrieb ein reicher Gönner mich mit den Worten: »Sie ist faszinierend – wie eine sehr clevere Tesco-Kassiererin.«) Als ich 2012 die nachfolgend zitierte Kolumne über weichgespülte Jungs wie Keane und Coldplay schrieb, stürzten sich junge Leute, die jeden Karriereweg hätten einschlagen können, ausgerechnet auf die einzigen, auf die auch wir eine Chance hatten:

»Nicht einmal jedes zehnte britische Kind besucht eine kostenpflichtige Schule, doch laut der Zeitschrift *Word* wurden mehr als 60 % der Chartstürmer privat unterrichtet, während es vor 20 Jahren noch 1 % war. Auch andere Berufe, die früher intelligenten Arbeiterkindern einen

Ausweg boten – vom Modeln bis zum Journalismus –, wurden von der Mittel- und Oberschicht und von dem Nachwuchs derer kolonisiert, die in diesen Berufen bereits das Sagen haben. Das Schauspiel eines selbstgefälligen, mittelmäßigen Kolumnisten, der seinen Job bestimmt nicht hätte, wenn Mama oder Papa nicht in der Zeitungsbranche tätig gewesen wären, und den Arbeiterkindern rät, in der Schule fleißig zu lernen, einen ›richtigen‹ Job zu finden und ihr Vertrauen nicht in TV-Talentshows zu setzen, ist eines der widerlichsten kleinen Verbrechen unserer Zeit.«

Die soziale Mobilität, von der noch vor wenigen Jahren alle annahmen, sie würde sich ungehindert fortsetzen, hat sich drastisch umgekehrt und die ohnehin schon schwache Arbeiterklasse mit der Wucht einer Dampfwalze überrollt. Ja, ihr munteren Cockneys und stoischen Nordländer, nicht nur die Berufe eurer Eltern, die noch Dinge hergestellt haben, sind verschwunden, auch die angenehmen Jobs, mit denen einige wenige von euch sich einst aus den Fesseln des Proletariats befreien konnten – Model, Schauspieler, Journalist –, sind nun von den Kindern der reichen, berühmten und gut vernetzten Leute kolonisiert worden.

Aber wie haben sie sich ausgerechnet die populäre Musik genommen, den eigentlichen *Sound* der heißblütigen, aufmüpfigen Arbeiterjugend, die sich an einem stürmischen britischen Strand aus dem Käfig des Erwachsenseins herauskämpft? 2013 berichtete Sandie Shaw – der Popstar der 1960er Jahre, der einer Kleopatra aus Dagenham ähnelte – vor dem Culture Select Committee des britischen Unterhauses über diese bestürzende Entwicklung:

»Die größte Hürde für aufstrebende Künstler ist die Finanzierung … im Moment ist es so, dass man, wenn man

> nicht von einer Privatschule kommt und keine reiche Familie hat, die einen unterstützen kann, von Sozialhilfe lebt und zu arbeiten versucht … sie kriegen aufgrund ihrer Herkunft keinen Fuß in die Tür. Die beste Musik kommt von Leuten aus schwierigen Verhältnissen. Sie kommt aus Glasgow, Manchester, Essex. Sie kommt von Orten und Menschen, die wirklich darum kämpfen, ihrer Existenz einen Sinn zu geben.«

Showbusiness und Medien waren schon immer der Ausweg für aufgeweckte Arbeiterkinder, die zu ungeduldig waren, um auf akademische Anerkennung zu warten – ich war eines von ihnen. Aber das wäre ich heute wahrscheinlich nicht mehr. Bei den Journalisten des Landes ist der Anteil derjenigen, die privat ausgebildet wurden, in den letzten zwei Jahrzehnten ebenfalls gestiegen, und nur 14 % von uns wurden an Gesamtschulen unterrichtet. Würde ich, wenn ich heute jung wäre, weiter zur Schule gehen und studieren, wenn die Chancen, Schriftstellerin zu werden, für Leute wie mich so schlecht stehen? Noch bevor Covid mir in die Parade gefahren ist, hätte ich das bezweifelt, und es wäre wohl ohnehin vergebliche Mühe gewesen. Selbst viele derjenigen, die nicht von versnobten Mitschülern in den Selbstmord getrieben werden, brechen ihr Studium ab. Olivia Fletcher schrieb dazu im Jahr 2019:

> »Vor eineinhalb Jahren schlurfte ich unter Tränen in das Büro meines Dozenten. Ich wollte ihm sagen, ich würde mein Studium abbrechen – am University College London, einer der renommiertesten akademischen Einrichtungen Großbritanniens. Ich war bereits seit sechs Monaten dort. Seit meiner Immatrikulation hatte sich mein psychischer Zustand verschlechtert. Ich fiel in den meisten Modulen durch. Mein Bankkonto war leer. Ich ver-

misste meinen Hund. Ich hatte das Gefühl, die einzige Person dort zu sein, die keine Avocado auf Toast mochte. Vor allem aber fühlte ich mich völlig fehl am Platz … Studenten aus der Arbeiterklasse profitieren am wenigsten von einem Abschluss. Wir haben bereits festgestellt, dass die meisten Schüler der Mittelschicht Zugang zu besseren Universitäten haben, weil ihre Eltern mehr Geld haben. Zu unserer heiligen Dreifaltigkeit müssen wir noch eines hinzufügen: Kontakte.

Als Studentin am UCL war ich nie weiter als drei Meter von jemandem entfernt, der jemanden bei der BBC, in Canary Wharf oder im Parlament kannte. In der Regel haben Studenten aus der Mittelschicht durch familiäre Netzwerke bereits Zugang zum Beruf ihrer Wahl. Im Vergleich dazu müssen Absolventen aus der Arbeiterklasse, selbst wenn sie einen Abschluss an einer Spitzenuniversität machen, eine hohe Leiter zu einer Elitekarriere erklimmen. Nach ihrem Abschluss verdienen Studenten aus begünstigten Schichten 16 % mehr als ihre benachteiligten Kommilitonen. Und warum? Sie wissen, wer ihnen ihre Praktika, ihre Berufserfahrung, ihre Empfehlungen und ihr happiges Gehalt besorgen kann. Die Chancen für ärmere Studenten stehen systematisch schlechter. Vom Betreten des Klassenzimmers über die erste Vorlesung bis hin zum Eintritt in den Arbeitsmarkt rennen wir in einem Wettlauf, den wir wohl nie gewinnen werden, stets hinterher.«

Es ist ein Teufelskreis: Begabte Kinder aus der Arbeiterklasse brechen ihr Universitätsstudium ab, während es schüchterne privilegierte Kinder schaffen, was dazu führt, dass die gewählten Vertreter, die unsere Gesetze machen, hochmütige Privilegierte sind. 90 % der Abgeordneten haben einen Hochschulabschluss, verglichen mit 20 % der

Gesamtbevölkerung. Schon der Name der Labour Party scheint heutzutage fast ein abfälliger Scherz auf Kosten der großen Mehrheit zu sein. Im Sommer 2020 schrieb Dan Hodges (ein unzufriedenes Mitglied der Partei und Sohn der ehemaligen Labour-Abgeordneten Glenda Jackson) in der *Mail*:

> »Letzten Monat veröffentlichte eine Gruppe von Labour-Abgeordneten unter der Leitung von Ed Miliband ihren Bericht über den Einbruch der Partei in ihren traditionellen Hochburgen bei den letzten Wahlen. Sie nannten eine Reihe von Gründen: die Giftigkeit Corbyns, die chaotische Haltung zum Brexit, und das ›Generation Game‹-Fließband unglaubwürdiger Versprechen, aus denen das Labour-Programm bestand.
>
> Aber sie haben einen anderen wichtigen Faktor übersehen: Die liberale Linke betrachtet weiße britische Arbeiterinnen und Arbeiter jetzt als ihren Feind. Und sie hasst ihren Feind mit einer tiefsitzenden Verachtung.
>
> Als ich während der Wahlen durch das Land reiste, stellte ich schnell fest, dass dieses Gefühl erwidert wurde. Es war klar, dass die britische Arbeiterschaft den Corbynismus entschieden ablehnt. Aber ich dachte, dass, sobald er und seine marxistische Kleinstarmee besiegt sind, ein Prozess der Wiederannäherung beginnt und die Labour Party instinktiv ihre verlorenen Hochburgen aufsucht. Die vergangene Woche hat gezeigt, dass sie das nicht tun wird. Sie kann es nicht. Denn es ist ihr instinktiv zuwider, sich den Menschen der Arbeiterklasse zu nähern, es sei denn mit einer Kneifzange, und selbst das nur zur Wahlzeit.«

Wie tief die einfachen Leute gefallen sind! Es erscheint einem unwirklich, wenn man sich vor Augen führt, wie vielfältig das Unterhaus einst war: Die Labour-Party wurde hauptsächlich von arbeitenden Männern (und, der Gerechtigkeit halber sei's erwähnt, auch ein paar Frauen) vertreten, während die Tories, wie zu erwarten, hauptsächlich von Ungeziefer repräsentiert wurden, wie Aneurin Bevan es ausdrückte. 1945 wurden mit Willie Gallacher und Phil Piratin zwei echte Kommunisten gewählt, die der Kommunistischen Partei Großbritanniens angehörten. Auch bei der ersten Wahl nach dem Krieg wurden sage und schreibe 45 Bergleute ins Parlament gewählt – aber Bergleute waren auch schon Abgeordnete, bevor es die Labour Party gab, nämlich bereits 1874. Der ehemalige Bergarbeiter Lee Anderson wurde wegen seiner Unterstützung des Brexit so arg beschimpft, dass er die Partei wechselte und zum konservativen Abgeordneten für Ashfield gewählt wurde, als die rote Hochburg im glorreichen Winter 2019 zusammenbrach.

Wenn man bedenkt, wozu Keir Hardie die Labour Party überhaupt einst gegründet hatte – nämlich um die Arbeiter zu vertreten –, war es eine gewisse Ironie, dass nun die Tories das Parlament mit den neuen Abgeordneten aus dem Norden besetzten. Gloria De Piero schrieb im *Telegraph*:

> »Das Erwachen am Freitag, den 13., im Jahr 2019 war ein Horror, den hoffentlich kein Mitglied oder Anhänger der Labour Party je wieder erleben muss. Das Ausmaß der Niederlage hat selbst diejenigen, die das Schlimmste befürchtet hatten, überrascht. Die Sitze, die wir verloren haben, waren nicht nur Zahlen auf einem Diagramm. Es waren Sitze, die unsere Herzen und Seelen repräsentierten. Aber bei diesen Wählern und diesen Sitzen hatten seit Jahren schon die Alarmglocken geläutet. Bei der letzten Wahl gab es in Ashfield und Bolsover in den East

Midlands die landesweit größten Umschwünge zugunsten der Tories, und wir haben auch Mansfield und North East Derbyshire verloren, die noch nie zuvor von einem anderen als einem Labour-Abgeordneten vertreten worden waren. Wir hätten damals handeln können und müssen. Ich rief im Büro des Labour-Vorsitzenden an und bot an, mich innerhalb weniger Tage nach den letzten Parlamentswahlen in diesen ehemaligen Kohlebergbaugebieten umzuhören, was die Leute zu sagen hatten. Ich habe nie einen Rückruf erhalten.

Der Brexit ist nur ein Teil des Problems. Es gibt auch ein starkes Gefühl, dass die Labour-Party – oder zumindest diejenigen, die sie führen – einfach nicht die Instinkte, Einstellungen oder Weltanschauungen der Mehrheit der Wähler in diesen Gebieten teilen. Patriotismus und Selbstgenügsamkeit werden in diesen Gebieten nicht als Tory-Werte angesehen, und sie stehen auch nicht im Gegensatz zu Bürgerstolz oder Gemeinschaftssinn. Alle politischen Parteien werden von der Mittelschicht dominiert, aber für eine Partei, die gegründet wurde, um die Arbeiterklasse zu vertreten, haben wir zu wenige Mitglieder aus der Arbeiterklasse.

Sie haben die Tories gewählt oder sich geweigert, Labour zu wählen, weil sie uns verachten. Sie wollen zurückkommen, aber das wird nur geschehen, wenn wir auf ihre Argumente hören und uns dementsprechend ändern.«

Je näher die Wahl 2019 rückte, desto mehr war ich auf der Suche nach Abgeordneten der Labour Party, vorzugsweise aus der Arbeiterklasse, die den Brexit nicht ablehnten, nur um mir die Treue zu halten und mich von dem abzuhalten, was mir mein Vater immer als schlimmeres Schicksal als den Tod prophezeit hatte: die Tories zu wählen. Stellen Sie sich vor, wie aufgeregt ich war, als ich Lisa Nandy entdeckte, die junge Abgeordnete für Wigan (die Heimat des Northern Soul, des World Pie Eating Contest und jenes Piers, den George Orwell als Aufhänger für seinen erschütternden Bericht über das harte Leben der Menschen der nördlichen Arbeiterklasse in den 1930er Jahren nutzte), die einem launischen Teenager aus der Serie »Coronation Street« ähnelte. Als ich entdeckte, was sie in ihrer Schülerzeitung geschrieben hatte, glaubte ich wirklich, meine proletarische Politikerprinzessin gefunden zu haben:

> »Wie ich im Laufe dieses Jahres schon oft gesagt habe, gibt es an dieser Universität einfach keine fitten Männer … Es gibt jede Menge Diversität an einer Universität: Jungfrauen, schleimige Bastarde, die anbieten, dir einen Drink zu spendieren, aber nicht die Absicht haben, so etwas zu tun – Freaks, alle miteinander! Die Kunst ist, sie auseinanderzuhalten. Normalerweise erkennt man Jungfrauen aus tausend Schritten Entfernung, denn sie sind modisch gekleidet und stehen auf Tanzmusik. Die einzige Lösung ist, mit der Männerjagd aufzuhören und bis nach der Uni zu warten, wenn man wieder unter normalen Menschen ist.«

Aber ihr Großvater war ein liberaler Lord!

Fairerweise muss man sagen, dass Nandy im Vergleich zu dem monströsen Regiment roter Prinzen – und der einen oder anderen roten Prinzessin – wie das »kleine Mädchen mit den Schwefelhölzern« aussieht, obwohl in der Labour Party die Männer zuerst drankommen. Will Straw, Euan Blair, »The Hon« Stephen Kinnock (das ging aber schnell!), David Prescott, Tamsin Dunwoody, The Hon Emily Sophia Wedgwood Benn … die Liste ist schamlos.

Und aus irgendeinem seltsamen Grund ist dies ein Problem der Labour Party. Im Jahr 2014 schrieb Sophie McBain im *New Statesman*:

»Wenn die Labour Party unzufriedene Wähler davon überzeugen will, dass ihre Politiker nicht aus einer engen, eigennützigen Westminster-Elite stammen, hat sie einige Probleme. Die jüngsten Untersuchungen haben ergeben, dass 54 Prozent der Kandidaten der Partei, die 2015 mit knapper Mehrheit errungene Parlamentssitze oder ererbte Mandate (ausscheidender Abgeordneter derselben Partei) bekamen, bereits in der Politik oder für Think Tanks gearbeitet hatten. Im Vergleich dazu sind nur 17 Prozent der Kandidaten der Konservativen politische Insider.«

Ebensowenig wie die Vetternwirtschaft der Labour Party hätte man erwartet, dass es nicht besser, sondern schlechter wird. Fast zwei Jahrzehnte lang, von 1970 bis 1997, gab es eine Reihe von Premierministern – Heath, Callaghan, Thatcher und Major –, die keine ererbten politischen Verbindungen hatten und, obwohl von den Granden ihrer Parteien oft verspottet, von den Wählern als Führer anerkannt wurden, die es aus eigener Kraft geschafft hatten. Aber die Geschichte, wie Labour die Kerngebiete der Arbeiterklasse dem woken Schwindel zuliebe aufgab, lässt sich am besten an der Geschichte der beiden Keirs ablesen. Keir Hardie, der Gründer der Labour Party, arbeitete seit seinem zehnten Lebensjahr in den Kohleminen von Lancashire. Sir Keir Starmer, der heutige Vorsitzende der Labour Party, studierte Jura an der Universität Leeds, wo er schon damals in der Studentenzeitung als »König der Mittelklasse-Radikalen« gefeiert wurde.

In der Vergangenheit hätten die Gewerkschaften das

allzu gebildete Element der Labour Party mit gesundem Arbeiterverstand ausgleichen können. Aber in einem schockierenden Stück politischen Origamis – dem ideologischen Äquivalent einer Geschlechtsumwandlung mit all den damit verbundenen Verrenkungen – sind auch die Gewerkschaften auf den Woke-Wagen aufgesprungen. Im Sommer 2020 schrieb die GMB – eine der größten verbleibenden Gewerkschaften des Landes mit mehr als 630.000 Mitgliedern, die sich aus Arbeitnehmern aus allen Bereichen vom Einzelhandel bis zur Kommunalverwaltung zusammensetzen – den folgenden Brief an Liz Truss, Ministerin für Frauen und Gleichstellung, und forderte, dass Männer in Kleidern Frauenräume nutzen dürfen, worauf die Selbstidentifikation am Arbeitsplatz ja hinausläuft. Der Brief enthielt folgenden Absatz:

> »Als Gewerkschaft vertreten wir alle Arbeitnehmer, einschließlich vieler transsexueller Arbeitnehmer. Wir wissen um das Ausmaß der Diskriminierung und des Missbrauchs, mit dem transsexuelle und nicht-binäre Menschen am Arbeitsplatz und in der Gesellschaft insgesamt konfrontiert sind: Viele Arbeitgeber haben kein angemessenes Verständnis für transsexuelle Themen, ebensowenig wie eine große Zahl von Dienstleistern, auf die transsexuelle Menschen angewiesen sind. Aus einer TUC-Studie aus dem Jahr 2017 wissen wir, dass fast die Hälfte aller transsexuellen Arbeitnehmer Mobbing oder Belästigung am Arbeitsplatz erlebt haben und dass bei weniger als einem Drittel ihr Status ohne ihre Zustimmung offengelegt wurde.«

Ich frage mich, wie viel Prozent der GMB-Mitglieder angeblich »trans« und »nicht-binär« sind, verglichen mit den Genossinnen, die ihren sicheren Toilettenraum behalten wollen? Es kommt einem so vor, als sei ihnen die Möglichkeit, ihren Mangel an Respekt vor Frauen offen zu äußern, wichtiger als ihr eigenes Überleben. Außerdem geht, wie wir bereits gesehen haben, die Akzeptanz von »Transfrauen« oft Hand in Hand mit der Verachtung echter Frauen, und die Woke Bros. sind damit sicher nicht allein.

Vier Jahre zuvor hatte ein Informant die Unite – Großbritanniens größte Gewerkschaft mit fast 1,5 Millionen Mitgliedern – auf den Plan gerufen, indem er einen internen Bericht durchsickern ließ, aus dem hervorging, dass mehr als die Hälfte der weiblichen Funktionäre an ihren Arbeitsplätzen von Kollegen oder Mitgliedern schikaniert oder sexuell belästigt worden waren. Man sollte hoffen, dass die Genossen aus den Fehlern ihrer Brüder lernen, doch nur wenige Wochen, nachdem die fröhlichen Männer der GMB ihre Nasen in Damentoiletten gesteckt hatten, kam eine unabhängige Untersuchung über sexuelle Belästigung in der GMB zu dem Schluss, dass die Organisation »institutionell sexistisch« sei und dringend einer »vollständigen Umgestaltung« bedürfe. Mobbing, Frauenfeindlichkeit, Vetternwirtschaft und sexuelle Belästigung seien dort »vorherrschend«.

Die Anwältin Karen Monaghan, die die Untersuchung leitete, schrieb:

> »Zu den Beispielen sexueller Belästigung, von denen ich hörte, gehörten das Berühren von Haaren, Anzüglichkeiten, Kommentare zu Körperform und Kleidung, das Hände um die Taille Legen, das Anstarren der Brüste einer Frau … das Ansprechen junger Frauen, schlüpfrige Küsse, das Zunge ins Ohr Stecken, das Berühren von Knien, Po und Hüften und das Schlagen auf den Hintern … manchmal wird sexuelle Belästigung als eine Form von Mobbing eingesetzt, wobei mir Beispiele von

> Männern genannt wurden, die Frauen in der Öffentlichkeit absichtlich sexuell belästigten, um sie zu demütigen und in Verlegenheit zu bringen. Ich habe auch von schwererwiegenden sexuellen Übergriffen gehört … Ein Zeuge sagte mir, es werde ›einfach erwartet, dass man bei Veranstaltungen betatscht wird‹ … ›schwere sexuelle Übergriffe (Vergewaltigung), Drogenkonsum und sexuell rücksichtsloses Verhalten‹.«

Der treffend benannte Tim Roache* – glorreicher Anführer der GMB seit 2016 – hatte seinen goldenen Thron im Frühjahr 2020 aufgegeben, vermutlich um nicht noch mehr Schande über seine Gewerkschaft zu bringen, nachdem er von einem verärgerten Mitglied in einem anonymen Brief beschuldigt worden war, eine »sexistische und aggressive Casting-Couch-Kultur« zu pflegen. Hoch die Arbeiter, allerdings!

Diesen Aufschrei hört man übrigens nicht von den Woke Bros. – auch nicht »Power to the People«. Der Slogan, der in den 1960er Jahren bei den Black Panthers und den Demonstranten gegen den Vietnamkrieg so beliebt war, ist in der Politik aus der Mode gekommen, zuletzt war er 2009 in einer Fernsehwerbung für eine Autoversicherung zu hören. Die Gewerkschaften sind vielleicht genauso scharf darauf, mit den Woken zu kuscheln, wie Roache auf seine Genossinnen, aber die Woken haben kein Interesse an den Gewerkschaften. Verhandlungen, wie Gewerkschaften sie üblicherweise führen, sind ihnen ein Gräuel, und mit all den fahlen altbackenen Typen, die ihr weißes Privileg zur Schau stellen, können sie nichts anfangen. Fairerweise muss man sagen, dass sie damit nicht ganz unrecht haben.

* Engl. cockroach (kurz: roach): Kakerlake.

Man kann über den saloppen Rassismus der 1970er Jahre in meinem Land sagen, was man will, aber dieses Jahrzehnt hat uns die großartigen »Streikenden in Saris« beschert, jene asiatischen Frauen, die zwei Jahre lang von der furchtlosen Jayaben Desai angeführt wurden, die Berichten zufolge ihrem Manager im Filmverarbeitungswerk Grunwick sagte, als sie die Arbeitsniederlegung anführte: »Was Sie hier betreiben, ist keine Fabrik, es ist ein Zoo. Aber in einem Zoo gibt es viele Arten von Tieren. Manche sind Affen, die auf deinen Fingerspitzen tanzen, andere sind Löwen, die dir den Kopf abbeißen können. Wir sind die Löwen, Herr Manager.«

Wenn die Arbeiterklasse nur aus Schwarzen, Asiatinnen und ethnischen Minderheiten bestünde, wären die Woken definitiv bereit für eine kleine Regenbogenkoalition mit der Art von Menschen, die Gstaad nicht aussprechen können. Aber so, wie sie sind, geht das einfach nicht. Wie die Frauen ist auch die Arbeiterklasse eine Mehrheit, die aber wie eine Minderheit behandelt wird, und die Mittelmäßigen unter den Woken begegnen beiden ähnlich misstrauisch; als eine selbst so wenig begabte Gruppe sehen die Woken es natürlich gern, wenn ihre unterdrückten Gruppen tatsächlich in der Minderheit sind, damit ihr eigener Platz in der Hackordnung nicht bedroht wird. Es ist viel sicherer, wenn sowohl Frauen als auch Arbeiter in einem künftigen Kampf nur »theoretisch« vorkommen, wie Dr. Moore sagte, denn wenn sie sich zu Wort melden (und etwa das Recht fordern, einen Penny auszugeben, ohne bedrängt zu werden, oder sich dagegen wehren, von einem Menschenhändler unterboten zu werden), bestätigen sie die schlimmsten Befürchtungen der Woken. *Bolshy*: rotzfrech – nicht bolschewistisch.

Nicht nur waren die Woken nie darauf erpicht, dass das Volk die Macht an sich reißt, in den letzten Jahren vertraten viele Gebildete sowohl in Großbritannien als auch in den USA sogar die Auffassung, dass, was mit der Welt nicht stimme, ein Zuviel an Macht in den Händen des Volkes sei. »Ist mehr Demokratie bessere Demokratie?« titelte *The New Yorker* 2018, und im folgenden Jahr jammerte *The Atlantic*: »Zu viel Demokratie ist schlecht für die Demokratie«. Auch der stets selbstlose *Guardian* meldete sich zu Wort und klagte, dass für zu viele Menschen in zu vielen Ländern die Demokratie nicht funktioniere. Welch eine Schande für Extinction Rebellion und deren Phantasterei, eine Volksversammlung könnte ein gewähltes Parlament in Fragen des Klimawandels überstimmen, dass ihre Possen vom Herbst 2019 sich die Schlagzeilen mit den anhaltenden Protesten der mutigen und schönen jungen Menschen in Hongkong teilen mussten, die es mit der Macht eines Monsterstaats aufnahmen, der entschlossen war, sie ihrer Bürgerrechte zu berauben. (China ist natürlich auch der größte Umweltverschmutzer der Welt, aber Extinction Rebellion lässt sich durch Fakten nicht von einem familiengroßen Wutanfall abhalten.) Mit ihren Freiheitsflaggen und feierlichen Liedern erinnern sie an die Zeit, als es bei Protesten noch um Leben und Tod ging und nicht um selbstgerechte Empörung. »Hat die Demokratie eine Midlife-Crisis?« fragte die BBC 2018 hoffnungsvoll.

Aber es war nicht die Demokratie, die 2016 eine Midlife-Crisis bekam; es war das liberale Establishment, das irgendwie glaubte, den armen Menschen vorschreiben zu können, wie sie sich zu verhalten haben, so wie es das immer getan hat, seit die Fabian Society die Zwangssterilisation der unverdient Armen befürwortete. Die BBC und die EU (das Zwillingspaar des metropolitanen Elitentums, nationale und internationale Abteilung) stotterten vor ungläubiger Empörung in einem fort: *Nach allem*, was wir für euch getan haben! Fragen Sie einen Brexiteer, und in neun von zehn Fällen werden Sie jemanden finden, der auch unsere BBC-Oberherren gern loswürde; sie sind sich so ähnlich in ihren maßlosen Ansprüchen und ihrer falschen Aufklärung und nicht zuletzt darin, wie verrückt das Geld anderer Leute auszugeben. Ihre Wahlsprüche – »Die Nationen sollen friedlich miteinander umgehen« (BBC) und »In Vielfalt vereint« (EU) – sind auf amüsante Weise austauschbar, ebenso wie die bittere Quittung, die sie beide bekommen. Institutionen überdauern ihren Nutzen, und an diesem Punkt ändern sie sich oder gehen unter – das war die erfrischende Botschaft des Populismus.

Wären Clinton und Corbyn gewählt und mehrheitlich für einen Verbleib Großbritanniens in der EU gestimmt worden, hätte es natürlich nicht den leisesten Aufschrei gegeben, dass die Demokratie reif für den Abdecker sei. Aber es gab einen unerwarteten Nebeneffekt für die zum Herrschen geborenen Liberalen, die seit dem »Morgen des Sieges«, wie ich das Ergebnis des Brexit-Referendums nenne, wiederholt ein böses Erwachen erlebt hatten. Nachdem sie stets vorgegeben hatten, zivilisierter zu sein als andere Menschen, machte das Scheitern sie frei, und sie hielten es nicht mehr für nötig, mit gutem Beispiel voranzugehen. Sie haben den tabuisierten Geschmackskitzel des unverhohlenen Hasses auf die unteren Klassen mit der ganzen sinnlichen Inbrunst artgerecht aufgezogener Schweine im Dreck genossen.

Obwohl sie unserer Seite gerne Hurrapatriotismus vorhalten, warfen die Remainers ihrerseits sehr eifrig mit Verweisen auf den heldenhaften Kampf unseres Landes gegen die Nazi-Kriegsmaschinerie um sich. Sie sahen sich selbst als die Wenigen, würde ich wetten (was zahlenmäßig stimmt, wenn auch nicht symbolisch); als Paddy Ashdown die Tory-Brexiteers als »Braunhemden« bezeichnete, fragte der großartige James Cleverly: »Ich bin also ein

Nazi, was?«, worauf jener hochmütig entgegnete: »Gott im Himmel! Selbst in diesen überhitzten Zeiten sollten wir doch noch in der Lage sein, eine Metapher zu erkennen.« Aber wie um zu beweisen, dass solch tiefgründige Dummheit keine Rücksicht auf Alter oder ethnische Zugehörigkeit nimmt, schäumte der Abgeordnete David Lammy, der Vergleich der Europäischen Forschungsgruppe mit den wirklichen Nazis sei »nicht stark genug«. Julian Barnes, ein scheinbar vernünftiger Mann, bekam bei diesem Thema einen masochistischen Wutanfall und gab der Hoffnung Ausdruck, das strenge Brüssel möge uns »ordentlich bestrafen«. Aber vielleicht hat niemand die woken Kriegsschiffe so weit hinausgeschoben wie sein Schriftstellerkollege Ian McEwan. »Eine Bande wütender alter Männer, reizbar selbst im Augenblick des Sieges, gestaltet die Zukunft des Landes gegen die Neigungen seiner Jugend«, sagte dieser sehr wütende alte Mann, der auch im Augenblick der Niederlage sehr gereizt war, auf einer Kundgebung von EU-Befürwortern im Jahr 2017. »2019 könnte das Land in Aufbruchstimmung sein: 2,5 Millionen über 18jährige, zumeist Remainers, die erstmals zur Wahl gehen, und 1,5 Millionen Alte, zumeist Brexiters, die soeben zu Grabe getragen werden.« Seinem Feind den Tod wünschen? Was für ein zivilisierter Mensch.

Ein Vereinigtes Königreich, das nicht Teil eines deutschen Superstaates sein wollte, sollte sich im wahrsten Sinne des Wortes wie Hitler aufführen: Wer darüber hinwegsehen konnte, für den war der Brexit ein wunderschöner kleiner Aufstand – und er kam genau zum richtigen Zeitpunkt, als nämlich die Labour Party unter der Schirmherrschaft von Jeremy Corbyn im Sterben lag, dem obersten Anführer der Woken («Mein Name ist Jeremy Corbyn, Pronomen ›er‹« – bei mir zu Hause nennen wir ihn einfach Es), so dass wir von Vetternwirtschaft und Heuchelei abgestoßenen Genossen einen Zufluchtsort fanden. Häufig ist vom »Hass« die Rede, den das Referendum in unserer Gesellschaft »geschürt« habe – vor der Demokratie aber warnten diejenigen, die uns zu unserem eigenen Wohl kontrollieren wollten, als wären wir missratene Kinder, die auf die Keksdose schielen. Was die trauernden Verlierer geflissentlich verschweigen, ist, dass der Hass größtenteils von ihrer Seite kommt. »Zu viel Demokratie« hat das Gift lediglich zutage gefördert. In der Tat hat der Brexit Hass hervorgebracht – aber es war nicht der Hass der Briten auf die Ausländer, sondern der der Liberalen auf die breite Masse. Das hat etwas von den »Zwei Minuten Hass« aus George Orwells *1984*:

> »Binnen 30 Sekunden war jede Verstellung überflüssig. Eine schreckliche Ekstase der Angst und der Rachsucht, das Verlangen zu töten, zu foltern, Gesichter mit einem Vorschlaghammer zu zertrümmern, schien die ganze Versammlung wie ein elektrischer Strom zu durchfluten, so dass man gegen seinen Willen in einen Grimassen schneidenden, schreienden Verrückten verwandelt wurde. Und doch war der Zorn, den man empfand, eine abstrakte, ziellose Regung, die wie der Schein einer Blendlaterne von einem Gegenstand auf den anderen gerichtet werden konnte.«

Nach dem Brexit war die Jagd auf die revoltierenden Massen eröffnet; insbesondere für diejenigen, die sich einst auf die Seite der Proleten gestellt hatten, aber nun erstmals in den Genuss kamen, Menschen aus einfachen Verhältnissen zu hassen. Auch in den USA: Lange bevor Boris Johnson Ballerinas empfahl, im virenverseuchten Großbritannien des Jahres 2020 Cyber-Detektive zu werden, rieten amerikanische Woke der Arbeiterklasse in den zerstörten Industriestädten, »Programmieren zu lernen«. Stattdessen wählte sie Trump.

Ich bin selten schockiert, aber im Jahr 2020 hörte ich den Komiker Alexei Sayle, der als Kommunist aufgewachsen war, in einer Radiosendung über ein Programm zur Schaffung von Arbeitsplätzen in einer Branche sprechen, die er missbilligte. Die Art und Weise, wie er mit verzärtelter Stimme »Arbeitsplätze schaffen« sagte, als ob die Menschen goldene Elefanten und nicht einen existenzsichernden Lohn gefordert hätten, ließ mich buchstäblich den Atem anhalten – ein lebenslanger Linker, der sich über die Arbeitslosen lustig macht, weil sie arbeiten wollen! Selbst das zahme Publikum musste sich ein Kichern mühsam abringen.

Der arbeiterfeindliche Snobismus hatte sogar diesen einstmals anständigen Mann so korrumpiert, dass er als Jude im Dienste von Corbyn fröhlich an der Seite von Antisemiten stehen konnte. Im Jahr 2016 schrieb er, dass er sich bei seinen Auftritten gerne über Blairs New Labour lustig gemacht habe, doch nun, da Corbyn »die Partei nach seinem eigenen Bild reformiert – asketisch, sozialistisch, freundlich und ethisch«, werde er keine Witze über Labour mehr machen. Das hat allerdings niemand bemerkt, denn er war schon seit gut zwei Jahrzehnten nicht mehr lustig.

Noch einmal Dan Hodges:

> »Ein Gewerkschaftsfunktionär sagte mir vor einigen Monaten: Ich hätte nie gedacht, dass ich den Tag erleben würde, an dem eines unserer Mitglieder auf einer Labour-Parteiversammlung dafür plädiert, Arbeitsplätze ebenso wichtig zu nehmen wie Umweltschutz, und dafür ausgebuht wird. Warum sollte er nicht ausgebuht werden? Solche Leute sind jetzt der Feind: Männer und Frauen, die ihr ganzes Leben lang gearbeitet haben und

die Unverfrorenheit besitzen, zu glauben, dass sie das Leben besser im Griff haben als die jugendliche Greta Thunberg; Menschen, die sich in dem gleichen aussichtslosen Beruf abrackern wie ihre Eltern – wenn sie überhaupt einen Job haben –, aber keine Lust darauf haben, jeden Morgen aufzuwachen und ihr ›weißes Privileg‹ in Frage zu stellen; oder Eltern und Großeltern, die es wagen, vorzuschlagen, Politiker sollten ihren alltäglichen Kämpfen tatsächlich Vorrang vor der Notlage der Palästinenser geben.«

Paul Embery, der Feuerwehrmann und Gewerkschafter, der aus seiner Gewerkschaft ausgeschlossen wurde, weil er auf Pro-Brexit-Kundgebungen gesprochen hatte, sah den Einsturz der roten Hochburgen nach der Übernahme der Labour Party durch die Woken im Frühjahr 2019 schon voraus:

»Die Gruppendenker und Tugendwächter, die aufgeweckten Liberalen, die Quasi-Marxisten und die Echokammerbewohner, aus denen sich ein Großteil der modernen Linken zusammensetzt, glauben, sie seien von Natur aus bessere Menschen als wir traditionellen Linken. Wir sind Gillian Duffy und der White Van Man von Rochester – gut für Wählerstimmen, aber ungeeignet, um mit ihnen in der Öffentlichkeit gesehen zu werden. Diese herablassende Denkweise führt sie zu der Annahme, Wähler aus ethnischen Minderheiten könnten unmöglich für den Brexit oder gegen freizügigen Grenzverkehr sein. Untersuchungen zeigen jedoch, dass etwa ein Drittel der Wähler aus ethnischen Minderheiten für den Austritt aus der EU war und dass viele von ihnen, insbesondere die ältere Generation, offenen Grenzen innerhalb der EU ablehnend gegenüberstanden, nicht zuletzt, weil sie es für ungerecht hielten, dass potentielle Migranten von außerhalb der EU – in vielen Fällen Menschen wie sie selbst – größere Hürden zu überwinden hatten, um in das Vereinigte Königreich zu kommen, als diejenigen aus der EU.

In einer Zeit, in der die traditionelle Arbeiterklasse von der Labour Party so enttäuscht ist wie nie zuvor, wird deren Unterstützung politischer Maßnahmen wie die weitgehende Öffnung der Grenzen, mit der die Partei diese Gruppe so sehr verprellt hat, nichts dazu beitragen, sie zurückzugewinnen. Unabhängig von ihrer Hautfarbe.«

Wie die Verlierer über die Brexiteers/Rassisten zu sagen pflegen, sind nicht alle Remainers Woke – aber alle Woken sind Remainers. Trotz all ihrer scheinheiligen Predigten war das, was die Remainers wirklich wollten, was ihre kalten kleinen Herzen höher schlagen ließ, der grenzenlose Zugang zu billigem Sancerre und billigen Au-pairs. Sie betrachten sich, nehme ich an, im Großen und Ganzen als »fürsorgliche« Menschen, aber es war ihnen egal, dass uns abscheuliche Phänomene wie die moderne Sklaverei und der Sexhandel durch den freizügigen Grenzverkehr eingebrockt wurden, unterstützt von der Bruderschaft der Menschen und untermalt mit der »Ode an die Freude«.

Es gibt einen einfachen Grund, warum die Arbeiterklasse größere Vorbehalte gegen Einwanderung hat als diejenigen, die auf der sozialen Leiter weiter oben stehen, und der hat nichts damit zu tun, dass sie böse primitive Fanatiker wären. Der Grund ist, dass *ihr* Lebensunterhalt beeinträchtigt wird, wenn das Arbeitskräftereservoir größer wird und viele der Neuankömmlinge gern auf die Errungenschaften verzichten, die die einheimischen Arbeiter in ihrer langen und grausamen Geschichte des gewerkschaftlichen Kampfes erreicht haben. Es gibt einen Grund, warum der Verband der britischen Industrie schon immer gegen Einwanderungskontrollen war: So können die Chefs massenhaft Sklavenarbeitskräfte aus Osteuropa einschleusen und dann die einheimischen Arbeiter, deren Löhne den Bach runtergehen, als Rassisten beschimpfen, wenn sie das nicht einfach hinnehmen. Aber sie wollten sich nicht von gierigen Aufsehern austricksen lassen. Diese völlig vernünftige – und sozialistische – Reaktion war es, die so viele Menschen aus der Arbeiterklasse dazu brachte, für den Brexit zu stimmen.

Ein Brief von Graham Wright aus dem Vale of Glamorgan von 2011 an den *Independent* – eine Antwort auf einen Leitartikel, in dem es hieß, je mehr Einwanderer, desto besser, selbst wenn Millionen von Menschen arbeitslos werden – bringt es gut zum Ausdruck:

> »Die Ausbildung der Briten ist sicherlich verbesserungswürdig, das Haupthindernis bei der Aufnahme einer Beschäftigung aber sind die niedrigen Löhne und die schlechten Arbeitsbedingungen, die die Unternehmen zunehmend anbieten. Die Arbeitgeber bevorzugen oftmals Wanderarbeiter wegen deren sogenannter ›Arbeitsmoral‹. Diese Art von ›Arbeitsethik‹ hatten wir früher in Großbritannien. Während der industriellen Revolution war sie allgemein üblich. Wir haben sie nicht verloren; wir haben uns aus ihr herausgekämpft, vor allem durch die Errungenschaften der Gewerkschaftsbewegung. Wir fordern zu Recht ein sinnvolles Leben außerhalb der Arbeit, das jedoch bei so langen Arbeitszeiten nicht möglich ist.«

Man hat uns immer erzählt, die Briten würden die Jobs in der Gastronomie und im Hotel- und Gaststättengewerbe

»nicht machen«, weshalb wir all die billigen osteuropäischen Arbeitskräfte einfliegen lassen müssten. Doch als die Landwirtschaft im Frühjahr 2020 davor warnte, dass Tausende von Tonnen Obst und Gemüse auf den Feldern verrotten würden, bewarben sich in den ersten Wochen rund 35.000 Briten. Sie wurden größtenteils zugunsten osteuropäischer Arbeitskräfte abgelehnt, die in mobilen Häusern auf den Feldern eingepfercht werden konnten, so dass diese die Kosten für Lebensmittel und Unterkunft – etwa 70 Pfund pro Arbeiter und Woche – von ihrem Lohn abziehen konnten. Es sei daran erinnert, dass der Import von Billigarbeitskräften nicht nur der einheimischen Bevölkerung schadet, sondern auch den Menschen, die solche Arbeit leisten; die chinesischen Herzmuschelpflücker in der Morecambe Bay starben, weil sie sich mit den örtlichen Gezeiten nicht auskannten, im Gegensatz zu den einheimischen Arbeitern, die sie aufgrund ihrer geringen Bezahlung ersetzten.

Gegen diese verderblichen Zustände – eine herrschende Klasse, die gefügige ausländische Arbeitskräfte importiert, um die Arbeiterklasse dafür zu bestrafen, dass sie es gewagt hat, einen existenzsichernden Lohn zu fordern – richtete sich das Brexit-Referendum. Es ging nie um Rassismus; es sei denn, die Rede ist ironischerweise vom Rassismus der Osteuropäer, von denen viele ihre Abneigung gegen die vielen verschiedenen Ethnien, die sie in britischen Städten antrafen, ganz offen zum Ausdruck brachten. Dennoch hielten die woken Remainers an ihren selbstgerechten Vorstellungen fest, ihre Landsleute seien rassistische Horden, die beim geringsten Hauch von Wodzionka Amok liefen. Stellen Sie sich vor, wie entgeistert sie gewesen sein müssen, als der *Guardian* im Frühjahr 2019 die folgenden Ergebnisse veröffentlichte:

> »Die Briten sind mehr von den Vorteilen der Einwanderung überzeugt als jede andere große europäische Nation. Dies geht aus einer weltweiten Umfrage hervor, die auch ergab, dass fast die Hälfte der Briten der Meinung ist, Einwanderer würden dem Land gut tun oder ihm zumindest nicht schaden. Die Ergebnisse widersprechen der Annahme, Großbritannien sei Einwanderung gegenüber feindseliger eingestellt als seine europäischen Nachbarn, denn viele behaupten, die Sorge um Einwanderung sei die treibende Kraft hinter dem Brexit-Votum gewesen.«

Der woke Wunsch, das gemeine Volk als Halbmenschen zu betrachten, war bestenfalls eine Projektion, eine Art Gestaltwandler. Doch zum Glück brach, kurz nachdem selbst dem fanatischsten Juncker-Anhänger klar geworden war, dass der Brexit nicht rückgängig gemacht werden konnte, gleich eine Seuche aus. Die Woken hatten die Arbeiterklasse als dumm bezeichnet, als sie 2016 für den Brexit stimmte, und abermals, als sie 2019 für Boris Johnson stimmte – wie könnte man ein neues Jahrhundert besser beginnen, als ihnen noch einmal zu sagen, dass sie, die den Sommer hindurch das Virus fröhlich weiterverbreiteten, nicht in der Lage seien, den Ernst der Lage zu begreifen? Denn genau das haben diese Chavs angeblich getan: ihr Bier am Strand getrunken, anstatt in einem Straßencafé Wein zu schlürfen. Es ist schon komisch, dass die Woken über die Arbeiter etwa so reden wie Rudyard Kipling in »Die Bürde des Weißen Mannes« über die Eingeborenen: »eure neugefangenen verdrossenen Völker, halb Teufel und halb Kind.« Der große Verdruss – so beschrieb ich im Jahr 2020 all diejenigen, die sich weigerten, das Ergebnis des Brexit-Referendums zu akzeptieren oder sich in mit dem Ergebnis irgendwie konstruktiv auseinanderzusetzen.

Das konnte man auch während des Seuchenjahres beobachten, als einigen Leuten buchstäblich nichts, was die Regierung tat, gut genug war.

Heuchelei ist nichts Neues. An Heuchler in mächtigen Positionen sind wir gewöhnt. Und es gibt auch Gründe dafür; schon François de La Rochefoucauld erkannte: »Heuchelei ist der Tribut, den das Laster der Tugend zollt.« In einer Kultur der Unterwürfigkeit, in der es noch keine Massenmedien gab, konnte man damit durchkommen, indem man den Bauern Angst einjagte und sie glauben machte, sie würden in der Hölle schmoren, wenn sie auch nur in Erwägung zögen, sich so zu verhalten wie ihre Obrigkeit. Aber wie der Populismus im Allgemeinen und der Brexit im Besonderen gezeigt haben, leben wir nicht mehr in Zeiten, in denen man sich an den Zöpfen zupft.

Da diese Seuche etwas ganz Neues war, waren wir nicht darauf vorbereitet, dass uns die alte Doppelmoral wieder einholen würde. Lehrer, die sich den ganzen Sommer über gerne der Arbeitskraft der Arbeiterklasse bedienten, aber anscheinend der Meinung waren, sie seien etwas zu Besonderes, um selbst wieder an die Arbeit zu gehen – »JJ Charlesworth« drückte es auf Twitter treffend aus: »Es gab nie einen Lockdown. Es gab nur Leute aus der Mittelschicht, die sich versteckten, während Arbeiter ihnen Sachen brachten.« Regierungsberater predigten den Lockdown und fuhren selbst in der Gegend herum. Spott ergoss sich in den sozialen Medien über Leute, die am Strand von Southend Eis leckten, und nicht über die Snobs, der sich am Strand von Sandbanks herumtrieben, obwohl diejenigen, denen die wütende Herablassung hauptsächlich galt, viel wahrscheinlicher arbeitslos waren und/oder in einer kleinen Wohnung ohne Garten festsaßen. Das Klatschen für die Arbeiter an der Front wurde nach einer Weile langweilig (diese LKW-Fahrer haben wahrscheinlich sowieso für den Brexit gestimmt), und es gab einen neuen, exotischen Tanzfimmel in der Stadt. Als ob das Coronavirus nicht schon genug Verwirrung gestiftet hätte.

Die Fetischisierung unserer schwarzen Bevölkerung im Sommer 2020 war allerdings ebenso unterhaltsam wie entnervend. Einst war Vicky Pollard die einzige Frau im Fernsehen, die ein schwarzes Baby bekam – und sie war eine reine Witzfigur. Doch im Sommer 2020 bekam man in jeder TV-Werbung ein glückliches gemischtes Paar mit seinen bezaubernden »lebhaften« Kindern zu sehen. Wie Trevor Phillips feststellte, hatte sich die britische Arbeiterklasse aber schon seit Jahren und Jahrzehnten gemischt; ein schwarzer amerikanischer Musiker sagte in den 1970er Jahren zu mir: »Ihr englischen Mädchen mischt euch wirklich – nicht so wie amerikanische Mädchen.« Ich kann mir gut vorstellen, dass die Beliebtheit des Vornamens Devon* für schwarze Amerikaner auf glückliche Erinnerungen an die Zeit zurückzuführen ist, als ihre Großväter im Zweiten Weltkrieg in Großbritannien stationiert waren und von unseren Frauen willkommen geheißen wurden. »Eine Sache, die mir hier aufgefallen ist und die ich nicht mag, ist, dass die Engländer keine Rassen trennen«, sagte damals ein amerikanischer Leutnant. »Die Engländer müssen ziemlich ignorant sein. Ich kann nicht verstehen, wie ein weißes Mädchen mit einem Neger zusammen sein kann.«

Aber anscheinend ist das den plaudernden Klassen erst jetzt aufgefallen – und nun übertreiben sie's mit dem Eifer eines bekehrten Kriminellen. In 37 % der Anzeigen wurden Menschen schwarzer Hautfarbe gezeigt, obwohl sie nur 3 % der Bevölkerung ausmachen. Es war amüsant zu sehen, wie die Werbefuzzis sich gegenseitig zu über-

* Auch der Name einer Grafschaft im Südwesten Englands.

trumpfen suchten, und spätestens, als die attraktiven lesbischen Paare in der Autowerbung auftauchten, fragte man sich wirklich, ob ein armer PBM sein Hobby mit zur Arbeit gebracht habe. In einer Weihnachtswerbung waren ein Sikh, eine Muslimin in einer Burka und ein schwules Paar mit einer kleinen Tochter zu sehen. »Vielleicht werden sie dieses Jahr Gold holen und sie alle in ein Zimmer stecken«, schmunzelte der Kommentator James Maker.

Doch nicht nur die Werbebranche war in diesem Seuchensommer vom Woke-Fieber befallen – am schlimmsten erwischte es natürlich die BBC. An das vornehme Getue der Moderatoren von Radio 4 war man gewöhnt; in der *Radio Times* wies Michael Buerk auf den bevorstehenden Abgang von John Humphrys aus der Sendung *Today* hin und bemerkte: »Nun werden alle vier regulären Moderatoren eine private Ausbildung genossen haben, wie ein beträchtlicher Teil der anderen Leute, die für die BBC auf beiden Seiten des Mikrofons arbeiten.« Macht nichts, Auntie wusste, wie man den Vorwurf des Klassenvorurteils mit einem Schlag aus der Welt schafft: »Diversity wäscht jetzt weißer als jede andere Seife!« (Bis zu diesem Zeitpunkt hatte die BBC das Wort »Diversität« offenbar so verstanden, dass man junge Frauen schlechter bezahlen konnte als junge Männer und alte Frauen besser entlassen konnte als alte Männer.)

Im Sommer 2020 schrieb Michael Crick im *Spectator*:

> »Die BBC kündigte an, 100 Millionen Pfund in die ›Diversität‹ ihrer Fernsehproduktion zu investieren. Bravo. Ich bin ein großer Anhänger der Diversität. Eine lebendige Demokratie braucht so viel Vielfalt wie möglich im öffentlichen Diskurs – eine Vielzahl von Stimmen und Ansichten sowie Menschen unterschiedlicher Herkunft. Aber ich habe den Verdacht, dass die BBC

›Diversität‹ nur im engen, modischen Sinne von heute versteht, nämlich bezogen auf Geschlecht, Hautfarbe und Sexualität, aber sonst wenig davon hält. Solange die BBC-Definition von ›Diversität‹ nicht viel mehr Gewicht auf ältere Menschen legt, auf solche, die nicht studiert haben, auf Menschen aus der Arbeiterklasse, auf Arme und auf Leute, die nicht aus den großen Ballungsgebieten kommen, wird sie ihr Publikum in seiner Gesamtheit nie verstehen. Sie wird immer mehr den Kontakt zu den Habenichtsen, den Linken und den Menschen, die für den Austritt aus der EU gestimmt haben, verlieren.

Ich liebe die BBC. Sie hat mich 21 Jahre lang beschäftigt. Ich möchte auf keinen Fall, dass sie geschwächt oder zerstört wird. Aber wenn die BBC an einer engen, liberalen, akademischen, bürgerlichen Definition von Diversität festhält, wird sie in der sich abzeichnenden Schlacht um die Rundfunkgebühren sehr im Nachteil sein. Wenn große Teile der Bevölkerung – die Älteren, die weniger Gebildeten, die Mittellosen – nicht länger den Eindruck haben, die BBC sei für sie da, wird die Schlacht verloren sein. Wenn die BBC sich nicht zu echter ›Diversität‹ bekennt, könnte es sie am Ende noch viel mehr als die vorgeschlagenen Investitionen von 100 Millionen Pfund kosten.«

Wenn man als Frau aus der Arbeiterklasse, die seit mehr als vier Jahrzehnten die Sendung »Roleplay« auf Radio 4 hört, im Sommer 2020 aufwacht, fragt man sich, a) wer sie im Programm belassen hat und b) um wieviel Uhr die Bodysnatchers gelandet sind. Jeder zweite Sprecher hatte plötzlich einen schwarzen oder asiatischen Namen, und das war erfrischend – andererseits aber gab es immer noch keine Stimmen aus der weißen Arbeiterklasse. Vielleicht wurden wir von unseren Vorgesetzten nur zum Schweigen gebracht, um uns an unser weißes Privileg zu erinnern? Ich wünschte, ich hätte all die Jahre gewusst, dass ich privilegiert bin – dann wäre ich eine noch größere Diva gewesen. Aber egal, im Radio erklärt mir die *Guardian*-Autorin Afua Hirsch (Wimbledon High School, Oxford, Doughty Street Chambers), warum Meghan Markle zu den Elenden der Welt gehört. Hier ist eine junge schwarze Frau beim Reiten in Brixton. Eine andere wandert auf dem Land und wünscht sich, es möge »inklusiver« zugehen. (Weiß sie nicht, dass Landwirte alle Leute gleichermaßen hassen?) Dort sagt eine junge Schwarze, man müsse anders über »Codierung« sprechen, damit die Mittelschicht versteht, dass man nicht strohdumm ist, denn natürlich ist das den Kindern, mit denen ich zur Schule ging, nie passiert. Hier berichtet ein äußerst charmantes und intelligentes schwarzes Mädchen über »die Erfahrungen einer Studentin aus der Arbeiterklasse während der Pandemie«. Dort wird ein neues Porträt von Sarah Forbes Bonetta, der afrikanischen Patentochter von Königin Victoria, enthüllt: »Schwarze Geschichte ist Teil der englischen Geschichte, und obwohl wir wissen, dass wir noch mehr tun müssen, haben wir uns bei English Heritage verpflichtet, die Geschichte Englands vollständig zu erzählen.« Der junge Anwalt Hashi Mohamed präsentiert auf Radio 4 die Sendung »Adventures in Social Mobility«, in der er zu Recht seine bemerkenswerte Karriere feiert; im Alter von neun Jahren war er als unbegleitetes Flüchtlingskind mit kaum Englischkenntnissen hier angekommen. In der letztjährigen Sendung »The Trouble With Social Mobility«, die ein Weißer moderierte, wurde jedoch der Eindruck erweckt, dass soziale Mobilität an sich keine gute Sache sei. Weil es *so viele von ihnen* gibt – und wer wird unsere Büros putzen, jetzt wo die Somalier Jura studieren? Genauso wie woke Leute »Frauen«

mit Schwänzen bevorzugen, scheinen sie Menschen aus der Arbeiterklasse nur zu respektieren, wenn sie schwarz sind. Sonst könnten sie ja rassistisch sein.

Ich habe mich wirklich gefreut, diese verschiedenen Stimmen zu hören. Aber ich frage mich, wie vielfältig eine Organisation sein kann, wenn all die verschiedenen Stimmen die gleichen Ansichten über alles Mögliche nachplappern, von Israel bis hin zu der Frage, warum Eiszapfen so schnell schmelzen – das ist so, als würde man sagen, dass Marshmallows eine ausgewogene Mahlzeit darstellen, weil einige weiß und einige rosa sind. Indem sie sich für ethnische Vielfalt einsetzt, weicht die herrschende Klasse der Woken der weitaus größeren Ungerechtigkeit in diesem Land clevererweise aus: dem Klassensystem nämlich, das mehr Leben vernichtet als jede andere Form der Unterdrückung, die je erfunden wurde. Sie werden also in den BBC-Nachrichten vielleicht einen schönen bajanischen Akzent hören – doch niemals einen Proleten aus Birmingham. Trotz der teuren Ausbildung versteht die woke herrschende Klasse nicht, was die ungebildete, unwoke Arbeiterklasse von ihr verlangt, nur weil sie unterschiedlich sprechen; um nicht als Chav, Gammon oder Karen* abgetan zu werden, in einem Milieu, das sich lieber die Zunge herausschneidet, als irgendeine andere Gruppe so zu entmenschlichen, und so 99,9 % aller Lebenschancen von Geburt an abzuwürgen.

Weiße Kinder aus der Mittelschicht sind weißen Arbeiterkindern schon vor der Einschulung um achtzehn Monate voraus. Vielleicht ist es nicht einmal die Schuld der privilegierten Woken, dass sie so unmusikalisch sind – vielleicht hören sie einfach nicht. Im Herbst 2020 behaup-

* Angeblich zu anspruchsvolle weiße Frau mittleren Alters. Zu Chav und Gammon siehe Anmerkung auf S. 27.

tete eine Studie des University College London und der amerikanischen Yale University, dass ein Gespräch mit jemandem aus einer anderen sozialen Schicht mehr Gehirnleistung erfordere als ein Gespräch mit jemandem aus einem ähnlichen Umfeld. Die *Daily Mail* berichtete:

> »Vorurteile gegenüber Menschen, die reicher oder ärmer sind als sie, machen sogar einfachen Smalltalk anstrengender, wie eine in der Zeitschrift *Social Cognitive and Affective Neuroscience* veröffentlichte Studie ergab. Menschen im Alter von 18 bis 44 Jahren wurden nach dem Zufallsprinzip Gesprächsthemen vorgegeben, über die sie sich 12 Minuten unterhalten sollten, darunter Persönliches (etwa die Frage, was sie zuletzt gemacht haben) ebenso wie objektive Themen (etwa die Frage, wie man einen Kuchen backen kann). Die Paare, die sich nicht kannten, passten hinsichtlich Alter, Geschlecht und Hautfarbe gut zusammen, aber 19 von ihnen unterschieden sich stark in Bezug auf ihre soziale Herkunft. Manche hatten nur die Schule besucht, andere einen Universitätsabschluss gemacht; manche, deren Familien ein Jahreseinkommen von weniger als 50.000 Dollar hatten, und solche mit einem Familieneinkommen von mehr als 150.000 Dollar. Professor Joy Hirsch sagte: ›Die Botschaft unserer Forschung ist, dass die Menschen vielleicht mehr Zeit mit Menschen verbringen möchten, die sich von ihnen unterscheiden, und diesen Teil des Gehirns stärker beanspruchen. Je öfter man bestimmte Wege im Gehirn nutzt, desto effizienter werden sie. Diese Interaktionen können einfacher werden, wenn man sie übt.‹«

Die Woken aber werden nicht üben, denn sie können es nur unter ihresgleichen aushalten, damit nur ja niemand darauf hinweist, dass der Kaiser keine nachhaltig hergestellten Kleider hat und ihr selbstherrliches Reich nichts weiter als ein überdimensioniertes Kartenhaus ist, das bald zusammenfallen wird. Es ist ja nicht nur so, dass sie nicht zuhören – sie sind wirklich so verdorben, wie sie scheinen. Das Wort »ignorant« hat zwei Bedeutungen – einerseits mangelndes Wissen, andererseits mangelnde Höflichkeit –, und wenn ein Woker einen Nicht-Woken des ersteren beschuldigt, kann er das nicht tun, ohne sich selbst des letzteren schuldig zu machen. Dies zeigt sich besonders deutlich am neuen, verbesserten Modell der »Lady Muck«, wie meine Mutter sie genannt hätte: eine Frau, die davon überzeugt ist, besser zu sein als andere, ohne dass sie dafür Beweise erbringen könnte, eine Frau ohne Schönheit, Witz oder humanitäre Taten.

Einst waren sie vor allem unter den Tory-Ladies in den Grafschaften zu finden, doch jetzt haben sie sich ein neues wokes Leben zugelegt. Sie sind eher in Shoreditch als in Surrey anzutreffen und lassen sich an ihren sauberen Essgewohnheiten und »wohltuenden« Hashtags erkennen: alles, was sie über den Rest von uns stellt.

2017 postete die Künstlerin Hetty Douglas auf Instagram ein Foto von drei Männern in Bauarbeiterkleidung, die bei McDonald's Schlange stehen, mit der Bildunterschrift: »Diese Typen sehen aus, als hätten sie einen Realschulabschluss.« Und im Sommer 2020 traten in einem BBC-Podcast zwei junge Frauen namens Charlotte und Amelia auf, die einen außergewöhnlichen Angriff auf »Karens« starteten: die neue negative Bezeichnung für weiße Frauen der Unterschicht. Brendan O'Neill schrieb darüber in einem brillanten Artikel:

> »Wokeness gibt sich zunehmend als verbrämter Klassenhass zu erkennen. ›Karen‹ ist die weibliche Version

von ›Gammon‹ – so wie die Corbynistas und Trustafaris* Männer aus der Arbeiterklasse, die den Brexit unterstützen, als Schweine bezeichnen, so betrachtet dieselbe Klientel nun weiße Frauen mit niedrigerem Status als ›Karens‹. ›Bilden Sie sich‹, sagte Amelia, ›lesen Sie ein paar Bücher‹, und kicherte dabei, zweifellos unter dem Einfluss der Endorphine moralischer Überlegenheit. Charlotte meinte, weiße Frauen sollten ›ihr Weißsein nicht zu verteidigen versuchen‹ und stattdessen ›kritisch über ihre Identität und ihr Privileg nachdenken‹. ›Geht aus dem Weg‹, sagte sie schließlich. ›Ja, sie sollen einfach abhauen‹, pflichtete ihr Amelia bei, und sie lachten. Es ist urkomisch: gebildete Frauen aus der Mittelschicht sagen anderen Frauen, sie sollten sich verpissen. Dass zwei weiße Frauen zusammensitzen und über das Problem weißer Frauen sprechen können, sagt einiges darüber, was der Begriff ›weiße Menschen‹ heutzutage bedeutet. Es ist nicht nur eine physische Beschreibung derjenigen, die weiß geboren wurden. Er ist ein Klassenindikator. Die Rede von ›weißen Menschen‹ bezieht sich in der Regel auf die unteren Schichten, die unzureichend Gebildeten, die ›Unwissenden‹. Nur die Weißen aus der Arbeiterklasse und der unteren Mittelschicht werden auf ihre ›Rasse‹, auf ihr Weißsein reduziert. Auf diese Weise werden sie entmenschlicht, um ihre Meinungen und Werte zu delegitimieren (die angeblich alle auf ihr Weißsein zurückzuführen sind) und sie reif zu machen für die Belehrungen, die klügere, sozial bewusste Weiße wie Charlotte, Amelia und ein ganzes Heer woker Akademiker und öffentlich Bediensteter ihnen erteilen.«

* Neologismus aus Trust (Fonds, Konzern) und Rastafari.

Diese widerlichen Sitzschnüffler und Bettnässer, die Hetties und Lotties und Amelias hatten ihren Spaß – aber sie sollten jetzt vorsichtig sein, denn diejenigen, über die sie sich lustig machen, haben buchstäblich nichts mehr zu verlieren, wenn wir im freien Fall in eine noch nie dagewesene wirtschaftliche Depression stürzen. Geht lieber zurück zu Mutti und Vati in ihre behagliche Gated Community, solange ihr noch könnt, denn es gibt Dinge, vor denen man sich nicht hinter dem Wokescreen verstecken kann. Und ganz gleich, ob ihr versteht, was die Massen euch zu sagen versuchen oder nicht, sie werden dieses Mal wahrscheinlich nicht im Stillen leiden. G.K. Chesterton hat das in seinem Gedicht »The Secret People« schön ausgedrückt:

»We hear men speaking for us of new laws strong and sweet,
Yet is there no man speaketh as we speak in the street.
It may be we shall rise the last as Frenchmen rose the first,
Our wrath come after Russia's wrath and our wrath be the worst.
It may be we are meant to mark with our riot and our rest
God's scorn for all men governing. It may be beer is best.
But we are the people of England; and we have not spoken yet.
Smile at us, pay us, pass us. But do not quite forget.«*

* »Wir hören Menschen in unserem Namen von neuen großartigen Gesetzen sprechen, doch spricht niemand von ihnen, wie wir auf der Straße sprechen. Vielleicht werden wir uns als letzte erheben, so wie

Wenn ich von meinem schmucken Balkon hinunterschaue, denke ich an die anderen, die genauso klug sind wie ich (na ja, fast), jedoch nie eine Chance bekamen, und die nun zugunsten einer Gruppe von Leuten übergangen werden, deren Zahl nicht ausreicht, um das Haus des Herrn zu zerstören – egal, wie viele Statuen sie einreißen –, und die man deshalb mit Humor ertragen und verhätscheln kann. Wenn ich sehe, wie die woken Medien Minderheiten für ihre eigenen narzisstischen und selbstdarstellerischen Bedürfnisse anflehen, sehe ich voraus, daß Weiße bald ebenso den Aufstand proben werden wie Schwarze. Denn das Problem mit der Identitätspolitik besteht darin, dass man auch das Weißsein zu einer Identität macht. Und wenn man sich der Hautfarbe wegen von anderen aus seiner Klasse abgrenzt, ihre Lebenserfahrung als Privileg abtut und ihnen die Schuld an Dingen gibt, die sie nicht getan haben, werden diese Leute irgendwann sagen: »Gut, ihr habt gewonnen. Ich werde nur noch mit meinesgleichen reden, unter ihnen leben und sie wählen.« Auch wenn ich auf den Strand von Brighton schaue, sehe ich vor mir den »Strand von Dover«, so wie Matthew Arnold ihn beschrieben hat:

»… denn dieser Weltenraum,
der aufzutun sich scheint wie Land im Traum,
so vielgestalt, so schön, so neu,
hat wirklich weder Freud', noch Lieb', noch
  Lichterpracht,

die Franzosen sich als erste erhoben, wird unser Zorn nach dem Russlands kommen und unser Zorn der ärgste sein. Vielleicht ist es an uns, in Aufruhr oder Stillstand Gottes Verachtung aller Regierenden kundzutun. Vielleicht ist Bier am besten. Doch wir sind das Volk von England; und wir haben noch nicht gesprochen. Lächelt über uns, bezahlt uns, geht an uns vorbei. Doch vergesst uns nicht ganz.«

noch Sicherheit, noch Ruh', noch Schmerzerlass;
und wir stehn hier wie auf dem dunklen Pass,
wo, voll verwirrten Rufs von Flucht und Schlacht,
sich Heere blind bekriegen in der Nacht.«

Wer kann uns in solch turbulenten Zeiten helfen, das höchste Band der Menschlichkeit, das uns verbindet, zu verstehen (natürlich unter Berücksichtigung unserer individuellen Lebenswege)? Wo ist unser Martin Luther King, unsere Mutter Theresa? Ein Glück für uns, dass das erste woke Paar schon bereitsteht, uns den Weg in eine bessere Welt zu weisen – in einem Privatjet, versteht sich.

Kapitel 7

Grabschdankung*: Woke kommt nach Windsor Hollywood-Dienstmädchen und das grüne, grüne Woke-Gras

Die meisten Menschen können, wenn sie jemanden nicht mehr lieben, ihren Anfall lüsternen Wahnsinns mit Worten »Ich habe ihn nie geliebt« leicht abtun, bevor sie ihn in den sozialen Medien löschen und weiterziehen. Bei einer Schriftstellerin klappt das nicht – es ist alles da draußen, über den ganzen Cyberspace verteilt wie ein besonders aufmerksamkeitsheischender schmutziger Protest. Ungefähr so betrachte ich rückblickend meine eher peinliche Schwärmerei für Meghan Markle, die von 2017 bis 2020 andauerte. Im Winter 2017 kritzelte ich folgendes für den *Spectator*, wobei ich bestimmt jedes i mit einem Herzchen punktierte:

> »Prinz Harry kann sich glücklich schätzen, eine Gefährtin gefunden zu haben, die definitiv nicht prinzessinnenhaft ist – obwohl sie die schönste Frau ist, die je auf Erden wandelte … Allzu gern möchte man glauben – aus Gründen der Bosheit und des Skandals –, dass Meghan Markle dieses wunderbare Ding ist, das man ›eine Abenteurerin‹ nennt:

* Im Original »Grabdication« (to grab: sich etwas greifen; abdication: Abdankung).

›a) eine Frau, die gefährliche oder aufregende Erfahrungen sucht, b) eine Frau, die mit fragwürdigen Mitteln eine Stellung oder ihren Lebensunterhalt zu verdienen sucht‹ (Merriam-Webster). Aber ich glaube, die weitaus bekömmlichere, wenn auch weniger aufregende Wahrheit ist, dass sie einfach eine verliebte junge Frau ist.«

Es sollte noch schlimmer kommen. Wenn ich meine Zeitungskolumnen in den sozialen Medien poste, füge ich immer die Warnung hinzu: »Denkt daran, wir Schreiberlinge schreiben nie unsere eigenen Schlagzeilen!« Nun, in diesem Fall habe ich es getan; die Schlagzeile lautete: »Meghan Markle hat ihren Prinzen gerettet«, und inspiriert wurde sie wahrhaftig von der letzten Zeile des leidenschaftlich schwülstigen Artikels: »Meghan Markle hat nie auf einen Prinzen gewartet, der sie rettet. Tatsächlich scheint es viel wahrscheinlicher zu sein, dass sie es ist, die den Prinzen retten wird.« Peinlich!

Zum Glück war ich 2019 bereits gründlich desillusioniert: »Nach einem Sommer, in dem sie uns über den Klimawandel belehrt hatten, reisten Harry und Meghan in elf Tagen viermal mit dem Privatjet; dies geschah kurz nach dem Ausflug des Prinzen zum Google-Klimagipfel, wo er auch einen Hubschrauber genommen haben soll, den er gewöhnlich für Kurzstreckenflüge nutzt, während die Königin sich mit dem Zug begnügt. Dass Elton John zu ihrer Verteidigung herbeieilte, half nichts, sondern machte nur noch deutlicher, dass der Herzog und die Herzogin von Sussex sich eher als internationale Stars denn als öffentliche Bedienstete einer Nation sehen.«

Kurz nachdem ich gehört hatte, dass Meghan sich von ihren königlichen Pflichten halb zurückziehen und sich mehr ihrer eigenen Vermarktung widmen wollte, prägte ich den fabelhaften Ausdruck »Grabschdankung«, und damit ist meine Rehabilitation abgeschlossen. Die Grabschdankung war ein weiteres Woke-Event (zusammen mit dem Geschlechteranerkennungsgesetz und der Weigerung der jammernden Remainers, den Brexit zu akzeptieren), das auf den ersten Blick liberal aussah, in Wirklichkeit aber reaktionär war. Die Grabschdankung sagte den Bauern, dass Fürsten tun können, was sie wollen, ohne Rücksicht auf die öffentliche Meinung; das Geschlechteranerkennungsgesetz, dass Männer tun können, was sie wollen, ohne Rücksicht auf die Meinung der Frauen; und eine zweite Abstimmung über den Brexit, dass die herrschende Klasse tun kann, was sie will, ohne Rücksicht auf die Stimme des Volkes. In den sozialen Medien entdeckte ich einige schlechte Verlierer, die meinten, es gebe viele »Überschneidungen« zwischen Befürwortern eines EU-Austritts und Verächtern des hoheitlichen Paares, vermutlich weil jene allesamt Rassisten sind und nur Rassismus dazu führt, jemanden zu kritisieren, der nach einem Sommer, in dem er uns über den Klimawandel belehrt hatte, in elf Tagen viermal mit dem Privatjet flog. Es mag durchaus Überschneidungen geben – aber nur insofern, als die Kritiker sowohl Brüssels als auch der Sussexes einen Haufen geldgieriger Heuchler gleichermaßen verachten, die ihre Dirnenhaftigkeit mit allerlei Desiderata schmücken.

Dergleichen war man allerdings schon gewohnt. Prinz Harrys Vater, Prinz Charles (vielleicht der Großvater von Woke, mit seinem malthusianischen Gemurmel und islamophilen Gegeifer) hatte seit langem bereits meine Beobachtung exemplarisch bestätigt: »Es ist kein Wunder, dass die Wohlhabenden Freunde der Erde sind – sie war auch ihnen ein verdammt guter Freund.« Die Idee eines vorindustriellen Edens, des reichen Mannes in seinem Schloss, des armen Mannes vor dessen Tor, hat die rechtschaffene Wut der Aristokraten gegen den Kapitalismus seit 1969 genährt, als Friends of the Earth International gegründet wurde: mit einer Spende von einer halben Million Dollar von einem Robert Orville Anderson, einem Ölmann mit reichen Eltern und schlechtem Gewissen. In den 1970er und 80er Jahren wurde die Grüne Partei von dem recht charmanten und telegenen Sir Jonathon Espie Porritt, Ritter und ehemaliger Eton-Schüler, angeführt; ein weiterer Etonianer, Zac Goldsmith (oder Baron Goldsmith of Richmond Park, wie seine Freunde ihn nennen), bewies mit seinem umfassenden Engagement für ökologische Themen in den letzten zwei Jahrzehnten, dass superreiche und sexy konservative Abgeordnete genauso fanatisch für den Planeten und gegen die Menschheit sein können wie jeder unwählbare stinkende alte Spinner. Die Wohlgeborenen reisen um die Welt, um Beweise dafür zu sammeln, warum die in bescheidenen Verhältnissen Geborenen zu Hause bleiben und sich einen schönen Urlaub in Slough gönnen sollten – was Goldsmith so sehr am Herzen lag, dass er als konservativer Abgeordneter zurücktrat, als die Regierung 2016 den Bau einer dritten Startbahn am Flughafen Heathrow genehmigte. Damit sollte er zum Vorbild all der kleinen Extinction Rebellion-Zacs werden, die noch immer ihre Montessori-Lehrer mit ihrer Fingermalerei in den wohlhabenderen Gegenden Englands begeistern.

Man nimmt an, dass Goldsmith nach dem Tod seines Vaters Sir James Goldsmith im Jahr 1997 zwischen 200 und 300 Millionen Pfund geerbt hat; einige Steuerexperten haben spekuliert, sein Einkommen allein aus dem ihm hinterlassenen Treuhandvermögen könnte bis zu 5 Millionen Pfund pro Jahr betragen, womit er der zweitreichste Mann im Parlament wäre. (Gegenwärtig hat er ein bequemes Quartier im Oberhaus.) Aber sein unbestreitbarer Charme und seine Schönheit machen seine Heuchelei leichter erträglich als die des relativ armen Langweilers George

Monbiot, der eine so dampfplaudernde Marie Antoinette ist, dass er einmal über Äthiopien schrieb:

> »In der ärmsten Hälfte der ärmsten Nation der Welt beben die Straßen und Felder vor Lachen. In Häusern, die aus Verpackungskisten und Palmblättern gebaut sind, gehen die Menschen freier miteinander um, lächeln öfter und drücken mehr Zuneigung aus als wir hinter unseren Doppelverglasungen, umgeben von Fernbedienungen.«

Die durchschnittliche Lebenserwartung der Männer liegt bei 42 Jahren – offensichtlich fallen die Äthiopier wie die früh ausrangierten Pornostars vor lauter Glück tot um. Und dann ist da noch Baron Melchett, der zwölf Jahre lang Greenpeace leitete; ein weiterer alter Etonianer, Nachkomme des Gründers der British Steel Corporation und Erbe des Vermögens seines Urgroßvaters vom Chemiegiganten ICI. Melchett besitzt ein 800-Hektar-Anwesen in Norfolk und beschreibt seine Vorliebe für Grünes als »Teil einer Familientradition«, in der man seit jeher versucht habe, »das Richtige zu tun«.

Aber keiner dieser grünen Heuchler kann der Nummer eins das Wasser reichen, dem Prinzen von Wales [inzwischen König des Vereinigten Königreichs], der 2007 erster Klasse in die USA flog – mit einer Entourage von 20 Personen –, um einen Umweltpreis entgegenzunehmen. Zwei Jahre später nutzte er einen Privatjet für eine »Umwelt«-Tour durch Südamerika: eine 16.000 Meilen lange Reise, die rund 300.000 Pfund kostete. Man kann über Prinz Harrys Abstammung sagen, was man will, aber in dieser Hinsicht scheint er ein echter Spross der Familie zu sein. Prinz Charles hat übrigens auch eine Schauspielerfreundin, und abgesehen von Meghan, die wegen ihrer Hautfarbe verschrien ist, gibt es kaum eine Schauspielerin mit königlichen Verbindungen, die so verspottet wurde wie die sehr blasse Emma Thompson (die Großmutter von Woke), die im Frühjahr 2019 erster Klasse von Hollywood zu den Protesten von Extinction Rebellion flog – in einem Transatlantikflug über 5.456 Meilen zwischen L.A. und London, der einen Kohlenstoff-Fußabdruck von drei Tonnen hinterließ. Die Gruppe Extinction Rebellion, die fordert, dass nur in Notfällen überhaupt geflogen werden dürfe, gab zu verstehen, der Ausflug der Freifrau Emma verursache lediglich »unglückliche Unkosten in unserem größeren Kampf zur Rettung des Planeten«, doch der famose David Blunkett ließ sich nicht beirren und fragte während einer Parlamentsdebatte über die nervige dritte Startbahn in Heathrow:

> »Teilt der Minister die Auffassung, dass es nützlicher wäre, in alternative Treibstoffquellen für künftige Flüge zu investieren, als wenn Leute, die selbst regelmäßig fliegen, anderen predigen, das nicht länger zu tun, sei's geschäftlich oder um in den Urlaub zu fliegen – zumal sie auf ihren Flügen auch noch den Komfort der ersten Klasse genießen?«

Kurzum, Grün ist – wie Woke selbst – die erste gesellschaftspolitische Bewegung, in der jeder mindestens wohlhabend, wenn nicht steinreich ist. Wenn man die überprivilegierten Schwachköpfe von Extinction Rebellion über Wirtschaftswachstum reden hört, als ob es sich dabei um Kindesmissbrauch handle, spürt man echte Verachtung für Menschen, die glauben, es sei wünschenswert, einen Job zu haben, um Geld zu verdienen und die Steuern zu zahlen, die die Gesellschaft am Leben erhalten. Aber vielleicht ist das verständlich, wenn man bedenkt, dass noch nie eine Protestbewegung so viele Doppelnamen und so viele Bilder von Skiausflügen auf Instagram hatte wie diese, während sie Flugreisen für die Massen verteufelt. Der Reporter Jon Snow schmunzelte, er habe »noch nie so viele weiße Menschen auf einer Brexit-Kundgebung gesehen«, dabei sind die Leute von Extinction Rebellion so weiß, dass sie die »Last Night of the Proms« wie das Reggae Sunsplash-Festival aussehen lassen.

Ökologie ist Politik für Leute, die keine Menschen mögen und sich darüber aufregen, dass die Massen jetzt die Freiheit haben, billig zu reisen, anstatt an einen Pflug gebunden zu sein oder ihre Wäsche in einem Bach zu waschen. Genau wie bei den Politikern, die sie anprangern, gibt es eine Regel für sie und eine andere für den Rest von uns. Rupert Read zum Beispiel, einer ihrer führenden Köpfe, nahm ein Taxi zu einem Radiointerview, weil er es »schrecklich eilig« hatte, während sein mürrischer Genosse Robin Boardman-Pattison aus einem anderen Interview flüchtete, nachdem er darauf hingewiesen worden war, dass die Skiausflüge, mit denen er in den sozialen Medien geprahlt hatte, wohl kaum die »Notfälle« sind, auf die er das Fliegen beschränken möchte.

Schnell zeigte sich, dass in den Reihen der Grünen die Dummen von den Bösen angeführt werden. Die Dummen fielen ihrem rasenden Verlangen nach Aufmerksamkeit zum Opfer, das sie zu viel Zeit kostete, um sich auf etwas wirklich Aufrührerisches zu konzentrieren. Ein Dutzend barbusiger Extinction Rebellion-Frauen kettete sich an die Barriere des Parlaments, und nach dem Massentanz vor dem Buckingham Palace fragte ich mich, ob ein großer Teil dieser außerordentlich performativen Demonstranten frustrierte Entertainer im zeitweiligen Ruhestand sein mochten, die nun, da die Theater dunkel waren, noch mehr Zeit als sonst hatten. Die Bösen traten ein paar Monate später hervor, als Extinction Rebellion Druckereien angriff und eine Nation am nächsten Tag ohne Zeitungen dastand. Die lahme Argumentation bot nichts Neues; die übliche Behauptung, dass die »Mainstream-Medien« von einer kleinen Anzahl von Leuten kontrolliert würden und die Nachrichtenkonzerne sich der ständigen Manipulation der Wahrheit schuldig machten, um ihre eigenen persönlichen und politischen Ziele zu erreichen. (Man konnte auch etwas über »jüdisch kontrollierte Medien« lesen, das jedoch von einem der feinfühligeren Bösen widerwillig durchgestrichen wurde.) Amüsanterweise führte der Protest dazu, dass Tausende von *Sun*-Lesern ein exklusives Interview mit Sir David Attenborough nicht zu lesen bekamen, in dem dieser erklärte, warum er Extinction Rebellion unterstützt – und was *Sun*-Leser tun könnten, um den Klimawandel einzudämmen.

Unterdessen feierte James Lovelock – der Begründer der Gaia-Hypothese, der zufolge die lebenden Organismen auf dem Planeten mit der sie umgebenden anorganischen Umwelt interagieren, um ein synergetisches und selbstregulierendes System zu bilden, das die klimatischen und biochemischen Bedingungen für Leben auf der Erde geschaffen hat und auch heute noch aufrechterhält – seinen hundertsten Geburtstag. Ich bin keine Umweltschützerin, denn ich glaube, das Leben wird immer einen Weg finden, doch dieser Held hat sehr viel mehr zu bieten, als den Staat zu beklauen und in den Urlaub zu fahren. Er stammt aus einer bäuerlichen Arbeiterfamilie und war von Anfang an ein Außenseiter. Als er Mittel entwickelte, um Soldaten vor Verbrennungen zu schützen, sträubte er sich dagegen, betäubte Kaninchen zu verwenden, und setzte stattdessen seine eigene Haut der Wärmestrahlung aus. Er war immer bereit, seine Meinung zu ändern, wenn Fakten seine Theorien widerlegten. Zu Beginn des Zweiten Weltkriegs verweigerte er den Kriegsdienst aus Gewissensgründen; doch nachdem er von den Gräueltaten der Nazis gehört hatte, meldete er sich schließlich freiwillig, aber man sagte ihm, seine medizinische Forschung sei zu wertvoll. Im Jahr 2004 sorgte er für Aufsehen mit der Bemerkung, dass »nur die Kernkraft die globale Erwärmung aufhalten kann«. 2012 erklärte er, dass er in Bezug auf den Klimawandel »alarmistisch« gewesen sei, und warnte:

> »Die grüne Religion löst jetzt die christliche Religion ab – sie hat alles, was eine Religion braucht, und sie verwendet dieselben Begriffe. Die Grünen sprechen von Schuld. Aber man kann Leute nicht überzeugen, indem man ihnen sagt, sie seien schuldig.«

Die wahre Kluft in der grünen Politik bestand nicht zwischen den Bösen und den Dummen, sondern zwischen übergroßen Kindern, die wenig vom Leben wissen, und einem hundert Jahre alten Wissenschaftler mit großer Erfahrung. Zwei Menschen aber, die sich in nächster Zeit für keine der beiden Seite entscheiden würden, waren Meghan und Harry, die von Herbst 2019 bis Frühjahr 2020 voll damit beschäftigt waren, eine aktualisierte Version von »Wo ist Wally Simpson?« zu inszenieren. Nach ihrem Auszug aus Frogmore Cottage begaben sie sich ins neutrale Kanada, dem idealen Quartier mit historischen Verbindungen zur Monarchie und einem superwoken Führer: Justin Trudeau, der Dope legalisiert, Einwanderer mit offenen Armen empfängt und mit Transen schmust.

Während Trumps erster Präsidentschaftskampagne im Jahr 2016 prahlten viele Prominente, sie würden die USA verlassen, wenn der Mann mit den orangenen Haaren gewönne. Jeder von Snoop Doggy Dogg bis Barbara Streisand versprach, den Greyhound-Bus in Richtung Norden zu nehmen. »Ich weiß, viele Leute haben damit gedroht, aber ich werde es wirklich tun«, schwor Lena Dunham: »Ich kenne einen schönen Ort in Vancouver, von dem aus ich meine Arbeit erledigen kann.« Und Chelsea Handler würde auf dem Platz neben ihr sitzen! Oder auch nicht, denn kurz nach Trumps erstem Triumph wandte sie sich von ihrem Balkon aus an ihre weinenden Verehrer: »Gestern haben mich meine Mitarbeiter daran erinnert, dass Plattformen und Stimmen wie die meine mehr denn je gebraucht werden; das Land zu verlassen bedeutet aufzugeben.« Während des Wahlkampfs 2020 führten Bruce Springsteen (der zuvor versprochen hatte, nach Australien zu ziehen, dies aber anscheinend vergessen hatte und sich dieses Mal mit Augenbinde, Stecknadel und Weltkarte für Irland entschied) und Tommy Lee (der wahrscheinlich zu betrunken war, um ins Flugzeug zu steigen und seine Drohung wahr zu machen) einen ähnlichen Eiertanz auf. Aber Trump hin oder her, Meghan konnte sich nicht von den USA fernhalten, und es wurde bald klar, warum sie das Heimatland ihres Mannes verlassen und den armen Trottel hinter sich hergezogen hatte. Sie wollte nicht aus dem Rampenlicht verschwinden – sie wollte nur eine andere Art von Rampenlicht. Natürlich wollte sie immer noch angeschaut werden, aber aus einer respektvollen Distanz. Eine Katze darf einen König anschauen, aber sie darf kein Selfie mit der königlichen Hoheit machen, auch nicht aus Versehen, wie es dem Tennisfan Hasan Hasanov passierte, der von ihrem Sicherheitstrupp verwarnt wurde, weil er Ihre Hoheit in Wimbledon 2019 versehentlich fotografiert hatte, als er ein Foto von Roger Federer machen wollte. Der verblüffte Großvater erzählte der *Sun*:

> »Mir war es ehrlich gesagt völlig egal, ob ich ein Foto von Meghan, Harry oder einem anderen Mitglied der königlichen Familie mache – wenn ich es wollte, würde ich

vorher fragen. Ich war viel mehr daran interessiert, ein Video von Roger Federer in Aktion zu bekommen.«

Der in Amerika geborene und in London lebende Königshausreporter Ashley Pearson machte eine pikante Bemerkung über Meghan, die in Anbetracht der Verdrossenheit, die das Paar an den Tag legte, kaum dass die Flitterwochen vorbei waren, sicherlich zutraf: »Sie hatte keine Ahnung, wie wenig glamourös es wirklich ist, ein Royal zu sein, und als sie herausfand, dass sie eine Beamtin mit einem Diadem sein würde, sagte sie: ›Auf gar keinen Fall.‹« Der inbrünstig bekundete Wunsch der Sussexes, selbst für ihren Lebensunterhalt aufzukommen, war bewundernswert, aber selbst die schäbigste Braut wäre verblüfft gewesen über das, was Meghan in der »untersten Schublade« angehäuft hatte, als sie sich aus dem Staub machte. Mehr als hundert Gegenstände – darunter Bleistifte, Socken und Lesezeichen – trugen seit dem Sommer 2019 stolz das Markenzeichen »Royal Sussex« und brachten ihr ein hübsches Sümmchen ein, zusätzlich zu ihrem geschätzten Privatvermögen von 34 Millionen Pfund.

Als die Sussexes sicher in ihrer Gated Community in Kalifornien untergebracht waren, muss ihnen klar geworden sein, dass sie ihre Privatjet-Gewohnheit nicht so bald aufgeben könnten, da sie nun mit den Jennifers mithalten mussten: Lopez, Aniston und Lawrence. Im Sommer 2020 schlossen sie ihre wohltätige Stiftung und warben stattdessen für ein »Ökotourismus«-Projekt namens Travalyst (obwohl »Travailist«* angesichts ihres unaufhörlichen Gejammers vielleicht besser gewesen wäre), dessen erklärtes Ziel sein sollte, »das Reisen und seine Auswirkungen zum

* Englisch travail: Mühsal.

Guten zu verändern.« Aber das war nur eine Bagatelle. Ein anderer woker Kreuzzug war bereits in vollem Gange, der weitaus dramatischer und glamouröser war als die allwöchentliche Mülltrennung.

Schwarz war das neue Grün im Fiebertraumsommer 2020, in dem der Tod eines Berufsverbrechers die Reichen und Berühmten – die zuvor einen beträchtlichen Teil ihres Einkommens für ihre persönliche Sicherheit ausgegeben hatten, um sich vor Leuten wie George Floyd zu schützen – verstehen ließ, dass einige Menschen auf dieser Welt ein elendes Leben fristen. Jetzt, da Babylon brannte, konnten sie sich nicht schnell genug unter die Leute mischen, die sie einst als »Zivilpersonen« betrachtet hatten, wenn auch nicht leibhaftig (obwohl Cara Delevigne und ihre Modelkollegin Kaia Gerber sich Berichten zufolge auf einer Black Lives Matter-Kundgebung haben blicken lassen). Doch bestimmt werden sie aufstehen – oder niederknien – und sich durch ermutigende Online-Appelle an jene unzufriedenen Bürger wenden, die die Geschäfte ihrer Nachbarn niederbrennen wollen, um zu beweisen, dass Martin Luther King nicht umsonst gestorben ist.

Es ist nicht ungewöhnlich, dass ehrgeizige Menschen die Geschichte ihres eigenen sozialen Aufstiegs zu einem selbstlosen Epos umgestalten – daher die Beliebtheit der Reise-Metapher, mit der der durchaus verständliche Wunsch nach einem bequemen Leben als etwas Spirituelles dargestellt werden kann. Auf dieser unglaublichen Reise (zufällig der Name eines Films, den ich als Kind liebte: Luath der Labrador, Bodger der Bullterrier und Tao die Siamkatze reisen 250 Meilen durch die kanadische Wildnis, um nach Hause zurückzukehren – eine sehr viel überzeugendere Wanderung als die der Sussexes, die nach Frogmore Cottage oder Vancouver Island »heimkehren«) hätte eine Frau mit einer teuren Ausbildung und einer

Leidenschaft für soziale Veränderungen in einem Pflegeberuf arbeiten können, entschied sich jedoch, ihre Schönheit zu Geld zu machen, einschließlich einer Rolle als »Briefcase Girl« in der Spielshow »Deal Or No Deal«. Die Schauspielerin, die es nie ganz in die erste Liga geschafft hat, wird nun als dunkle Diana für einen Jungen wiedergeboren, der seine Mutter vergöttert und sie in einem sehr jungen Alter verloren hat.

Als ich schrieb, Meghan Markle habe ihren Prinzen gerettet, war mir nicht bewusst, wie böse meine dummen Worte waren. Sie hat einen Mann, der mit weitaus größeren Privilegien als den ihren geboren wurde, in die Schranken gewiesen und ihn von einem Jungen, der sich nichts dabei dachte, das Wort »Paki«* zu gebrauchen oder sich zum Spaß als Nazi zu verkleiden, zu einem Mann gemacht, der vor den Obamas kniet und peinlich darauf bedacht ist, sich in Sachen »Rassenpolitik« weiterzubilden.

Übrigens bedeutete Bildung/Erziehung (education) ursprünglich »hinausführen«, Woke aber hat die Bedeutung des Wortes in »einschließen« geändert: Narren, denen man sagen muss, was sie zu denken haben, sollen sich vor ihrer woken Jury niederwerfen. Das ähnelt der Form von Gehirnwäsche, der sich Scientologen gern bedienen, wenn sie ein Mitglied »prüfen«, um dessen Widerstand zu brechen: »ein Prozess, in dem der Prüfer eine Person durch Zeiten in ihrem gegenwärtigen oder vergangenen Leben führt, um sie von negativen Einflüssen vergangener Ereignissen oder Verhaltensweisen zu befreien«.

Natürlich ist es gut, wenn Prinz Harry erkennt, dass Nazi-Uniformen schlecht sind, eine Schande aber ist, dass er wieder einmal zeigt, wie leicht er sich verführen lässt,

* In Großbritannien ein Schimpfwort für Menschen nicht nur pakistanischer, sondern südasiatischer Herkunft schlechthin.

in diesem Fall zu einem neuen – wenn auch unbedeutenden – Kult des Rassenhasses. Es hat nicht geholfen, dass er Sex mit einer wahnsinnig attraktiven Demagogin hatte. Ein nützlicher Freund erzählte der *Daily Mail*:

> »Meghan sagte, ihre Arbeit als führende Persönlichkeit sei im Moment wichtiger denn je, sie habe mit Oprah und anderen wichtigen Leuten der Community darüber gesprochen, wie sie Teil der Lösung sein könne. Meghan hat das Gefühl, dass ihre Mission weit über die Schauspielerei hinausgeht. Sie sagte, sie wolle ihre Stimme für Veränderungen einsetzen … eine Karriere in der Politik hat sie nicht ausgeschlossen.«

Wie lange scheint es her, dass Meghan im Frühjahr 2019 bei einer Wohltätigkeitsorganisation in Bristol, die Nutten beim Ausstieg aus ihrem gefährlichen und trostlosen Leben hilft, inspirierende Botschaften auf Bananen für Sexarbeiterinnen gekritzelt hat. Dabei handelte es sich nicht einmal um nette und dankbare Prostituierte wie Julia Roberts in »Pretty Woman« oder Shirley MacLaine in »Irma la Douce«. Stattdessen beäugte eine Nikki die unglücklicherweise phallische Frucht mit den herzlichen Botschaften »Du bist etwas Besonderes«, »Du bist mutig«, »Du bist stark« und beschwerte sich: »Die Menschen hier draußen kämpfen um Essen und Schlaf, und sie schenkt uns ein paar Worte auf einem Stück Obst. Sie hat die Mittel, uns mehr zu helfen. Das ist beleidigend.«

Wie viel besser ist es doch, jungen und formbaren Menschen zu predigen – am liebsten den eigenen Leuten. Im Sommer 2020 hielt Meghan eine Videoansprache an die Absolventen ihrer ehemaligen Privatschule in Los Angeles, wenngleich ein so privilegierter Jahrgang eine aufmunternde Ansprache wahrscheinlich weniger nötig hatte als die Jugendlichen aus der Innenstadt. Es stand in deutlichem Kontrast zu Michelle Obamas würdevollen Besuchen an verarmten Londoner Schulen, über die sie 2018 sagte:

> »Ich spürte fast, wie ich in meine eigene Vergangenheit zurückfiel. Man brauchte sich nur in den Gesichtern im Raum umzusehen, um zu wissen, dass diese Mädchen trotz ihrer Stärken hart arbeiten mussten, um gesehen zu werden. Es gab Mädchen im Hidschab, Mädchen, für die Englisch eine Zweitsprache war, Mädchen, deren Haut in allen Brauntönen schimmerte … sie mussten gegen die Unsichtbarkeit ankämpfen, die damit einhergeht, arm, weiblich und farbig zu sein.«

Man vergleiche dies mit der ungestümen Anfeuerung der Herzogin:

> »Weil das Leben von George Floyd zählte und das Leben von Breonna Taylor zählte und das Leben von Philando Castile zählte und das Leben von Tamir Rice zählte … und so vieler andere Menschen, deren Namen wir kennen und deren Namen wir nicht kennen. … Ihr werdet mit Liebe führen, ihr werdet mit Mitgefühl führen, ihr werdet eure Stimme stärker einsetzen, als ihr es jemals konntet. Ich weiß, dass ihr wisst, dass das Leben der Schwarzen wichtig ist, und deshalb bin ich schon gespannt darauf, was ihr in der Welt tun werdet. Ihr seid gerüstet, ihr seid bereit, und ihr seid gut vorbereitet.«

Außer die Hübschen, die am besten ins Showbusiness gehen, einen reichen Mann heiraten und die schwere Arbeit anderen überlassen sollten.

Natürlich sagt niemand, dass Schauspielerinnen verboten werden sollte, über Politik zu sprechen. Wer freut sich nicht über Fotos von Bacall und Bogart, die sich einst für freie Meinungsäußerung einsetzten und das Wort gegen die verrückten Hexenjäger des Komitees für unamerikanische Umtriebe erhoben? Aber wieder einmal hat Woke eine schöne Sache ruiniert: Während Bacall und Co. so viel Meinungsfreiheit wie möglich wollten, versuchen die woken Entertainer von heute, sie abzuschaffen. Hollywood war damals rechtsorientiert, und ein politisch liberaler Schauspieler oder Autor konnte leicht auf der berüchtigten schwarzen Liste landen. Heute ist Hollywood liberal, und eine liberale Politik zu vertreten bedeutet, sich anzupassen statt zu rebellieren.

Es war einmal eine Zeit, da die meisten Entertainer aus bescheidenen Verhältnissen kamen. Ungebildet mögen sie gewesen sein, aber sie hatten genug gesunden Menschenverstand, um zu verstehen, dass ein Entertainer, der sich über Aufmerksamkeit beschwert, einem Exhibitionisten gleicht, der sich über Voyeure beklagt. Aber jetzt, wo das Showbusiness nicht mehr skandalös ist, hat die Vetternwirtschaft überhand genommen, und die Stars leben viel mehr in einer Blase als im Goldenen Zeitalter Hollywoods. Marilyn Monroes Nummer zum Beispiel stand im New Yorker Telefonbuch; sie hatte keinen persönlichen Schutz, abgesehen von den selbsternannten Monroe Six, einer Bande sie verehrender New Yorker Teenager, die sich um sie kümmerten. Können wir uns vorstellen, dass heutige Stars ihren Fans so sehr vertrauen, dass sie sie als Leibwächter anheuern? Im Gegenteil, sie verwenden einen großen Teil ihrer Zeit und ihres Geldes darauf, sich vor ihnen zu verstecken.

In ihrer gut bewachten Luxuswelt fällt es Entertainern leicht, sich die woke Verachtung der Massen zu eigen zu machen. Gehören sie nicht selbst zu den Elenden der Welt?

»Es ist so schwer. Es gibt diese ganze Kontrolle und die sozialen Medien. Ich würde es mir nicht aussuchen«, jammerte Angelina Jolie. Das ist wahrscheinlich das einzige, was sie mit Jennifer Aniston gemein hat, diesem menschlichen Haarschnitt, der blökte: »Es gibt Zeiten, in denen du nicht willst, dass dich jemand sieht, oder du willst nicht fotografiert werden oder gar aus dem Haus gehen.« Menschen, die ihr Dasein zu Geld gemacht haben und ein Leben führen, von dem die meisten nur träumen können, warnen gewöhnliche Leute – »Zivilpersonen«, wie Liz Hurley Nicht-Entertainer denkwürdigerweise nannte –, wie hart es da draußen an der Front des Ruhms zugehe. Die Bekloppteren unter ihnen faseln gar von Krieg. Gwyneth Paltrow behauptete, es sei »fast so wie im Krieg, was man in diesem blutigen, entmenschlichenden Geschäft durchmacht.«

Showbiz-Kids sind immer scharf darauf, den Planeten zu retten; Privatjets zählen nicht, denn jeder weiß, dass nur schmutzige kommerzielle Flüge Umweltverschmutzung verursachen, so wie Essen keine wirklichen Kalorien hat, wenn man es im Stehen isst. 2016 flog Leonardo DiCaprio 8.000 Meilen von Frankreich nach New York und zurück, um einen Preis für den Klimawandel entgegenzunehmen. Aber der Transenkreuzzug – die erste Protestbewegung überhaupt, bei der es darum geht, Applaus dafür zu bekommen, dass man vorgibt, etwas zu sein, was man nicht ist, anstatt sich Respekt zu verschaffen für etwas, was man tatsächlich ist – hat in Olympus-on-Burbank wirklich einen Nerv getroffen. Schauspielerinnen scheint es besonders leicht zu fallen, als Transmägde wiedergeboren zu werden; derselbe emotionale Analphabetismus, der Kristen Stewart dazu brachte, das Fotografiertwerden mit einer Vergewaltigung zu vergleichen, fand ein perfektes Echo in der Transen-Wahnvorstellung, »Misgendering«, nämlich mit dem falschen Geschlecht bezeichnet zu werden, sei »buchstäblich Gewalt«. Fast so, als hätten sie es abgelehnt, von einer Gruppe von Männern – den woken Weinstein-Wölfen – schikaniert zu werden, wollen sie nun unbedingt von einer anderen, neuen Gruppe von Männern unterdrückt werden. Man denke nur an Emma Watson, wie sie J.K. Rowling anschnauzte: »Transmenschen sind die, für die sie sich ausgeben, und sie verdienen es, ihr Leben zu leben, ohne ständig in Frage gestellt zu werden oder gesagt zu bekommen, sie seien nicht die, für die sie sich ausgeben. Ich möchte, dass meine transsexuellen Anhänger wissen, dass ich und so viele andere Menschen auf der ganzen Welt sie sehen, respektieren und lieben für das, was sie sind« – denn ohne Saint Joanne hätte die selbstverliebte dumme Gans keine zwei Pennys zusammen. Oder denken Sie an die grässliche Lena Dunham – das Mauerblümchen der Woken –, die 2017 damit prahlte, wie sie die Entlassung zweier Angestellter von American Airlines herbeiführte, nachdem sie ein mitgehörtes Gespräch gemeldet hatte, in dem von Transen in wenig pietätvollem Ton die Rede gewesen war. Mary Katharine Ham schrieb dazu in *The Federalist*:

> »Wie könnte die Welt ein guter Ort sein, wenn Flugbegleiter mit ihren Freunden bei der Arbeit nicht so sprechen dürfen, dass es diesen reichen berühmten Schauspielern missfällt? Was ist aus unserem Land geworden, wenn an Privatschulen erzogene millionenschwere Abkömmlinge von Familien aus der Brooklyner Kunstszene es nicht ertragen können, in jeder Minute einer Flugverspätung ihre genaue Vorstellung einer akzeptablen Konversation bestätigt zu bekommen? Wie üblich hat Dunham diese Erfahrung sogleich publik gemacht: ›Für diejenigen, die meine gestrige Flughafen-

Saga verfolgt haben, hier mein Fazit: Heutzutage sind es die kleinen Dinge. Ein Lächeln. Einen Sitzplatz anbieten. Respekt‹, schrieb sie … Die kleinen Dinge, wie ein Gespräch mit einem Kollegen in der Pause, ohne dass eine superreiche Mobberin versucht, dich feuern zu lassen.«

Die Vereinigten Staaten haben Hollywood, das Vereinigte Königreich hat die BBC. Die Hure des goldenen Westens mag von der bieder daherkommenden British Broadcasting Corporation denkbar weit entfernt sein, beiden gemein aber ist der woke Schwindel verzweifelter Tugendhuberei, mit der sie ihre Schlangennester zu verbergen suchen. In den letzten Jahren nahm die BBC Anlauf, sich zum woken Richter der Nation aufzuschwingen – dabei war sie ungefähr so rein, hochgesinnt und zutiefst heuchlerisch wie die katholische Kirche, vor allem wenn es um Sex mit Kindern in ihren heiligen Räumen ging. Jimmy Saviles Pädophilie war sowohl ein offenes Geheimnis als auch ein Running Gag bei der BBC. Erst als sich einige mutige Überlebende meldeten, um gegen ihn auszusagen, schien das Unternehmen – das, wie wir uns erinnern, von uns finanziert wird – geneigt, etwas dagegen zu unternehmen. Im Jahr 2012 wurde aufgedeckt, dass die BBC aktiv dazu beiträgt, ihre bestbezahlten »Talente« so wenig Steuern wie möglich zahlen zu lassen. Einen moralischen oder einen ethischen Kompass zu verlieren könnte ein Unfall sein, beide zu verlieren aber sieht nach einem totalen Bankrott aus.

Hollywood und die BBC fetischisieren beide die Vielfalt der Farben, während sie die Vielfalt der Ansichten unterdrücken, so wie es Woke immer tut. Es wurde angekündigt, die BBC wolle im Jahr 2020 100 Millionen Pfund für »Diversität« ausgeben – während sie gleichzeitig angeheuerte Schwerverbrecher aussendet, um bei Frauen mit niedrigem Einkommen die Rundfunkgebühr einzutreiben. Ross Clark schrieb im *Spectator*:

»Fernsehgebührenhinterzieher sind Übeltäter, die nicht zu Gary Linekers 1,75 Millionen-Pfund-Gehalt beitragen, und sie verdienen es, dass ihnen die volle Härte des Gesetzes auf den Kopf fällt … 72 Prozent der Strafverfolgungen wegen Fernsehgebührenhinterziehung richten sich gegen Frauen. Sie sind weiche Ziele. Sie werden in die Falle gelockt, weil sie arm sind und Schwierigkeiten haben, allerlei Haushaltsrechnungen zu begleichen. Der Unterschied ist, dass sie bei jeder anderen Rechnung zunächst mehrere Mahnungen erhalten und erst dann die Inkassobüros auf sie angesetzt werden. Wenn man seine Fernsehgebühren nicht bezahlt oder auch nur vergisst, sie zu bezahlen, wird man direkt strafrechtlich verfolgt.«

Ein woker Fetisch, dem Hollywood nicht huldigt, ist der Antisemitismus, wahrscheinlich weil es selbst einst von tüchtigen Underdogs der jüdischen Diaspora gegründet wurde. Doch keine Sorge, die BBC hat genug für beide. Ich berichtete schon von der geifernden Islamophilie des Senders, die unweigerlich mit einer Voreingenommenheit gegen den winzigen Staat Israel einhergeht, während die ihn umgebenden Fanatikerstaaten buchstäblich mit Mord davonkommen. Die Kritik an der Berichterstattung über den Nahen Osten war so konsistent, dass die BBC selbst 2004 eine Untersuchung zu diesem Thema in Auftrag gab, deren Veröffentlichung sie jedoch ablehnte.

Stets darauf bedacht, auf einen fahrenden Zug aufzuspringen, befeuert die BBC seither die Kräfte des Antisemitismus und zeigt sich begeistert von dem woken Engagement für einen hippen Faschismus, der sich als Kampf für die Rechte der Palästinenser tarnt. Als Teil ihres Diversitätsgelöbnisses heißt die BBC Judenhasser herzlich willkommen. Einige von denen wähnen sich in ihrer Verachtung dieser weißen, privilegierten, geldgierigen Minderheit, die angeblich die Medien beherrscht, so sehr im Recht, dass sie sogar rassistische Witze über sie reißen können, für die man sie am Portland Place* hinauswürfe, wenn sie sich über eine andere ethnische Gruppe lustig machten. Die BBC ist so reich an staatlich geförderten Lachnummern, die ihren Mangel an Witz durch politisch korrekte Hetze wettzumachen suchen, dass es schwerfällt, die schlimmsten woken Comedians zu nennen, die sie uns zumutet. Besonders erwähnen aber sollte man wohl Stewart Lee, der sich über den Namen des jüdischen Abgeordneten Tom Tugendhat lustig gemacht hat, denn erstens ist es wirklich erbärmlich, sich über ausländische Namen lustig zu machen, weil sie nicht so »echt« klingen wie die von ihm zitierten »Fisher, Cook, Smith – die von alten Berufen abstammen«, und zweitens würde er es nie wagen, sich über einen muslimischen Namen lustig zu machen; für jeden, der so etwas täte, hätte er selbst alle möglichen Namen parat. Erwähnt werden sollte hier natürlich auch der kaum menschlich zu nennende Frankie Boyle, dieser Riese von einem Mann, der seine gehässigen Witze über behinderte Kinder gelegentlich unterbricht, um welche über Juden zu machen; vielleicht sollte er künftig einfach jüdische behinderte Kinder verspotten, um sein Programm zu straffen. Vulgäre Beschimpfungen sind nie eine Lösung, aber ich habe das Gefühl, dass ich Herrn Boyle auf seinem Niveau zumindest einmal begegnet bin, als ich ihm 2020 twitterte:

* Im Londoner Bezirk Marylebone, dort befindet sich die Zentrale der BBC.

> »@frankieboyle Du bist ein staatlich geförderter, von der BBC anerkannter Komiker, kein Geächteter, Du hässliches Schwein. Ich hätte nie geglaubt, dass Frauen tatsächlich Hundescheiße einfrieren und sie sich zum Spaß reinschieben – aber das hat Deine Mutter sicher getan, um Dich zu bekommen.«

Nicht nur hütet er ein schmutziges kleines antisemitisches Geheimnis, einen Woken erkennt man mehr noch an seiner rasenden parasexuellen Besessenheit von »Trans«-Rechten auf Kosten aller anderen – insbesondere der Frauen. Für die BBC war der Aufstieg der Transen eine glorreiche Morgendämmerung, und sie überschlug sich nicht nur darin, Kindern irgendwelchen Transgender-Klatsch anzudrehen, sondern forderte auch ihre Mitarbeiter auf, ihre bevorzugten Pronomen in ihren E-Mails anzugeben, sei es »sie/ihr«, »er/ihn« oder »sie/ihnen«. Sie könnten sich viel Zeit sparen, wenn sie einfach alle BBC-Mitarbeiter das sofort verständliche Pronomen »parasite/piss-takers«* verwenden ließen.

Fairerweise muss man sagen, dass die BBC auf diesem Gebiet auch einiges zu tun hat. Eine interne Umfrage aus dem Jahr 2018 ergab, dass Auntie mehr als 400 Transgender-Mitarbeiter an Bord hatte – einer von fünfzig, was etwa viermal so hoch ist wie der Anteil an der Gesamtbevölkerung. Der »Director of Diversity« der BBC, Tunde Ogungbesan (das ist mal ein Name, an dem Stewart Lee seinen Humor auslassen könnte – nur würde er das nie tun, denn dann wäre er gefeuert), brachte nach den Ergebnissen dieser Umfrage sofort eine große Reform auf den Weg, um

* Englisch to piss-take: verarschen.

das Unternehmen »transfreundlicher« zu machen; aber wenn ein so großer Anteil bereits dort arbeitet, ist es doch sicher schon freundlich genug? Herr Ogungbesan nimmt sich allerdings auch Zeit für echte Frauen, denn er sagte, es würden »mehr Lesben« gebraucht – aber das sagen ja alle Männer, diese Schweine. Im Zweifelsfall hat er vielleicht versucht, endlich einmal das Geld der Gebührenzahler zu sparen. Da ich weiß, wie wenig die BBC die Gleichberechtigung der Frau schätzt, könnte die verrückte Suche nach Transen Methode haben: Zählt man sie als Frauen, kann man ihnen weniger zahlen und sie schneller entlassen. Auntie lässt sich nichts vormachen!

Die gleichen verzweifelten Versuche, den Cancel Culture Kids das Wasser zu reichen, kann man auch im Einzelhandel beobachten, vor allem bei der »Reise« (ein angemessenes wokes Wort für die rasante Fahrt auf dem Shit Creek ohne Paddel, auf der schreiende Aktionäre um ihr Leben bangen) des armen alten Kaufhauses Marks & Spencer. Wie die BBC sah sich auch M&S in der Position eines geradezu heiligen nationalen Kulturguts, dessen Integrität niemals in Frage gestellt werden dürfe. Aber wie die BBC ist auch M&S einfach nur ein großmäuliges geldgieriges Unternehmen, das seinen Nutzen überlebt hat.

Dass sie ihren treuen Kunden den Rücken kehren und der Kohle nachjagen, die sich sich von Woke versprechen, ist ein weiteres Symptom ihres gemeinsamen Unwohlseins. Woke ist so etwas wie eine Midlife-Crisis kommerzieller Unternehmen; sie wissen, dass es schlecht für sie ist, der Jugend hinterherzulaufen, die kein Geld hat und sie betrügen wird – aber, ach, es lässt sie sich wieder jung fühlen! M&S war schon seit einiger Zeit auf dem absteigenden Ast und verprellte die Stammkundschaft mit Geschäften, die aussahen wie TK Maxx nach einem Erdbeben. Es war schockierend, wenn auch nicht überraschend, als sie

2018 begannen, Hidschabs zu verkaufen – und zwar nicht irgendwelche Hidschabs, sondern solche für Kleinkinder ab vier Jahren; Mädchen im Vorschulalter sollten dazu angehalten werden, ihre Ohren nicht zu entblößen, damit nicht irgendein armer Mullah vor Lust verrückt wird. Der nächste Schritt war ein Ausrutscher, aber egal, es war die nächste Station des woken Kreuzwegs, den M&S gehen musste – die Öffnung der Frauenumkleideräume für Männer, die sich selbst »Mandy am Montag« nennen: »Als Unternehmen bemühen wir uns, inklusiv zu sein, und deshalb lassen wir unseren Kunden die Wahl, welchen Raum zur Anprobe sie nutzen möchten, je nachdem, für was sie sich selbst halten.« Aber vielleicht sind sie gar nicht so verschieden: Der Islamismus versucht, Frauen physisch aus dem öffentlichen Raum zu entfernen, und der Transgender-Aktivismus, sie im übertragenen Sinne daraus zu entfernen. Diese unheilige Allianz haben wir nicht kommen sehen, als wir uns einst austobten und unter die Rennpferde warfen, nicht wahr, meine Damen!

Aber keine Angst – das einzig Gute am Wokismus ist, dass diese Leute gerade dann, wenn man denkt, sie hätten eine Chance, unsere seltsame und schöne Welt nach ihrem eigenen monotonen und bösartigen Bild zu gestalten, sich untereinander zu streiten anfangen. Es ist die Sache mit der »Reinheitsspirale«: Gib den Woken einen Zentimeter nach, und sie nehmen Anstoß daran. M&S muss im Frühjahr 2019 gedacht haben, die coolen Kids würden Schlange stehen, um das LGBT-Sandwich (Salat, Guacamole, Schinken und Tomate in regenbogenfarbener Verpackung) zu probieren, zumal die Gewinne an eine Wohltätigkeitsorganisation gehen sollten, die LGBT-Jugendliche unterstützt. Dennoch war es für viele schwer zu schlucken. Ich war so wütend, dass ich den Laden verlassen habe. Sie setzen uns mit einem Sandwich gleich? Ich kann mir nicht vorstellen, dass sie das mit anderen marginalisierten Gruppen machen würden. Wirklich? Haben diese Leute noch nie Gummibärchen gegessen?

Im Sommer 2020 entdeckte eine Kundin bei Marks & Spencer einen Büstenhalter, der nicht ausreichend auf den Tod von George Floyd anzusprechen schien. Kusi Kimani aus East Sussex bemerkte, dass die hellen BHs verlockende Namen wie »Fudge« und »Cinnamon« trugen, während der dunklere »Tobacco« hieß:

> »Ich habe es etwa zwei Wochen nach dem Tod von George Floyd gesehen – es war zu diesem Zeitpunkt besonders geschmacklos zu sehen. Warum nennen wir es nicht Kakao, Karamell oder Schokolade – süße Desserts? Wenn junge Mädchen sehen, dass ihre Hautfarbe als Tabak bezeichnet wird, fühlen sie sich von der Gesellschaft unerwünscht. Tabak gilt in der Gesellschaft als schlecht, ungesund und höchstwahrscheinlich tödlich.«

M&S schluchzte erwartungsgemäß:

> »Wir haben noch mehr zu tun und zu lernen … Wir stehen in regelmäßigem Kontakt mit unseren Kollegen in den Geschäften, um festzustellen, welche Farben wir unseren Kunden anbieten sollten, und wir arbeiten auch mit unserem Netzwerk von BAME-Kollegen* zusammen, um auch ihre Meinung zu erfahren. In diesem Zusammenhang überprüfen wir mit Unterstützung unseres BAME-Netzwerks unsere Sortimente, um sicherzustellen, dass wir Wäscheartikel anbieten, die allen Kunden schmeicheln und für sie geeignet sind. Wir ändern den

* BAME: Black, Asian and Minority Ethnic, in Großbritannien gebräuchliche Sammelbezeichnung »nicht-weißer« ethnischer Gruppen.

Namen der BH-Farbe und schreiben Kusi an, um dies zu bestätigen und ihr mitzuteilen, wie leid es uns tut, dass wir nicht schneller waren.«

Das bringt den Unterschied zwischen aufrührerischen Frauen aus der Zeit vor Woke und dummen Woke-Frauen auf den Punkt: Wir haben unsere BHs verbrannt, um zu zeigen, dass wir nicht auf die Zustimmung des Establishments angewiesen sind, und diese Leute regen sich auf, weil so eine Zwillingsmütze sie komisch angeschaut hat.

Im Sommer 2020 war nicht mehr BMW, sondern BLM (Black Lives Matter) das Ding, neben dem jeder Werbetexter, der sein reines rosa Himalayasalz wert ist, gerne stehen wollte. Als Kendall Jenner dabei beobachtet worden war, wie sie einem Polizisten eine Pepsi anbot – wohingegen junge Amerikaner einst Blumen in die Gewehre der Nationalgarde steckten, um gegen den Vietnamkrieg zu protestieren –, das war der perfekte Augenblick für Tugendhuberei, Woodstock und Altamont in einem. Ihre tränenreiche Entschuldigung – »Ich fühle mich wirklich schlecht, dass das so falsch aufgefasst wurde … es fühlt sich an, als wäre mein Leben vorbei« – schien von Herzen zu kommen, doch die so feierlich daherkommende junge Multimillionärin war bereits zu einer Bewährungsstrafe wegen Verbrechen gegen Woke verurteilt worden, da sie für ein *Vogue*-Shooting einen Afro getragen hatte. Das liegt in der Familie; wenn man »Kardashian« und »Entschuldigungen« googelt, taucht eine Welt voller Selbstgeißelung auf. Die Bienenkönigin Kim ist die Alpha-Apologetin; sie wurde der kulturellen Aneignung beschuldigt, weil sie (zweimal) Zöpfe und eine traditionelle indische Kopfbedeckung trug und so braungebrannt war, dass man ihr »Blackfacing« vorwarf. Außerdem nannte sie ihre Unterwäschekollektion »Kimono«, woraufhin der Bürgermeister von Kyoto sie aufforderte, sich das noch einmal zu überlegen. Anstatt ihm zu sagen, er solle sich nicht in die Hose machen und lieber an Pearl Harbor denken, verpflichtete sie sich per Twitter, künftig »zuhören, lernen und wachsen« zu wollen.

Aber vielleicht sind sie einfach dazu geboren, woke zu sein; schließlich sind sie die vetternwirtschaftlichste Dynastie seit dem japanischen Kaiserhaus (wenn auch mit gröberen Kimonos), die den alten Varieté-Spruch »Everybody works!« in die Tat umsetzt, indem sie drei Generationen von Kardashians in ihre Business-Show integrieren. (Sogar der potthässliche Bruder Rob macht eine gute Figur in Kaschmir-Socken und Rache-Pornos.) Vetternwirtschaft – und das heißt auch: begabten Kinder aus der Arbeiterklasse jede Karriere zu verbauen – geht nicht zufällig mit Woketum einher. Im Gegensatz zu anderen Bewegungen, die vorgeben, für soziale Gerechtigkeit zu kämpfen, ist soziale Mobilität unter den Zielen dieser Antifa nicht zu finden; die Wokers haben kein Interesse an einer Leistungsgesellschaft. Da sie wissen, dass sie ihre Privilegien ihrer Geburt und nicht ihrer Leistung verdanken, haben sie davor sogar Angst. Hat man erst einmal mehr als zwei Drittel der Gesellschaft als Gammons, Chavs und Deplorables* mit weißem Privileg und schwarzem Gemüt abgetan, sollte man diesen Leuten natürlich nicht erlauben, einfache, angenehme und gut bezahlte Jobs zu haben; unter einer Schneeflocke findet sich eher ein Prominenter als ein Sozialist.

So werden Berufe, die aufgeweckten Arbeiterkindern einst eine Möglichkeit boten, Geld zu verdienen und Spaß

* Als einen Haufen bedauernswerter Leute (»basket of deplorables«) bezeichnete Hillary Clinton im US-Präsidentschaftswahlkampf 2016 die »Hälfte« derer, die Donald Trump unterstützten.

dabei zu haben (Journalismus, Modeln, Schauspielerei), zunehmend von den Söhnen und Töchtern der Reichen und Berühmten kolonisiert. Die Bälger wachsen zu vorhersehbar schrecklichen Menschen heran, die von den deformierenden Auswirkungen des realen und nicht des rhetorischen Privilegs zeugen.

Im Sommer 2020 erschien Honey Ross, die 23jährige Tochter von Jonathan, auf Instagram und verkündete einer Welt, die nur darauf gewartet hatte, dass sie in sich selbst und ihren Körper »verliebt« sei; eine »Fett-Aktivistin«, deren Beitrag zur Gesellschaft darin zu bestehen scheint, Selfies in ihrer Unterwäsche zu posten, und die offenbar auch als Woke-Polizistin arbeitet. Nachdem sie ihren Vater beschimpft hatte, weil der es wagte, J.K. Rowlings Standpunkt zu Frauenrechten »genau richtig und großartig« zu finden, revidierte er seine Meinung: »Die mich kennen, werden zugeben, dass ich versuche, rücksichtsvoll und kein Arschloch zu sein. Nachdem ich mit einigen Leuten (okay, meinen Töchtern) über meinen früheren Tweet gesprochen habe, bin ich zu der Einsicht gelangt, dass ich nicht in der Lage bin zu entscheiden, was als transphob gilt und was nicht. Es ist ein äußerst sensibles Thema. Lasst uns weiter darüber reden.«

Und dann ist da noch Bonos Tochter Eve Hewson, die, als sie ihre erste Hauptrolle bekam, lächelte:

> »Für mich war es einfacher, durch die Tür zu kommen. Einige der Freunde, mit denen ich auf die Schauspielschule ging, sind die talentiertesten Schauspieler, hatten aber Schwierigkeiten, zum Vorsprechen eingeladen zu werden. Für mich war das nie ein Problem, und ich glaube, das liegt an meiner Familie. So sollte das System natürlich nicht funktionieren, aber wenn die Tür offen ist, sollte man hindurchgehen.«

Im Gegensatz dazu stehen die unsagbar traurigen Worte der schönen und begabten Schauspielerin Gemma Arterton, Tochter einer Reinigungskraft und eines Schweißers:

»Es ist ein Tabu, darüber zu sprechen, aber ich fühle mich immer noch sehr der Arbeiterklasse zugehörig. Natürlich bin ich das nicht mehr – ich bin nach London gezogen und habe schöne Dinge – aber ich bin es in meiner Seele … Mein Cockney-Akzent ist jetzt praktisch verschwunden, und ich bin traurig darüber – ein bisschen unecht vielleicht. Wenn ich mit meiner Familie zusammen bin, klingen sie alle für mich so anders … bevor ich auf die Schauspielschule ging, war es mir egal, was die Leute von mir dachten – ich aß, was ich wollte, sprach, wann ich wollte. Dann kam ich an die Schule und jemand sagte mir, ich solle versuchen, nicht zu reden, weil mich das mystischer erscheinen lasse. Also ging ich in die Kantine und saß einfach da und aß schweigend mein Mittagessen …«

Wir hören zu Recht so viel von begabten jungen Menschen ethnischer Minderheiten, die zurückgehalten werden und das Gefühl haben, dass sie ihren Akzent ändern müssen, um erfolgreich zu sein. Aber ich glaube nicht, dass ich jemals von jemandem gehört habe, der Angst hatte, den Mund aufzumachen, um nicht verspottet zu werden – im Gegenteil, Schwachköpfe wie der Rapper Wiley können den Leuten von der BBC, die sich auf ihn stürzen, gar nicht entkommen. Ich erinnere mich, dass ich als Kind in Fernsehspielen und Komödien Menschen aus der Arbeiterklasse gesehen habe, und sie waren nicht dumm oder rassistisch; sie waren einfach Individuen, so unterschiedlich wie in jeder anderen Gruppe auch. Heute ist das anders;

Stimmen der Arbeiterklasse werden bestenfalls herablassend behandelt, schlimmstenfalls verunglimpft. Und das mag zum großen Teil daran liegen, dass wir so viele Schauspieler aus der Mittelschicht hören, die Figuren aus der Arbeiterklasse spielen und denen es an Schattierungen und Nuancen fehlt; sie kommen einem vor wie ein weißer Schauspieler, der sich schwarz anmalt und mit den Augen rollt, wenn er »Shamone!« ruft. Man denke nur an das traurige Schauspiel eines Privatschuljungen wie Guy Ritchie, der Filme über Soziopathen aus der Arbeiterklasse dreht; dabei ist seine Mutter eine Lady und seine Schwester eine Tabitha, und die beeindruckende Narbe hat er sich offensichtlich zugezogen, als er von seinem Pony stürzte und auf einem Silberlöffel landete. Warum können nicht Schauspieler aus der Arbeiterklasse für Arbeiterklassenrollen ausgewählt werden, warum gibt man sie lieber Leuten, die der Regisseur von der Uni kennt? Warum dürfen überprivilegierte Menschen unterprivilegierte Menschen spielen, während Weiße keine – sagen wir – Puertoricaner spielen dürfen?

Nachdem die Sängerin Sierra Boggess bei den BBC Proms 2018 als »zu weiß« für die Rolle der Puertoricanerin eingestuft worden war, widerrief sie nach einem Aufschrei in den sozialen Medien auf geradezu orwellsche Weise:

> »Es ist richtig und wichtig, dass die Fehlbesetzung dieses Konzerts nicht fortgesetzt wird, und ich bitte um Entschuldigung, dass ich das nicht früher eingesehen habe. Als Künstlerin muss ich mich fragen, wie ich der Welt am besten dienen kann, und in diesem Fall ist meine Entscheidung klarer denn je: Ich trete zurück und gebe die Möglichkeit, ein Unrecht zu korrigieren, das hier seit Jahren begangen worden ist. Ich habe mich daher von

diesem Konzert zurückgezogen und freue mich darauf, weiterhin eine Stimme für eine Veränderung unserer Community und der Welt zu sein.«

Ebenso äußerte sich Scarlett Johansson, nachdem sie 2018 als »Trans-Mann« gecastet worden war:

> »In Anbetracht der ethischen Fragen, die jüngst im Zusammenhang mit meiner Besetzung aufgeworfen wurden, habe ich beschlossen, mich respektvoll aus dem Projekt zurückzuziehen. Ich hege große Bewunderung und Liebe für die Trans-Community und bin dankbar, dass die Diskussion über Inklusion in Hollywood weitergeht. Auch wenn ich gerne die Gelegenheit gehabt hätte, diese Geschichte des Übergangs von einem Geschlecht zu einem anderen mit Leben zu erfüllen, verstehe ich, warum viele der Meinung sind, dass sie von einer Transgender-Person dargestellt werden sollte, und ich bin dankbar, dass diese Casting-Debatte, so kontrovers sie auch war, eine größere Diskussion über Diversität und Repräsentation im Film ausgelöst hat.«

Ist jemandem aufgefallen, dass eine der wichtigsten Rollen, die Frauen in der großen weiten Woke-Welt spielen, darin besteht, sich unaufhörlich zu entschuldigen? Sie bitten um Entschuldigung für ihre TERF-Worte, ihr Cis-Privileg, ihre bloße Inanspruchnahme von Raum in einer Welt, in der Schwänze in Kleidern Zugang zu allen Bereichen verlangen. Es ist ein Wunder, dass wir überhaupt das Wahlrecht bekommen haben – man stelle sich vor, die Suffragetten würden sich heute bei Rennpferden entschuldigen, weil sie nicht genug Gespür für ihre gemeinsame kulturelle Unterdrückung hätten.

Ich habe eine Idee: Sexarbeiterinnen haben es verdammt

schwer – seien wir nicht hurenfeindlich, erlauben wir nur Schauspielerinnen, die selbst mal Nutten waren, Prostituierte zu spielen. Das wird lustig! Und wo soll das enden? Wie jemand kürzlich schmunzelnd sagte: »Als Geologe nehme ich es unqualifizierten Schauspielern sehr übel, wenn sie in Katastrophenfilmen Geologen spielen.« Welch eine Ironie, dass man uns in einer Zeit, in der den Schauspielern gesagt wird, sie dürften nur das spielen, was sie unmittelbar kennen, unaufhörlich belehrt, Männer könnten auch dann Frauen sein, wenn sie sich fest an ihren Penis und ihre Hoden klammern. Eine Welt, in der Schauspielern enge Grenzen gesetzt sind – in der man aber im wirklichen Leben das Geschlecht sein kann, das man will, wenn man es nur sagt.

Die Oscar-Verleihung war schon immer eine üppige Zurschaustellung von Tugendhaftigkeit, bei der Menschen, die die gleichen Chancen wie alle anderen hatten, Ärzte, Krankenschwestern oder Feuerwehrleute zu werden, sich aber stattdessen dafür entschieden, sich zu verstellen und damit einen Haufen Geld zu verdienen, den Rest von uns darüber belehrten, wie wir bessere Menschen werden können – ja, ihr Leute da drüben mit den schlechten Zähnen und den langweiligen Jobs, die ihr für den lustigen orangenen Mann gestimmt habt. 2019 kündigte die Film Academy »Diversitätsrichtlinien« an, die Filme erfüllen müssen, um für einen Preis in Frage zu kommen, etwa »Frauen, LGBTQ-Menschen, eine rassische oder ethnische Gruppe oder Behinderte in den Mittelpunkt stellen«. Natürlich wurde nirgendwo in diesem selbstgefälligen Glückwunschschreiben die gesellschaftliche Klassenzugehörigkeit erwähnt, die nach wie vor den größten Einfluss darauf hat, ob Menschen ein angenehmes Leben führen können oder nicht. Ich finde es immer heikel, den britischen Nominierten die Daumen zu drücken, da satte 60 %

»unserer« Oscar-Gewinner in den letzten fünfundzwanzig Jahren an Privatschulen ausgebildet wurden: ein Privileg, das nur 6 % der Bevölkerung haben – so viel zum beherzten britischen Underdog.

In der Musik ist es dasselbe. Sogar das Musikgeschäft – die letzte Bastion des liebenswürdigen Hooligans, der entschlossen ist, dem »Nine to five« zu entkommen – ist zu einem bürgerlichen Unterfangen geworden, beschmutzt von Privatschuljungen, und wo man den jugendlichen Bourgeois findet, spürt man den fauligen Atem von Woke. Die ältere Generation, heißt es, verhöhne die Jugend, weil deren Musik unverständlich und dekadent sei – ich aber kann den Woke-Soundtrack nicht leiden, weil er so durchsichtig und erbaulich ist. Das ist der Unterschied zwischen Jim Morrison (tot mit 27) und Ed Sheeran (30, ich habe noch Hoffnung) – all der Sex, die Frechheit und Angeberei wurden durch eine Musik ersetzt, die sich lieber duckt als aufbegehrt und mehr doziert als fasziniert.

Her mit den Mädels! Doch wenn man es sich recht überlegt, ist es die Mühe nicht wert, denn diese Mädchen waren sicherlich zu Session-Sängerinnen berufen und sind dann irgendwie im Rampenlicht gelandet. Ich nenne sie die Jejeune Jessies: Jess Glynne (arbeitete als Markenmanagerin, als sie ihren ersten Vertrag unterschrieb), Jessie Ware (ging auf die erlesene Alleyn's School, die früher amüsanterweise Alleyn's College of God's Gift hieß) und Jessie J (ab dem 12. Lebensjahr an der Colin's Performing Arts School, einem Musiktheater im Londoner West End). Sie sind einfach so nett; Jess Glynne lebt bei ihren Eltern, und Jessie Ware macht einen Koch-Podcast mit ihrer Mutter. Sogar Jessie J, die zu Beginn ihrer Karriere angenehm eingebildet wirkte, hat sich zu einem dieser nervösen Dummchen entwickelt, die glauben, statt gute Platten zu machen könne man sich ebensogut über psychische Probleme auslassen. Interessanterweise geben alle Jessies zu Protokoll, unter Angstzuständen zu leiden – wir alle wissen, dass es gut ist, darüber zu reden, aber genauso wie Homosexualität von einer Liebe, die sich nicht traute, ihren Namen auszusprechen, zu einer geworden ist, die ihre verdammte Klappe nicht mehr halten will, sind Angstzustände von einem Tabu zu einem Muss geworden, wenn man kundtun will, dass man ein guter Mensch ist.

Die Hausband von Woke, Little Mix, begann 2011 in einer TV-Talentshow, unverschämt frech schwelgten sie in den Körpern, die der Herr ihnen gegeben hatten, wie eine Mischung aus Kleinkindern und Striptease-Tänzerinnen. Der Erfolg blieb nicht aus (50 Millionen verkaufte Tonträger, 28 Millionen Pfund Umsatz), und man hätte denken können, diese unendlich glücklichen Mädchen würden sich in den nächsten zehn Jahren zu selbstbewussten Frauen entwickeln. Aber nein. Der woke Weg sieht nicht vor, Kritik achselzuckend hinzunehmen und die Blumensträuße zu fangen, die das Leben einem zuwirft; wenn man das täte, bekäme man vielleicht nicht den letzten Tropfen Aufmerksamkeit, und die ist die Droge der Wahl in einer Zeit, in der die Jugend von richtigen Aufputschmitteln die Finger lässt. Im Gegenteil, wenn man reich und berühmt ist und für viel Geld einen Job macht, den man liebt, ist es wichtiger denn je, seine verletzten Gefühle zu zeigen, sie als Medaillen auszustellen wie ein Veteran am Volkstrauertag. In der Woke-Welt ist man ständig auf Bestätigung angewiesen; bleibt diese für einen Moment aus, behält sich der Gefühlsmensch das Recht vor, über seine Emotionen zu sprechen, bis narzisstischer Nachschub kommt und die Milch menschlicher Güte wieder durch die Zitzen der Medien in den ausgetrockneten Mund des armen kleinen reichen Stars fließt. In Interviews stellen die drei verbliebenen Bandmitglieder und die ausgeschiedene Jesy Nelson so stolz ihre Schwächen zur Schau wie Kinder, die am »Show and Tell Day« ein Haustier in die Schule mitbringen. So haben wir Jesy (die wegen ihres Gewichts verhöhnt wurde), Perrie (die ständig mit Angstzuständen zu kämpfen hat), Leigh-Anne (die sich in den ersten drei Jahren von Little Mix aufgrund von Rassismus »unsichtbar« fühlte, obwohl es mir ein Rätsel ist, wie man sich unsichtbar machen kann, wenn man die bestaussehende Frau und die beste Sängerin mit der besten Hautfarbe in einer Band ist) und Jade (die glaubt, Menschen mit Penissen könnten Frauen sein – gegen Dummheit gibt es kein Heilmittel), die unter der Überschrift »Allein sind wir verwundbar, zusammen sind wir eine Macht« posieren – wenngleich schwer zu erkennen ist, was (abgesehen von schlecht gewählter Garderobe und durchgeknallten Visagisten) sie verwundbar macht. Bin ich grausam und herzlos, wenn ich den Anblick reicher wohlgenährter Frauen, die sich selbst als »verwundbar« bezeichnen, irgendwie gruselig finde? Und auch wenn Little Mix oft weinerlich beteuern, sie versuchten, junge Frauen zu »ermächtigen« (empower), ist ihre Selbstdarstellung nicht die aufdringlichste Art und Weise, sich bei Männern einzuschleimen? Hey Jungs, wir mögen reich, berühmt und schön sein – aber wir sind keine Bedrohung, wir sind *verletzlich!*

Es ist wieder dieser Wokescreen – nenne dich verletzlich und sage #bekind, und du kommst mit Divenmätzchen davon, die Mariah erröten lassen würden. »Unsere Unschuld ist uns genommen worden«, jammerte die junge Multimillionärin Jesy. Das ist nicht nur das Gemurre einer undankbaren Angeberin aus dem Showbusiness, sondern ein echter Woke-Glaube: dass es nämlich vor dem Kapitalismus ein schönes Leben gegeben habe, während es in Wirklichkeit nur Blut, Schweiß und Tränen mit einer Portion Sperma gab. Aber als junge Frauen aus der Arbeiterklasse würden die Little Mixers aus der Zeit vor der industriellen Revolution nicht auf einer sonnenbeschienenen Lichtung herumtollen, ohne sich um die Welt zu scheren – sie wären zahnlose Vetteln, die im strömenden Regen Kartoffeln aufsammeln, bevor sie im Kindbett sterben. Und dann hätten sie ebenso wie der Rest ihrer Schneeflocken-Schwesternschaft wirklich etwas zu jammern. Dann wären sie verletzlich – so wie es Millionen von Frauen und Mädchen auf dieser Welt immer noch sind.

Jesy mag online gemobbt werden, weil sie größer ist als ihre Ex-Bandkolleginnen, das größte Muttersöhnchen* von allen aber ist Sam Smith, das Aushängeschild für Woke in all seiner johlenden Pracht. Vor Covid habe ich ihn nur als kleine Irritation wahrgenommen, mit einer Stimme, die wahlweise als die einer »Braut, die während ihres Ehegelübdes zusammenbricht« oder als »Feuer in einer Tierhandlung« beschrieben wurde. 2014 hat er sich als schwul geoutet – eine große Sache und ein ebenso gutes Geschäft, denn das Showbusiness ist das einzige Milieu, in dem es sich auszahlt, schwul und nicht heterosexuell zu sein, denn so bekommen weiße Männer, die sonst vielleicht beiseite gedrängt würden, auch einen Bissen vom Diversity Donut ab. (Der großartige David Sedaris schrieb, nur sein Schwulsein habe Sam Smith davor bewahrte, »gecancelt« zu werden, da er in jeder anderen Hinsicht – weiß, mittleren Alters, reich – alles andere als divers war.)

Als er den Grammy für die beste Platte des Jahres (»Stay with Me«) entgegennahm, widmete Smith ihn dem Model Jonathan Zeizal, der den Titel offenbar nicht beherzigt hatte: »Ich möchte dem Mann danken, von dem diese

* Englisch: jessie.

Platte handelt und in den ich mich letztes Jahr verliebt habe. Vielen Dank, dass du mir das Herz gebrochen und mir vier Grammys beschert hast!«

Man sollte meinen, vier Grammys trügen einem genug Aufmerksamkeit ein – aber ein Narzisst braucht Neues. (Und obwohl nicht alle Narzissten »Thems«* sind, sind alle »Thems« Narzissten.) Im Herbst 2017 outete sich Smith als »genderqueer« und offenbarte einer würgenden Welt: »Ich fühle mich genauso sehr als Frau wie als Mann … Ich habe Mädchenbrüste und Mädchenschenkel.« Dann erklärte er, er wolle mit »sie« (they) angesprochen werden, nicht mit »er«, aber vermutlich nicht als einer von »ihnen« (them) – das wäre entweder homophob oder junger Van Morrison. »Sie« hatten es offenbar so nötig, dass sie bald nicht mehr nur ein normaler Autounfall waren, sondern einer mit Polizei, Krankenwagen und Feuerwehr und ununterbrochen kreischenden Sirenen. Im Herbst 2020 war es soweit: »Ich möchte bei den Kindern sein, sie aufwachsen sehen und jeden Tag bei ihnen sein. Ich möchte Mami sein.«

Wer den Videoclip gesehen hat, den sie in den ersten Tagen des Lockdown in den sozialen Medien von sich posteten – in dem sie sich am Donnerstag in ihrem 12-Millionen-Pfund-Haus selbstlos in Isolation begaben und am Freitag wie ein Mädchen weinten (Pardon, wie eine »bei der Geburt zur cis-Frau bestimmte« Person), weil sie sich in ihrer eigenen Gesellschaft bereits langweilten –, möchte meinen, dass sie mit ihrem Mamidasein besser klein anfangen sollten, vielleicht mit einem Hamster. Keine Überraschung, dass sie gestanden: »Ich hasse Lesen!« Die Moral von der Geschichte ist, dass man sich selbst immer ein

* Menschen, die mit den Pronomen »they/them« angesprochen werden wollen.

schlechter Freund sein wird, wenn man kein eigenes Leben hat (auch wenn man sich selbst im Plural nennt), und sich am Ende vielleicht selbst in die Verbannung schickt.

Aber die Aufhebung des Lockdown hat »ihnen« wenig Freude bereitet. Erst großspurig zu verkünden, man sei schwul, und sich dann als »genderqueer« auszugeben: Wen das an einen Exhibitionisten erinnerte, der sich darüber beschwert, dass man ihn nicht richtig zu sehen bekommt – na los, schauen Sie noch einmal von dieser Seite! – wurde in seinem Verdacht bestätigt, als Smith sich drolligerweise beklagte, es gebe in London *keine freien schwulen Männer*. »Ich werde mir den Arsch aufreißen und dann hoffentlich einen Freund finden – aber die sind nirgendwo in London zu finden … Ich habe schon überall gesucht. Ehrlich, ich stehe jetzt seit gut drei Jahren an vorderster Front, und es ist anstrengend.« Doch hoffentlich werden sie in Zukunft noch mehr Zeit haben, den einen schwulen Mann in London ausfindig zu machen, denn im Herbst 2020, nach einem langen heißen Sommer, in dem sie sich wie ein Vorschulmädchen verhalten haben, das zu viele E-Nummern konsumiert hat, konnte die *Daily Mail* ihre Freude kaum verbergen, als sie verkündete:

> »Die Chefs der Musikindustrie sind verblüfft, nachdem Sam Smith in der ersten Woche nur knapp über 20.000 Exemplare ihres neuesten Albums verkauft haben – ein Fünftel der Verkaufszahlen ihrer letzten Veröffentlichung. Letztes Jahr haben sich Smith als nicht-binär geoutet und zugegeben, sie fühlten sich ›manchmal wie eine Frau‹ und ziehe eine Geschlechtsumwandlung in Betracht.«

Meine Mutter hätte mir auf die Beine gehauen und gesagt: »Jetzt hast du etwas, worüber du weinen kannst!« Amüsanterweise ist Smith der Cousin von Lily Allen, der einst amtierenden Woke-Heulsuse. Doch dann traten »sie« auf den Plan und drängten sie zumindest vorübergehend aus dem Spiel der Schuldzuweisungen heraus. So konnte sie fröhlich in einem 1600 Pfund teuren Kleid posieren und den glücklichen Lesern der *Sunday Times Style* (mit ihr und Smith auf der Titelseite) erzählen, wie sie sich in ihren Ehemann verliebt hat, weil er »Karl Marx« auf seine Hand tätowiert hatte. Die Modemagazine führen am besten vor Augen, wie die Bekleidungsindustrie um ihre Bedeutung rang, als kleine Brände zu großen Feuersbrünsten auswuchsen. Im Jahr der Seuche sah sich ihre ganze lächerliche Daseinsberechtigung – Leuten Dinge zu verkaufen, die sie nicht brauchen, um Leute zu beeindrucken, die sie nicht kennen – mit der Tatsache konfrontiert, dass Angeben und Geldausgeben eingeschränkt wurden. Aus Angst, pleite zu gehen, machte auch die Mode auf woke.

Die Umweltauswirkungen der Modeindustrie sind katastrophal. Da sie das weiß und um jeden Preis verhindern will, dass eine Greta Thunberg verfallene Generation ihr verloren geht, versucht sie, sich mit allerlei Trickssereien über Nachhaltigkeit aus der Schusslinie zu ziehen. Aber mehr als jede andere Branche ist sie darauf angewiesen, dass ihre Produkte, nämlich Kleidungsstücke, die man durchaus weiter tragen könnte, rasch veralten und weggeworfen werden – wie kann das jemals nachhaltig, geschweige denn ethisch sein? Die Menschen haben das schon vor Covid gemerkt; nicht ohne Grund lief das Online-Geschäft mit Bekleidung bereits schlecht und stand jeder achte Laden schon vor dem Lockdown leer, als wir endlich erkannten, dass die »Einzelhandelstherapie« (der Geschlechtsverkehr der Unorgasmischen) keine Probleme löst, sondern nur mehr davon schafft, von persönlicher Verschuldung bis hin zu einem unaufhörlich wachsenden

Müllberg. Alle neuen Kleider sind jetzt des Kaisers neue Kleider – und das einzige Grün, das die Mode jemals wirklich interessiert, ist die Farbe des Geldes.

Das hat Modejournalisten nicht davon abgehalten, seit dem Frühjahr 2020 Tugendhaftigkeit zu demonstrieren, als ob sie bald aus der Mode käme. Vielleicht auch, damit sie nicht selbst von der *Sunday Times Style* den Laufpass bekommen, die sich früh schon in dem spinnerten woken Schreibstil übte, der bald darauf in Rupert Murdochs Printimperium eingeführt werden sollte. Im Zuge dieser Säuberung sollten sich die Journalisten zu »Diversität und Inklusion« verpflichten und an Schulungen teilnehmen, die Zeitungen »Diversitätsexperten« ernennen und sich mit einer »Überprüfung interner und externer Inhalte« einverstanden erklären, auf dass die Berichterstattung keine Gefühle verletze; zu diesem Zweck wurden ihnen außerdem neue »Stilrichtlinien« verordnet. Passend dazu beschrieb die Personalabteilung die Leserschaft der *Sun*, *Times* und *Sunday Times* intern als »überwiegend gegen Diversität und Inklusion eingestellt«. So sieht die verkehrte Woke-Welt von Marks & Spencer bis zur BBC aus: Man definiert, beleidigt und verliert sein Publikum.

Hunderte erfahrener Autoren, die als ungeeignet für ein solches »Woke-washing« galten – die nicht gefügig genug waren, ihre Eier auf einem Teller zu präsentieren, damit sie zu nicht-binären Ohrringen geformt werden und ihre früheren Besitzer sie als Beweis ihrer Treue zur neuen Ordnung tragen konnten – wurden auf diese Weise entsorgt und die Zeitungen somit noch unattraktiver für eine Leserschaft, die bereits in Scharen davonlief. Am schlimmsten führten sich die *Style*-Autoren auf, denn sie waren ohnehin nicht allzu bedeutend und zudem daran gewöhnt, in Werbegeschenken zu ertrinken, so dass sie nur wenig Integrität zu verlieren hatten. Aber es war sehr amüsant zu sehen, wie ihr Wunsch, woke zu sein, mit der ihnen angeborenen Oberflächlichkeit kämpfte. Erst feuerten sie farbige Kandidatinnen für die amerikanischen Wahlen 2020 an, und schließlich freuten sie sich wie Kinder über »Power Plum: Die neue politische Farbe«. Ganz nüchtern gestanden sie ein, der Lockdown sei »eine schwierige Zeit, um sexy Mode zu rechtfertigen«, und bald schon schwärmten sie wieder von einem 700 Pfund teuren Paar rosa Satin-Stiletto-Sandalen. Vieles hatte sich im Jahr der Pandemie geändert, aber wenn die Modemagazine dafür sorgen konnten, dass junge Frauen Tausende von Pfund Schulden machen, um nutzlosen Krempel auf Pump zu kaufen – solange es sich um nachhaltigen, biologischen Krempel handelte –, dann konnte zumindest eine Branche wieder zur Tagesordnung übergehen.

Der Doyen aller Modemagazine, die *Vogue*, ist seit jeher darauf spezialisiert, Frauen nicht zu zeigen, was sie haben können, sondern was sie nicht haben können, und ihnen durch ihren Ausschluss einen masochistischen Kick zu verschaffen. Der amerikanische Ableger, *Teen Vogue*, lauerte schon lange hinter dem Wokescreen und verhielt sich dabei so unheimlich wie ein wohlerzogener Zuhälter. Black Lives Matter-Polemiken reihten sich an Tips zum Analsex für freizügige Schulmädchen, die so horrend explizit waren, dass man sie kaum lesen konnte, ohne dass einem dämmerte, wie klug es wäre, in zehn Jahren Aktien von Unternehmen zu kaufen, die Erwachsenenwindeln herstellen. Es liegt in der Natur der Sache, dass die *Vogue* 99,9 % der Bevölkerung von dem von ihr propagierten Lebensstil, der viel Geld und/oder Schönheit erfordert, ausschließt; ihre *Exklusivität* ist ihr Gütesiegel, und ebenso all die Marken, deren Werbung so viele ihrer geheiligten Seiten füllt. (Denken Sie nur daran, wie sehr Burberry in Bedrängnis geriet, als die »Chavs« anfingen, diese Klamotten zu tragen!) In keiner anderen Branche des Einzelhandels würden sich Frauen freuen, auf eine Warteliste von 15.000 Personen für eine Handtasche gesetzt zu werden. Hier geht es nicht darum, etwas zu kaufen, hier geht es um hauchdünne Selbstachtung. Wie kommt eine so »weiße Zerbrechlichkeit« («White Fragility«, hier passt der Ausdruck ausnahmsweise einmal) in einer Welt zurecht, in der Inklusion die neue Exklusivität ist?

Für Edward Enninful (Ritter des Order of the British Empire), der 2017 Chefredakteur der britischen *Vogue* wurde, lautete die Antwort: Diversität. (Die Antwort auf alles heutzutage; ich gehe fest davon aus, dass der nationale Gesundheitsdienst sie bald als Heilmittel für Krebs anbieten wird.) Die Models im Heft waren keine »hangry white gitls« mehr, und die Stars auf den Titelseiten folgten: Beyonce, Oprah, Rihanna und Judi Dench (85 und frisch tätowiert). Wir können uns nicht mehr darüber beschweren, dass Models jung, dünn oder weiß sind; jetzt kann eine weitaus größere Gruppe von Frauen sich zu Objekten machen lassen – hurra! Keine allzu gute Nachricht allerdings für schwarze Frauen, denn eine in der *Washington Post* 2012 veröffentlichte Umfrage ergab, dass schwarze Frauen zwar schwerer sind als ihre weißen Kolleginnen, aber ein höheres Selbstwertgefühl und ein besseres Körperbild haben: 66 % zu 41 %. Es wurde vermutet, ihre mangelnde Darstellung in den Modemedien führe dazu, dass sie sich für diese nicht interessieren und ihr Selbstwertgefühl eher in etwas Beständigerem suchen als in der Fähigkeit, sich in ein figurbetontes Kleid zu zwängen. So viel zum ewigen »Wenn man gut aussieht, fühlt man sich gut« – was Marilyn Monroe ganz neu gewesen wäre.

Das Woke-Sprech, vor allem wenn es um »Rasse« und Hautfarbe geht, raubt den Menschen ihre Individualität und reduziert sie auf Häkchen und Codes. Was glauben

Sie, von wem E.E. hier schwärmt? »Eine starke schwarze Frau in ihrer Blütezeit, befreit von den strengen binären Geschlechterregeln der Vergangenheit.« Ich hätte gedacht, es handelt sich vielleicht um einen Aushilfsdozenten für Soziologie, der gerade dabei ist, von einem Mann zu einer Frau zu werden, aber nein – es ist Rihanna, die schlimmste Schlampe der Christenheit. Ich bin mir sicher, dass Enninful die besten Absichten der Welt hatte, als er der Juli-Ausgabe der *Vogue* die Titelzeile verpasste: »Die neue Frontlinie: Mut zeigen in schweren Zeiten«. Gewiss hatte er das Herz am rechten Fleck, als er einen gutaussehenden schwarzen Lokführer auf das Titelblatt setzte – mit einer hübschen rothaarigen Hebamme und einer attraktiven muslimischen Supermarktangestellten auf den kleineren Ausklappseiten. Offenbar hatte jemand in der Redaktionssitzung die woken Top Trumps herausgenommen, aber es fehlte ein nicht ausreichend gewürdigter Frontarbeiter: der blasse, hungrige *Vogue*-Praktikant, der fünf Tage in der Woche Vollzeit arbeitet, aber bloß Reisekosten erstattet bekommt, weshalb diesen Posten nur wohlhabende junge Leute aus London ergattern können. Tanya de Grunwald von Graduate Fog, die sich für faire Praktika einsetzt und ähnlich geizige woke Designer von Vivienne Westwood bis Samantha Cameron an den Pranger gestellt hat, zeigte die *Vogue* sogar bei der britischen Steuerbehörde an, die die Zahlung des landesweit geltenden Mindestlohns überwacht. Stellen Sie sich vor, wie die Seide zerriss, als die Zollbeamten kamen, um ihre von Menschen gemachten Stoffe einzufordern! 2020 sagte sie mir:

> »Wenn Edward Enninful etwas ändern wollte, könnte er Modemarken eine sechsmonatige Warnung aussprechen, dass *Vogue* nicht mehr mit Marken zusammenarbeiten wird, die unbezahlte Praktikanten beschäftigen. Aber die

Botschaft an Praktikanten lautet: ›Wenn du nicht umsonst arbeiten willst, dann liebst du die Mode offenbar nicht genug.‹ Es ist wahrscheinlich kein Zufall, dass diese Branche eine der ersten war, die mit unbezahlten Praktika begonnen hat, und daher eine der letzten sein wird, die damit aufhört. Es ist endemisch – eingebrannt in Kultur und Struktur.«

Sie hat recht, aber die Mode bleibt hier nur sich selbst treu, und zwar mit Zähnen und Klauen. Es liegt in der Natur der Sache, dass die Mode sich selbst nur dann treu bleibt, wenn sie sich völlig außerhalb des moralischen Rahmens der Gesellschaft bewegt. Von ihr zu erwarten, sich moralisch zu verhalten, ist genauso albern, wie von der Börse zu erwarten, moralisch zu sein – es ist die Natur der Bestie. Diese Bestie ist John »Ich liebe Hitler« Galliano, der 2000 eine Obdachlosenmode-Kollektion – »Homeless Chic« – vorstellte, die ein Jahr später auch Zoolander zu der Kollektion »Derelicte«* inspirieren sollte. André Leon Talley, der erste schwarze Creative Director der amerikanischen *Vogue*, der selbst aus sehr armen Verhältnissen stammt, verglich seine Entlassung durch Anna Wintour mit der Ermordung von George Floyd durch einen Polizisten: »Ich konnte nicht atmen«, schrie er im Sommer 2020 gegenüber einer bewundernswert aufrichtigen Emma Barnett. Kurzum, als eine Branche, die sich Hoffnungen machen kann, bald als ethisch zu gelten, steht die Mode irgendwo zwischen Schlachthofverwaltung und Zuhälterei.

Man muss der *Vogue* zugute halten, dass auch sie das um die Zeit der Herbst/Winter-Kollektion allmählich begriff. Der Sommer schien so weit weg; der Sommer, in dem wir

* Englisch derelict: schäbig, heruntergekommen.

endlich verstanden, was der Applaus bedeutete, nämlich keine Anbiederei an die Privilegierten, sondern ein Zeichen der Dankbarkeit für die Anonymen. Aber es waren nicht mehr die gesichtslosen und undankbaren Helden des Alltags, ohne die die Gesellschaft binnen einer Jahreszeit zu einem Sumpf verkommen würde, in die sich Enninful in der Dezemberausgabe verknallte; es war niemand anderes als der Prinz von Wales. So wie Modeexperten immer wieder zum Schwarz zurückkehren und Hunde zum Erbrochenen, fand auch die *Vogue* zu ihrem alten hochnäsigen Selbst zurück, dem Schwärmerei für die Monarchie nie aus der Mode kommt. Als ob man mich noch mehr hätte überzeugen müssen, dass Woke von Natur aus reaktionär ist, war es ein schönes Bild, diese beiden Männer an der Spitze ihrer Zwillingshierarchie zu sehen, wie sie sich in ihren luxuriösen Ansichten suhlten und den Armen sagten, sie sollten keine billigen Klamotten kaufen und der Rest von uns froh sein, dass die Natur ein wenig »geheilt« sei. Der Prinz warb für das Modern Artisan Project – ein von der Prince's Foundation mitbegründetes Ausbildungsprogramm für Modedesigner –, das demnächst eine »nachhaltige« Bekleidungskollektion auf den Markt bringen wollte; ein Cardigan kostet 500 Pfund. »Dann sollen sie doch Kuchen essen«* heißt nun: »Dann sollen sie doch Kaschmir tragen«.

Seltsam, dass die Wokers, die nach einer Wiedergutmachung der Sünden des Empire schreien, der Monarchie anscheinend einen Freifahrtschein ausgestellt haben. (Das sollte uns nicht überraschen, denn eine ganze Reihe linker Schauspielerinnen, von Vanessa Redgrave bis Emma

* »Wenn sie kein Brot haben, sollen sie doch Kuchen essen«, soll Maria Antoinette, Gemahlin des französischen Königs Ludwigs XVI., über das hungernde Volk von Paris gesagt haben.

Thompson, neigen dazu, sich in Anwesenheit des Königshauses so enthusiastisch an den Stirnlocken zu zupfen wie Teenagerjungen, wenn sie allein sind, an ihren Vorhäuten.) Das alte Windsor-Sprichwort »Never complain, never explain« (Beschwere dich nie, erkläre nichts) wurde dahingehend geändert, dass sich die Royals jetzt ständig beschweren (über alles, was in der Gesellschaft falsch läuft, außer über sich selbst), aber nie etwas erklären. Ob Prinz Charles darüber doziert, wie sich die Armen verhalten sollten, Prinz William das BAFTA-Publikum* über Privilegien belehrt oder Prinz Harry verkündet, jeder habe die Pflicht, gegen Rassismus zu kämpfen, um ein wirklich heißes, »gemischtrassiges« Mädchen abzuschleppen – wenn es um ihre eigene schändliche Geschichte geht, bedienen sie sich der besten Mittel, sich zu verstellen. Denn eine Erklärung der zwielichtigen Vergangenheit eines jeden Throns würde in der heutigen Zeit, in der Entschuldigungen die Währung dieser tugendhaften Welt sind, unweigerlich eine Entschuldigung nach sich ziehen. Unsere Monarchie aber, obwohl sie auf weißem Privileg aufgebaut ist und dieses auch bis aufs Äußerste ausübt, fordert nie jemand auf, sich für ihre eigenen Sünden zu entschuldigen, anstatt dem Rest von uns die Schuld zu geben.

Man könnte fast glauben, die lilienweißen Hände der britischen Monarchen hätten nie etwas von der reichen Beute ergriffen, die das größte Imperium der Welt abwarf: mehr als ein Drittel der Landmasse und der Weltbevölkerung. Angefangen mit Glorianas enthusiastischer Unterstützung des Sklavenhändlers John Hawkins in den 1560er Jahren (nach seiner profitablen zweiten Expedition ehrte sie ihn mit einem Wappen, das einen nackten, mit Seilen

* BAFTA: British Academy of Film and Television Arts.

gefesselten Afrikaner zeigt) bis hin zur Abschaffung der Sklaverei hat die britische Monarchie in abstoßendem Maße von der Sklaverei profitiert. 2020 schrieb Brooke Newman in *Slate*:

> »In Großbritannien wie auch in den Vereinigten Staaten haben die antirassistischen Proteste, die nach der Tötung von George Floyd durch die Polizei Ende Mai ausbrachen, den Kampagnen, die Reparationen für die Sklaverei verlangen, neuen Auftrieb gegeben. Britische Universitäten und Londoner Finanzinstitute, die erst vor kurzem ihre historischen Verbindungen zur Sklaverei und zum transatlantischen Sklavenhandel anerkannt haben, sehen sich mit Aufrufen konfrontiert, vergangenes Unrecht wiedergutzumachen und den Nachkommen der versklavten Menschen Entschädigungen zu zahlen. Doch eine Institution hat geschwiegen: die britische Monarchie. Das offizielle Eingeständnis, dass die königliche Familie die Versklavung von Millionen von Menschen sowohl gefördert als auch davon profitiert hat, ist das mindeste, was die heutige britische Monarchie den Nachkommen der versklavten Menschen schuldet.«

Es scheint dem woken Mob nie in den Sinn zu kommen, Symbole der Monarchie anzugreifen, wenn er randaliert – lieber entweiht er Denkmäler, die Millionen von Arbeitern ehren, die bei der Verteidigung eben dieser Monarchie getötet wurden. Man hat das Gefühl, die Dumpfbacken glauben, das Empire und die Ausbeutung seien stets nur die Idee einiger zwielichtiger (wahrscheinlich jüdischer) Emporkömmlinge gewesen, die einfach loszogen und ein Drittel der Weltbevölkerung hinter dem Rücken des unschuldigen Monarchen ausbeuteten. So wie diese woken Dienstmädchen, die sich albernerweise Feministinnen nennen, alles, was mit der Behandlung von Frauen zu tun hat, anstößig finden, abgesehen von den Dingen, die tatsächlich anstößig sind – Pornographie und Prostitution –, hat die Monarchie es irgendwie geschafft, sich hinter einem aufgemotzten Wokescreen zu verschanzen. Sie mögen nicht intelligent sein, aber sie sind so clever, dass sie es geschafft haben, viele ihrer Untertanen davon zu überzeugen, sie seien überhaupt nicht privilegiert – der ultimative Luxus. So können wir uns alle gemeinsam darüber lustig machen, dass der gemeine Kapitalist Philip Green sich auf einer seiner Yachten vergnügt, wiewohl seine ähnlich schmarotzerhafte Familie bei weitem nicht so reich ist wie die Windsors – und die Menschen die Wahl hatten, für seine Waren zu bezahlen. »Wir dürfen kein Tageslicht in die Magie eindringen lassen«, sagte Walter Bagehot über die Monarchie; ein Satz, der damals als respektvoll empfunden wurde, aber im Nachhinein skeptisch anmutet.

Das bringt uns direkt zurück zur Grabschdankung, als eine berauschende Mischung aus Reichtum, Berühmtheit und Wokeness ihren strahlenden Höhepunkt erreichte und Meghan und Harry, den betrügerischen Monarchen einer betrügerischen Bewegung, dem First Couple of Woke, ein kurzzeitiges Camelot bescherte. Von der *Vogue* vom September 2019, die von keiner Geringeren als Meghan – Me-Again – selbst herausgegeben wurde, bis zu dem Moment, in dem sie beide als die einzigen Menschen neben Greta Garbo hingestellt wurden, die jemals nach Hollywood gezogen sind, weil sie in Ruhe gelassen werden wollten, konnten sie nichts falsch machen. Doch dann ging die Grabschdankung pleite, und es stellte sich heraus, dass sie moralisch genauso bankrott waren wie die Monarchie, die Berühmtheit und die Wokeness, die sie hervorgebracht hatten, und zwar auf einem ganz neuen scheußlichen Niveau, denn die drei Glaubenssysteme waren noch nie am selben Ort gesehen worden. Ihre eher traurigen als verängstigten Gesichter verkauften keine Zeitschriften mehr, wir scheuten vor einem weiteren protzigen Foto von ihnen zurück, auf dem sie Essen an die Armen verteilen. (Diesmal gab's leider keine inspirierenden Bananen.) Ihre Popularität sank rapide, und eine YouGov-Umfrage ergab, dass sie nur unwesentlich beliebter sind als Prinzessin Annes Hund Dotty, der Corgi-Killer. Und dann kehrte Prinz Harry unverzeihlicherweise auch noch den Invictus Games den Rücken – dem von ihm selbst 2014 ins Leben gerufenen Sportwettkampf für verstümmelte Soldaten und Veteranen –, um vom Spielfeldrand der Opfer-Olympiade aus zu kommentieren.

Macht nichts, sie haben ja ihren millionenschweren Netflix-Deal, der sie warm hält, bis die Amerikaner merken, dass sie nichts Besonderes sind ohne den muffigen Beigeschmack der Monarchie, der sich aber sicherlich schnell verflüchtigen wird, wenn die strahlende pazifische Sonne in die Magie eindringt. Werden sie nicht mehr willkommen sein, wenn Woke am Ende ist, da Hollywood, der Zurschaustellung von Sack und Asche auf dem roten Teppich müde, an einem neuen Kitzel Geschmack findet? Vielleicht ziehen sie dann nach Frankreich, so wie der andere Exilprinz und seine amerikanische Achillesferse. Sie müssen sich jedoch in Acht nehmen – und vielleicht erst einmal abwarten, aus welcher Richtung der Wind von der Bastille her weht, bevor sie beschließen, einem anderen Land Vorträge darüber zu halten, wie man sich gut verhält. Vergessen wir die anglo-amerikanische Spielplatzrevolution, bei der Statuen abgerissen werden – die Franzosen hatten eine richtige Vorstellung von der Monarchie. Einem *solchen* Straßenmob, der nach sozialer Gerechtigkeit schreit, könnte ich mich anschließen. Vive la Guillotine!

Kapitel 8

Erwachen aus Woke: Schlechte Erziehung und Hoffnung auf eine fortschrittliche Politik

Die Cancel Culture nahm ihren Anfang an den Universitäten, und als diese in der Zeit von Covid leerstanden, schwappte der nihilistische Eifer auf die Straßen über. Der hirnlose Pöbel stürzte sich wahllos auf jede alte Windmühle, die aussah, als wäre sie vor Quinoa erbaut worden. Orte, die jungen Menschen einst helfen sollten, erwachsen zu werden, schienen nunmehr darauf bedacht, die Zeit im Stil Benjamin Buttons zurückzudrehen, so dass Studenten als junge Menschen hineingingen und als monströse Kleinkinder herauskamen – der perfekte Nährboden für einen Tobsuchtsanfall, der sich als Kreuzzug ausgab. Man kann sich des Eindrucks nicht erwehren, dass wir gerade die unschöne Nachgeburt dieser Pandemie erleben: Vermeintliche Studenten, um das Versprechen billigen Alkohols in den Gewerkschaftskneipen gebracht, sind wütend darüber, dass man ihnen die drei Jahre Zeitvertreib geraubt hat, auf die jedes weiße Kind der Mittelschicht ein Menschenrecht hat.

Als ich ein Kind war, kamen Studenten mir ungemein wild und frei vor, sie protestierten gegen den Vietnamkrieg und praktizierten »freie Liebe«. Aber ein individualistischer, ungeduldiger Impuls in mir sorgte dafür, dass ich dieser Sache aus dem Weg ging, die mich zu etwas anderem als mir selbst hätte machen können. Während sanftmütige Arbeiterkinder vielleicht einen kleinen Phantomschmerz an der Stelle verspüren, wo ihre weitere Ausbildung hätte stattfinden können, sah ich darin immer eine weitere Möglichkeit, der Bourgeoisie Angst zu machen, vor allem denen, die mich bezahlten.

In meinem ersten Job beim *New Musical Express* stellte ich fest, dass ich meine Kollegen nicht durch mein Leder-Outfit und mein Fluchen erschrecken konnte; beides war praktisch Pflicht. Aus der Fassung bringen konnte ich sie nur, indem ich eine Dose Tizer* hervorholte und sie leertrank, während ich ihnen bewusst in die Augen schaute. Ich wusste, dass sie ewige Studenten waren, die sich stets vor den ruppigen Typen aus der Stadt fürchteten, die ihre Doktorhüte schon vor langer Zeit zerknittert hatten. In Manchester schenkte mir dann ein Punk einen Button mit der Aufschrift »Ich hasse Studenten, yeah!« (ich habe ihn verloren, als ich mit 17 in Lewisham von einem Polizeipferd zu Boden gestreckt wurde, nachdem ich Demonstranten der National Front etwas zu auffällig verhöhnt hatte – natürlich bevor ich »buchstäblich eine Faschistin« wurde), und damit stand meine Abneigung gegen Unis endgültig fest. Ich habe Studenten nicht wirklich gehasst – wie gesagt, ich habe sie schon als kleines Mädchen bewundert –, aber auf jeden Fall gaben sie mir Rätsel auf. Klar, wenn man studiert, um etwas *Richtiges zu werden*, wie Arzt oder Archäologe – aber »Medienwissenschaften«? Du könntest deinen Weg in der schönen bösen weiten Welt da draußen gehen – aber du willst es für drei kostbare Jahre aufschieben, nur damit irgendein Ladenschwengel mit spitzen Ellbogen wie ich sich vordrängelt?

Doch wie sich herausstellte, haben die Studenten nicht

* »Tizer the Appetizer«: in Großbritannien beliebter Softdrink.

nur die Zeit totgeschlagen – sie haben auch die Kultur getötet. Wir schon erwähnt, entstammt das Wort »Woke«, das so viel wie »politisch bewusst« bedeutet, Erykah Badus Song »Master Teacher« aus dem Jahr 2008, in dem es, wenn auch etwas mürrisch, so doch zumindest kreativ verwendet wurde. Aber irgendwas lief bei der Übersetzung schrecklich schief, und als Woke aus den schwarzen Ghettos in die weiße akademische Welt kam, war der Brunnen schon ziemlich vergiftet. Eine Generation von Studenten, denen von ihren Eltern gesagt worden war, sie hätten niemals unrecht, tat sich mit einer Generation von Dozenten zusammen, die glaubten, die westliche Kultur habe niemals recht.

Es ist schwer zu sagen, was zuerst da war: die studierende Henne oder der verwöhnte Eierkopf. Die Zeiten jedenfalls, in denen junge Menschen an die Universität gingen, um ihre Überzeugungen in einer Atmosphäre rigoroser Debatten in Frage stellen zu lassen und, nachdem sie alle Argumente gehört hatten, womöglich Weisheit zu erlangen, scheinen nun der Vergangenheit anzugehören, etwa so archaisch wie Möbelschonbezüge. Viele von ihnen gehen dorthin, um in der gleichen liberalen Bettnässerblase zu leben, in der sie aufgewachsen sind. »Die Welt hat sich auf den Kopf gestellt«, bemerkte Mary Beard dazu: »Die Jungen sollten Risiken eingehen und die Älteren über allzu viel Streit besorgt sein.«

Die Generation Schneeflocke wuchs in einer Welt auf, in der es keine Religion mehr gab, in der aber der Drang zur Bekehrung durchaus noch vorhanden war, insbesondere der zur Verurteilung. Universitäten wurden zu kleinen Universen, in denen der tyrannische Konformismus von Teenagern eine ihm würdig erscheinende politische Betätigung finden konnte, ohne dass sie dazu den Campus verlassen und sich unter das gemeine Volk mischen mussten.

Triggerwarnungen wurden einst mit den besten Absichten eingeführt, nämlich aus aufrichtiger Sorge um die wenigen Menschen, die tatsächlich an einer posttraumatischen Belastungsstörung leiden, insbesondere Vergewaltigungsopfer. Es ist durchaus vernünftig, ein Publikum, in dem sich möglicherweise jemand befindet, der als Kind missbraucht wurde, davor zu warnen, dass Kindesmissbrauch zur Sprache kommen wird. Aber kaum dass es Triggerwarnungen gab, wollte bald jeder etwas Besonderes sein – bis schließlich das Publikum gewarnt werden musste, weil es eine Meinung hören würde, mit der es vielleicht nicht einverstanden war. Die Generation Schneeflocke wurde in dem Glauben erzogen, dass alle einen Preis bekommen müssen, und ist ihrerseits so mittelmäßig und faul, dass ihr selbst die kleinsten Belohnungen entgehen – und so findet sie Trost in dem Mantra der Opfer-Olympiade, dass alle blaue Flecken haben müssen.

Der Wunsch der Studenten, nicht beleidigt zu werden, ging eine unheilige Allianz mit dem Wunsch vieler Dozenten ein, ihre Botschaft unter Leuten zu verbreiten, die ihnen nicht entkommen konnten. Verblüfft durch den Aufstieg des Populismus in Großbritannien und den USA wandten sich linke Dozenten vom Marxismus ab – undankbare Proleten, warum können sie nicht tun, was man ihnen sagt! – und machten sich den Postmodernismus zu eigen. Man sollte meinen, dass eine Philosophie, die im Grunde behauptet, dass nichts unmöglich und alles erlaubt sei, die Universitäten noch mehr für die Meinungsfreiheit sensibilisiert hätte – aus ureigenem Interesse aber sorgten sie mit dem ultimativ herablassenden bürgerlichen Glauben an »falsches Bewusstsein« dafür, dass das Gegenteil geschah.

Wenn die Massen anfangen, gegen Leute zu stimmen, die wissen, was gut für sie ist, dann muss alles getan werden, um die Gedankenfreiheit aufzuhalten. In einer Welt, in der es keine Wahrheit gibt, gibt es auch keine Lügen, und die einzigen zulässigen Fakten sind die, die der eigene Stamm gutheißt; es geht also nur um Machtspiele, und da die Idee der Wahrheit eine Illusion ist, dreht sich alles um Macht und Überzeugung – wobei man seinen Gegnern natürlich den Vorteil einer eigenen Plattform verwehren möchte.

Ich weiß ehrlich gesagt nicht, wie vielen Akademikern von heute man zutrauen kann, an einem Wochenende auch nur auf einen Hamster aufzupassen, geschweige denn Eindruck auf junge Menschen zu machen, die sich leicht beeindrucken lassen. Dr. Alyosxa Tudor von der School of Oriental and African Studies gewann 2020 einen Preis für feministische Theorie mit einem Aufsatz, in dem sie behauptet, dass »Geschlecht als Kategorie durch Rassenbildung und koloniale Expansion entsteht«. Rod Liddle meinte dazu: »Ein erstaunlicher Gedanke, dass es vor Cecil Rhodes keine Männer und Frauen gab, nicht wahr? Ich hoffe, dass die Studenten, die an der Veranstaltung teilgenommen, auch gelernt haben, wie man sich richtig ausdrückt: ›Möchten Sie Pommes frites dazu?‹«

An der Universität Oxford hoffte Dr. Emily Cousens im Frühjahr 2020 inständig, die Einrichtung, an der sie ein Jahrzehnt lang studiert und gelehrt hatte, möge *kein* Heilmittel gegen das Coronavirus finden:

> »Warum also war ich zunächst erleichtert, als ich hörte, dass Oxford und Imperial sich mit der Entwicklung des Impfstoffs beeilen, bevor ich mir Sorgen machte? Die Forscher in Oxford leisten lebenswichtige, lebensrettende Arbeit. Aber bei einem Rennen gibt es Gewinner und Verlierer. Wenn meine Universität als erste den Impfstoff entwickelt, mache ich mir Sorgen, dass er wie

in der Vergangenheit zu patriotischen Zwecken benutzt wird, als Beweis für britische Spitzenleistungen.«

Glücklicherweise ist Frau Cousens akademisches Fachgebiet »Verletzlichkeit und Geschlecht«, daher bin ich mir sicher, dass sie bald mit einem schönen nicht-binären, genderfluiden Impfstoff aufwarten kann, der ihre imperialistischen Wissenschaftskollegen in den Schatten stellt. Vielleicht sitzt sie aber auch nur herum und jammert, wie es diese Art hochgebildeter Schwachköpfe am liebsten tut.

Als ich ein Schulmädchen war, hatten wir immer den Verdacht, dass einige Lehrer geistig gestört waren. Da gab die seltsame Sportlehrerin, die ein bisschen zu lange verweilte, wenn ein Dutzend heißer Teenager duschte, oder den Biologielehrer, der den Anschein erweckte, als hätte er ein perverses Vergnügen daran, zu sehen, wie lange er das Wort »Sperrrmaaa« aussprechen konnte. Die damit beauftragt sind, die Jugend einer Nation zu erziehen, sollten sich wirklich nicht damit brüsten, dass sie so borniert sind wie irgendein alter Golfclubfanatiker. Genau das aber tut Professor Sunny Singh von der London Metropolitan (Elite!) Universität:

»Ich werde regelmäßig zu unterschiedlichen Podiumsdiskussionen eingeladen. Ich sage immer nein. Denn Wortstreit ist eine imperialistische, kapitalistische, weiße, suprematistische, cis-heteropatriarchale Technik, die einen potentiellen Wissensaustausch in ein Instrument der Ausgrenzung und Unterdrückung verwandelt.«

Wenn Erwachsene an Universitäten versuchen, sich wie Erwachsene zu verhalten und ihre fiebrigen Schützlinge darauf hinzuweisen, dass die Anhörung anderer Standpunkte zu den Dingen gehört, für die Universitäten da sind, müssen sie heute auf das Geschrei von Leuten gefasst sein, die sich wie riesige Kleinkinder aufführen, deren Eltern versehentlich ihre Kuscheldecke in die Wäsche gesteckt haben. Es gibt ein außergewöhnliches Video aus dem Jahr 2015, in dem Studenten der Universität Yale Professor Nicholas Christakis beschimpfen, dessen Frau Erika, die an derselben Fakultät lehrt, die Frechheit besaß, zu behaupten, man könne den Studenten zutrauen, ihre Halloween-Kostüme selbst auszusuchen; denn vorgesehen war eine Liste der zugelassenen Kostüme, damit die Untoten keinen Anstoß an einer kulturellen Aneignung nehmen, die ihre Community betrifft. Als ihr Mann versucht, mit der ihn umringenden Studentenschar zu diskutieren, schreit eine junge Frau ihm etwas wirklich Erstaunliches zu:

> »Es ist Ihre Aufgabe, einen Ort zu schaffen, an dem die hier lebenden Studenten sich wohl und heimisch fühlen! Es geht nicht darum, einen intellektuellen Raum zu schaffen, nein! Verstehen Sie das? Es geht darum, hier ein Zuhause zu schaffen!«

Nicht verwunderlich, dass die Christakises diese wehleidige Schlangengrube bald wieder verließen und zu neuen Ufern aufbrachen. Es ist verlockend, solche Eskapaden als amerikanische Hysterie abzutun. Aber in Oxford, der Stadt der träumenden Türme und nunmehr der dummschwätzenden Gehässigkeit, sah sich Professorin Selina Todd im Jahr 2020, nachdem sie Morddrohungen erhalten hatte, gezwungen, zwei Leibwächter einzustellen, die sie zu den Vorlesungen begleiten sollten. An der Universität Reading wurde Dr. Rosa Freedman von einem Studenten überfallen, der sie als »transphobe Nazifrau, die vergewaltigt werden sollte« beschimpfte. Kathleen Stock, Professorin für

Philosophie an der Universität Sussex,* muss sich seit Jahren einer gegen sie geführten Kampagne erwehren, bei der sie es sowohl mit Beschwerden von Studenten als auch mit Anfeindungen von Kollegen zu tun bekommt: »Es ist schon eine merkwürdige Situation, irgendwo zu arbeiten, wo die Leute deutlich machen, dass sie einen verabscheuen«, sagte sie der *Times Higher Education* mit bewundernswerter Selbstbeherrschung.

Diesen drei Frauen gemein ist, dass sie es irgendwann für angebracht hielten, die einfache Wahrheit auszusprechen, dass biologische Männer nicht zu biologischen Frauen werden können, genauso wenig wie Clownfische zu Clowns oder Seepferdchen zu Pferden werden können. Wie bezeichnend ist es doch, dass angesichts des Leidens so vieler Millionen Menschen auf dieser Welt das Thema, das die jugendlichen Gemüter jedes Mal erhitzt, die selbstauferlegte Angst einer Handvoll Schwachköpfe ist, die nicht wissen, ob sie Nigel oder Nigella sind! Aber bei näherer Betrachtung ergibt es einen surrealen Sinn. Die Schüler sind übergroße Kleinkinder, die nur selten das Wort »nein« gehört haben und daher glauben, die Welt kreise um sie und ihre Gefühle; ähnlich überschwemmt von feindseligen Hormonen und ähnlich abgeneigt, sich anzustrengen und Dinge zu tun, die ihnen Aufmerksamkeit für tatsächliche Leistungen einbringen könnten, bilden Teenager und Transen ein perfektes Paar, das auf der »stillen Treppe« zusammengefunden hat. Und dann ist da noch der Glaube an wunderbare Wandlungen, der besonders anziehend auf Jugendliche wirkt, die erst vor kurzem ihre Kindersachen und die J.K. Rowling-Bücher (huch!) weggelegt haben. Wenn Männer zu Frauen werden können,

* Aus den hier genannten Gründen hat sie die Professur inzwischen aufgegeben.

indem sie einfach sagen, dass es so sei, dann kann auch ein mit dem Löffel gefütterter Bettnässer aus der Privatschule zu einem schneidigen Straßenkämpfer werden, indem er sich ein Cowboy-Halstuch umlegt.

Wie wir bei Lena Dunham gesehen haben, die Stewardessen feuern ließ, weil diese es wagten, ihre Ansichten über biologische Geschlechter nicht zu teilen, ist der Hexenjäger in diesen Kreaturen stark ausgeprägt. Sie schreien zwar viel von Freundlichkeit, doch Empathie ist ihnen ein Fremdwort, das sie meiden, vielleicht weil sie keine kulturelle Aneignung des griechischen Wortschatzes riskieren wollen. Im Herbst 2020 forderten Cambridge-Studenten die Suspendierung des Portiers Kevin Price: Dieser war von seinem Amt als stellvertretender Labour-Ratsvorsitzender zurückgetreten, weil er sich geweigert hatte, einen Antrag der Liberalen zu unterstützen, der mit den Sätzen »Trans-Frauen sind Frauen«, »Trans-Männer sind Männer« und »Nicht-binäre Personen sind nicht-binär« begann. Dass diese Sätze in den Antrag aufgenommen worden seien, sagte er nach seinem Rücktritt, werde »vielen Frauen einen Schauer über den Rücken jagen«; es sei »töricht, so zu tun, als gäbe es, was die Rechte der Frauen betrifft, keine sehr unterschiedlichen Ansichten oder Bedenken«. Dieser schlichten Aussage wegen wurde er von der Studentenvereinigung beschuldigt, »eine unverschämte Verachtung für die Rechte und die Würde von Trans- und nicht-binären Menschen« zu zeigen, während die LGBTQ+-Beauftragte Frankie Kendal ihre Alphabetti-Spaghetti einen Augenblick beiseite stellte, um zu schimpfen: »Wir haben eine kleine, aber lebendige Trans- und nicht-binäre Community, die sich nicht nur sicher fühlen, sondern auch gefeiert werden sollte.« Es ist jetzt also die Aufgabe eines arbeitenden Mannes, diesen anspruchsvollen Bälgern nicht nur ihr Zeugs zu tragen, sondern sie auch so zu behandeln, als wären sie Mariah Carey, die eine mit Pailletten besetzte Treppe herunterkommt. Wie Alice Sullivan, eine Professorin an der Hochschule, so schön twitterte:

> »Studenten am Clare College Cambridge versuchen, einen Portier des College vor die Tür setzen zu lassen, nur weil er sich in seiner Funktion als Labour-Ratsmitglied für die Rechte der Frauen ausgesprochen hat. Die Klassenpolitik des Gender-Identitäts-Extremismus liegt für alle offen zutage. Ich hoffe, das Clare College zeigt etwas Rückgrat und Anstand und unterstützt Kevin Price. Diese privilegierten jungen Leute, die versuchen, einen Arbeiter feuern zu lassen, sollten sich zutiefst schämen.«

Ein Mann aus der Arbeiterklasse wird von einem Haufen weißer bürgerlicher Studenten verfolgt, weil er sich für die Rechte der Frauen einsetzt – was für eine monströs missratene Vorstellung sozialer Gerechtigkeit ist das denn? Und die Ironie ist, dass, während diese kläffenden kleinen Yorkies den normalen Menschen wegen imaginärer Verunglimpfungen ihrer selbst und ihrer unsichtbaren nichtbinären Kameraden auf die Füße traten, eine ganze Welt voller Elend direkt unter ihren gerümpften Nasen lag. Privilegierte Studenten sollten sich besser für die vielen Schüler einsetzen, für die die Universität nie ein sicherer Ort war.

Zunächst einmal haben Jugendliche aus der Arbeiterklasse das System gegen sich, wenn es darum geht, überhaupt eine höhere Bildung zu erlangen. 2017 lag die Zahl der Studenten aus armen Vierteln, die sich an der Hochschule einschrieben, die sich rühmt, eine der vielfältigsten im Vereinigten Königreich zu sein, der School of Oriental and African Studies, bei exakt null, was verdeutlicht, was

»Diversität« heute heißt: nämlich, dass Menschen unterschiedlicher Hautfarbe genau das Gleiche denken und sagen. Aber auch wenn sie dort ankommen, werden sie oft schlecht behandelt. Im Herbst 2020 forderte Lauren White, Studentin an der Universität Durham, dass etwas unternommen werden müsse, nachdem sich herausgestellt hatte, dass sie und ihre Kommilitonen aus dem Norden aufgrund ihres Akzents und ihrer Herkunft »toxischem« Verhalten sowohl seitens der Studenten als auch ihrer Tutoren ausgesetzt sind. Dem *Guardian* sagte sie:

> »Am Anfang, als sie sich über meinen Akzent lustig machten und ihn nachahmten, habe ich das irgendwie hingenommen und sogar gelacht, aber dann, als ich immer wieder zur Zielscheibe von Witzen über den Kohlebergbau wurde und man mich wegen meiner Herkunft als ›wild‹ bezeichnete, wurde ich allmählich böse. Ich schrieb einen Artikel über meine Erfahrungen, der sich rasend schnell verbreitete, und ich wurde mit Nachrichten von anderen Studenten überschwemmt, die mir sagten, sie hätten dasselbe erlebt wie ich, und einige sagten sogar, dass sie sich in Seminaren nicht zu sprechen trauten, aus Angst, lächerlich gemacht zu werden.«

Ein Student aus Liverpool bestätigte das:

> »Ich hatte die schrecklichste Zeit dort. Ich komme aus einem Arbeitermilieu. Daran wurde ich jeden Tag erinnert. Mir wurde wiederholt gesagt, ich sei nur deshalb in Durham, weil meine Familie Sozialhilfe bezogen hätte – meine Familie hat ihr ganzes Leben lang gearbeitet. Ich wurde des Diebstahls beschuldigt, mir wurde gesagt, ich würde wegen meiner Art zu sprechen niemals einen Job bekommen, an mich sei ein wertvoller Studienplatz ver-

schwendet worden. Dies wurde mir sowohl von Schülern als auch von Dozenten gesagt. Eine andere Sache, an die ich mich erinnere, ist die Formulierung ›sich im Dreck wälzen‹ – so nannten es viele Studenten, wenn sie mit jemanden aus der Arbeiterklasse Nordenglands schliefen.«

Die Universität leitete schließlich eine Untersuchung ein, »nachdem wohlhabende Studienanfänger Berichten zufolge einen Wettbewerb geplant hatten, um mit dem ärmsten Studenten, den sie finden konnten, Sex zu haben.« Ersetzen Sie »aus der Arbeiterklasse« durch »schwarz« und stellen Sie sich das Feuerwerk vor – hinter dem Wokescreen aber kann Ihr höhnisches Lächeln niemand sehen.

Eine andere Gruppe von Studenten, die etwas Solidarität seitens ihrer ewig mürrischen Kommilitonen gebrauchen könnte, sind die Juden, die es trotz ihres angeblichen weißen Privilegs in Englands »finsterem Garten«* nicht leicht hatten. Kaum waren die muffigen rechten Vorurteile gegen sie in den 1960er Jahren überwunden (mit Quoten für die Zahl der an den Spitzenuniversitäten zugelassenen jüdischen Studenten, die aus der Befürchtung erwuchsen, dass dieses klügste aller Völker die dumpfe Ausgeburt der nichtjüdischen herrschenden Klasse ausstechen würde), war sogleich ein neuer, angesagter Antisemitismus zur Stelle, um unter dem Deckmantel der Palästina-Solidarität das Steuer zu übernehmen. Was den Studenten, die sich in der BDS-Kampagne gegen Israel engagieren, an Wissen fehlt, machen sie durch Enthusiasmus mit Sicherheit wett. Als 230 Studenten in Berkeley gefragt wurden, welche Konflikte in der Welt sie am meisten interessierten und wie

* The Groves of Academe (dt. Der finstere Garten), Roman der amerikanischen Schriftstellerin Mary McCarthy (1952).

viel sie über die Region wüssten, gaben die meisten von ihnen an, dass die Besatzung der palästinensischen Gebiete ihnen »große Sorgen« bereite, obwohl 75 % von ihnen diese Gebiete auf einer Karte nicht zeigen und 84 % nicht einmal das Jahrzehnt, geschweige denn das Jahr nennen konnten, in dem die angebliche Besatzung begann. Dennoch konnte man ihren Standpunkt irgendwie nachvollziehen: denn es ging ja nicht um das Wohl Palästinas, sondern gegen die Juden.

Die erste Welle von Verboten jüdischer Vereine begann 1975; widerlich, wenn man bedenkt, welche Erfahrungen Juden im Faschismus gemacht hatten. Das war zu einer Zeit, da die National Front als Bedrohung wahrgenommen wurde und viele Studentenvereinigungen »Keine Plattform für Rassisten und Faschisten« forderten, was nach Verabschiedung der UN-Resolution »Zionismus ist Rassismus« auch jüdische Vereine einschloss.

Viele rechte Rassisten werden leugnen, rassistisch zu sein, und versuchen, ihre Ansichten zu verbergen, aber es liegt etwas Besonderes in der Natur des Antisemitismus, dass bestimmte verdrehte Seelen das Bedürfnis haben, ihn *vorzuführen*. (Man denke nur an Corbyns Äußerung vor vollbesetztem Saal, dass diese bösen ausländischen Zionisten keine Ironie verstünden; natürlich wusste er, dass er gefilmt wurde). Als an der Universität Manchester 2002 über eine Erklärung abgestimmt wurde, die besagte, Antizionismus sei kein Antisemitismus und israelische Waren sollten boykottiert werden, wurde ein vom Verband palästinensischer Studenten erstelltes Flugblatt an die zur Abstimmung anstehenden Studenten verteilt, in dem Juden unter anderem als »Vampire« bezeichnet wurden, die »Länder versklaven und deren Wirtschaft zerstören«. Nach Ablehnung des Antrags wurde ein Ziegelstein durch das Fenster eines jüdischen Studentenwohnheims geworfen und ein Plakat mit der Aufschrift »Schlachtet die Juden« mit einem Messer an die Eingangstür geklebt.

In Großbritannien werden jüdische Studenten seit der Gründung der allerersten Universitäten bis heute systematisch schikaniert – ausgenommen eine kurze Zeit nach dem Krieg, in der Antisemitismus als eine Art Fauxpas galt. Die Jagd auf die ältesten Hassobjekte ist nach wie vor eröffnet. Erst im Herbst 2020 schrieb der Bildungsminister Gavin Williamson den Vizekanzlern der englischen Universitäten einen Brief, in dem er sie beschuldigte, die Verfolgung jüdischer Studenten zu ignorieren. Aber wie wir von den Woken wissen, machen sie viel lieber Theater, wenn es um imaginäre und nicht um wirkliche Opfer geht. Eines der merkwürdigsten Merkmale der Wokers ist ihre offensichtliche Angst vor menschlichen Händen. Da Klatschen angeblich »traumatisierend« wirken kann, schlugen Studentenvereinigungen 2015 erstmals vor, stattdessen »Jazz hands« zu zeigen. 2017 umringten Studenten des amerikanischen Evergreen State College den Präsidenten und schrien ihn an, seine Hände beim Sprechen in den Taschen zu lassen. Diese Chirophobie (Angst vor Händen) erreichte einen lächerlichen Höhepunkt, als Imogen Wilson, eine Studentin der Universität Edinburgh, verwarnt wurde, weil sie »mit den Händen unangemessen gestikulierte«, um zu zeigen, dass sie mit den Rednern einer BDS-Veranstaltung nicht einverstanden war. Dem *Telegraph* sagte sie:

> »Später in der Sitzung drohte mir jemand mit einer zweiten Beschwerde, weil ich den Kopf schüttelte. Doch als ich mich an die Leute im Raum wandte, um meine Sorgen über jüdische Studenten zu äußern, schüttelten viele den Kopf und es passierte nichts. Ich glaube durchaus an den Safe Space und die Prinzipien, die dahinter stehen, aber er soll die freie Meinungsäußerung fördern und

nicht unterbinden und jedem Gelegenheit geben, sich zu Wort zu melden.«

Armes unschuldiges Kind – erst 22 Jahre alt und schon in der Vergangenheit lebend, in der freie Meinungsäußerung und unbedachtes Gefuchtel zum Alltag des Campuslebens gehörten! Die Tatsache, dass Miss Wilson ein attraktives Mädchen ist, ließ sie in den Augen der Woke Bros., die BDS beherrschen, wenn sie sich nicht gerade bei Online-BDSM selbst missbrauchen, nur noch anstößiger erscheinen. Für solche PBM sind ihre Kommilitoninnen eher Freiwild als Schwestern im sozialistischen Kampf.

Die Liste der liebsten Angriffsziele der Woken wäre mit weißen Arbeitern und dreisten Juden allerdings nicht vollständig: zu erwähnen bleiben noch beherzte und geistreiche Frauen. An den Universitäten können sie hinter ihrem Wokescreen Safe Spaces predigen, während sie selbst in die sicheren Räume von Frauen eindringen, wann immer sie Gelegenheit dazu haben. Die Postmoderne war nie ein Zuckerschlecken für Frauen; man denke etwa an Jean Baudrillard, der von der transzendenten Schönheit der Idee schwärmte, eine Frau in die Wüste zu entführen und zu »opfern«. (Man stelle sich vor, er hätte das über eine »Transfrau« gesagt – kauft Pampers-Aktien!) Obwohl Frauen in den 1920er Jahren an einigen Universitäten schließlich zugelassen wurden, gab es noch Mitte der 1980er Jahre eine Kampagne unter den Studenten des Magdalene College in Cambridge, um die Zulassung von Frauen zu verhindern mit dem Argument, die Aufnahme dieser unterbelichteten Geschöpfe könnte sich auf die Position des Magdalene College in den akademischen Ranglisten negativ auswirken.

Aber wenn die Hochschulen schon Frauen aufnehmen müssen, warum dann nicht auch ein bisschen Sport mit ihnen treiben? Im Herbst 2020 war sexueller Missbrauch an englischen und walisischen Universitäten »ein öffentlicher Skandal«: rund 50.000 Vorfälle pro Jahr. Sara Khan von der Nationalen Studentenvereinigung sagte, einer Untersuchung aus dem Jahr 2018 zufolge hätten zwei von fünf Studentinnen sexuelle Übergriffe erlebt und einer von acht sei von Mitarbeitern verübt worden: »Zwei Jahre danach hätten wir gehofft, dass die Universitäten konkrete Maßnahmen ergreifen und das Problem verschwindet – aber das ist eindeutig nicht der Fall.«

Die Studentenschaft ist vermutlich zu sehr damit beschäftigt, sich über Pronomen und die kulturelle Aneignung von Sombreros aufzuregen.

Natürlich sind nicht alle Studenten zum Kotzen. Ich hatte das Glück, einige junge Leute aus den Free Speech Societies der Universitäten kennenzulernen, und musste entgegen meiner eigenen Erwartung feststellen, dass sie äußerst angenehm waren. Was wiederum meine Theorie bestätigt, dass die meisten woken Studenten Mauerblümchen sind, die nicht einmal in der Erstsemesterwoche Sex haben konnten und deshalb sauer auf ihre netteren und klügeren Kommilitonen sind. An der Universität Sheffield galt es bereits als »Mikro-Aggression«, wenn man japanische Studenten nach Sushi fragte oder Bananen mit Kochbananen verwechselte; da ist es kaum verwunderlich, dass die jungen Free Speech Societies, wie man ihnen mitteilte, ein »rotes Risiko« darstellen (was sie für jeden, der Mut hat, umso begehrenswerter macht) und dass sie, wenn sie einen Redner einladen, drei Wochen vorher einen Antrag bei der Studentenvereinigung auf Genehmigung einreichen müssen, die erforderlich ist, damit der Vortrag stattfinden kann.

Und nicht alle Dozenten sind griesgrämige Spanner. Wer, der etwas Spaß versteht, hat nicht der Malerin und

Goldsmiths-Dozentin Dawn Mellor applaudiert, als sie 2019 bekanntgab, dass es sich bei ihrem nicht-binären Alter Ego »Mx Tippy Rampage« um eine satirische Persona handelte? Die Empörung ihrer hinters Licht geführten Studenten war urkomisch. Wie ein Wee Jimmy Krankie, der Mel Gibsons »Braveheart« Inauthentizität vorwarf, stellten sie sie an den Pranger, da die Grundvoraussetzung ihres Schauspiels durchschaut worden war: denn niemand, der nicht rund um die Uhr daran arbeitet, woke zu sein, konnte den Unterschied zwischen einer Parodie und einer um Aufmerksamkeit buhlenden Darbietung erkennen. Nur ist das eine wirklich lustig und das andere bloß lächerlich – aber gut, Lacher sind Lacher!

Dass Frau Mellor es schaffte, ihren Auftritt so lange durchzuhalten, zeigt, wie surreal und albern das woke Gehabe ist, das im »Summer of Shove«* 2020 noch schlimmer werden sollte. Und einem Herbst des gesunden Menschenverstands folgte schließlich wieder ein Winter der Unzufriedenheit. Erinnern wir uns an die Katzenmusik von »Day in the Life«!

Im Juni 2020 ging ein charmantes Foto viral, das eine hübsche junge schwarze Frau und einen augenzwinkernden alten weißen Mann zeigt, die nach einer Black Lives Matter-Demonstration plaudernd im Gras sitzen. Der alte Mann, der ein Plakat mit der Aufschrift »Rassismus ist ein Virus – wir sind der Impfstoff« in der Hand hält, schien ein schönes Beispiel dafür zu geben, wie Antirassismus die Kluft zwischen den Generationen überbrücken kann. Doch leider handelte es sich bei dem augenzwinkernden alten Mann um Jim Curran, einen bekannten rechtsgerichteten Aktivisten und Holocaust-Leugner; noch bedauerlicher

* Titel einer EP von Grendel Angst (2018). Shove: Schubser; to shove: schubsen, schieben; shove it: Du kannst mich mal.

ist, dass Rosie Smith, die junge Frau neben ihm, ihn anscheinend noch lieber mochte, als sie davon erfuhr:

> »Er ist ein Aktivist und ein wunderbarer Mann. Er sprach einige wirklich tiefe Wahrheiten aus … seine Worte brachten mich zum Weinen . Er sagte, der Genozid an den Juden sei nichts im Vergleich mit der Sklaverei und dem, was schwarze Menschen ertragen mussten und immer noch ertragen müssen … Ich beurteile ihn nach unserem Gespräch und nach seiner Ausstrahlung … die Juden sind nicht unschuldig, #israelosnotinnocent.«

Die EU-freundliche Organisation Best for Britain verteidigte ihre Entscheidung, das Bild auf ihrer Facebook-Seite zu veröffentlichen, mit den Worten:

> »Einige Leute haben erkannt, dass der alte Herr auf dem Foto ein Holocaust-Leugner ist. Darum aber, glauben wir, ist es noch wichtiger, dieses Bild zu teilen. Es ist lobenswert, dass diese beiden Menschen aus verschiedenen Generationen eine gemeinsame Basis gefunden und an einem Tag voller gewalttätiger Proteste ein freundliches Gespräch geführt haben.«

Dabei spielt es keine Rolle, dass die gemeinsame Basis offenbar der Antisemitismus war. Schwarz und Weiß, vereinigt euch und kämpft für das Recht, den Holocaust zu leugnen, um den alten Spruch von »Rock Against Racism« falsch zu zitieren.

Juli 2020: Beamte klagen, sie »fühlten sich nicht wohl«, weil ein Raum im Finanzministerium nach Winston Churchill benannt ist. Im selben Monat wird das neue schottische Gesetz gegen Hassverbrechen vorgestellt, das die Darstellung rassistischer oder homophober Personen durch Schauspieler unter Strafe stellen kann. Unterdessen setzen Antifas in Portland im US-Bundesstaat Oregon eine Elchstatue in Brand; ebenfalls in Portland schlägt im August ein Black Lives Matter-Mob einen Waschbären mit Baseballschlägern tot, um dagegen zu protestieren, dass die Polizei Schwarze wie Tiere behandelt. (Sie sind keine Fans unserer vierbeinigen Freunde in Portland.) Im August machte der erste »Pride Train« (mit einer Regenbogenlackierung, zu der außer dem Rosa, Blau und Weiß der Transgender-Flagge auch schwarze und braune Streifen gehörten, »um Rassenvielfalt und Akzeptanz zu signalisieren«, und ausschließlich mit LGBTQ-Personal besetzt) seine Jungfernfahrt von London nach Manchester – obwohl »Jungfer« wahrscheinlich »transphob« ist, da weibliche Wörter jetzt verboten sind, also sagen wir lieber »Jungs«.

Im September bewies Schottland einmal mehr, dass es die freie Meinungsäußerung für eine eher unbedeutende Sache hält, die den frivolen Engländern gefallen mag, aber von den strengeren Seelen nördlich der Grenze getrost beseite gelassen werden kann. Geht es nach dem schottischen Gesetz über Hassverbrechen und öffentliche Ordnung, ist »Aufstachelung zum Hass« eine Straftat, auch wenn so etwas am Esstisch geäußert wird. Der Justizminister Humza Yousaf sagte, die Wohnung dürfe da nicht ausgenommen werden, da auch Kinder, Familie und Gäste vor »Hassreden« geschützt werden müssten:

> »Fühlen wir uns wohl dabei, jemanden zu verteidigen, dessen Verhalten bedrohlich oder beleidigend ist und der absichtlich Hass auf z.B. Muslime schürt? Sagen wir, das sei gerechtfertigt, weil es in der eigenen Wohnung geschieht? … Wenn es Ihre Absicht war, Hass auf Juden

zu schüren … dann denke ich, dass das eine strafrechtliche Sanktion verdient.«

Abgesehen von der schieren Undurchführbarkeit dieses Vorhabens – die Gedankenpolizei platzt herein, um robuste Tischgespräche zwischen Celtic- und Rangers-Fans im Stil von Monty Pythons Spanischer Inquisition zu unterbrechen –, gehört es sich nicht für einen Muslim, Juden auf diese Weise zu benutzen, wenn zugleich einige Muslime ein gewisses Maß an modernem Antisemitismus offenbaren; diejenigen, die in gläsernen Moscheen sitzen, sollten nicht mit Steinen werfen, auch wenn sie das bei ehebrecherischen Frauen vielleicht gerne tun würden. Der Gesetzentwurf wurde verständlicherweise kritisiert, u.a. von der schottischen katholischen Kirche, von Akademikern und Künstlern; sogar die Polizei, die Leute sonst wegen des Besitzes eines tödlichen Pronomens gerne mal anhält und durchsucht, warnte, der Zwang zu kontrollieren, was Menschen denken oder fühlen, würde die Legitimität der Polizei in den Augen der Öffentlichkeit zerstören.

Im September 2020 wurden ausgewählte Briefkästen schwarz gestrichen, um schwarze Briten von Mary Seacole bis Lenny Henry zu ehren; ebenfalls im September führte in der öden Fernseh-Varietéshow »Britain's Got Talent« die schwarze Tanztruppe Diversity einen Tanz auf, der den Tod von George Floyd veranschaulichen sollte. Im Oktober warb ein schwarzer Fitnesstrainer namens Matt Simpson (der offensichtlich der Meinung ist, dass, wenn ein Cancan ein geeignetes Mittel ist, um Rassismus zu verurteilen, dazu auch Liegestützen taugen) in den sozialen Medien mit dem Posting »Die Sklaverei war hart – das hier auch!« für seine schweißtreibenden Übungen: »›12YearsASlave‹, unser Workout des Monats zur Feier des Black History Month.«

»Worte sind buchstäblich Gewalt«, lautet ein bekanntes wokes Mantra, aber während der Untersuchung des islamistischen Bombenanschlags auf das Ariana Grande-Konzert im Oktober 2017, bei dem zweiundzwanzig Menschen, darunter viele Kinder, getötet wurden, haben wir gesehen, was passieren kann, wenn nicht zu viel, sondern zu wenig Sprache uns vertrauensvoll an die Hand nimmt und in die Dunkelheit führt, wobei sie uns leise von den schönen Dingen erzählt, die wir sehen werden, wenn wir nur still und gehorsam sind. Der 18jährige Wachmann Kyle Lawlor, der 4,24 Pfund pro Stunde verdient, sagte bei der Untersuchung, er habe seine Vorgesetzten nicht auf das verdächtige Verhalten des Bombenlegers Salman Abedi aufmerksam gemacht, denn:

> »Ich wollte nicht, dass die Leute denken, ich sei rassistisch … es ist sehr schwierig, einen Terroristen zu definieren. Nach allem, was ich wusste, hätte er auch ein unschuldiger Asiate sein können … Die Leute sollten nicht glauben, dass ich ihn allein aufgrund seiner Rasse verdächtige. Ich hatte Angst, im Unrecht zu sein und als Rassist abgestempelt zu werden, wenn ich mich geirrt hätte und in Schwierigkeiten geraten wäre ... Ich wollte es richtig machen und es nicht vermasseln, indem ich überreagiere oder jemanden nach seiner Rasse beurteile.«

Und so wurden zweiundzwanzig unschuldige Menschen, zumeist Kinder, in die Luft gesprengt – aber wenigstens war in dieser Nacht niemand rassistisch.

Im November 2020 wurde der verstorbene Dichter Ted Hughes von der British Library posthum als Sklavenhalter geoutet, da er von einem Nicholas Farrar abstammt, der 300 Jahre vor der Geburt des verstorbenen Hofdichters am

Sklavenhandel beteiligt war. Auf derselben Liste stehen so berühmte Tyrannen wie Lord Byron und Oscar Wilde – weil ihre *Onkel* etwas mit der Sklaverei zu tun hatten. (Warum nicht Großonkel, Stiefcousins oder jemand, mit dem sie einmal in einer Hotelbar etwas getrunken haben?) Ebenfalls im November 2020 wurde McDonald's aufgrund seines neuen Jerk Chicken-Sandwichs der kulturellen Aneignung beschuldigt. Zweifellos wird die Verfütterung eines solchen Sandwichs an ein Kind bald als Missbrauch gelten, aber wenn es sich um echten Kindesmissbrauch handelt – etwa wenn man 12jährige Kinder mit Hormonen vollstopft, um sie für unbefriedigenden Sex mit Fetischisten zu mästen, so wie eine Gans zwangsgefüttert wird, um Stopfleber für den dekadenten und anspruchsvollen Gaumen zu produzieren –, herrscht natürlich wokes Schweigen. Diejenigen, denen man einst vertrauen konnte, dass sie sich um Kinder kümmern, wie Barnardo's, die größte und älteste Wohltätigkeitsorganisation ihrer Art, waren zu sehr damit beschäftigt, herauszufinden, dass Worte buchstäblich Gewalt sind, und haben daher im November einen beträchtlichen Teil ihrer Spendengelder (und natürlich ist auch die Zahl sexueller Gewaltdelikte gegen Kinder, wie alle häuslichen Verbrechen, während des Lockdown im Jahr 2020 in die Höhe geschnellt) in die Produktion der Broschüre »Weißes Privileg: Ein Leitfaden für Eltern« gesteckt, womit sich eine aus rein farbenblindem Mitgefühl gegründete Wohltätigkeitsorganisation nunmehr auf das konzentriert, was uns trennt, anstatt uns zu vereinen.

Niemand entkam der Toten Hand des Woketums im Jahr 2020, das uns perfekte Sicht versprach und stattdessen zu unseren Maulkörben passende Scheuklappen anlegte. Im November forderten Studenten der Universität Manchester, das Wort »schwarz« aus Lehrbüchern und Vorlesungen zu verbannen, wenn es negativ konnotiert ist, wie etwa in »Erpressung« (blackmail), »Schwarzmarkt« oder »schwarzes Schaf« – ja, genau, unser alter Freund, das rassistische »Baa Baa Black Sheep«, von dem wir dachten, wir hätten es bei den kommunalen Säuberungen des späten 20. Jahrhunderts zum letzten Mal gesehen. Es wäre schon ärgerlich genug, wenn nur die blubbernde Blase des akademischen Betriebs sich zu solchen Ideen hinreißen ließe, aber wie wir gesehen haben, ist die Terminologie der unheilbar Dummen längst in die wirkliche Welt durchgesickert, wo sie auch vormals vernünftige Menschen ansteckt. Im Winter 2020 erzählte mir ein Friseur, es sei jetzt unmöglich, bestimmte Artikel für seinen Salon zu bestellen, wenn die Bezeichnung der Farbe das Wort »schwarz« enthalte.

Obwohl Wokeness zumeist eine lähmende Wirkung selbst auf unverbesserlich optimistische Menschen ausübt und noch den phlegmatischsten Briten dazu bringt, mit den Augen zu rollen und zu murmeln: »Verloren, verloren, wir sind alle verloren!«, geben uns einige alberne Einlagen immerhin Gelegenheit, Popcorn zu holen und uns zurückzulehnen, um zu sehen, wie die Wokers ihre Welt in Ordnung bringen. Die »Reinheitsspirale« wurde bereits erwähnt: Woke Leute gehen aufeinander los und im Extremfall sogar auf sich selbst. Dank all der Ungereimtheiten und Katzbuckeleien kommen sie einem wie Witzfiguren vor.

Der verkrüppelte Koloss Marks & Spencer brachte das Jahr 2020 damit zu, es Leuten recht machen zu wollen, die dort ohnehin nie einkaufen, und sein exotisches Warenangebot entsprechend zu erweitern: von Hidschabs für Kleinkinder bis hin zu bisexuellen Sandwiches. Obwohl schon fast pleite, gelang ihm im Woke-Rausch zumindest eine raffinierte Landvergabe, denn verkauft wurde dort neuerdings ein Globus, auf dem die Falklandinseln in Islas

Malvinas umbenannt waren. Verständlicherweise hielten einige nicht so Rückgratlose dies für eine feige Verbeugung vor einer quasi-faschistischen Macht, und außerdem war es ein Schlag ins Gesicht unserer Soldaten, die dort gekämpft haben, verletzt wurden oder, wie 255 von ihnen, ums Leben kamen. »Das ist ein Dekoartikel«, sagte ein Sprecher des Konzerns. Gewiss, nichts ist so »dekorativ« wie die Landnahmegelüste einer Militärjunta zu propagieren, die regelmäßig Kinder vor den Augen ihrer rebellischen Eltern folterte.

Wenn wir des Marktes überdrüssig sind, gibt es immer noch das Leben des Geistes, um uns auf eine höhere Ebene emporzuheben – wo woke Missgeschicke aber zum Glück ebenso häufig vorkommen. In »Der Knacks« schrieb F. Scott Fitzgerald: »Ich habe Schriftsteller sehr sorgfältig gemieden, denn sie können Probleme verewigen wie niemand sonst.« Man könnte glauben, er hätte die Mätzchen der Twitterer schon vorausgesehen, bei denen Tugendhuberei und Lasterhaftigkeit nur 280 Zeichen voneinander entfernt sind. Im Sommer 2020 beschimpfte eine Gruppe »indigener« Schriftsteller in Kanada, der frostigen Brutstätte von Woke, die transsexuelle Dichterin Gwen Benaway, weil sie sich als indigen ausgegeben hatte – dass diese Person sich außerdem als Frau ausgab, war natürlich ganz normal. Zur gleichen Zeit brach in London in der beschaulichen Jury des Booker-Preises ein rechter Tumult aus, als die Philanthropin und Gehörlosenaktivistin Baronin Emma Nicholson, deren verstorbener Ehemann den Preis gestiftet hatte, als Vizepräsidentin abgesetzt wurde. Der schwule Schriftsteller Damian Barr warf ihr Homophobie vor, weil sie es gewagt hatte, 2013 gegen die Homo-Ehe zu stimmen und damit dem Diktat ihres katholischen Glaubens zu folgen: »Als schwuler Schriftsteller bin ich sehr besorgt darüber, dass eine Person, die öffentlich homophobe Ansichten propagiert, eine Stellung mit so viel Macht und Prestige innehat«, twitterte er. Aber ein kurzer Blick in Barrs eigene Annalen hätte eine Reihe atemberaubend transphober Tweets offenbart, von 2009 – »Ich lach' mich krank: Transe, fast zwei Meter groß, schafft es nicht, sich an ihrem 1,50 Meter hohen Balkon zu erhängen. Wie viele Fehlschläge kann eine Person verkraften?« – bis 2013: »Verrückte Transe durchwühlt meine Recycling-Tonne.«

In der Woke-Welt sind Frauen stets das weiche Ziel männlicher Hexenjäger, die sich dadurch in einen parasexuellen Rausch versetzen. Und so blieb Lord Willetts, der Kurator des Booker-Preises – der als Tory-Abgeordneter gegen die Angleichung des Schutzalters für Homosexuelle an das für heterosexuelle Paare gestimmt hatte, ebenso gegen die Adoption von Kindern durch gleichgeschlechtliche Paare und gegen die sofortige Aufhebung des notorisch homophoben »Clause 28«-Gesetzes* –, unbehelligt, während man die taube achtzigjährige Baronin Nicholson kaltstellte. Und Barr, selbstverliebt glatt wie ein Aal auf Ecstasy, wurde von seinem literarischen Agenten für seine »furchtlose Entschlossenheit, jedwede Vorurteile anzuprangern« hochgejubelt, behielt seinen Job bei der BBC und bekam zudem einen Posten als »literarischer Botschafter« der Savoy-Hotelgruppe. Im Winter 2020 verkündete er schon ganz außer Atem:

> »Hier ein paar Neuigkeiten, von denen ich nie gedacht hätte, sie jemals mitteilen zu können. Heute bin ich zum Fellow der Royal Society of Literature ernannt worden. An manchen Tagen kann ich immer noch nicht glauben, dass ich Schriftsteller sein darf: dass meine Bücher in

* 1988 erlassenes Gesetz, das die Bewerbung von Homosexualität verbot; 2003 aufgehoben.

den Regalen stehen, mit Namen, die die Welt und meine Sicht der Welt verändern … vor allem danke ich meiner Mutter, die mir gezeigt hat, dass jeder Mensch eine Geschichte hat.«

Es sei denn, es handelt sich um eine verrückte selbstmordgefährdete »Transe«, die nicht mehr ein noch aus weiß, dann ist man nur ein gefundenes Fressen für die Londoner Literaturszene.

Allerdings gerieten im selben Jahr so viele Transen in unterschiedliche Zustände wütender Verlegenheit, dass selbst Herr Barr in seiner Reinheitsspirale überfordert gewesen wäre, und sie gingen auf so unterschiedliche Weise aufeinander los, dass man zuweilen kaum mithalten konnte (wiewohl alle bettnässenden Männer mit schlechten Perücken für mich gleich aussehen). Die Studenten waren natürlich zuerst dran, als die LGBTQ-Gesellschaft von Aberystwyth im Herbst 2020 »Drag Socials« als »eine Verhöhnung von Trans-Frauen und der Trans-Femme-Erfahrung« verurteilte. Dass sogenannte Drag Queens – Männer, die sich wie Frauen kleiden und schminken – sich unweigerlich an der Verhöhnung von Frauen beteiligen, war in echter Woke Bros.-Manier natürlich nicht der Rede wert. In einer Zeit, in der »Blackface« zu Recht als inakzeptabel gilt, wird »Drag« von Tag zu Tag größer; man müsste schon in einer Gemeinde von Amish People leben, um nicht von Ru Pauls »Drag Race« gehört zu haben. Unterdessen erfreuen sich die Drag Kids von Kanal 5 an etwas, das wir Spießer »Grooming« nennen, nämlich sexuelle Verführung von Kindern. Doch keinen kümmert's. Ich habe es schon einmal gesagt und werde es wieder sagen: Wenn die »Black and White Minstrel Show« beleidigend und reaktionär sein soll, warum dann nicht Drag Queens mit Namen wie Malesta Child?

Aber in den Woke Wars geht es so sonderbar zu, dass selbst eine hundertprozentige radikale Feministin sich dabei ertappt, wie sie Cheryl Hole anfeuert, einfach weil Drag Queens wenigstens Freude an dem zu haben scheinen, was sie tun, während die Transen es offenbar für den Idealzustand einer Frau halten, wenn sie bei der Arbeit in einem Scheunenhofbordell einen Nervenzusammenbruch erleidet. »Ru Pauls ›Drag Race‹ hat letzte Woche seine neuen Kandidaten für die 12. Staffel vorgestellt«, stöhnte *The Advocate*, »und wieder einmal sind es ausschließlich Cis-Männer.« Als der bereits einer »transphoben« Sprache bezichtigte Ru Paul sein Ballkleid hochzog und loslegte, konnte es nur einen Gewinner geben (zumal ein Trans-Wettkämpfer aus Staffel 3 ihn fortwährend mit Hitler verglich, was immer ein sicheres Zeichen für einen Streit ist, bei dem Hopfen und Malz verloren sind), auch wenn es dabei nur um zwei Männer in Röcken ging, die sich um einen Tampon stritten.

Groß raus kam das Gekabbel in der Cross-Dressing-Community wahrscheinlich deshalb, weil den attraktiveren und überzeugenderen Transen nun große Gewinne winkten. Eine von ihnen, die hübsche Paris Lees, schaffte es, sich von einem jugendlichen Knastbruder in ein Shampoo verhökerndes Model zu verwandeln: eine Entwicklung, die eines Malcolm X – oder in ihrem Fall Malcolm XY – würdig war. Der ideale weibliche Haute-Couture-Körper war lange Zeit groß, dünn und flachbrüstig; doch seit es Trans-Models gibt, können die Barone des Lumpenhandels, denen vor Muschis notorisch bange ist, nun ihren überteuerten Plunder zur Schau stellen, ohne die weibliche Figur überhaupt berühren zu müssen. Susan Stryker, die Autorin von »Transgender History: The Roots of Today's Revolution«, schreibt:

> »Transgender steht zunehmend für eine gewisse Wokeness oder Hipness, die es nicht immer gab. Indem es ›trans‹ in einem positiven Licht darstellt, als etwas, das wünschenswert, normal oder akzeptabel ist, macht sich das Marketing einen subkulturellen Chic zunutze, um Shampoo, Seife, Tequila oder was auch immer zu verkaufen.«

Wahrscheinlich sollte man besser keinen Tequila trinken, um nicht die empfindlichen Studenten zu triggern, die wegen kleiner Sombreros weinen.

Wenn die Pandemie schon in der Welt der Mode selbst große Panik auslöste, wie viel mehr erst in der halbseidenen Welt der Modeklatschblätter, die mutig die Rolle eines Flohs spielten, der gerade noch vom räudigen alten Hund der Haute Couture leben konnte, während sie den immer weiter schwindenden Werbedollars hinterherjagten. Vor allem die Zeitschrift *Grazia*, die sich seit ihrer Gründung mit großer Hingabe dem verbalen Anilingus an männlichen Modedesignern verschrieben hatte – wobei die Tatsache, dass sie »schwul« waren, sie vor den üblichen Vorwürfen weißer männlicher Privilegien schützte (Analsex verleiht anscheinend einen Schuss Integrität) –, war nun erst recht hinter der schwer zu ergatternden woken Kohle her. Aber sie sollte im Herbst 2020 das jüngste Opfer der Selbstmitleidsparty werden, als sie einer Stephanie Yeboah den Laufpass gab, ihrer kurz zuvor erst rekrutierten »Body Positivity«-Aktivistin, die zwar versprochen hatte, »für Vielfalt, Inklusion und Frauenrechte zu kämpfen«, aber anscheinend ebenso viel Spaß dabei hatte, sich auf Twitter über die Shoah lustig zu machen:

> »Jeder Jude hat einen Dachboden, aber nicht jeder Dachboden einen Juden … Auschwitz-Gaskammermusik

> LMAO SMH (ich lach' mir den Arsch ab, schüttel' den Kopf) … es gab größere und schrecklichere Völkermorde, aber sie widerfuhren braunen Menschen, also ist es wohl egal, oder?«

Ich weiß nicht, was mit BLM (Black Lives Matter) ist – diese Kreatur aber scheint vielmehr besorgt wegen eines himmelhohen BMI (Körpergewichtsindex) und eines IQ auf Zimmertemperatur, IMO (meiner Meinung nach).

Bereits während der London Fashion Week 2020 trat der Gegensatz offen zutage, nämlich zwischen einer Lehrmeinung, die Nachhaltigkeit für das A und O hält, und einer Industrie, die will, dass Menschen dreimal im Jahr perfekt erhaltene Kleidung wegschmeißen. Extinction Rebellion-Aktivisten inszenierten Scheinbegräbnisse, bei denen sie Särge durch die Straßen der Hauptstadt zu den Schauplätzen der Modemesse trugen, um zu »betrauern«, dass eine solche Veranstaltung stattfand. Sie forderten den British Fashion Council auf, »die Ausbeutung des Planeten, der Menschen und der Tiere durch die Modeindustrie zu beenden«.

Ein weiterer Krieg der Wokers untereinander um die Gunst der öffentlichen Meinung, der diesmal zwei Eunuchen glich, die sich um ein Kondom stritten. Der *Guardian*, stets darauf erpicht, dass alles, was Menschen Freude macht, bald ein Ende habe, berichtete genüsslich über diesen Streit. Aber die Reinheitsspiralen drehten sich im Jahr 2020 so schnell, dass die Redakteure kaum Zeit hatten, sich das Grinsen aus dem Gesicht zu wischen, ehe auch auf sie mit dem Finger gezeigt wurde: denn die Zeitung war einst mit den Erträgen einer von Sklaven bearbeiteten Baumwollplantage gegründet worden, und sie unterstützte die Konföderierten gegen Abraham Lincoln, über den damals in einer Kolumne stand: »Es war ein böser Tag für

Amerika und die Welt, als er zum Präsidenten der Vereinigten Staaten gewählt wurde.«

Manchmal kam es einem vor, als würden die Menschen alles tun, um einen Preis für die Verfolgung eines anderen zu gewinnen. Lange schon gibt es im Internet das Phänomen dummer Kinder, die einander mobben, um Aufmerksamkeit zu erregen, anstatt sich anzustrengen, etwas zu erreichen; ein britischer Film aus dem Jahr 2013 mit dem Titel »Uwantme2killhim?« erzählt die wahre Geschichte eines Teenagers, der seinen eigenen Mord in Chatrooms plant, um sich wichtig zu machen. (Das war, bevor Schulkinder behaupten konnten, nicht-binär zu sein, um denselben Effekt zu erzielen.) Als der schwule schwarze Schauspieler Jussie Smollett Anfang 2019 beschloss, dass die 100.000 Dollar, die er für seine Rolle in der Fernsehserie »Empire« pro Folge erhielt, nicht ausreichten, engagierte er zwei nigerianische Brüder, die ihm eine Schlinge um den Hals legten, dabei rassistische und homophobe Beleidigungen von sich gaben und zwischendurch komischerweise riefen: »Du solltest doppelt so viel wie Terrence Howard verdienen!« Um dem Ganzen die Krone aufzusetzen, beschuldigte Smollett nachher die Polizei von Chicago der böswilligen Strafverfolgung und behauptete, er sei das Opfer »massenhaften öffentlichen Spotts«.

Sich selbst zu missbrauchen (»Hassturbation«), um sich zu den Elenden der Welt zu gesellen, das wurde, als Präsident Trump der Feind der Woken Nummer eins war, zu einer großen Sache. Viele Anklagen waren freilich eher eine Farce: Eine Muslimin beschuldigte einen betrunkenen Weißen, er habe versucht, ihren Hidschab in Brand zu stecken, ein Kirchenorganist entweihte sein eigenes Gotteshaus, indem er ein Hakenkreuz und »Heil Trump« darauf sprühte, und ein muslimischer Student schrieb antimuslimische Graffiti auf seine eigene Tür, inspiriert von einem jüdischen Nachbarn, dem so etwas wirklich widerfahren war. Mein Favorit aber ist der einfallsreiche Politiker Jonathan Lopez aus Oregon, der eine hasserfüllte Botschaft voller Rassismus und Homophobie an seine eigene Adresse schickte, um sich selbst mitzuteilen, dass einer wie er nicht willkommen sei und er wahrscheinlich getötet werde – darunter »Mit freundlichen Grüßen: Amerika.« Wie aufregend, das nenne ich mal einen großen Traum! Das Ganze endete damit, dass er in den sozialen Medien erklärte, er hege »keinen Groll gegen den, der das geschrieben hat«, was eindeutig beweist, dass es die größte Liebe überhaupt ist, sich selbst bis zur »Hassturbation« zu lieben.

Fast ebenso lustig waren die Entschuldigungen von Showgeschäftsgrößen, die unter dem fehlenden Beifall im Seuchenjahr schwer zu leiden hatten. Der Schauspieler Leigh Francis entschuldigte sich, groteske Latexmasken schwarzer Berühmtheiten getragen zu haben, um die Leute zum Lachen zu bringen – aber natürlich nicht dafür, dass er zum selben Zweck auch groteske Latexmasken weiblicher Berühmtheiten getragen hat. Jessica Mulroney, die beste Freundin der heiligen Meghan, entschuldigte sich, die schwarze Influencerin Sasha Exteter beschimpft zu haben. Die großmäulige Rapperin Cardi B entschuldigte sich für die Aneignung von Hindu-Schuhen. Die »gemischtrassige« Moderatorin Maya Jama entschuldigte sich dafür, dass sie gesagt hatte, dunkelhäutige Frauen mit rasierten Köpfen sähen Michael Jordan ähnlich – und musste sich dann für die Entschuldigung entschuldigen, nachdem sie sich darüber geärgert hatte, dass ihre erste Entschuldigung an »alle Frauen« und nicht an dunkelhäutige Frauen gerichtet war. (Inklusivität ist hier nicht angesagt!) Aber in einer Aktion, die sicherlich alle Menschen gutheißen, hat sich die Predigerin Jameela Jamil (eines dieser hübschen

Mädchen, das als Moderatorin von Pop-Shows im Fernsehen anfängt und dann als Instagram-Influencerin über die Armut in der Welt und den Klimawandel vor Andachtskerzen spricht, die online bei »Mose Mary And Me« verkauft werden) auf Twitter entschuldigt, eine so bekloppte Moralistin zu sein – nachdem sie Steine auf Kim Kardashians Hintern geworfen hatte (nicht buchstäblich, denn das wäre ein Fall für die Polizei gewesen, sondern metaphorisch, was aber ein Fall für die Polizei *sein sollte*, denn *wie jeder weiß, sind Worte buchstäblich Gewalt!*). George Orwell sah die Zukunft voraus, als er in »1984« schrieb:

> »Es wird keine Neugier, keine Lebenslust geben. Alle Freuden des Wettstreits werden ausgetilgt sein. Aber immer … wird es den Rausch der Macht geben, die immer mehr wächst und immer raffinierter wird. Dauernd, in jedem Augenblick, wird es den aufregenden Kitzel des Sieges geben, das Gefühl, auf einem wehrlosen Feind herumzutrampeln. Wenn Sie sich ein Bild von der Zukunft ausmalen wollen, dann stellen Sie sich einen Stiefel vor, der in ein Menschenantlitz tritt – immer und immer wieder.«

Außerdem wird sich jeder immer und immer wieder bei dem anderen entschuldigen – aber sie alle werden es nicht so meinen; es wird nicht funktionieren und die Menschen nur paranoid und engstirnig machen, ohne Neugierde oder Lebenslust, da die Macht von Woke stetig zunimmt.

Für eines aber hätten reiche und berühmte Wokesters sich wirklich entschuldigen können: nämlich für den so übermäßig hohen Lohn, den sie für eine Arbeit empfangen, die sie lieben. Die junge Labour-Abgeordnete Nadia Whittome behielt nach ihrer Wahl 2019 nur den Durchschnittslohn eines Arbeiters von 35.000 Pfund und gab den

Rest ihres Jahresgehalts von 79.000 Pfund den armen Menschen in Nottingham, die sie vertrat. Aber die Hollywood-Mafia, unverschämt reich wie sie ist, könnte das nicht tun – aus dem einfachen Grund, dass sie alle tief im Innern glauben, sie seien Very Important People; sie sind es wert, wie es in der L'Oreal-Werbung heißt. Es war unfreiwillig komisch, als George Clooney, das Matinée-Idol der Woken, im Jahr 2020 bekanntgab, er habe vierzehn seiner engsten männlichen Freunde jeweils eine Million Dollar geschenkt, und sich dann herausstellte, dass es sich zumeist um Kollegen aus dem Showgeschäft handelte – wahrlich die Elenden der Welt.

Um den Pöbel von einem Reichtum abzulenken, der Donald Trump wie Mr. Bojangles* aussehen lässt (man denke nur an Elton John, der in weniger als zwei Jahren 293.000 Pfund für Blumen ausgab), machen sich die Liberalen im Showbusiness oft lächerlich, indem sie sich auf den erstbesten Wüterich stürzen, der ihren masochistischen Blick mit seinem Gezeter über den bösen Westen auf sich zieht. Chelsea Handler, die reich und berühmt geworden war, weil sie die ultimativ hochnäsige Frau verkörperte, teilte im Sommer 2020 ein dreißig Jahre altes Video des Führers der Nation of Islam, Louis Farrakhan, der über weiße Teufel schwadronierte, während berühmte Jennifers von Aniston bis Garner Schlange standen, um dem verrückten Demagogen ihre Bio-Baumwollunterhosen zuzuwerfen, und Jameela Jamil ihr idiotisches Predigertum in neue Höhen der Dummheit trieb, indem sie rief: »Kann mir bitte jemand den Namen dieses außergewöhnlichen Mannes sagen, der die Angst der Weißen in weniger als einer Minute so perfekt zusammenfasst?«

* Protagonist des gleichnamigen Songs von Jerry Jeff Walker.

Zum Leidwesen der jüdischen Miss Handler und der »queeren« Miss Jamil zeigte Farrakhan sich erkenntlich, indem er die Juden als »satanisch« und als »Termiten« und Homosexualität als »degenerierten Mist« bezeichnete. Innerhalb weniger Tage fand sich die Komödiantin nicht in jenem Teil der Gesellschaft wieder, bei dem sie sich einschleimen wollte, sondern bei den gewöhnlichen Amerikanern, die sie zu verunglimpfen versuchte, indem sie sich auf die Seite eines Fanatikers stellte, der zufällig schwarz war:

> »Ich möchte mich aufrichtig dafür entschuldigen, dass ich das Video von Louis Farrakhan gepostet habe … Ich habe den Kontext seiner antisemitischen und homophoben Rhetorik nicht bedacht, die natürlich im Widerspruch zu meinen eigenen Überzeugungen und Werten steht. Ein Teil des Lernprozesses, den wir in dieser so wichtigen Zeit durchlaufen, besteht darin, unsere Fehler zu erkennen und aufzuarbeiten. Dies war definitiv einer von meinen. Ich lag falsch. Es war beleidigend, und ich entschuldige mich dafür.«

Als in Japan im Herbst 2020 ein riesiger humanoider Roboter vorgestellt wurde, der nicht nur laufen, sondern auch auf die Knie fallen konnte, dachte man, die Menschheit sei den Weg fortwährender Anschuldigungen und Entschuldigungen weit genug gegangen und könnte nun endlich zur Normalität zurückkehren. Aber kein Opfer war jetzt mehr genug – das Feuer schürte sich selbst, und das »Canceln« ging weiter. Manchmal so schnell, dass die Leute freiwillig auf die Gleise sprangen, weil sie es einfach hinter sich bringen wollten. Die Kathedrale von Sheffield gab bekannt, sie löse ihren Chor auf, um »einen völligen Neubeginn … mit erneuertem Ehrgeiz für Engagement und

Inklusion« zu wagen, was in Anbetracht des derzeitigen Zustands der anglikanischen Kirche an einen verdurstenden Mann denken lässt, der durch die Wüste kriecht und eine Flasche Wasser ablehnt, weil es kein Evian ist. Man fragt sich, wie ein Weihnachtsgottesdienst künftig klingen mag, wenn solcherart Engagement und Inklusion sich durchgesetzt haben; »O kommet, all ihr Heiden« vielleicht oder »Einst in Prophet Mohammeds Stadt«, und zum Schluss eine mitreißende Version von »Gott schenk' euch Ruh', ihr lieben nicht-binären genderfluiden Polyamoristen«.*

Die Fernsehshow »Countdown« ist seit langem beliebt bei unterbeschäftigten Woke Bros., die sich eine wohlverdiente Pause von einer Arbeit gönnen, die darin besteht, TERFs im Internet mit Analsex zu drohen. Indem sie das gesuchte Wort eine Sekunde schneller als ein Kandidat aus der Arbeiterklasse erraten, zeigen sie, wie nützlich es ist, die Schule erst mit 22 und nicht schon mit 16 Jahren verlassen zu haben. War es diese Bevölkerungsgruppe, vor der die Lexikographin Susie Dent, 56, katzbuckeln wollte, als sie meinte, die Millennials hätten durchaus recht damit, dass Punkte – die Rede ist von Satzzeichen – aggressiv seien? Auf jeden Fall war sie etwas, das man mit einem Wort mit sechs Buchstaben bezeichnet, das zwei Vokale enthält, mit einem W beginnt und auf R endet. Und vielleicht hoffte sie, so lange durchzuhalten, bis der Tag kommt, an dem »Countdown« von Legasthenikern als »abelistisch« eingestuft und abgesetzt wird.

Angst bekam sogar Shane McGowan, dessen »Fairytale of New York« zur wortgewaltigen Internationalen der Freidenker geworden war. 2019 sagte er: »Man hat mir

* Beliebte anglikanische Kirchenlieder: »O Come, All Ye Faithful«, »Once in Royal David's City«, »God Rest You Merry, Gentlemen«.

gesagt, es sei eine Beleidigung für Schwule. Ich verstehe nicht, wie das geht. Niemand in der Band würde auch nur eine Sekunde darüber nachdenken.« Aber im Winter 2020 war es eiskalt draußen, und eine neue Generation musste dazu gebracht werden, ein paar Pennys für die alten Songs eines falschen Iren – geboren in Canterbury, ausgebildet in Holmewood House und Westminster – zu erübrigen. Als ein »Harrison Brock« twitterte: »›Fairytale of New York‹ stört oder beleidigt mich nicht. Aber dass Heterosexuelle so wütend und empört darüber sind, dass der Song aus dem Verkehr gezogen wird, und um das Recht kämpfen, ihn singen zu dürfen, beunruhigt mich zutiefst«, und die Pogues »This«* zurückzwitscherten, war dieses kleine Wort mit vier Buchstaben obszöner als alles, worüber sich die Schneeflocken hätten aufregen können. MacGowan hat eine gute Zeit als Mann des Volkes hinter sich, aber am Ende bewies er, dass eine teure Privatschulausbildung nicht ausreicht.

Wer in jenem verblendeten Jahr 2020 nicht sprang, wurde geschubst; im Angesicht des vielschlundigen Idols namens »Diversität« wurden von Sue Barker bis Morrissey alle »entlassen«. Das war allerdings nur eine rücksichtslosere Art und Weise, Leute in Pension zu schicken, die schon einiges hinter sich hatten, denn die im Allgemeinen untalentierten Typen, die Einstellungen und Entlassungen vornehmen, wollen in Ermangelung eines wirklichen Talents als »down wit da kidz«** gelten. Einige Leute, die den woken Zorn auf sich zogen, waren jedoch amüsanterweise einfach zu gut, zu klug und zu angesagt, um sich darum zu scheren: nämlich so unterschiedliche

* Bedeutet hier so viel wie einverstanden.
** Jamaikanisches Englisch (»down with the kids«): mit der Jugend auf einer Wellenlänge.

junge Frauen wie die 23jährige Friedensnobelpreisträgerin Malala Yousafzai und die 27jährige Emmy-Gewinnerin Jodie Comer. Malala wagte es, ihre Freundin, eine Konservative, die Präsidentin der Universität Oxford werden wollte, zu unterstützen, nur um dann als »unaufrichtige Karrieristin« und »Imperialistin« bezeichnet zu werden (»… hatte von Anfang an meine Zweifel an ihr«, twitterte ein Corbyn-Anhänger); manche forderten gar ihre Abschiebung.

»Mein Hass auf sie war also nicht grundlos«, twitterte eine junge Frau mit Hidschab aus Camden Town. Nur ungern vergleiche ich jemanden, mit dem ich politisch nicht übereinstimme, mit Hitler, aber wenn jemand ein Mädchen hasst, das im Alter von 15 Jahren in den Kopf geschossen und zum Sterben zurückgelassen wurde, nur weil sie sich für die Bildung von Mädchen einsetzte, dann liefert er mir definitiv eines der besten Beispiele für faschistisches Denken, das ich je gesehen habe. Dr. Rakib Ehsan von der Henry Jackson Society brachte es auf den Punkt:

> »Die schändlichen Angriffe auf Malala Yousafzai zeigen, wie finster einige Elemente der Linken sind. Eine Friedensnobelpreisträgerin, die von den Taliban niedergeschossen wurde, wird als ›unaufrichtige Karrieristin‹ bezeichnet, weil sie einen Tory-Freund hat. Wie niederträchtig.«

So könnte man auch die woke Hatz auf eine junge Frau zusammenfassen, die nur vorgab, eine kaltblütige Mörderin und nicht das Opfer einer solchen geworden zu sein. Als sich herausstellte, dass Jodie Comer mit einem amerikanischen Sportler zusammen war, bei dem es sich möglicherweise um einen Trump-Anhänger handelte, drehten die bösen Woken durch. Allein der Gedanke, dass eine junge erfolgreiche Selfmade-Frau mit einem jungen erfolgreichen Selfmade-Mann ausgehen will, ohne ihren Erwählten erst einem Prüfungsausschuss vorzuführen! Vielleicht lag es an der außerordentlichen Schönheit von Miss Comer, jedenfalls kam das himmelhohe Niveau sexueller Frustration unter den Woken deutlich zum Vorschein, als diese Kreaturen sich in ihrer ganzen impotenten Wut offenbarten.

»Gecancelt« bedeutet in diesem Zusammenhang nur, dass diese Leute nicht mehr an sie denken, wenn sie bei ihrer Mutter masturbieren, denn andere werden darum sicher nicht aufhören, sie zu engagieren. Früher nannte man Sozialismus die Politik des Neids – aber es war besser als das, auch wenn es immer in Tränen endete. Die »Cancel Culture« hingegen ist wirklich eine Politik des Neids: ein abscheuliches, übergroßes Kleinkind, das versucht, Menschen, die besser sind als es selbst, herunterzumachen. Interessant, auf wie viele Selfmade-Frauen sie es abgesehen haben. Während die Woke Bros. ihr Leben auf Pornhub verplempern, bekommen diese hochnäsigen Frauen die Jobs und den Reichtum, die nach Meinung der Woken ihnen selbst zustünden, da ihre in sie vernarrten Eltern ihnen immer gesagt haben, sie seien Könige, obwohl sie immer nur Dummköpfe waren. Wokeness ist die einzige Bühne, auf der sie jemals Aufmerksamkeit bekommen werden.

Obwohl die Woken dumm sind, können sie allerdings gerissen sein. Wenn ihrer neuesten Forderung nicht sofort entsprochen wird, vergleichen sie ihr unsinniges Ansinnen mit dem wirklich verfolgter Gruppen. Vor allem Transen setzen ihr hirnlos schmutziges Manifest gerne den Menschenrechten gleich, für die Homosexuelle in der jüngsten Vergangenheit gekämpft haben. Aber was haben die Homosexuellen gefordert? Einfach die gleichen Rechte wie alle anderen. Schwule Männer wollten sich nicht in den Frauensport oder in Auswahllisten drängeln, und homosexuelle Frauen haben Heterofrauen nicht als homophob bezeichnet, weil diese nicht auf sie stehen. Sie wollten gleiche Rechte und dieses eine kleine Wort – »schwul«, das in seiner ursprünglichen Bedeutung gar nicht mehr gebräuchlich war, egal wie sehr reaktionäre Schreiberlinge sich über diesen herben Verlust ihres Wortschatzes aufregten. Das war Recycling der liebenswürdigsten Sorte.

Gewiss wollten sie keine Sprache stillegen wie die Woken: neidisch auf all diejenigen, die sie tänzeln und funkeln lassen können. Jedes empfindungsfähige Wesen hat sein Woke-Erlebnis, das ihm plötzlich bewusst macht, dass wir es hier wirklich mit einem existentiellen Übel zu tun haben. Meines war, als Sam Smith so leichthin sagte:

> »Wenn Leute ein Pronomen oder etwas anderes verwechseln, ruiniert das Gespräche und Situationen. Das ist wirklich schwierig. Also musste ich einfach in mich gehen und versuchen, auf eine wirklich freundliche Weise damit umzugehen, und einfach wissen, dass jeder daran arbeitet. Es wird Zeit brauchen. Wir ändern hier eine Sprache …«

Wir ändern hier eine Sprache.

Sagt ein Mann, der auch sagte: »Ich hasse Lesen …«

Er hasst Lesen …

Lesen die Woken Bücher? Abgesehen von Kinderbüchern – ein sicheres Zeichen für einen Schwachkopf. Haben sie ein intellektuelles Hinterland? Unwahrscheinlich, wenn man bedenkt, dass ihnen jede andere Meinung als ihre eigene blankes Entsetzen einflößt. Aber aus irgendeinem Grund glauben sie, sie hätten das Recht, eine Sprache zu verändern – vollkommen gute Wörter wie »Frau« abzuschaffen und durch »TERF« und »Cis« zu ersetzen. Wer hat ihnen gesagt, sie seien Dr. Johnson?*

Wenn erwachsene Menschen ihre Finger in die Ohren stecken und »La la la« singen wollen, ist das ihre Sache. Was nicht in Frage kommt, ist, dass sie anderen einen Maulkorb verpassen, einige Wörter unsagbar machen und die Bedeutung anderer Wörter ändern. In dem Jahrzehnt, das ich als »Troubled Teens« bezeichne, haben viele Wörter ihre Bedeutung verändert. »Mutig« bedeutete früher, Waisenkinder aus brennenden Häusern zu retten; heute bedeutet es, in der Öffentlichkeit über seine Probleme zu sprechen. Wie mutig ist es, eine Fehlgeburt zu haben? Es ist traurig – aber mutig? Wenn eine Fehlgeburt mutig ist, was sind dann Feuerwehrmänner?

»Vielfalt« bezeichnete einst ein erfreulich breites Spektrum an Standpunkten, nunmehr aber eine Auswahl verschiedenfarbiger Menschen, die alle die gleichen liberalen Establishment-Plattitüden nachplappern. »Aktivist« bedeutete einst, sich auf den Weg zu machen, um anderen zu helfen, und bedeutet jetzt, zuhause bleiben und im Internet Leute anzupöbeln, die anders denken als man selbst. »Community« bezeichnete einmal eine fröhliche Gemeinschaft von Nachbarn, die sich zu Straßenfesten trafen, nun aber eine Schar mürrischer Mauerblümchen, die in der Olympiade der Opfer um Gold kämpfen.

Im Modus eines Orwellschen »Doppelsprech« (eine Mischung aus »Neusprech« und »Doppeldenk«, die in »1984« so allerdings nicht vorkommt) und im Einklang mit dem magischen woken Denken bedeuten diese Worte heute das Gegenteil von dem, was sie bedeuteten, ehe die Menschen die Freuden selbstgefärbter blauer Haare und

* Samuel Johnson (1709–1784), englischer Gelehrter, Lexikograph und Schriftsteller.

der Selbstgerechtigkeit als Mittel zur sexuellen Erregung entdeckten. Es sind außerdem schöne Wörter, und es ist ein Verlust für die Sprache, die wir alle teilen, nur weil ein paar unbeherrschte Idioten sich nicht die Mühe machen können, sich neue auszudenken.

Es ist schon schlimm genug, dass die schwachsinnigen Wokers Zugang zu Computern haben, aber wenn man bedenkt, dass viele von ihnen in Verlagen arbeiten, kommt es einem vor, als hätte man herausgefunden, dass Johnny Depp ein Frauenhaus leitet. Ich erinnere mich an die Blütezeit des Verlagswesens, an die trunkene Geselligkeit, die dreistündigen Mittagspausen und den Weg zu L (L'Epicure, L'Escargot, L'Equipe), der mit guten Absichten gepflastert war. Die Vorstellung, dass jemand, der in einem Verlag arbeitet, sich von seinen Autoren »beleidigt« fühlen könnte, war so lächerlich wie eine Stripperin, die in Ohnmacht fällt, weil sie ein Maurerdekolleté erblickt hat. Aber jetzt scheinen die traurigen Gestalten auch diese letzte Bastion ausgelassenen Treibens erobert zu haben, denn die jüngeren Mitarbeiter von Penguin Random House »konfrontieren« die leitenden Angestellten mit der geplanten Veröffentlichung des nächsten Buches von Jordan Peterson. Wenn ich »konfrontieren« sage, meine ich weinen, das Druckmittel der tyrannischen Heulsusen aller Länder. Wie Peterson selbst in einem früheren Buch festgestellt hat, ist »Wutweinen [anger-crying] oft ein Mittel der Machtausübung und sollte auch als solches behandelt werden«. Eine liebe Schneeflocke behauptete, Peterson habe ihren Vater »radikalisiert«, während eine andere sich Sorgen machte, welche Auswirkungen das Buch auf ihren nicht-binären Freund haben könnte.

Ein Vorschlag an diejenigen, die sich leicht von anderen Ideen und Ansichten beleidigt fühlen: Wäre es nicht einfacher, sich keine Berufe zu suchen, die mit anderen Ideen und Ansichten zu tun haben? Blumenstände sind wunderbare Orte, um seinen Lebensunterhalt zu verdienen; auch weiche Möbel mit Sofakissen – keine scharfen Kanten! Aber das Verlagswesen? Muss die lange und glanzvolle Geschichte, die mit der Erfindung des Buchdrucks durch Johannes Gutenberg im 15. Jahrhundert begann – und die das geistige Leben vieler Menschen so sehr veränderte wie das Rad das physische –, wirklich so enden: mit Verlagsangestellten, die Bücher lieber verbrennen als redigieren und die weinen, weil sie Worte nicht mögen? Aber natürlich glaube ich nicht, dass sie so enden wird, denn ein Impuls, dem wir die Erfindung sowohl der Druckerpresse als auch des Rades verdanken, treibt die Menschheit weiter an. Neugier und Kreativität, gespickt mit den Geistesblitzen der Sprache, führen uns in die Zukunft, unbeschadet der gegenläufigen Bemühungen derer, die uns aus dummen und/oder bösen Gründen zurück in die Vergangenheit führen wollen, in ein als Aufklärung maskiertes dunkles Zeitalter. »Wer die Sprache kontrolliert, kontrolliert die Massen«, sagte Saul Alinsky, ein wahrer Aktivist. Aber die Massen sind bekannt dafür, sich zu wehren.

Ja, es sieht schlecht aus zurzeit, so als lebten wir in einem der dystopischen Bücher oder Filme, die uns begeistert und ermutigt haben, uns gegen faschistische Unterdrückung entschlossen zu wehren. Allerdings waren wir so sehr in unsere Rollen vertieft, dass wir nicht erkannten, dass die Bedrohung der Freiheit bald von links kam. »Die Tribute von Panem«, »Der Report der Magd«, »Fahrenheit 451«, »Verschwörung gegen Amerika«, »Schöne neue Welt« – und natürlich »1984«. »Wie viele Finger halte ich hoch, Winston?« fragt der Folterknecht O'Brien Winston Smith. »Vier.« »Und wenn die Partei sagt, es seien nicht vier, sondern fünf – wie viele sind es dann?« »Vier! Vier! Was kann ich denn anderes sagen? Vier!« schreit Smith, als er durch einen Stromschlag getötet wird. Die TERF-Folterer in Ausbildung, die sich jeden Tag mit den Schmerzen brüsten, die sie freien Frauen zufügen wollen, halten jetzt ihre ekligen Penisse auf unbestimmte Zeit im Internet hoch, bis wir alle nachgeben und sie »Mädchenschwänze« nennen. Aber wir werden niemals aufgeben. Wir sind nicht den ganzen Weg hierher gekommen, um uns von einem Haufen Bettnässer mit schlechten Perücken besiegen zu lassen.

Wir befinden uns jetzt wirklich inmitten der Woke-Tribunale; die roten Schuhe haben den politischen Körper erobert und wirbeln uns in einem schwindelerregenden Totentanz umher, und wir haben keine Ahnung, wo wir landen werden. Möglich, dass die furchtbarsten Leute von rechts und links sich schließlich eine Art Bürgerkrieg liefern werden; nehmen Sie noch die Depression hinzu, die das Virus hinterlassen hat, und wir können sicher sein, dass das nächste Jahrzehnt kein Zuckerschlecken wird. Ich hätte nie gedacht, dass ich ein solches Zeitalter der Barbarei und Hysterie erleben würde. Der McCarthyismus erteilte uns eine Lektion über die Dummheit von Hexenjagden, aber diejenigen, die nicht aus der Geschichte lernen, weil sie zu sehr damit beschäftigt sind, drei Jahre lang einen Abschluss in »Queer Studies« zu machen, sind dazu verdammt, sie zu wiederholen. Es ist eine tolle Zeit, um Schriftsteller zu sein – und eine schreckliche Zeit, um ein anständiger Mensch zu sein, der einfach nur ein ruhiges Leben führen will. (Zum Glück war das noch nie mein Problem.)

Von der Entstehung bis zur Veröffentlichung dieses Buches hat es eine ganze Weile gedauert – zwei Jahre –, da mein erster Verleger mir wegen Rassismus kündigte, und von einem anderen musste ich mich trennen, weil sich herausstellte, dass er tatsächlich mit einer rassistischen

Organisation in Verbindung steht. Ich ging hin und her wie in einem Wokey Hokey Cokey-Tanz – und im dritten Anlauf hatte ich Glück.

Aber der Vorteil der Verzögerung ist, dass ich die Aufzählung woken Wahnsinns bis Herbst 2021 fortsetzen konnte. Dank Woke erinnert das schöne Wort »Erziehung« mehr und mehr an das hässliche Wort »Umerziehung«. Das Worcester College entschuldigte sich für eine Veranstaltung der Gruppe Christian Concern, nachdem »beunruhigte« Studenten sich beschwert hatten – obwohl die Veranstaltung außerhalb der Semesterzeit stattfand. Die Studenten in Cambridge wurden gewarnt, man werde sie den zuständigen Behörden melden, wenn sie, sobald ein schwarzer Student oder Dozent spricht, eine Augenbraue hochziehen; sie »könnten sich auch eine ›Mikro-Aggression‹ zuschulden kommen lassen, wenn sie unbedachte Komplimente machen, bestimmten Leuten den Rücken zuwenden oder eine Frau als Mädchen bezeichnen«, berichtete der *Telegraph*. Eine kanadische Wissenschaftlerin verkündete, sie sei jetzt Teil der »Kleinbuchstaben-Bewegung« und werde keine Großbuchstaben mehr verwenden, »außer um den Kampf der indigenen Völker um Anerkennung zu würdigen«. An der Universität Kent wurden Studenten angewiesen, ein Formular »Expect Respect« auszufüllen, das Beispiele für »weißes Privileg« enthielt wie »angenehme Nachbarn« (heißt das, ein unangenehmer Nachbar sei nicht-weiß?) und »Second Hand-Kleidung tragen« (was viele der verarmten Menschen jeglicher Couleur überraschen wird, die ihre Kleidung in dem Wohltätigkeitsladen kaufen, in dem ich die letzten sechs Jahre gearbeitet habe). Aber das größte Verbrechen gegen das Lernen geschah, als schottische Schulen von einer Kampagnengruppe namens Zero Tolerance ermutigt wurden, ihre Bibliotheken zu »prüfen«. »Ein Tiger kommt zum

Tee«, hieß es, trüge zur Verfestigung von Geschlechterstereotypen bei, weil der Tiger männlich ist und von weiblichen Figuren bedient wird. Dass das eigentliche Verbrechen darin besteht, dass ein Tiger zum Tee eingeladen wird, obwohl er mit Sicherheit jeden fressen wird, der ihm in die Quere kommt, egal ob männlich oder weiblich, schien sie nicht zu stören.

Frauen bekommen natürlich weiterhin die schlimmsten Schläge des Woke-Knüppels ab. Im Juni 2021 wurde die Schottin Marian Miller verhaftet und wegen Hassverbrechen angeklagt, weil sie eine Suffragetten-Schleife getwittert hatte, von dem ein berüchtigter Schreihals in den sozialen Medien behauptete, das sei »eine Schlinge«.

Die »feministischen« »Denkerinnen« (schwer zu entscheiden, welche Beschreibung am wenigsten sarkastisch erscheint) Sally Hines und Laurie Penny verkündeten, dass eine Anzeige wegen Vergewaltigung Männern oft Unrecht tue, da es sich häufig nur um schlechten Sex handele (Hines), und dass, wenn ein weibliches Kind mit dem entblößten Penis eines erwachsenen Mannes konfrontiert werde, es richtig sei, »nicht auf die Genitalien anderer Leute ohne deren Erlaubnis zu starren, da dies unhöflich sei« (Penny). Angesichts der Tatsache, dass die Zahl der Verurteilungen wegen Vergewaltigung so niedrig ist wie nie zuvor und immer mehr Vergewaltiger in Frauengefängnissen untergebracht werden, war es für die inhaftierten Frauen sicherlich eine Erleichterung, dass das Gefängnis ihrer Majestät auf der Insel Wight (zu dessen ehemaligen Insassen auch der Yorkshire Ripper und Gary Glitter gehören) im September 2021 – in der »National Inclusion Week« – twitterte: »In Vorbereitung auf die National Inclusion Week hat unser Gleichstellungsteam damit begonnen, Pronomen-Anstecker zu verteilen. Welches ist Ihr Pronomen?« Dazu die Hashtags »inclusion«, »equality«,

»diversity« und »unitedforinclusion«. Dann verteilten sie lila Anstecker mit Pronomen wie »er/ihn«, »sie/ihr«, »sie/sie« und – ausgezeichnet – »Frag mich einfach«. Wie schön, dass öffentliche Gelder für solche sinnvollen Maßnahmen zum Schutz des Bürgers auf der Straße ausgegeben werden! Dieses Experiment findet glücklicherweise in einem reinen Männergefängnis statt, aber hoffentlich wird es auf gemischte Gefängnisse ausgeweitet, damit eine Frau, die das Pech hat, von einem Mann vergewaltigt zu werden, der früher Reg hieß und jetzt Regina heißt, weiß, welches »Geschlecht« ihr Angreifer hat, und ihn entsprechend anredet. Schließlich sei es, wie die Richterin Maria MacLachlan sagte, nur »respektvoll«, wenn Frauen die Pronomen ihrer Angreifer achten – womit sie sie im Grunde aufforderte, unter Eid zu lügen.

Im Oktober 2021 wurde bekanntgegeben, dass weibliche Häftlinge, die Transgender-Häftlinge mit dem »falschen« Pronomen ansprechen, mit einer Verlängerung ihrer Haftzeit bestraft werden können. Nach einer Vergewaltigung im Gefängnis durch einen mutmaßlich weiblichen Mitgefangenen möchte eine Frau vielleicht einen Arzt aufsuchen – aber der Arzt sieht womöglich gar keine Frau vor sich, sondern »die Anatomie und Physiologie von Körpern mit Vaginas«, wie in der medizinischen Fachzeitschrift *The Lancet* im September 2021 zu lesen stand. Der alte Knochensägerspruch »Vor allem kein Leid zufügen« (nicht unbedingt Teil des hippokratischen Eids, aber eine ziemlich gute Regel, wenn es um Leben und Tod geht) sollte heute besser lauten: »Vor allem die Gefühle von Männern in Miniröcken nicht verletzen«. Doch die verwirrten Mediziner befanden sich in guter Gesellschaft, denn auf ihrem Parteitag im September 2021 versicherte die Labour Party ihren Wählern, nicht nur Frauen hätten einen Gebärmutterhals. Sollte die nunmehr einzige britische Partei, die noch nie eine Parteivorsitzende hatte, einmal eine Person in einem Kleid an ihre Spitze wählen, wird es mit Sicherheit eine sein, die als Mann geboren wurde.

Es ist schockierend, aber nicht überraschend, dass heute mehr Beamte aus privilegierten Verhältnissen stammen als in den 1960er Jahren. Die woke Hetze gegen soziale Mobilität mag einige Gemeinheiten erklären, die man derzeit beobachten kann, z.B. die Mitteilung des nordirischen öffentlichen Dienstes vom September 2021, in der es hieß, das Wort »lesbisch« brauche nicht mehr verwendet zu werden, da »schwul« vollkommen ausreiche (ich bezweifle allerdings, dass das »T« aus der kontinuierlich wachsenden LBGTQ-Buchstabensuppe gestrichen wird). Sogenannte geborene Frauen und Männer sollten »ermutigt« werden, sich »korrekt« als Cis-Frauen bzw. Männer zu bezeichnen.

Im Juni 2021 wurde bekannt, dass Google einen »Leiter der Diversitätsstrategie« namens Kamau Bobb beschäftigte, der 2007 in einem Blog geschrieben hatte, Juden hätten einen »unstillbaren Appetit auf Krieg und Töten«. Obwohl Google diese Äußerung »unmissverständlich verurteilte«, wurde er weiterbeschäftigt – denn wenn Diversität die wichtigste Eigenschaft eines Unternehmens ist, erscheint es plausibel, darin auch Antisemiten einzubeziehen, da es so viele von ihnen gibt. Glücklicherweise gibt es aber auch Anzeichen dafür, dass das von Woke erbaute rote Kartenhaus noch zerbrechlicher ist, als es der prekäre geistige Zustand der lautstarken Wokers vermuten ließe.

Eine Umfrage vom Februar 2021 ergab, dass nur einer von acht schwarzen Briten den Sturz von Statuen toter Männer, die mit der Sklaverei in Verbindung gebracht werden, für sinnvoll hält. Im Mai 2021 sagte die neue Vorsitzende der Gleichstellungs- und Menschenrechtskommission Baroness Falkner, es sei »völlig vernünftig«, dass Menschen den biologischen Status von Frauen, die als

Männer geboren wurden, in Frage stellen. Im selben Monat erklärte Robert Jenrick, Minister für Wohnungswesen, Gemeinden und Kommunalverwaltung des Vereinigten Königreichs, neue Gebäude müssten getrennte Toiletten für beide Geschlechter bereitstellen. Man kann sich gut vorstellen, wie all die Architekten ausflippten. Im Bereich der Denkmalpflege und des Kulturerbes, wo zuständige Einrichtungen sich in einem verrückten Wettstreit gegenseitig zu übertrumpfen suchen, schlug ebenfalls im Mai – einem sehr heiteren Monat für alle, die etwas auf sich halten – der Kulturminister Oliver Dowden so etwas wie einen kulturellen Aufstand der Arbeiterklasse vor:

> »Museen und andere Einrichtungen genießen kuratorische Unabhängigkeit. Aber diese Unabhängigkeit hat zwei Seiten. Die für die Pflege des Kulturerbes zuständigen Organisationen sollten frei von staatlicher Einmischung sein, doch die Personen, die sie leiten, müssen auch den Mut haben, sich gegen die politischen Moden und lauten Forderungen des Augenblicks zu stellen … Als nationale Institutionen sollten sie die Ansichten der gesamten Nation berücksichtigen: der Menschen, für die sie gegründet wurden und deren Steuern sie finanzieren. Deshalb möchte ich sicherstellen, dass die Vorstände dieser Einrichtungen wirklich vielfältig sind und in ihnen nicht nur Leute aus großstädtischen Blasen sitzen. Ich möchte, dass sich eine Großmutter in Hartlepool oder Harwich durch deren Entscheidungen genauso vertreten fühlt wie ein Millennial in Islington.«

Meine Hobbys, das sage ich ganz offen, sind Philanthropie und Schadenfreude. Am meisten Freude bereitet es mir in dieser Auseinandersetzung, wenn die woken Schreihälse glauben, sie hätten gewonnen – und dann ihre tragischen kleinen Triumphe zunichte gemacht werden. So geschah es, als im Juni 2021 das Werk der Künstlerin Jess de Wahls aus dem Geschenkeladen der Royal Academy of Arts verbannt wurde, weil sie die schwarzmagischen Worte »eine Frau ist ein erwachsenes menschliches Weibchen« geschrieben hatte, dazu die noch ungeheuerlichere Bemerkung: »Die Vorstellung ›falschen Denkens‹ und ›falschen Sprechens‹ erinnert mich unheimlich an meine ostdeutsche Kindheit, und das ist eigentlich ziemlich erschreckend.« Innerhalb einer Woche entschuldigte sich die Kunstakademie und stellte de Wahls' Arbeiten wieder aus: vier reizvolle, wenn auch konventionell gestickte Blumenaufnäher. Aber der Schaden – oder besser gesagt, die Werbekampagne – war bereits angerichtet, denn de Wahls' häretische Designs waren auf ihrer eigenen Website immer wieder ausverkauft: »Ich werde Vagina-Stickereien und andere ausschließlich weibliche Arbeiten ausstellen und ihr könnt nichts dagegen tun«, teilte sie den armen Kleinen auf Twitter mit. Wie im Falle von J.K. Rowling bot eine Frau, die die Nerven behielt, einen raren exotischen Anblick.

Ehrenvoll erwähnt werden sollte hier auch der Galileo der modernen Gynäkologie, nämlich die schottische Studentin Lisa Keogh, die von der Universität Dundee suspendiert und dann wieder eingestellt wurde, und zwar wegen der atemberaubenden Aussage: »Frauen haben Vaginas«; denn in dem neuen Eden darf es keine Evas geben, damit die Adams nicht vor Neid und Empörung schreiend davonlaufen. »Es war eine moderne Hexenjagd«, kommentierte Miss Keogh diese Episode. Ja, das nennt man ein Woke-Tribunal.

Doch der Anti-Woke-Spaß ging weiter. Ellen »Seid nett zueinander« DeGeneres – anscheinend der Johnny Carson der Woke-Bewegung – wurde als eine Imelda Marcos entlarvt, als Mitarbeiter ihrer Show eine Kultur toxischer Tyrannei aufdeckten, einschließlich »Rassismus und Einschüchterung«. Ein Mann, der sich als Hirsch ausgab, wurde von Jägern in South Carolina erschossen. Shawn Mendes verunglimpfte Sam Smith in seiner Eröffnungsrede beim Jingle-Bell-Ball, was »ihnen« eine weihnachtliche Träne in die Augen trieb. Und selbst als das als solches wahrgenommene Fehlverhalten der Tory-Regierung im Umgang mit der Pandemie seinen Höhepunkt erreichte, warnte eine Umfrage einer Labour-Organisation, die verlorenen Sitze der roten Hochburgen im Norden würden nie wieder zurückerobert, wenn die Partei der Arbeiter nicht aufhöre, »sich in Debatten über spaltende Kultur- und Identitätsfragen hineinziehen zu lassen« – das heißt, bis sie aus Woke erwacht.

Nach einem Jahr weltweiten Irrsinns, so schien es, stand endlich eine Epidemie des gesunden Menschenverstands vor der Tür, wie ein Vorfrühling nach einem langen Winter. Im Dezember 2020 aktualisierte die Universität Cambridge, vormals eine Bastion woken Wahns, ihre Erklärung zur Redefreiheit: Redner sollen nur dann ausgeschlossen werden können, wenn damit zu rechnen sei, dass sie sich einer »ungesetzlichen Sprache« bedienen oder andere rechtliche Probleme verursachen. Angeführt wird die Kampagne von dem wahrhaft großartigen Philosoph Dr. Arif Ahmed:

> »Viele Menschen haben heutzutage das Gefühl, in einer Atmosphäre zu leben, in der Hexenjagden stattfinden, eine akademische Version von Salem im 17. Jahrhundert oder der McCarthy-Ära. Wenn eine Ansicht idiotisch ist, sollten wir sie ruhig als idiotisch bezeichnen dürfen. Wenn eine religiöse, politische oder sonstige Ansicht eine Mischung aus Bigotterie und Aberglauben offen-

bart, dann sollten wir dies frei sagen können, ohne Angst haben zu müssen, dass jemand es als respektlos empfindet.«

Ebenfalls im Dezember 2020 unterstützte das schottische Parlament einen Änderungsantrag der Labour-Abgeordneten Joanna Lamont, der vorsah, dass Überlebende von Vergewaltigungen das Geschlecht der Personen, die sie nach einem Überfall untersuchen, selbst bestimmen dürfen, da sich viele Frauen – verrückterweise! – in so traumatischen Situationen bei Ärztinnen sicherer fühlen als bei einem Mann im Kleid, der seine bierflaschengroßen Hände in sie steckt. Ausnahmsweise hatten die tatsächlichen Verletzungen von Frauen Vorrang vor den verletzten Gefühlen von Männern. Mastercard hat den Masturbatoren von Pornhub den Rücken gekehrt, jenem Füllhorn der Woke Bros., das regelmäßig Vergewaltigungen von Kindern zeigt – stattdessen müssen sie nun mit Deepfake-Bildern von J.K. Rowling vorliebnehmen, die in einem Swimmingpool voller schmutzigem Geld ertrinkt. Und pünktlich zu Weihnachten wurde Kate Scottow, die im Dezember 2018 in ihrem Haus vor den Augen ihrer damals zehnjährigen Tochter und ihres 20 Monate alten Sohnes verhaftet worden war, weil sie einen Mann auf Twitter als »Schwein mit Perücke« bezeichnet hatte, nach einem zwei Jahre dauernden und Unmengen öffentlicher Gelder verschlingenden Verfahren von der ihr zur Last gelegten Straftat freigesprochen.

Urteile sind zwar das Rückgrat des politischen Fortschritts, aber es sind die Menschen, die ihm Schwung und Elan verleihen. Der größte Nutzen, den ein Mensch auf Erden haben kann, so denke ich oft, besteht doch – abgesehen vom Geldverteilen – darin, andere zu inspirieren. Niemand, der älter als zwölf Jahre ist, braucht Helden.

Dennoch möchte ich hier einige Leute aufzählen, die für all das stehen, was Woke gerade nicht ausmacht: Neugier, Furchtlosigkeit, Großzügigkeit. Einige von ihnen sind seltsame Bettgenossen – aber was für eine Ehre, mit ihnen im Bett zu liegen, geborgen vor der ohnmächtigen Wut der Wokers.

Frances Barber, die lebenslange Labour-Aktivistin, die über ihre Verunglimpfung durch die Corbyn-Anhänger sagte: »Ich stellte fest, dass die Leute, mit denen ich auf Twitter kämpfte, nicht aus solchen Verhältnissen stammten wie ich. Sie hatten in der Regel Geld in der Familie und oft eine private Schulbildung genossen. Labour war für sie eher ein Hobby, während es für mich immer eine Lebenseinstellung war.« In einem Radioaufruf zugunsten einer Frauenhilfsorganisation betonte Jennifer Saunders ihr tatsächliches biologisches Geschlecht häufiger als irgendwer sonst seit den Commodores in »Three Times a Lady« – jedes zweite Wort war »Frau«. (Es fühlte sich so rebellisch an – wie seltsam ist das denn!) Rupert Everett sagte mit angewiderter Miene:

> »Wir leben in einer seltsamen neuen Welt, die mir wie eine Art Stasi vorkommt. Wenn man nicht genau die richtige Einstellung an den Tag legt, riskiert man, dass einem alles von diesem richtenden, scheinheiligen, unnachgiebigen, hartnäckigen, unsichtbaren Hexenkessel in der virtuellen Welt zerstört wird.«

Der Schauspieler James Dreyfus polterte:

> »Sie *wollen* hassen. Sie *sehnen* sich danach, Leute zu finden, die sie dämonisieren können. Sie *lieben* es, zu denunzieren. Sie *freuen* sich, Drohungen auszusprechen. Sie *verschleiern* Tatsachen, sobald man sie in Frage

stellt. Sie leugnen einfache Wahrheiten. Sie agieren wie wilde Teenager. Sie *hassen* Frauen.«

Graham Linehan wies darauf hin, dass einige Trans-Aktivisten, die sich »an die Bewegung gehängt« haben, »eine Mischung aus Trickbetrügern, Fetischisten und Frauenhassern sind … Es braucht nur ein paar schlechte Leute in Machtpositionen, um eine Organisation und in diesem Fall eine Bewegung in Beschlag zu nehmen. Diese Art Zurichtung ist in der ganzen Gesellschaft zu beobachten.« John Lydon meinte:

»Ich hätte nie gedacht, dass ich den Tag erleben würde, an dem die Rechten die Coolen sind, die dem Establishment den Mittelfinger zeigen, und die Linken die wehleidigen Selbstgerechten, die alle beschimpfen.«

Der Rapper Zuby gab sich als Frau aus, um den britischen Rekord im Kreuzheben der Frauen zu brechen – und dann wieder als Mann. Grayson Perry sagte dazu achselzuckend:

»Die Linke ist käuflicher und hat eine größere Abneigung gegen die Opposition als umgekehrt – ich würde sagen, die Rechte ist im Durchschnitt freundlicher und offener.«

Zu nennen sind weiterhin die Philanthropen Marcus Rashford und Stormzy; die Aktivisten Nimco Ali und Ayishat Akanbi; die schöne und brillante Politikerin Kemi Badenoch – sicherlich die dritte Vorsitzende der Konservativen Partei, während Labour noch immer lieber den letzten blassen Mann an die Spitze wählt; Harry Miller, Silberfuchs, Super-Cop und TERF-Champion; Trevor

Phillips und Tomiwa Owolade, Generationen auseinander, aber ähnlich hervorragende Autoren, wenn es darum geht, den Stolz schwarzer Briten ebenso wie die Verfolgungen zu beschreiben, denen sie ausgesetzt waren; Patrick Hutchinson, der Black Lives Matter-Marschierer, der einen verletzten weißen Gegendemonstranten in Sicherheit brachte, als die beiden Mobs zusammenstießen; J.K. Rowling, die anfangs so sanft und lieb war, aber in der Twittersphäre so abgehärtet wurde, dass sie jetzt einer Kriegerkönigin aus »Game of Thrones« ähnelt: Joanne von Wessex, Beschützerin der Tomboys; die atemberaubend mutige Keira Bell (»Ich blicke mit viel Traurigkeit zurück – mit meinem Körper war alles in Ordnung«), die sich gegen die staatlich geförderte Genitalverstümmelung von Kindern stellte.

Wir leben in einer hochinteressanten Zeit, was ein Segen oder ein Fluch sein mag, je nachdem, ob man zum Stamm der Harten oder der Zarten gehört. 2020 war das Jahr, das perfekte Sicht versprach und sich dann als eines entpuppte, in dem wir angewiesen wurden, uns mutwillig zu blenden; ein fortlaufendes Projekt mit den erwähnten gewaltigen Widerständen, dessen Ende 2021 noch nicht in Sicht ist. Wer die verrückte Welt der Identitätspolitik betritt, kommt sich vor, als wäre er mit einem Borderline-Persönlichkeitsstörungs-Trainer in einem Spiegelsaal eingesperrt. »Hör auf, mich komisch anzuschauen! Warum ignorierst du mich? Geh weg, ich hasse dich! Komm zurück, wie kannst du es wagen, mich zurückzuweisen!« Aber wo es Zerstörung gibt, gibt es auch Widerstand – und die gewalttätigen Tugendhuber werden viel mehr davon bekommen, als sie erwartet haben. Wie der großartige schwarze Kommentator Mo Kanneh über ein Foto von John Cleese in der Rolle des inzwischen verurteilten Basil Fawlty twitterte: »Das alles wird sich negativ auf Schwarze auswirken. Wir haben nicht um diese kulturelle Säuberung gebeten oder sie gewollt.« Die Woken sind wie Daleks.* Sobald sie alles andere vertilgt haben, werden sie sich gegeneinander wenden. Woke könnte in einem glorreichen Kampf auf Leben und Tod enden, wenn sich die ständig wachsende Zahl angeblich unterdrückter Minderheiten (Plüschbären? Stofftiere? Erwachsene Babys?) in alle Richtungen spaltet und einen letzten großen, alles entscheidenden Woke-Krieg aller gegen alle herbeiführt: den Krieg der Posen!

Wie werden sie sich ernähren, diese Kreaturen, die selbst nichts schaffen und überall Gefahr sehen? Sie werden sich nicht in ausreichender Zahl vermehren, das ist sicher; eine Umfrage ergab, dass 92 % der linken Aktivisten in Berlin bei ihren Eltern leben, was zusammen mit dem immer höheren Alter, in dem die Generationen ihre Jungfräulichkeit verlieren, darauf hindeutet, dass die Woken die besten Jahre ihres Lebens in impotenter Raserei vergeuden.

Die nun heranwachsende Generation offenbart bereits Anzeichen einer Rebellion gegen die schleimige Zwangsjacke der woken Generation, und jeden Tag könnten die übergroßen Kleinkinder, die ihre Windeln füllen und ihre Schnuller über alles Mögliche ausspucken, von J.K. Rowlings überlegenem Verständnis der Biologie bis hin zu Jodie Comers Anziehungskraft, aufwachen und feststellen, dass sie 40 sind und die Jugend nicht mehr als Entschuldigung dafür benutzen können, dass sie so schmarotzerhaft, geistesfaul und ängstlich vor jeder Meinung sind, die ihre eigene in Frage stellt.

Denn wir müssen nicht in einer atomisierten Welt leben, in der jeder Gedanke ein »-ismus« ist und jeder Mensch ein »-ist« und in der wir uns alle gegenseitig wütend anhu-

* Siehe Anmerkung auf S. 176

pen, während wir unsere Zeit in der Sackgasse der Identitätspolitik totschlagen. Der menschliche Geist (ja, das alte Ding) könnte sich im letzten Augenblick erheben und wir aus unserer Schlafwandelei erwachen. Und dann werden wir denken: »Es war alles nur ein schrecklicher Traum«, während wir uns verwirrt umschauen, Fremde und gute Kameradinnen, die – gemeinsam – auf einem Felsbrocken irgendwohin durch den Weltraum sausen.

Aus der Reihe Critica Diabolis